周易全書

（六）

最新整理珍藏版

学术顾问 汤一介 文怀沙

中国书店

☷上 巽
☲下 离　　**家人**

家人：利女贞。

家人、睽、蹇、解四卦，互相错综，而卦之名义见矣。中四爻者，卦之定体也。初、上者，卦之所始终，御体以行，而成乎象，以起用者也。家人中四爻皆得其位，而初、上以刚闲之，阳之为德充足而无间，御其浮游，而闲之之象也，故化行于近，而可及于远。蹇中四爻，亦得其位，而初、上以柔载之，柔者不健于行，而滞于其方，足弱之象也，故外见阴而止不往。睽中四爻皆失其位，既失位而乖戾，初、上又以阳束之，于外而数动，故愈束之合而愈离，貌相应而情相猜。解中四爻亦失其位，乃初、上以柔调和之，无所闲束，则静以居动，故危疑不安之意，渐以解散，而阴阳之搏击以平。家人闲各正之人情以聚。睽束不正之异志则离。蹇可行而养以柔，泉之育于山也。解非所安，而柔以缓之，雷之已出而释以雨也。观其画，体其象，审其错综之异，而四卦之德与其爻之险易可见矣。

家人者，一家之人聚顺之象也。各正其位以尽其道，而以刚严统之，无不利矣。阴阳各得，而独言"利女贞"，归美二、四者，圣人曙于人情世变，而知齐家之道，惟女贞之为切也。阳之德本和而健于行，初无不贞之忧，所以不贞者，阴杂其间，干阳之位，而反御阳以行，是以阳因失其固有之贞，而随之以邪。岂特二女之嫔虞，太姒之兴周，妹喜、妲己、褒姒之亡三代，为兴衰之原哉！即寸：庶之家，父子兄弟天性之合，自孩提稍长而已知爱敬，其乖戾悖逆，因乎气质之凶顽者，百不得一也。妇人一人而乱之，始之以媚惑，终之以悍鸷，受其惑，而制于其悍，则迷丧其天良，成乎凶悖，而若不能自己。人伦敦，天理灭，天下沦胥于禽兽，而不知其造端于女祸。圣人于此惧之甚，戒之甚，而曰"利女贞"，言"女贞"之不易得也。女德未易贞，而由不贞以使之贞，惟如家人之严君，刚以闲之，绝其媚，而蚤止其悍，使虽为哲妇艳妻，而有所制而不得逞，则言物行恒之君子，正己而崇威，其道尚矣。然则"利女贞"者，初、上之功大矣哉！

《象》曰：**家人，女正位乎内，男正位乎外。男女正，天地之大义也。**

此就中四爻，而言之也。先言女者，二阴之卦，以阴为主，亦象词"利女贞"之意。"正位"，刚柔各循其道，内外各安其职也。女与梱外之事以妄动，固家之索，男子而问及酒浆瓜果丝枲鸡豚之事，以废人道之大，家亦自此衰矣。天包地外，以运化理，地在天中，以待天施，内外正位，天地之大义固然，人不得而违，故惟贞乃利。

家人有严君焉，父母之谓也。

此言初、上二爻也。"严"者，刚之德。"君"者，为之纲，而治之也。上为父初为母，天尊地卑、父尊母亲之道也。母道慈，而亦云严者，父之严，言物行恒，以示德威而已，故上九但言"反身"而威自孚。家人之道，始于纤细，而放乎淫辟惰窳，起居饮食、衣裳容止之节，皆贞妄之原，父道不渎，闲而正之者母也。故凡子妇之不类，兄弟之不若，皆母不严，而纵之于父所不及知之地，习气已溺，父虽欲施教，而反相夷。故闲家亡悔之道，责之于初九，母尤不可不严也。

父父、子子，兄兄、弟弟，夫夫、妇妇，而家道正。正家，而天下定矣。

"父父"，不言母者，统母于父也。初、上之刚严，"父父"也。中四爻之得位，"子子"也。三、四相追随，兄弟也。兄以慈爱为友故柔。弟以庄敬为恭，故刚。"夫夫"，五正位于外也。"妇妇"，二正位于内也。原本其功，父道之严为本，故家人之德，成于初、上。"天下定"者，风化白近，而及远也。

《象》曰：风自火出，家人。君子以言有物而行有恒。

行，去声。

"风自火出"，和煦而不务远及。"有物"者，切于事理。"有恒"者，修其常度。君子取法于风火，言行平易近情，无速于致远之心，而自足以致远，家修之道然也。

初九：闲有家，悔亡。

"闲"者，御其邪，而护之使正也。家人本无不正，尤必从而闲之。谨之于微，母教也。虽若过于刚严，而后悔必亡。

《象》曰："闲有家"，志未变也。

中四爻本，各得其正，未有变也。及其未变而防之，养蒙于早，以定其志，母教之功大矣哉！

六二：无攸遂，在中馈，贞吉。

"无攸遂"者，不遂其志欲。妇人之志不町遂，甚于欲也。"馈"者，《祭礼》主妇亲馈敦黍。"在中"者，自房中入室设之；敬慎从夫以奉祀事，修妇职也。六二柔顺得中而当位，得妇道之正而吉。

《象》曰：六二之"吉"，顺以巽也。

"顺"，故无攸遂。"巽"者，入也，而有撰具之意。在中馈以求歆于寝庙，其宜家必矣。

九三：家人嗃嗃，悔厉吉。妇子嘻嘻，终吝。

"嗃嗃"，"嘻嘻"皆火声。《诗》："多将嗃嗃"。《春秋传》："谆谆出出。""嘀嘀"，火之烈，"嘻嘻"，火余焰之声也。九三以刚，居刚而不中，故为严厉太过之象。未能和洽，故悔，然终正家而吉。乃三为离火之余，其炎且殚。严太甚者威且穷，则悔其严，而不终其厉，是以有"终吝"之戒。

《象》曰："家人嘀嘀"，未失也。"妇子嘻嘻"，失家节也。

虽"嘀嘀"而固未失正家之道。悔而弛其严，则失节矣。

六四：富家，大吉。

阴主利，六四以阴爻居阴位，故"富"。富非大吉之道，惟柔顺静退，而不骄，可以长保其富而大吉。

《象》曰："富家，大吉"，顺在位也。

居柔退之位，不贪进而溢于非分。

九五：王假有家，勿恤，吉。

假，古伯反。

"假"，至也，犹《诗》"至于兄弟"之至，德足以及之也。九五刚中得位，与二正应，以德相感，格正其家，而家正矣；则化未及远，不足为忧，而风教所被，邦国天下自化。言"王"者，惟圣王之德足以当之。

《象》曰："王假有家"，交相爱也。

刚正嫌于失欢，乃德自足以相感，而有六二之配，乐而不淫，则家自宜。

上九：有孚威如，终吉。

"有孚",谓与初九之刚德合也。初儿以刚严闲之于内,上九复刚正,以莅其上,威不渎而家自正。"终吉"者,非谓初不吉,而后乃吉,言永保其吉也。

《象》曰:"威如"之吉,反身之谓也。

父道尊而不渎,身正而威自立,家人男女,各正其位,又有初九之闲,则所谓威者,不在挞责,"反身",尽道而教自行矣。

　　
离上
兑下　睽

睽:小事吉。

"睽",乖异也。中四爻,皆失其位,而初、上以刚强束合之,而固不亲,故成乎睽。此卦与噬嗑相似,而九二以刚居中,尤为难合,故虽应而应不以理,下交而上疑,是以其爻多险异之辞焉。夫人居不安之位,而欲相与交,其志之不固,所必然也。柔静以俟,其定则白释,刚动以制其争则愈离,此睽与解之所由异,道在初、上也。睽之于吉,难矣。"小事"者,阴事也,《周礼》所谓"阴礼",宫中妇人之治也。前朝后市,后市为阴。近利之事,亦阴事也。宫中合诸国之媵、群姓之女,本不相亲;市杂五方,失居之民,亦不相信;而刚以束之,合其不合者,则吉。柔道方行,应刚而得制,故能吉焉,外此者无吉矣。

《象》曰:睽,火动而上,泽动而下,二女同居,其志不同行。

睽、蹇、解三卦,《象传》释卦,皆以化迹之象言之,不详其六爻之画，爻辞抑又不取于此。此夫子引伸观物，而见阴阳之有其变者，必征于两间物化人情已然之迹，补文王、周公之所未言，而理固一致也。"动"亦以初、上二爻之阳言。二女之志不同者，二阴以居皆非位，不循其分，则志趣乖异。兑阴竞进，而离安于所丽以自尊也。

说而丽乎明，柔进而上行，得中而应乎刚，是以"小事吉"。

"说"非君子之道，而"丽乎明"，则亦察于事情矣。"柔进上行"者，与"家人"皆二阴用事之卦，而阴自二上三，自四卜五，虽不当位，而渐以升，且五阴居中，而志以得，故可吉。

天地睽而其事同也，男女睽而其志通也，万物睽而其事类也。睽之时用大矣哉！

推言睽之为道，若乖而不适于用，而善用之，则天地之化、人物之情理，皆可因异而得同。因其时善其用，亦大矣哉，固非特小事之吉；而初、上之合异为同者，未为不允，故爻辞多得"无咎"，本非有咎也。"天地睽"，清浊异也。"男女睽"，刚柔异也。"万物睽"，情形异也。"事同"，谓变化生成之事。"事类"，谓相聚以成一类之用，如水土合而成坯、筋漆合而成弓之类。

《象》曰：上火下泽，睽。君子以同而异。

火炎上，泽流下，火不爇泽，泽不息火，不相害也，而各成其用。君子之与人也，同为君子，则以异相切磋，而不雷同以相袭，故异而不伤其和；若非其类，而与之立异以明高，则水火交争，孤立无与而危矣。善用睽者，用之于所同，不党也；不用之于所异，则不争也。

初九：悔亡。丧马勿逐，自复。见恶人，无咎。

丧，息浪反。

睽之所以为乖异者，阴亢乘刚，居尊位，处进爻，而终不自安；阳抑而承阴，志在求阳以自辅，而不顺乎阴，故貌虽相应，而情固离。初之与四不相应，疑有悔，而有"丧马"不能行之象。然此卦惟此爻为当位，上不为柔所乘，而四以同德相感，闲勒在手，不忧物之难制，故勿逐自得而悔亡。且初岂徒恃四之同志而得所御哉？凡中四不正之爻，虽皆恶人，而刚果自任，出而见之以遏其乱，矫志裁物而自处无过，固可以闲人之邪。如狄厂杰孤立于淫秽之廷，其用大矣。睽以初九为功，解以上六为得，以刚御乖违者，当坚立而制之于早；以柔解纷乱者，当待时而救之于终。睽初、解上，爻皆得位，故睽初贤于上，解上贵于初。

《象》曰："见恶人"，以辟咎也。

辟，必益反。

"辟"，除也。中四爻，咎之徒也。见之，为辟除之。

九二：遇主于巷，无咎。

"巷"，宫中甬道。六五以柔居尊，下临九二之刚中，心有嫌焉，不能自安于斧扆之间，以接二。二虽刚，而得中不亢，就巷以见而遇之，与之相应，此如晋文召王见之于温，《春秋》原情而许之，故无咎。

《象》曰："遇主于巷"，未失道也。

当危疑之际，不失臣节。

六三：见舆曳，其牛掣。其人天且劓。无初有终。

睽之用爻，皆失其位；而三以柔居刚，志在躁进，其乖异尤甚。方急于行；下二阳，其所乘之舆也，不与之同心，则见舆之被曳，而欲急鞭其牛，乃柔不堪任，而牛又掣矣。上九见其乖躁，张弧而欲射之，三乃顺而与应，于是施以髡劓之薄刑，惩其不恪，而三乃知惩，则是能改过以服善，故"无初有终"。

《象》曰："见舆曳"，位不当也。"无初有终"，遇刚也。

位皆不当，而独于三言之者，阳之不当位，惟阴亢而乘其上，故被抑而屈于阴之下，以失其所。卦以阴为主，其责在阴。家人所以独言"女贞"，得失不系乎阳也。五亦不当位，而免责者，居中也。"遇刚"者，上九以刚临之，三不敢不顺应。家人以下四卦，得失皆成乎初、上，益可见矣。

九四：睽孤。遇元夫，交孚，厉无咎。

四以失位之阳，三与五乘权得中。或迫进相干，或据尊相乘，睽而孤矣。"元夫"，刚之长也。四与初相应而道合，恃之以自辅而交孚，处势虽危，能与刚正者合志，故无咎。

《象》曰："交孚""无咎"，志行也。

四有不平于五之志，得初阳而志行矣。

六五：悔亡，厥宗噬肤，往何咎？

"厥"者，在彼之辞。"厥宗"，彼所依，以为主者，谓二以初为依也。"肤"，易噬者。卦与噬嗑相类，故言"噬肤"，亦有啮合之象焉。六五柔居尊，而非其位，遇九二之刚，疑其伤己，而不欲下往以交，故二有不能廷见，而在巷之象。乃二所依以辅其刚者，初也，则固以刚束异，以为同者也。既与二志合而相人，必噬二与五相应，以不使终乖，则五往而应二，抑何患焉，故无咎。

《象》曰："厥宗噬肤"，往有庆也。

非所期而得合，庆自外来也。

上九：睽孤。见豕负涂，载鬼一车。先张之弧，后说之
弧。匪寇婚媾，往遇雨则吉。

说，吐活反。

六五方以阴居尊，而上九以失位之阳，寄处其上，孤矣。
乃上九之志欲治睽，与初同道者也，故任刚而欲惩其乖异以使
安，而所正应者，失位阴浊躁突之三，若豕之溷于泥涂，遍而
视在下之爻，阴阳错乱，盈车皆鬼也。于是愤其不载，张弧而
欲射之。三乃畏服，不敢为寇而求婚，因说弧，以与之相应。
三无异志，则阳可不争，而阴志亦敛，若晴霾不定之字，而得
雨以解，可以吉矣。言"遇雨则吉"者，遇不遇，未可定之
辞。治杂乱之道，终不如解之上六，以柔待其自散而射之，为
无不利也。

《象》曰："遇雨"之吉，群疑亡也。

雨则阴之气泄，而阳亦舒矣。

蹇 坎上
艮下 蹇

蹇：利西南，不利东北。利见大人，贞吉。

不速于行之谓"蹇"，为卦中四爻，皆得其位，道可以行
矣，而初、上皆柔，有始终畏慎、不欲遽行之象，故为蹇。柔
居下而为艮止，不然，则既济之涉也。柔在上而知天下之险，

不然，则渐之进也。家人既正，而犹闲之以刚，行于近者，昵而弛则懈。蹇得正，而犹需之以柔，将有为于天下，以消其险，健而迫则危。故彼为闲家之象，而此为蹇于行之道，各有所宜，存乎学《易》者善用之尔。

蹇者非不行也，行而后见其蹇焉；择利而蹈，在平而若陂，惟恐其颠越也。"西南"，高山危滩之乡，行者必畏慎；若蹇以此道行之，则利。"东北"，青兖衍博之地，可以快行，将忘其蹇，故不利。"大人"谓九五。阳刚得中，以居天位，而有柔以相辅，以敬慎柔和之道，使各正者，不忘险阻之戒，见之则沐其德教而利，故为天下所利见也。"贞吉"又统一卦而言，当位得正，虽无急见之功，自有誉问而充硕，蔑不吉也。

《象》曰：蹇，难也。

难如字，旧读乃旦反者，非是。

"难"与《论语》"先难后获"之难同。不恃其道之正，行而且止，其难，其慎也。

险在前也。见险而能止，知矣哉！

知，去声。

此赞卦德之美也。以艮、坎二象释卦名义，补《彖》之未及，而意亦相通。"险在前"者，以上之柔，故阳遂陷于阴中，欲畅遂坦行，而不得也。险者天下之必有，以刚果之气临之，则虽有险，而不见其险；以柔慎之心处之，则集木临渊，常存乎心目之间，于是始终于柔，止而不迫，则天下之情，理无不得，大知之所以善用其止也。抑为当位而贞，则本无乖异危疑纷乱之境，须急于拯救，故可以见险而遂止。为汉文帝之抚南粤，而不为唐太宗之征高丽；为窦融之束身归汉，而不为马援之据鞍上马；斯以为知。若时在阴阳交战倾危之际，畏难而不敢进，则为宋高宗之称臣于女直，与持禄全身保妻子之张禹、胡广；又其下者，闭户藏头，祸将自至，下愚不肖之尤者，何称知哉！

蹇"利西南"，往得中也。"不利东北"，其道穷也。

"往得中"者，未尝不行，而自中其节，不失其刚中之正。"其道穷"者，恃正而忘险，道必有所穷矣。

"利见大人"，往有功也。当位"贞吉"，以正邦也。

"柔嘉惟则"，大人之所以为天下利见，而见之者可与图功矣。位皆当可，施之邦国而咸正。邦国之治，惟正己，而徐待民之白化，与齐家之尚刚严，其正同，而道不可同也。

蹇之时用大矣哉！

当其欲行未行之际，以熟审天下之机宜，斟酌百年之治忽，君子之大：；用。正：于此而定也。

《象》曰：山上有水，蹇。君子以反身修德。

山上之水，幽细淳凝，旋以润山，而不急于流行。君子之修德，取法于此。为之难，言之切，阙疑而慎言其余，阙殆而慎行其余，歉然若不足，意诚而身白润矣。

初六：往蹇来誉。

出而行于天下曰"往"，退而自正曰"来"。初、卜之柔不欲行，蹇之所以为道也。三、四、初、上之柔，蹇之而使来者也，故皆往来。旧说以为往，则入于险中者，未是。如上六已出乎险，何亦云"往蹇"乎？"往蹇来誉"者，能蹇于往，则来自得誉也。初六柔静而退居下，无行之意，以静俟其正，则中四爻之美皆归之，不期誉而誉白至矣。

《象》曰："往蹇来誉"，宜待也。

人之亟于行者，欲以徼誉，而不知静以居正，不邀誉而誉自可待也。

六二：王臣蹇蹇，匪躬之故。

"蹇蹇"，蹇而又蹇，慎之至也。六二遇九五，刚健十正之君，可以大有为，而犹有谦让不遑之德；若恃当位得中，而急于白试，则爱君之诚皆虚矣。柔静以与初六合德，靖共详审，其难其慎，思补过而无徼功，求名之志，斯以为蹇道之纯也。

《象》曰："王臣蹇蹇"，终无尤也。

时已正而欲速于行，则成乎过。李沆以不用梅询、曾致尧为报国，盖得此意。

九三：往蹇来反。

九三以刚居刚而为进爻，非无志于往者；乃与上六相应、卜以柔道抚之，则反而与二阴相合，以成乎艮止。故其往也，亦能蹇也。

《象》曰："往蹇来反"，内喜之也。

初、二一二阴，志在柔静，三刚而能止。故喜其反，而相与慎持。

六四：往蹇来连。

六四柔当位，而以静退为德。能蹇于往，则安于其位，与二阳相协，而不自失也。

《象》曰："往蹇来连"，当位实也。

自二以上皆当位，而独赞四之当位。四以柔居柔，安于蹇之至者也。"实"谓养育其德，令笃实也。

九五：大蹇朋来。

"大"谓阳也。九五以刚健之德，居中正之位，阳道之盛者也。德与位皆可以大有为矣，而居二阴之中，蹇而不速于行，审之愈固，居之愈谦，智、名、勇、功，皆所不尚，以深体天下之险阻，而凛匹夫胜予之惧，是贤人君子所乐就以相益者也。

盖人君位居人上，已为下之所惮，而况才美道正，则天下之欲效忠也愈难。恃强知多闻，以敏速刚断自用，则谗谄面谀之人至，而善者退。君无为，而善与人同，相无技而实能容，惟"大蹇"而后"朋来"，朋来而道愈盛矣。

《象》曰："大蹇朋来"，以中节也。

居中得位，而资于初、上以节其刚，故大而能蹇，以致"朋来"之盛。

上六：往蹇来硕。吉，利见大人。

上六当阴阳各正之余，尤以柔道慎其终，斟酌饱满，以释回增美，其道充实而博大，无不吉。以是而见九五之大人，凡可以经纶天下者，皆取诸怀而行之裕，无不利也。

《象》曰："往蹇来硕"，志在内也。"利见大人"，以从贵也。

"志在内"者，十四爻各得其正，而相与弥缝其美也。"从贵"，谓上六之德已纯乎吉，而资九五之尊以行之，往无不蹇，

中華藏書

第四部 船山说易

中国书房

二四七九

则行无不利，推之天一卜国家，施之后世而皆正，故曰："蹇之时用大矣哉！"

☳☵ 震上
坎下　　解

解：利西南。无所往，其来复，吉。有攸往，夙吉。

"解"者，解散其纷乱也。中四爻阴阳，各失其位，而交相间以杂处，是而成乎疑悖。解之之道，使阴阳各从其类以相孚，而君子小人，各适其所欲，则虽杂处而不争。如雷动而兴，阳虽在下而升，阴虽上凝而降，则阴阳交战之患息矣。以刚治之，则愈睽。睽虽治，而阴有"丧马"之忧，阳有"张弧"之战。解以柔抚之，加意拊循，矜其不正之过，而小人乐得其欲，君子乐得其道，则阳不忿而阴不疑，待其自相解散，而治之也有余，故上六可以"射隼"，而夫子曰"待时而动"也。

"利西南"者，西南山川，珂磊不平之地，以解道行之，则利也。不言不利东北者，蹇有平坦之道，故以为防，而解无之也。"无所往"，以柔道安之，则止而不争，而自求其类以相孚，初之所以免咎而吉也。"有攸往"，则解之而已豫，待其自散而因治之，上之所以"射隼"，获之而吉也，贤于睽之迫于治而望"遇雨之吉"远矣。

夫上下阴阳各失其道，固宜刚以治之，以清流品而定名分。解以柔道静听其自释，近于茸阘，而莫能理。然而解之往来皆吉者，阴阳虽失，而犹相为应，则上下犹和，而君子小人不相争竞。故阚止、陈恒皆小人，而争于国则齐乱不已；雒、蜀之党皆君子，而争于廷，则宋乱乃生。敛骄气以从容，俟其以类相从，而后徐施其治，贤于迫束以激乖离者，不亦远乎！以六三之不与上应，而孤立必罹于灾，上亦以柔道制之，而隼为我获，况其他乎！此解之所以利而夙吉也。

《彖》曰：解，险以动，动而免乎险，解。

此以震、坎之象言之。然惟初之柔，故知其险，而不敢以易心临之；惟上之柔，则动而无所窒以相竞，故能免乎险；则与卦画之义亦相通也。

"解，利西南"，往得众也。

以解之道，而行乎人情险陂之中，众自悦而从之。

"其来复，吉"，乃得中也。

以柔待之而不激，故二、五各安其位。

"有攸往，夙吉"，往有功也。

上之欲治其纷乱也夙矣，而柔以俟时，则收功易。

天地解而雷雨作，雷雨作而百果草木皆甲坼。解之时大矣哉！

阴亢而乘刚，故难结而不解。其在天地之化，则阴凝于上，而阳伏不兴，结为寒冻噎霾，而草木不足以生。乃柔和之气动于上：下，雷乃以升，雨乃以降，晦蒙之气消，阴阳各从其类，则百果草木之函锢者皆启，解之功大矣，惟其时也。不言义用者，解以无用为用，而不执乎义也，待其时，而自解焉。惟圣人为能因时。

《象》曰：雷雨作，解。君子以赦过宥罪。

"赦"，纵释之。"宥"，宽之，薄其刑。"过"，误犯。"罪"，故犯也。雷雨之作，以释蕴结凝滞之气而苏物。然疾雷

中華藏書

第四部 船山说易

中国书店

二四八一

间作而不恒；君子非常之恩，间一用而已。五阴乘阳而居中，未至于邪，有过之象；三阴乘刚，而陷阳，则其罪也。

初六：无咎。

解之为道，以近相解。如解结者，先于其绪；先其近而后其远，先其易而后其难，则以渐而解矣。故初以解二，上以解五。初应四，而解之者，必待朋至之孚；上与三同道，而解之者，必有乘高之射。初六柔以乘刚，静以待动，则二可安于中而不疑，虽未有功，自无咎矣。占此者，自省无过，顺以受物，则吉。道在无咎，故其辞简。

《象》曰：刚柔之际，义"无咎"也。

"际"，交也，遇也。以柔遇，非正之刚，自静处以寡过，义当然也。

九二：田获三狐，得黄矢，贞吉。

狐之为兽，邪而善疑。白三以上三爻，皆失位而不安，其象也。九二刚中自任，因险立功，有田而获之之象。得狐则且委其矢，乃初以柔解之，故不急于杀，而矢不失。"黄"，中色也。有获狐之才，而能听解，以不白丧，则不失其贞而吉。睽、解中四爻之失位，阴之僭，以成乎阳之不平，故于阳无过责之辞。

《象》曰：九二"贞吉"，得中道也。

获之而又不穷其杀，居中之道得矣。

六三：负且乘，致寇至。贞吝。

睽、解失位之爻，惟三为尤妄。上承九四之刚，本屈居卑贱，而下乘九二之刚，躁进凭陵，是担负之役人而乘轩矣。兵自外至曰"寇"。居非所得，寇必夺之。道宜凶，而仅曰"贞吝"者，有上六"高墉"之射解其悖，故可悔过以保，然而已吝矣。

《象》曰："负且乘"，亦可丑也。自我致戎，又谁咎也？

承上六之解，将不咎人而自咎，犹得为贞。

九四：解而拇，朋至斯孚。

"拇"，足大指，谓初也。四与初，为正应；四刚失其位，有逼五之嫌，初以柔解之，而反卑柔居下，力弱而情殊，固未能解，如解结者，不以手指而以足拇矣。但二近初而听解于初；二本与四同道为朋而相待者也，两阳交孚，二解而四亦渐解，势不容以终自怙也。

《象》曰："解而拇"，未当位也。

"未当位"之文，与"位不当"异，言解之者之未当位，故如拇也。解之不当位者五，独言初未当位者，惜其解之情得而权不足也。如上六则当位，而有高墉之势矣。

六五：君子维有解，吉。有孚于小人。

"君子""小人"以位言。五居尊为君子，三则负且乘之小人也。五以柔居尊，道不足，而二以婢直自用，则其忧疑不释，将激而与小人党，以犯上丑正。幸上之柔和不迫，从容而解之；维其有解，是以吉。君子既得解，则且以道感孚小人，而小人亦化矣。五孚于三，四孚于二，阳不畸，而阴不戾，初、上之为功大矣。萧望之惟不知此，恃其刚以与柔懦之元帝争得失，而弘恭、石显之忿娼愈烈。郭子仪之处程、鱼，庶几得之。

《象》曰：君子"有解"，小人退也。

"有解"，有解之者也。"退"，退听命也。

上六：公用射隼于高墉之上，获之，无不利。

"公"，三公；坐而论道，师保之尊，临君之上，以解君子之眩惑者也。"隼"，鸷戾之鸟。"高墉"，居上之辞。上以柔解纷，而岂忘情于去阴慝以安善类乎！就密勿之地，解君子之惑；君子听其解，而以治小人也易矣。以刚治者，始于刚，而后且柔，暌上之所以"说弧"也。以柔治者，藏用于柔而乘时以行断，解上之所以"射"而"获"也。六三飞扬攫击之志戢，则阴阳之争不兴，无不利矣。

《象》曰："公用射隼"，以解悖也。

射之，但以解其悖耳。小人孚，则不射可也。

第六章　周易内传卷三下

䷨ 艮上
　 兑下　损

损：有孚，元吉。无咎，可贞。利有攸往。曷之用，二簋可用享。

损、益亦以泰、否之变，而立名义者也。泰三之阳，进而往上，上之阴退而来三，为损。否四之阳退而来初，初之阴进而往四，为益。不言进退往来，而谓之损益者，卦画一而函三，三复函三而为九，阳全用之，故其数一而九，阴缺其中之一，故二而六；阳实而阴虚，阳用有余，阴用不足，理数之固然也。损之外卦本阴也，阳以三中之实，补上之中虚，而阳之数损矣。否之内卦本阴也，阳损其四中之实，以与阴于初，而阴益矣。

损者，阳之损也。益者，阴之益也。阳本至足，以损为惜。阴本不足，以益为幸。故损归阳，而益归阴。内卦立本以定体，外卦趋时以起用者也。损阳之体，益阴之用，而阳损矣。损阳之用，益阴之体，而阴益矣。阳损阴益者，皆自其立本者言之也。起用者往而且消，立本者来而且长者也。内卦在下为民，外卦在上为君。内卦筮得在始为质，外卦后生为文。内卦在中为情，外卦在外为事。

内卦方生为德，外卦立制为刑。损民以养君，损质以尚文，损情以适事，损德以用刑，皆损道也。而益反是。损、益者，阴阳交错以成化，自然之理，人心自有之几，损不必闪，而益不必吉也。恒不谓之损者，损必损于已定之余，而恒损之于初，则不知变通之用，故恒多凶。咸不谓之益者，益必益于实，而咸以其余相益，则偶然之感，而固非益也。损、益，天地之大用，非密审于立本趋时之道者，不足以与于斯，故二卦之《彖辞》，极赞其道之盛焉。

"有孚"者，初与二刚相孚，四与五柔相孚，阴阳交足于内，白相信以为无忧，而后以其有余者，损下而益上，损刚而益柔，阳固充实，未丧其中位，而阴已足以利其用，非内不足而徇乎外者。惟其有孚，则"元吉"矣。阳虽损，而中道自得，根本自固也。

以君民言之，仰事俯畜之有余，而贡赋将焉，上亦虚以待之，而置之有余之地，未尝恃之以自养而迫于求。以性情、学术、事功言之，质已实，情已至，德已洽，而不欲其太过，乃损其余以补之，使文外著，事有节，刑有章，而非亏本，而侈其末也，故"元吉"也。以其损体，而从用，疑有咎也，故又申言其"无咎"；以其舍同类而趋于异，疑于不可贞也，故又申言其"可贞"。如是，则三之阳往而上，和义而利物，允矣。圣人恐占者当损之时，损以为道，而有疑于非吉利之事，虑其为咎，而不可贞，则无以应天地自然之理、人心节宣之妙，故备言其道之无不宜，以使安寸损焉。观于《彖传》，而旧说之拘于一端，其亡当多矣。

既以备言损道之美，而更发明其用之善，见损而非有伤也。"曷"者，劝其用之辞。"二簋"，特牲之馈，祭飨之薄者也；言当损，而何弗损哉？二簋可矣。阳之居三者，阳之余也，损之而不伤其实者。阳之数，三其九而二十有七，所损者三耳。君足而民白余，文生而质白存，事适而情自固，刑用而德不衰也。

《彖》曰：损，损下益上，其道上行。

"上行"，上者行也。三为阳之上，卜为阴之L。上者处有余之势，而道在进，所宜行者也。

损而"有孚，元吉。无咎，可贞。利有攸往。

惟其上行，而不损其中之实，故备此数美。

曷之用，二簋可用享"，二簋应有时。

阳道方盛，损其余，而不忧；阴道欲消，益之以一阳，而得固。故二簋虽薄，而人神宾主之情自应，惟其时而已。

损刚益柔有时。

乾刚，坤柔，损乾益坤也。乾道上行，行者以时行而损；坤道下行，益之以阳而情顺也。乾、坤之交方泰，以变通，而益利其用，乘其至足，而用其所余，则损刚益柔，非以伤阳，而褻交于阴，乃因町损之时而损也。

损益盈虚，与时偕行。

此极言损之密用，而推必动之几，一皆自然之理也。阳已盈则损，阴极乎虚则益；损则盈者虚，益则虚者盈矣。"与时偕行"，行于时之中，变化不测，而时以不滞也。

盖尝观于四时之行矣：春夏为阳，秋冬为阴，而非必右截然分界之期，而不相为通。阴、晴、寒、暑，于至盛之中早有互动之几，密运推移，以损此之有余，益彼之不足。荠麦冬荣，靡草夏死，几用其微，一如二簋之享，而阴阳之成质不亏，生杀之功能自定，则有孚而可贞者固然：时行其正，损益行其权。乃既损既益，而时因以变迁，则损益行，而时因与偕行也。

一元之开阖，一岁之启闭，乃至一日之日暮，一刻之推移，皆有损益存乎其间，而人特未之觉耳。愚者见其虚而以为损，而不知其未尝损也；见其盈而以为不可损，而不知其固损也。苟明乎此，则节宣顺其理势，调变因其性情，质文，刑德、哀乐、取舍无容执滞，而节有余以相不足，无一念之可废其几矣，庶几得"与时偕行"之大用与！

中華藏書

第四部 船山说易

中国书房

二四八七

凡言时者，皆在占《易》者之审身世而知通，而学《易》者不可躐等而强合。惟圣人德盛化神，自无不偕乎时；其立教以示天下，则使人知其理之固然，而无容过为忧疑以悖道尔。

《象》曰：山下有泽，损。君子以惩忿窒欲。

阳已过，则亢而成"忿"；阴已极，则靡而成"欲"。损阳之外发者以虚，而悦则忿息；益阴之将衰者以刚，而止则欲遏。欲窒，则志行高，而如山之峙；忿惩，则惠泽行，而如泽之润。山泽者，自修之德；风雷者，为学之功。老子曰："为学日益，为道日损"，亦窥见此意与？

初九：已事遄往，无咎，酌损之。

损者三也，受益者上也。然盈虚之变，非骤然而遽成，必以渐为推移，而未变者，已早变其故。三损而乾刚，已成兑悦，上益而坤柔，已从艮止，非徒三、上之损益已也。初、二之情已移，而后二之行乃决，故曰"三人行"，明非三独有损之志，特所用者三尔。初九以刚居刚，而潜处于下，未有必损之情，故于占此爻者戒之曰：能辍其阳道潜藏之事，而"遄往"以益上：，则可"无咎"；且申释之曰：非欲初之损也，乃往而"酌"所宜损者"损之"也。损、益，自然之理，于德本无得失，故但戒占者，当其时位，则思所以善处之焉。与他卦之义例不同。

《象》曰："已事遄往"，尚合志也。

"尚"，庶几也。能"已事"而"遄往"，则与：合志，而不以损为歉也。

九二：利贞，征凶。弗损益之。

二居中，而为阳刚之主，尸损之事者；以刚居柔，情不能自固，则有急于损之心矣。损者必有余，而后可损，立本固，而后可以趋时，是以有孚乃吉；故戒之以守正则利，往损则凶。二但固守其刚，使充足于内，则不待损，而自有以益上矣，亦戒辞也。初退而二进，初刚而二柔，故一则劝其往，一则止其征，裁成之道也。

《象》曰：九二"利贞"，中以为志也。

位既中，则当固守其中而不妄动，以听二之损。

六三：三人行，则损一人。一人行，则得其友。

"则"者，自然之辞，言理数之必尔也。卦之画成于三，三则盈矣。"三人行"，而数已盈，气已足，而必损其一；无俱损之理，亦无不损之道也，"损一人"，则一人行矣；而其行之一人，则必得其友者，而后损之，而安也。内卦本乾，变为兑者，损其三中之一也。三处有余之地，而既损为阴，与四、五同道而相友，坤道成焉，损三而交得矣。象既成，而有天包地外之象；阳运乎外，阴处乎中，天地之化机，于此而著。占者得此，则当斟酌，彼己之宜，利用其损，情遂而事宜，斯虽损而固无伤矣。

《象》曰："一人行"，"三"则疑也。

所以六三之独损以往者，以无三人俱损之理，而所损者，必其所宜损，则损之，而各得其情之所安。初齐于损，二志于损，皆失理而疑；六三行，则亡疑，所谓"二簋应有时"也。

六四：损其疾，使遄有喜，无咎。

内卦本乾体，而三损，使其不损，则阳挨阴，而阴乘阳，四受其冲，病矣。三之损，损四之"疾"也。不待上之受益，而早喜其居位之得安，因相与相得而为友。夫利彼之损，而以柔相昵，疑有咎也；而四当位之柔，静正无求益之心，故无咎。

《象》曰："损其疾"，亦可喜也。

喜而友之可也。

六五：或益之十朋之龟，弗克违，元吉。

言"或"者，三非五之正应，五之所不望，其益者也。两贝为"朋"。"龟"，守国之宝也。三本损以益上，非益五也。乃卦本坤体，三阴居外而欲消，得上之益以止，而安于尊位，是五之宝也。"弗克违"者，理数之自致。"元吉"，无所待而自吉也。

《象》曰：六五"元吉"，自上佑也。

"上"谓上九"佑"者，保其尊，上受益，而五承其佑矣。

上九：弗损益之，无咎。贞吉，利有攸往，得臣无家。

《易》之文简，故多词同而意异。此言"弗损益之"，与九二之义异，谓无所损，而受益也。上于下，宜损己以益之，而阴数止六，有可益而无可损，则于义无咎，而守正以受益为吉矣。既益，则"利有攸往"矣。上为君，下为臣，内卦损阳以益上，忘家忧国之臣也。而上与三正应而得之，固分义之可受者也。

《象》曰："弗损益之"，大得志也。

得忘家之臣，而安止以受益，得志而利于行矣。

益

巽上 震下

益：利有攸往，利涉大川。

益以损乾之刚，益坤之柔，而谓之益，不谓之损者，刚虽
损于四，以益阴于初，而为方生之爻，阳道且立本而日长，则
阴益而阳亦益，非若损之损二以居上，为已往之爻，寄居于天
位之上，实自损以益彼也。华归根而成实，君自节以裕民，文
返朴而厚质，志抑亢而善动，"利有攸往"，允矣。"利涉大
川"之义，《彖传》详之。

**《彖》曰：益，损上益下，民说无疆。自上下下，其道大
光。"利有攸往"，中正有庆。**

"上下"之下，户嫁反。说，弋雪反。

此通释"利有攸往"之义。益民而民说，一义也。阳白卜
而下，返于初以消否，正其志于内，而光昭上行，一义也。阴
居二，阳居五，各得中而正，而四之益初，二受其益，外来之
庆，以赞其行，一义也。略言三义，而益之利于往者可推矣。

"利涉大川"，木道乃行。益动而巽，日进无疆。

此通释"利涉大川"之义。"木"谓巽也。京房谓震、巽
皆属木，屈八卦以就五行，其说不通。"行"，动之使行也。动
之而巽以行，行以渐进，而不遽，为舟行之象。循涯日进，而
无远不届，行舟之利，所以不可御也。

天施地生，其益无方。凡益之道，与时偕行。

此推言益道之大，为乾、坤合德之大用也。阳之益初，天
之交于地，以施也。阴之进而居四，载阳以发生也。凡天地之

中華藏書

周易全书·最新整理珍藏版

中国书房

间，流峙动植，灵蠢华实，利用于万物者，皆此气机，自然之感为之。盈于两间，备其蓄变，"益无方"矣。而其无方者，惟以时行而与偕行，自昼徂夜，自春徂冬，自来今以溯往古，无时不施，则无时不生。故一芽之发，渐为千章之木；一卵之化，积为吞舟之鱼。其日长，而充周洋溢者，自不能知，人不能见其增长之形，而与寒暑晦明默为运动，消于此者长于彼，屈于往者伸于来。学《易》者而知此，则天下皆取善之资，而吾心无可弛之念，其于益也，不亦大乎！

《象》曰：风雷，益。君子以见善则迁，有过则改。

阴凝于下，而不上交，阳来初以动之，而改其过：雷以震懦之象。阳安于上，而不下交，阴往四以顺之，而成其美：风以导和之象。"则"者，速辞。风雷，至速者也。改过迁善，以速而益。四之损、初之益，皆在卦下，速也。益者，学以益性之正；损者，修以损情之偏；君子之善用损、益也。

初九：利用为大作，元吉，无咎。

初既受益，乾道下施，而为长子，可以大有为矣。乃阳之下施以惠初，非徒利其生，而实以成其能，非体乾元之德，以承天之佑，则不足以胜其任，故必"元吉"而后无咎。

《象》曰："元吉，无咎"，下不厚事也。

其位在下，力固不厚，虑其奋兴一时，而不足以继，故戒而勉之。此亦为占得者言也。

六二：或益之十朋之龟，弗克违，永贞吉。王用享于帝，吉。

阳益于初以辅二而消其否，二之得益大矣，故与损五，同其象。而六二柔中得位，乐受阳施，以保其正，则其吉永固，较损五为尤吉焉。有其德，受其福，而柔顺不敢，自居为功，乃以禋祀于上帝。所谓天子有善，让之于天，神斯享之，尤其吉矣。二上应五，故有此象。

《象》曰："或益之"，自外来也。

外谓外卦，乾也，天所益也。

六三：益之用凶事，无咎。有孚中行，告公用圭。

"益之用"，资益以为用也。"凶事"，水火、兵戎、死丧之事。"孚"，三与二、四合德也。"中行"，卦三阴，而三当其中，行以告而请益也。"公"谓四。四近九五尊位，为三公。"圭"，诸侯之聘圭，以昭信也。三比外卦，而为进爻。阴欲求益于阳，而三行以请于四。请而求益，非君子之道。惟水火有分灾之礼，兵戎有救患之典，死丧有赗襚之仪，则与者非滥，求者非贪，可无咎也。三望益，而二阴与之同心，乃行以告，而抒其诚信，有大夫承命诉讦之象。忧患在己，既为礼所宜请，则上下同心，而输忧以往，宜矣。天王之求车求金，贪也；陈灾而不告火，慢也；皆咎也。

《象》曰：益"用凶事"，固有之也。

固有其情，固有其礼，则可固有其事。诸侯之礼，凶必告讣，而邻益之。通诸士大夫之于知交，亦此礼也。故士待外姻至，而后葬。

六四：中行告公从，利用为依迁国。

"中行告公从"者，三来告而四从之，因以其阳之固足者益初也。"迁国"者，阳下益初，则阴迁居于此也。"依"，《本义》谓如"晋郑焉依"之依，是已。四既损阳以益初，从三之告，则与三同其柔德，相比以奠其位，而得所居，所谓

"因不失其亲"也。与损三得友之义同。

《象》曰："告公从"，以益志也。

本有往益之志，故告而必从。盖阳无不施之理，惟阴亢而不求，则阳有所不能强施，如瘠土之不受膏雨，亦无如之何矣。阴能仰承，阳必下应，施之而阳不为损，阳岂有吝情哉！

九五：有孚惠心，勿问元吉。有孚惠我德。

五位天德，其施惠于下，以益阴之生者，心固然也。四本乾体，与五同德，相孚而惠心一也。告而即从，不待五之间焉，默承其意，以资始之益益下，吉莫尚矣。"惠"者，四往益初之德也，而功归于五，则何待五之损己，而后益于物哉！天之施万物以生者，四时五行之气施之也，而推其德者，曰天施，王用亨焉。然则大臣承主意，以惠天下，而德归天子，君子资圣训以惠后学，而德归圣人，德之至者不劳而惠行焉，益之所为有益而未尝损也，惟视其所孚者而已矣。

《象》曰："有孚惠心"，勿问之矣。"惠我德"，大得志也。

四既合德以行惠，可勿问矣。"大"谓阳。益行而不劳，得志可知。

上九：莫益之，或击之。立心勿恒，凶。

四损己以益下，故有为依之利。五有惠心以孚四，故归德，而获享帝之报，上九阳亢在上，骄吝而无益物之心。无所益于物，物亦莫有益之者，面或且击之矣。吝生于骄，而骄吝者之心，当其求益而畏击，则不能无望于人；及其终不得益，而未必有击之者．则又亢而自恃，自以为善揣人情；而可以术驭；而不知无恒者，人之所厌恶，而白绝于天也。益上与损初，皆吝于损，而无益者。损初位下而上承二，故可劝勉之以往；益上已亢，故决言其凶。骄以成吝，祸尤不可解也。勿、无通。

《象》曰："莫益之"，偏辞也。"或击之"，自外来也。

不言上不益物，但言物"莫益之"者，从一偏言之，以该其全理。"自外来"者，卦十无相击之爻，而天下祸生不测，则莫为之益；亲戚且叛，而兵戎自至，发于其所不及防也。

兑上 乾上 夬

夬：扬于王庭，孚号有厉。告自邑，不利即戎，利有攸往。

号，胡刀反。

夬之为决者也；绝而摈之于外，如决水者不停贮之，决而任其所往，求其无相淹濡。不复问，所以处之也。为卦，阳盛已极，上居天位，下协众志，一阴尚留。而处之于外。阳已席乎，安富尊荣，而绝阴于无实之地，以是为刚断之已至矣。乃阴终乘其上，而睥睨之，阴固不能忘情乎阳，阳亦岂能泰然处之，而不忧？故《爻辞》多忧．而《象辞》亦危。

阴之为德，在人为小人，为女子，为夷狄，在心则为利，为欲。处女子、小人者，置之于中而闲之；处夷狄者，抑之使下而抚之；若使亢焉化外，而徒摈之以重其怨，则其为忧危之府，必矣。以义制利、以理制欲者，天理即寓于人情之中。天理流行，而声色货利，皆从之而正。若恃其性情之刚，遂割弃人情以杜塞之，使不足以行，则处心危，而利欲之乘之也，终因间而复发。二者皆危道也。故统帅群阳以摈一阴，而且进且退，终窒碍而不得坦然以自信焉。

呜呼！天下岂有五阳同力，而不能胜一阴者哉！惟恃其盛而摈之以为不足治。乃不知彼之方逸居于局外，以下窥我之得失也。故三代以下，为：正者不治夷狄之说，自以为道胜无忧，而永嘉靖康，凭陵祸发，垂至于祥兴，海上之惨，千古同悲。

野火之燎，一熄未灭．乘风而熔，岂在大乎！五王诛武氏，而三思犹蒙王爵，《要典》焚而冯铨犹以故相优游辇下，皆此象也。其在学者，则三月不违之仁，尤当谨非礼于视听言动之著见。伯禹戒舜，罔若丹朱；召公陈《旅獒》，拟之商纣；一私未净，战战栗栗，尤在慎终，可不戒夫！是以知夬者，忧危之府也。日之朔，月之望，有薄蚀焉；盛夏之荣，有靡草焉。天地且然，而况于人乎？

"扬"者，栩栩自安之貌。宫中曰"庭"。"工庭"，五之后宫也。阴居五之上而当位，虽摈绝之，犹安其所，而乘其后以俯窥也。如是，则群阳相与交孚，以号呼不宁，而见其危矣。危则自治不可不饬，故必"告自邑"，亟内治；则忧群阳之不相下，而必申命以有合也。

内治修，则徐而制之，专任能者以建威销萌，可矣。若恃众盛而以即戎，九节度之所以溃于相州也。"利有攸往"，内治得，则率道以行，阴自无号而消沮矣。慎终之道，忧危之吉也。

《彖》曰：夬，决也，刚决柔也。健而说，决而和。

说，弋雪反。

健故决，说故和。决之不尽，阴得以相说，而遂与之和。

"扬于王庭"，柔乘五刚也。

乘刚故扬扬而自得。阳既盛，五已据天位，柔复乘于其上，忧若在外，实在内也。

"孚号有厉"，其危乃光也。

知其危乃光大，而不与阴为缘。

"告自邑，不利即戎"，所尚乃穷也。

以刚之盛为尚，而恃之以战阴，则穷。

"利有攸往"，刚长乃终也。

长，上声。

进修其德而不已，道胜于己，阴乃终凶。

《象》曰：泽上于天，夬。君子以施禄及下，居德则忌。

"泽上于天"，势必下降，夬之象也。君子在上，以禄待天下之贤者，无所吝留。取法于此，所由异于项籍之印刷不与也。然泽者天之泽，禄者天之禄，非君子以市恩，而可居之为德者也。有居德之心则骄，而士且不以为德，故忌而戒之。

初九：壮于前趾，往不胜，为咎。

初居下位，恃积刚之势，以刚居刚，遽欲前以逼阴，力弱而不相及，不胜必矣。不胜，则阳之锐折，而阴益安据于上，所谓"与于不仁之甚者"也；位未高，道未盛，而欲攻小人，则不胜而且折人于邪，贾捐之是也。德未充，义未精，而欲遏制人欲，必且激而成乎妄，佛、老是也。皆以壮为咎者也。

《象》曰："不胜"而往，咎也。

量其不胜，惟益自强于善则可矣。

九二：惕号，莫夜有戎，勿恤。

莫，漠故反。

九二刚中，而居柔位，强于自治，而不暇与物竞者也。"惕"者，心之忧也。"号"者，成群阳使自治也。上六非二之应。又相去疏远，其有戎心，出于非意。"莫夜"之寇也。害不及己，勿恤焉可矣。卦惟此爻为得，然谨慎自持，而不能恤阴之未去，故夬之为卦，决而实不能决也。

《象》曰："有戎""勿恤"，得中道也。

以刚居柔，户而得其道矣。道得，则戎不能为之伤，故可勿恤。

九三：壮于頄，有凶。君子夬夬，独行遇雨，若濡有愠，无咎。

三与上应，有比匪之嫌；既与为正应，情固不可绝，而外必示之以不屈。则小人且怨，而难及之。周额之所以杀身，"壮頄"之凶也。以刚居刚，志非合污，则决然于夬，而以与诸阳并进。己独遇上六，有相沾濡之迹，心愠结而不容不形于色，则虽凶而"无咎"。称"君"者，谅其志之终正而为君子。

《象》曰："君子夬夬"，终无咎也。

事虽凶而义白正，惟其决于夬也。

九四：臀无肤，其行次且。牵羊悔亡，闻言不信。

次，七私反。且，七余反。

九四以刚居柔，而为退爻，不能敏于夬者也，故为羸弱不能行之象，然使随几五之后，而奖九五以前进，如牵羊者之从其后而鞭之，则阴可消而悔亡。乃与兑为体，闻上六之甘言，而不信诸阳之同德，则亦安能亡悔哉？以其与阳为类也，故可有"牵羊"之得；以其弱而易悦也，故终于"不信"。

《象》曰："其行次且"，位不当也。"闻言不信"，聪不明也。

听之能明，辨其贞邪而已。与邪合体，则甘言得进而惑之。

九五：苋陆夬夬，中行无咎。

苋，胡官切，从艸与从艸者异。

"苋"，细角羊，不能触者。"陆"，平原之地，羊所乐处也。兑本羊体而行于平原，得其所安，故有此象。九五虽迫近上六，有决于驱除之责，而安居自得，与之邻而无戒心，夬夬而实未决也。以其得位居中，而非昵于阴柔，故亦可以无咎。

《象》曰："中行无咎"，中未光也。

与上比而共为兑体，心系于悦，仅以免咎而已。夬之九五与剥之六五同，故剥五承宠而利，夬五夬夬而未光。

上六：无号，终有凶。

阴慝僭上，虽有与之应，而相比以说者，时至则瓦解。徐达师至通州，而元主北去，不能望救于人也。以群阳相牵，故必待其运之已穷，而终乃凶。《本义》谓"占者有君子之德，则其敌当之，不然反是"。《易》不能为小人谋，义固然也。

《象》曰："无号"之凶，终不可长也。

为君子者可以慰矣，勿疑其乘人之上而不易拔也。

䷫ 乾上 巽下　姤

姤：女壮，勿用取女。

取，七句反。

不期而会曰遇，媚之象也。遇本草次不以礼相见之辞，而"姤"乃女子邂逅，与男相遇之谓，其为不贞明矣。阴之忽，生于群阳之下，本欲干阳，而力尚不能敌，故巽以相人，求以得阳之心，而逞其不轨之志，其貌弱，其情壮矣。卦本一阴为主，而卦之名义、《象》、《爻》，皆为阳戒，小人之幸，君子之不幸也。若恤其孤弱卑下而容其遇，则抑岂知其志之壮也？目中已无君子，将人其腹心而为之蟊贼哉！故一阴而遇五阳，志无适从，与己悦者，因而入之。不幸而与之遇，视其令色如戈矛，闻其甘言，如诅咒，得其厚赂，如鸩毒，坚刚不为之动，则无如我何。女虽淫悍，岂能伤不取之人乎？乃在不期，而会之际，阳方盛而二、五皆未丧其中，则忽之以为不足忧而乍然相喜者多矣。戒之于早，犹可不乱，而非中人以下所能无惑也。

《象》曰：媚，遇也，柔遇刚也。"勿用取女"，不可与长也。

乍然相得，终必相亢，岂可长哉！宋与女直遇，而欲恃之亡辽，高丽主知，而宋不知，乃终以亡。唐高宗纳武氏之曰，岂知其灭唐之宗社哉！

天地相遇，品物咸章也。刚遇中正，天下大行也。

媚之为时，已极乎阳道之忧危，而夫子推言天地之化，以通大人正己格物之道，抑岂必不相遇，而始亨哉！苟有其德，则且与天地同其化机，夷狄可使怀柔，小人可使效命，女子町使承顺，则虽姤而何伤于盛德！如天之遇地，而品物荣，天不失其刚健巾正之德，则化无不行。君子以刚健中正、率礼无违而遇之，则小人顺而天下无不服从。然则越礼以取女者，自贻不终，非必不与阴遇，而始得行其志。即食色而礼在，即兵刑而仁行，苗格于舞于，瞽御奄尹止于冢宰，皆遇之以其道者也。

姤之时义大矣哉！

《本义》曰："几微之际，圣人所谨。"当其时，制其义，非圣人不能。然亦岂有他道哉？以义制利，以礼制欲，以敬制怠，则无不可遇之阴矣。

《象》曰：天下有风，姤。后以施命诰四方。

不失其贞吉矣。若不系而逞，遇所宜从者而前进，则将干乱群阳，而天下遇其毒矣，以戒阳之宜为防也。又从而申之曰：金棍之系，岂可必哉！其为羸豕矣，则必将蹄躅而不爽矣，而可不早制之乎！

《象》曰："系于金柅"，柔道牵也。

柔之道，以制于刚为正。小人顺于君子，夷狄宾于中国，女子制于丈夫，皆道之固然，故以系而止之为贞。

九二：包有鱼，无咎，不利宾。

"鱼"，阴物。"包"，受而怀之也。初六出而求与阳遇，邂逅即欲适愿，得受之者，则有所系，而止其淫邪；二虽非正应，而以刚居中，直任天下之咎于己，则固无咎矣。若不任其责，而委之于他人，使浸淫及上，则害无所止。"宾"之不利，二亦不利也。"宾"谓三以上诸阳。

《象》曰："包有鱼"，义不及宾也。

阴之遇阳，卒然而起，介然而合，本无择于应之正与不正，得所附，而有道以止之，则其害犹可止息。二不幸而正与之遇，则慨然以身任抚驭之责，二之义也。为名教受过，为义命受责，讥非不避，而害不蔓延矣。若迁延避咎，推不美之名，使人分任之，则祸自己延，虽欲沽清刚中正之名，岂可得乎？推此义之尽，则孔子谓昭公为知礼，亦此而已矣。

九三：臀无肤，其行次且，厉，无大咎。

次且，音同夬卦。

三与巽为体，未尝不洊惙而听阴之人，故与夬四同象。然以刚居刚，则能严厉自持，而町免于阴之污染，故无大咎。

《象》曰："其行次且"，行未牵也。

虽次且而固行矣，则不为阴所牵矣，故无大咎。

九四：包无鱼，起凶。

四与初为应，欲包初为己有，而二已受阴之遇。四能与阳同升，而不以初为志，则得静正之道。乃以刚居柔，而为退爻以就下，有强合于阴，而不能之象。无鱼矣，又从而包之，本可不凶，而挑起祸端，凶道也。

《象》曰："无鱼"之凶，远民也。

阴为民，民不怀己，而欲强应之，不得则必争。民心愈离，生起祸端，无宁日矣。

九五：以杞包瓜，含章，有陨自天。

"杞"，柜柳，其条可编为器以贮物。"瓜"，易溃之物，包之密则不溃。九五刚健中正，尽道自己，而不忧阴慝之作，以具曲成万物之德，包妄起妄遇之阴，辑其溃乱而使化为美，惟含容之道盛，则阴交阳，以成品物之章，始于不正而终于正矣。是岂阴之德足以致之哉？容畜裁成之功，自天陨而得之意想之外。瓜之不溃，杞护之，固非瓜之能尔也。

《象》曰：九五"含章"，中正也。"有陨自天"，志不舍命也。

舍，如字，书夜反。

"舍"，置也。阴消极而必生，理数之自然，命也。九五以含章为志，不委之于命，而必欲护之以止溃乱，乃大人立命之德。惟刚健中正足以当之，人而天矣。

上九：媾其角，吝，无咎。

"媾其角"者，阴阳方遇，而上为其角，既非其应，又与绝远，则吝于遇矣。吝不足以章品物，而能自守不渝，则无咎。

《象》曰："媾其角"，上穷吝也。

上处于穷极上地，阳道将衰，不容不亢，则吝而非咎。

≡≡ 兑上
坤下 **萃**

萃：亨。王假有庙，利见大人，亨，利贞。用大牲，吉，利有攸往。

假，古白反。

草之丛生，曰"萃"。泽地者，草丛生之薮也，而丛生，必各以其类；此卦三阴聚于下，二阳聚于上，各依其类，以相保，故谓之萃。然阳之能聚于上者，惟阴聚于下，不散处以相间。阳既在上，嫌于将往而消，而上六复覆其上，保阳而使不往，以萃于其位，则阳之得萃，阴之顺而说者成之。阴虽群处致用之地。高居最上之位，而皆以保阳，故六爻皆言"无咎"。

"萃亨"，程子以"亨"为羡文。然上言"亨"者，通萃之德而言之；下言"利见大人亨"者，则就见大人，而言其亨之由也。阳聚于其位，阴顺于下而奉之，嘉之会也。"王假有庙"者，群阴聚顺于下，四赞九五而以承事乎上六；上为宗庙，王者聚群心以致孝享，而神可格，所谓合万国之欢心，萃之盛者也。"利见大人亨"，言三阴聚以从六二而应九五，见之而上下各安其位，志无不通也。应以正，合义而永贞，故曰"利贞"。"大牲"，特牲，牛也。"用大牲吉，利有攸往"者，言聚顺以事天则受福，而行焉皆利也。

盖太极之有两仪也，在天则有阳，而必有阴，在地则有刚，而必有柔，在人则有君子而必有小人、有中国而必有夷狄，惟凌杂而相干，斯为大咎。乃阴以养阳，柔以保刚，小人以拥戴君子，夷狄以藩卫中国，阴能安于其类，而阳自聚于其所当居之正位，交应而不杂，则阴虽盛而不为阳病。鬼神以是不乱于人，而佑人以福；愚贱以是自安其类，而贵贵尊贤得以汇升：此萃之所以聚众美也。故《象》历言其亨利贞吉焉。阳杂乎阴，而小人始疑；阴杂乎阳，而君子始危。免此而绥人神，利行藏，何弗宜哉！

《彖》曰：萃，聚也。顺以说，刚中而应，故聚也。

说，弋雪反。

阴安聚于下，则成乎坤顺。阳得位于上，而阴卫其外，以不消则说。五得位而二应，虽类聚群分，而志不相违，斯以成乎聚而致亨也。

"王假有庙"，致孝享也。

"孝"者顺德，合群心之顺，以致于上：庙中之象也。顺者阴也，致享者九五之阳也。然能聚下之顺，而后顺乎亲者大也。

"利见大人，亨"，聚以正也。

二五各当位，得刚柔之正，而四从五聚，初、三从二聚，惟其正，是以群心附之。

"用大牲，吉，利有攸往"，顺天命也。

五居天位，天所命也。下群聚以顺之，则可升中以享帝。

观其所聚，而天地万物之情可见矣。

阳必聚于上，阴必聚于下，阴保阳以不散，阳正位，而阴不离，理气之必然，天地万物莫能违也。非是，则虽聚而非其情之所安。

《象》曰：泽上于地，萃。君子以除戎器，戒不虞。

水本流于地中而浚地为泽，潴水以防水旱，而不使旁流散漫，时虽未需水，而畜之无用以待用，盖积以代匮也。君子不居无用之货，惟戎器，则除治之于安宁之日，以待不测之用，则聚而不嫌于不散。

初六：有孚不终，乃乱乃萃。若号，一握为笑，勿恤，往无咎。

号，乎刀反。

初六与二、三二阴本相孚同志，而与九为四正应，则又有舍其所萃，以就所应之心。乃两端交战，不能自决，而究为二阴所昵，若将号呼固党，相握为一，以为欢笑，则溺于私而失顺阳之义。惟勿以此为恤，而往奉四以聚于五，庶几无咎。以其卑弱处下而无定志，故有此象；而不失其应，则可奖之以无私系，而免于咎也。

《象》曰："乃乱乃萃"，其志乱也。

物虽不齐以相感，而岂能乱贞人之志哉！志先乱，则苟且怀安而失正耳。

六二：引吉，无咎。孚乃利用禴。

六二为坤顺之主，柔中得位，初、三二阴之所恃以聚也。能引之，以应乎刚，而阴阳上下，各以类相从而安，则无咎。乃初与三皆怀自固其党之心，二必诚意相应，使初、三深信其相引之为吉，乃克同寅协恭，以戴阳于上，然后上下各得而利。盖非信友，则不能获上，与聚顺以事祖考之理同，颂奏假者所以贵乎靡争也。六二之道，岂易尽哉！"引吉"而后"无咎"，"孚"乃"用禴"而"利"，有其难其慎之戒焉。"禴"，夏祀，特而不祫。二专应九五，故言禴。

《象》曰："引吉，无咎"，中未变也。

三阴聚，而二为之主，势足以背上而自固，自非大顺之贞，其心易变。能引之以用禴，则心可谅于天下。言"未变"者，危辞也。阴聚于内，非上六则成否，故其辞危。

六三：萃如，嗟如，无攸利。往无咎，小吝。

六三与二阴聚处，不当位，而有躁进之情，不自安于下，小人所以长戚戚也。以其承刚而为进爻，能往戴二阳使聚于上，可得无咎。阴之情本鄙固，而怙其党，吝也，未可必其往也，故为两设之辞，使占者各自择焉。"小畜"，小者畜也，"小"谓阴。

《象》曰："往无咎"，上巽也。

"上"谓外卦二阳。"巽"，顺而人也。谓上承刚以相得也。先儒互体以三、上合四、五为巽卦，说亦可通，然不可为典要概施之他卦。

九四：大吉，无咎。

九四本非吉也，以上与刚中之君相保，下有聚顺之民相戴，则藉之以得"大吉"；非其德之能然，所处之时为之也。因而与五相聚以安，亦得无咎，如宋张俊之保其禄位是已。

《象》曰："大吉，无咎"，位不当也。

使非遇大吉之时，其能免于咎乎？

九五：萃有位，无咎。匪孚，元永贞，悔亡。

五虽与四萃聚于上，为四阴所保，然阳亦孤矣。且辅之者，非其才之能堪，尤危道也。但以居尊，而不失其尊，故可无咎。且二之应已，虽各自为聚，不与阳同德，而非其所孚。然当位之柔，本体坤顺之贞以效顺，则无所疑而"悔亡"。"永贞"与坤"用六"文同，言坤德也。"元"，谓其本然。

《象》曰："萃有位"，志未光也。

群阴方盛，拥尊位，则有危心，不能光大以施德教，所赖以亡悔者，阴之永贞耳。

上六：赍咨涕洟，无咎。

赍，与嗟同。

三阴萃于下，二阳萃于中，上独孤处而无与萃，能勿忧乎？然上之在外，所以奠阳于五而不使之消，则身危而主安，义无咎也。

《象》曰："赍咨涕洟"，未安上也。

居上而孤处不安，其情必戚。处当忧之时，亦何能遽望其安乎！身不安而义自正。

坤上 巽下 **升**

升：元亨。用见大人，勿恤。南征吉。

自庭徂堂，历阶而上，曰"升"。宾嘉之礼，主宾交相揖，迭相让，互相升，于是乎情洽而礼成。以卦二阳让阴以登于上，初六之阴，让阳以登于二、三，更迭相延，从容而进，阴升阳，阳升阴，宾宾乎从容不迫，巽顺而相应，故谓之升。

"元亨"者，阳为初阴所升，得中而为主于内，阴为阳所升，居尊而为宾于外，阳为主而道行，故不失其德之元，而自成乎嘉之会也。"用见大人勿恤"者，阴为宾，而下应乎九二，用是以见大人，可不以阴亢阳卑为嫌也。"南"者向明之方；阴既为阳所升，则志协于阳，而柔顺之道，以近光而行，其吉宜矣。

升之为卦，本泰之初变阳而成，上下既交而又得初六之阴以巽乎阳，则不以法摈阴于外，而与阴迭相让以进，道之尤美者也，故三阴不终为小人，以初之能承阳于下，而上六虽阴之穷，犹忘躯命以进于善，则惟阳之进之也以礼，而无不顺也。卦亦阴为主而阴道之得，于斯盛矣。

《象》曰：柔以时升。

待有升己者，而后升焉，则升以其时矣，所谓进以礼也。

巽而顺，刚中而应，是以大亨。

初阴升阳，而成乎巽入，外卦受命于阳以升，而成乎坤顺，九二刚中不丧其主道，而五下应之，故大善而亨通。

"用见大人，勿恤"，有庆也。

阴虽非位，而阳志与之应，则所遇者荣也。

"南征吉"，志行也。

阴受阳升，主宾道合，志无不行矣。

《象》曰：地中生木，升。君子以顺德，积小以高大。

变风言"木"者，风生于空，无在地下之理。圣人取象，必物理之所有，非若京房之流，强合八卦五行而违其实也。"顺德"，顺其序也。谨于微而王事备，慎于独而天德全，皆木生地中，日积而为乔林之象。

盖尝论之，君子之于德也，期至于高明广大之域，一也。而言学者，或从而分为二道。皆成德之功，而倚于一偏，则各有所失。或以为道本高大，而局之近小，则徇末而忘本；或以为道在卑迩，而顿希乎高大，则志广而事疏。游、夏俱承圣教，而互相非，况后世之言德性、言问学者，相争不息乎！夫圣人之学《易》，垂训以诏后学者，非一卦之足以该全学。各有所取而并行不悖，圣学之所以大中至正而尽乎人性之良能也。守卑迩以求渐至，是欲变瓠率以使企及也。务高大而忽于微、是不待盈科而求盈沟浍也。

夫君子于《易》也，取法各有其时。时者，莫能违者也。

当志学之始，而致知以适道，必规恢乎极至之域。故《大学》之始，即求知止乎至善，而天之命人之性、圣之所以达天而知化，虽未至焉，必期以为准绳，而不谓登天之难，姑孳孳于近小。及其志之已定，学之已正，然后优而柔之，驯而习之，小节必谨，细行必矜，造天地之道于夫妇之知能，立万物之命于宫庭之䜩笑，以克副乎大无外，小无间之大德。故颜子之心"三月不违仁"，而后夫子使即视听言动以审于几微，此非可与仲弓以下所呕言也。

观象于升，而"积小以高大"者，顺德之事也。德岂易顺者哉！有成德于心而后察于其序，序已察而后可顺焉。然则子游之舍小以求大，君子忧其德之不纯；而子夏后倦于高大，固非中道而俟能者之方。故曰：君子于《易》各有取，于学各有时。"积小以高大"者，成德以后之功也，顺也，岂初学之以自画者所得托哉！

初六：允升，大吉。

"允"，诚也。初六自处于卑柔。以承阳而升之，使为主于内，让贤能，进君子，出于至诚。故升德之吉，莫吉于初，群阴方伸而独屈于巽也。

《象》曰："允升，大吉"，上合志也。

"上"谓外卦三阴，居上而顺应乎刚，虚中以待阳之升。本有其志，而必藉初之屈于下以承进之。初与合德，而志行焉，是以大吉。

九二：孚乃利用禴，无咎。

象与萃二同而意异。延阴以升者，三也。二处三之下，位远于阴，虽受初之升，而不当位，无能为主，惟"孚"合乎三，乃以升阴而"利"。有孚，则位虽不当而无咎。

《象》曰：九二之"孚"，有喜也。

喜得三以成相升之美。

九三：升虚邑。

凡升之道，主宾相得以成礼，君臣相奖以成治，故升人者，必自升也。九三刚得位而为进爻，以推阴而升之。阴既升，则三亦升矣。阳实阴虚，坤为国土。阴既升，则虚中以待阳之进，而与为治，故有"升虚邑"之象。不言其利，而固无不利矣。

《象》曰："升虚邑"，无所疑也。

初允之，二孚之，三阴辟门以待之，岂复有所疑沮哉！

六四：王用亨于岐山，吉，无咎。

亨与享同。

四非天位，而谓之"王"者，为群贤所推进，文王之象也，周公于追王后尊称之。岐山，文王封内之山。四升而上宾于神祇；临其上者阴也，故为地祇。登山而修祀事，虽未受命，而郊神飨其德矣。于事既吉，于义亦不失诸侯祀境内山川之礼。柔顺而当位，升以其宜，故无咎也。

《象》曰："王用亨于岐山"，顺事也。

以时升，而安于侯度，其事顺矣。柔当位，而为退爻，让不遽升天位，文王之道也。

六五：贞吉，升阶。

升者至阶而止，升之位也。六五为坤顺之主，非有自尊之意，以贞而为阳所乐推，二与应，而延之上升。先言"吉"、后言"升阶"者，六五柔顺为志，不自以升为吉也。

《象》曰："贞吉，升阶"，大得志也。

"大"谓阳也。阳本乐推五而升之；五虽贞顺，而时至必升，升之者之心惬矣。

上六：冥升，利于不息之贞。

升者至阶而止，上六尤进而往，则且即乎欲消之位，而返人于幽冥，昧于升矣。然上之进处于高危，所以延阳，而安之于内，则虽濒于消谢，而贞志不移。此贞臣正土不以险阻危亡易其志者也。贞不息，而允合于义矣

《象》曰："冥升"在上。消不富也。

"不富"，阴也。"消不富"，言阴之且消，"冥升"之不利也。然君子以合义为利，当危亡之世，出身以求济难，受高位而不辞，死亡非其所恤，文文山以之。

中華藏書

周易全书·最新整理珍藏版

中国书店

二五一二

兑上
坎下　困

困：亨。贞，大人吉，无咎。有言不信。

卦象有天化，有人事，有兼天化人事，而立名者。若困之类，则专取象于人事，非天道之有困也。阴阳之迭相进退，人物之情见险阻焉，各因乎其时会与其情才，而非必以困于人，特当之者志道不与时位相值，而见困耳。阴掩阳而谓之困，贲阳遏阴而不谓之困者，阳道本伸，而屈则困。共、雡自仇其奸，非必困舜、禹，而舜、禹困；王骧、淳于髡自逞其佞，非

必困孟子，而孟子困。刚不可掩，掩之而道穷，故惟柔掩刚而曰困也。

若君子遏恶以抑小人，使安其分而不逞，非困之也。以学者言之，曰生知，曰学知，曰困学。所谓困者，非鲁钝不敏之谓也；天性之良欲见，而利欲掩之，力争其胜，交持而艰危之谓也。若使无求达其良知良能之心，而一用其情才于利欲，则固轻安便利而捷得。然则清刚者困，而柔浊者无困，审矣。故阳遏阴不言困，而阴掩阳言困也。

困为君子愤悱求达之情，则其道之亨，不待事之遂而早已远乎吝，故曰"困亨"。"贞大人"者，言大人之处困，亦惟以贞为道；而贞固大人之贞，非小贞也。大人者，言不必信，行不必果，化裁通变，顺应而不穷于用。乃当其处困，则静正以居，居处恭，执事敬，与人忠，之夷狄而不弃。此大人之惟以贞为道，而退守乎君子之塞，智有不施，勇有不用，惟贞而后全其为大人也。

然其贞为大人之贞者，不尚介然之操，以与阴争胜负荣辱，而成乎轻轻之小节也。贞大人而必"吉"者，时当其困，阴邪挟其智力，乘势而相掩，始而亿我之沮丧，已而疑我之别有机权以相胜；乃本无可胜之机，而权有所不用，虽小人之忮害，亦岂复有求胜之心哉！惟退守乎君子之贞，初无心于御变，而小人遂已莫窥其际；然而时俄顷而已迁，事不期而自至，静以待之，旁通而厄解。此理数之必然，特躁于求通者不能待耳，待之而自无不吉。故纣不能杀文王，匡人终不能害孔子。

凡若此者，持之以志，守之以约，退藏于密，而行法以俟命，岂容言哉！岂暇言哉！言出而群情益疑矣。知其言之必不信也，故无言也。非大人其能无不平之鸣乎！以兑有口说之象，故终戒之。

《象》曰：困，刚掩也。

刚为柔所掩也。上掩五、四，三掩二，初复从厂掩之，进不能，退不可，而困于中。掩者，或以势掩，而其志不伸；或以情掩，而其道且枉。"劓刖"、"酒食"皆掩也。井亦刚掩而不为掩者，井九三进而济险，困九四退而入险，是以异也。

险以说，困而不失其所"亨"，其惟君子乎？

说，弋雪反。

知命则乐天，"险"而"说"矣。刚中正位，则"不失其所"，惟君子能因困而善用之，故亨。

"贞，大人吉"，以刚中也。

二、五皆刚，大人之纯乎健也。刚则庄敬日强，中则不竞不练。大人以此，不期于吉而自吉。

"有言不信"，尚口乃穷也。

言既不为人所信，而犹尚之，能无穷乎！凝神定志，内省而信以天，困乃不穷。

《象》曰：泽无水，困。君子以致命遂志。

水在泽下，"泽无水"矣。泽不停水，乃自穷也。君子非无君可事，无民可使，而不欲为阴所掩，于是安丁阨穷，困其身而必不辱，困其志而必不降，去其膏润，安其枯槁，推致于命之极屯，而皆受之以遂其志，必无求通之心，以困为道者也。

初六：臀困于株木，入于幽谷，三岁不觌。

困，柔困刚也。然困人者，未有不自困者也。其始也，处心积虑，所以窘辱正直者，梦寝不宁，万棘丛于胸臆。乃刚正之士，方且处困而不失其所，而困之之术又穷。及其后，直道终伸，则欲避讥非，而终不可挽，欲全利禄而法纪不可逃。故困卦三阳虽受困，而"有庆"、"有终"、"有说"，皆免于咎，惟三阴之凶咎徒深。

困人者，人不困而先自困，此理数之必然。而圣人因象示占，以奖君子之亨，而以凶咎警小人，情见乎辞矣。"株木"，木被伐，徒茎而无枝叶者。初六居下，无刚之可掩，而柔方乘刚，使不得进，初复以柔阻之于下，使不得退。乃刚志在进，初无欲退之心，徒自劳困，坐于株木以守之，缩项鼠伏，怀邪而暗处，未能困刚，祇以自困；至于三岁，刚终不屈，而惭伏自匿，奸而愚矣。占者遇此，虽有小人，怀暗害之心，不足为虑，听其自为消沮闭藏而已。

《象》曰："入于幽谷"，幽不明也。

不明于理，则亦不明于势，守株自困，可坐待其毙也。

九二：困于酒食，朱绂方来，利用亨祀。征凶，无咎。

食，祥吏反。亨与享同。

柔之困刚，非能与刚亢，而抑之也，有富人贵人之权饵，而陷之也。九二，下则初六承之，以酒食縻之，而不使退；上则六三乘其上，而将以爵禄羁之。于斯时也，欲峻拒之而礼有所不可却，欲受之而固非刚中者直道必伸之志。君子所遇之困，困此者也。彼之犹有礼也，以礼接之；其敬而不与之渎也，以鬼神之道待之。如孔子之于阳货，尚矣。抑不然，而必欲自伸，以求往，则触其恶怒而凶，虽非待小人之道，而于义固无咎。祭祀者，大人之道；"征凶"者，贞士之守。两设之，使占者自择焉。

《象》曰："困于酒食"，中有庆也。

以刚得中，故小人不敢即加害，而庆之以酒食朱绂。不言朱绂者，略举以该之。《象传》之有偏释，皆准此。

中華藏書

周易全书·最新整理珍藏版

中国书店

六三：困于石，据于蒺藜，入于其宫，不见其妻，凶。

九二刚介如石，奠位于中，三欲困之，力竭而莫能动，先自困也。以柔居刚，所处不安，还以自伤。欲望上六之应己，与为匹耦，而上六，已困于葛藟，能脁之中，不能相助。小人之自困且如此，何足惧哉！二位刚，上位柔，故有夫妻之象。

《象》曰："据于蒺藜"，乘刚也。"入于其宫，不见其妻"，不祥也。

六之居三、乘九二者不一卦，而此独为"蒺藜"者，以其据之以困阳也。"不祥"者，犯天下之不祥，凶必及之。

九四：来徐徐，困于金车，吝，有终。

"金"刚。"车"，所以行者，谓五也。九四以刚居柔，而为退爻，不急于求伸，故与上六远，而即不为其所掩。所困者，五欲进而困；五不能行，则亦与之俱止，而所行"吝"也。然承五以待时而动，柔岂能终掩之哉？必有终亨之道矣。

《象》曰："来徐徐"，志在下也。虽不当位，有与也。

内难未靖，不可图外。志在靖六三之难，待其定，而后足以进，处困之善术也。在困者，惟寡与之足忧。有九五之"金车"足恃，虽与之俱困，固必"有终"。居位不安，自足以无患。卦惟此爻之受困也轻，远小人，而近君子也。处困而不与正人君子交，未有能免于凶咎者也。

九五：劓刖，困于赤绂，乃徐有说，利用祭祀。

说，吐活反。

上六从上，而"劓"之，六三从下而"刖"之，处困而受伤，不足为君子之困。所困者，柔不明加以劓刖，以"赤绂"相縻系耳。欲说此者，未可遽也。敬以自持，而以神道感格之，理极势穷，小人且悔罪，而相释矣。象与九二略同，而居尊当位，说于困则大行，故无征凶之戒。"赤绂"，朱绂；文偶变而义同。《诗》"朱芾斯皇"、"赤芾金舄"，皆诸侯之命服。

《象》曰："劓刖"，志未得也。"乃徐有说"，以中直也。"利用祭祀"，受福也。

刚健当位，中道本直，岂忧终困哉？受福者，行法俟命，鬼神自佑，小人自解。贞大人之亨，若出于意外。而固不爽。

上六：困于葛藟，于臲卼，曰动悔。有悔，征吉。

"葛藟"，皆柔韧缠延之蔓草。"臲卼"，高峻崎岖之地。"曰"，爰也，于也。阳道之伸。亦何损于阴哉？而必欲掩之，劳心苦形，以縈冒不已，是自人于葛藟之中也。且其所居者，义高危不安之地，于是而阴亦可以悔矣。于其动而止白困也，乃有悔之心焉，因释刚不掩，而白远以行，则君子之难解，而己亦占矣。上六柔居柔位，居上欲消，故贤于初、二，而谅其能悔，许之以吉。

《象》曰："困于葛藟"，未当也。"动悔，有悔"，吉行也。

以其柔当位，而未有伤阳之志，故仅言"未当"。"吉行"者，行则吉也。上六行将何往哉？退处于卦外无用之地而已。杨恽惟不知此，是以与息夫躬同祸。

中華藏書

第四部 船山说易

坎上 巽下 井

井：改邑不改井，无丧无得，往来井井。汔至，亦未缅井，羸其瓶，凶。

丧，息浪反。

井、革、鼎卦皆取物象以肖卦画；卦名止，而义因以起。《系传》曰："以制器者尚其象。"象所有而器制，器成而用行，用之有得失，而义存其中矣。

井之为井也，有数义焉。木之在水必浮，而水上木下，木入水中而载水以上，以罂汲水之家。汲水之瓶，或用木，或用瓦，而瓦虚以浮，有木道焉，引而上之，以致养于人，此一义也。

水者五行之初气，内刚而体阳，阳为水，阴爻中虚而为空；水待空而流，凡水皆附于空之下而依地，惟井则水方旁流，穴空而使之聚，其下则黄泉之位焉。此卦上四爻一阴一阳相迭，空而又空，水盈其中；初、二水上而空下，黄泉之区域也；故自三以上，人之所汲，而初、二水下灌于泥滓之窍，人不可用；其清浊用舍，于此分焉，此又一义也。

自黄帝始制井田，三代因之，井之为字，象其形。井九百亩，中为公田，庐舍在焉，而中有井，汲者溉者取给于此，而远近均。井井分而亩首异向。四井为邑，四邑为邱，四邱为甸，甸方八里，旁加一里为成，出长毂一乘。公私之田亩、贡助之制，以井为经界，而兵赋车乘之出，以四井之邑为准式。

井井既各有塍埒，四井之邑，又殊其塍埒，以合于邱甸向背之殊，步卒七十二人之选赋在焉，与九百亩之井疆又异。此卦之象，阳象塍埒，阴象田亩。上四爻一阳一阴，分明界画以外向；下二爻一阴一阳，又殊画以内向；各成乎经界，分田出赋，不一其疆理，有井邑之象焉。邑虽殊，而井在其中者不迁，此又一义也。象与爻辞杂取其义，故释者未易通焉。约而言之，木汲水而出，以利人用，所以养人；而能汲其上之淳凝者，不能穷其泉之所自来，欲穷之则水浊而瓶伤，明清而利物者为宜登进，沈浊而败物者为不可用；故田有井以交足于上下而致养，为九州攸同、古今利赖之大法，宜为人所利用，而非如黄泉之暗流，不为功于人物。则数义相通，象皆有焉，而协于一，勿疑于三圣之所取不同，而曰文王有文王之《易》，周公有周公之《易》，孔子有孔子之《易》也。周流六虚，神而明之，存乎其人尔。

"改邑不改井，无丧无得，往来井井"，以井田言也。民有登耗，赋有升降，户有迁徙，出赋之经制图籍或改，而井居公田庐合之中，为八家之标准，九百亩相拱而形埒定；田之不改，井定之也，其画有准而无能堙塞也。自黄帝以至周，未之有改。

六代兴而不与俱兴，五代革而不与俱丧。自三以上，形埒向外而往；二与初，形埒向内而来。井井鳞次，易知易辨。故曰："井，德之辨也。"此赞井之德，而言有定位者有定分，刚柔自成其理，而但在用之者得其宜也。"汔至"，至其底也。

"未缩井"，太深入则绳不及引而未登其用也。"嬴"，败也。井之为功，至三而止，往以利物者也。深入其下，则绠短而瓶触于所碍以毁，盖向背之理殊，则取舍之事宜异。初、二不为功，而止以取败；用之不宜，则凶矣。刚柔之升降有定体，阴阳之浮沈有异情，清浊之得失有殊效，用舍之利害有明征；立德立功，用贤养民，污隆治乱，大辨昭然矣。

《象》曰：巽乎水而上水，井。井，养而不穷也。

此赞卦德，而言用之之道也。"巽"，人也。"上"，引而出之也。其人也有定所，其出也必其所用，则可以养而不穷矣。天下岂乏贤才，足以裕国安民于无穷哉！侧陋旁求，汲引之若将不及，而君子小人各有界画，类聚群分，古今不易；期于得贤，而非期于求异。若不辨于其清浊之分，则公孙强以野人而亡曹，主父偃以倒行而乱汉，害且至而不足以兴利

中華藏書

周易全书·最新整理珍藏版

中国书店

久矣。

"改邑不改井"，乃以刚中也。

水，阳也，而中以定井疆之经界，不可改也。五居中而上行，二居中而下行；大辨立，不可易矣。

"汔至，亦未绡井"，未有功也。

舍其清者不汲，而求之愈下，徒劳而无功。

"羸其瓶"，是以凶也。

非徒无功，而抑足以致败。不明于往来清浊之定分，则以败国亡家而有余。

《象》曰：木上有水，井。君子以劳民劝相。

相，如字，息良反。

"相"，助也。坎，劳卦。巽为命令，所以劝民，而助其勤，盖言农事也。木以上水，用力劳而得水少，然而以养则不穷。稼穑之事，劳于畋渔，匪勤弗获，积日月而仅饱终岁。君子申警之于"于耜"、"举趾"之日，而以田畯之官、《豳》《雅》之吹，劝而相之，使不逸不谚，生于此养，俗于此淳也。然为民则然，非君子自劳自劝之道，故学稼学圃，则为小人。

初六：井泥不食，旧井无禽。

泥，乃计反。

"禽"，获也，谓得水也。阴空在下，二漏而人，浚治之所不及，泥滓不堪食矣。"旧井"谓旧所尝凿者；井水下漏，则其上无水，虽汲而必不可得。小人浊乱于下，君子道废，民不兴行，天下无可用之材，不言凶，而凶固可知，朱子所谓"占在象中"也。

《象》曰："井泥不食"，下也。"旧井无禽"，时舍也。

"下"谓下漏而浊也。"时舍"者，时所不尚也。古者士之子恒为士。世禄之家以礼传世，修其训典，而又登进之于学校，则贤才足用。迨嬖佞之小人用，而相习于下流，诗、书弦诵之风，时所不尚，则华胄之子弟，皆移志于耕商，诡随于嚚讼，虽欲用之，而无可用之才矣。学士之家，父兄不戒，使子弟狎小人而远君子，习焉而相安于猥下，故家大族，夷为野人，浸以衰绝，皆可伤也。

九二：井谷射鲋，瓮敝漏。

射，食亦反。

水旁出曰"井谷"。"射"，注也。"鲋"，鲫也，得少水即活。井底坚实，则水上涌而给于用；下空而漏入谷中，旁出涓涓，仅堪注润鲋鱼而已。

此言小人下达，虽有小慧，不足用也。"瓮敝漏"，亦水下泄也。汲之者非其器，则不得水。此言用人者无引掖贤才之实，则虽有君子，亦不为其用也。九二下空而阳泄，故象如此，凶可知已。

《象》曰："井谷射鲋"，无与也。

"与"犹助也。无为塞其下流之防，而汲之以上，则必竭。不释"瓮敝漏"者，言"无与"，则咎在汲者可知。若节之初九，"不出户庭"，则上不失臣，臣不失身矣。

九三：井渫不食，为我心恻。可用汲，王明，并受其福。

九三阳刚当位，本有可用之才，下阳实，而不漏，上空甃而不泥，徒以深隐而不易汲耳。"不食"者，设辞，言使其不为人所汲用，则怜才者，心伤之矣。言我者，周公自言其求贤之情也。可用，急之之辞。王明，谓上六之"勿幕"而与相应也。贤者荣而国亦昌，上下并受福矣。

《象》曰："井渫不食"，行恻也。求"王明"，受福也。

贤而不用，岂徒明君哲相之心恻哉！行道之人，皆所深惜矣。曰"可用汲"，士亦有待时求沽之意焉。自求福，所以使王受福也。

六四：井甃，无咎。

四居井中，而阴虚函水，井旁之甃也；柔当其位，退而砌治之象。不即汲用，嫌于有咎，而养才者务老其才，使洁清而慎密，作人之所以需寿考也。

《象》曰："井甃，无咎"，修井也。

三物六行，所以教士之修而大用之，虽不即食，所造就者多矣。

九五：井冽，寒泉食。

水以清冽而寒为美；推之于人，则洁己而有德威者。"泉"，其有本者也，是人所待养而泽被生民者也。九五刚中而上出，故其德如此。夫君子之德施能溥者，岂有他哉！

有一介不取非义之操，则能周知小民之艰难而济其饥渴。无私之心，人所共凛，则除苛暴而无所挠屈。诸葛孔明曰"淡泊可以明志"，冽寒之谓也。杜子美称其伯仲伊吕，有见于此与！

《象》曰："寒泉"之食，中正也。

无倚无邪，德威自立矣。

上六：井收勿幕，有孚元吉。

收，诗救反。

"收"，架辘轳之两柱也。勿、无通。古者井不汲，则幕其上，以避禽秽。上六柔得位，而虚己以屡汲；四既甃治之，上乃汲之，相孚而求冽寒之贤以大用，善之长而吉大矣。

《象》曰："元吉"在上，大成也。

井之用，至此乃登。下成其德，上成其治，谓之"大成"。井之君位不在五而在上，亦所谓"周流六虚，不可为典要"也。

中華藏書

第四部 船山说易

中国书店

第七章　周易内传卷四上

䷰ 兑上
离下　革

革：己日乃孚，元亨，利贞，悔亡。

"革"者，治皮之事，渍诸泽，而加之火上，内去其膜，外治其毛，使坚韧而成用。此卦内离外兑，既有其义：离之中虚，有炉灶之象；四、五二阳，皮之坚韧者也，覆于灶上，而阳为文、阴为质；上六灭其文，而昭其质；皆革象也。其义为改也，变也。

兽之有皮，已成乎固然之文质，而当其既杀而皮欲敝坏，乃治之而变其故，质虽存而文异，物之不用其已然而以改革为用者也。故曰"革故"也。卦自离而变，明至再而已衰，故离五有泣涕戚嗟之忧。革阳自外而易主于中，以刚健胜欲熄之明，五阴出而居外，寄于尤位以作宾，故殷、周革命有其象焉。然惟其在下也，有文明顺正之德，而刚之来为主也，阳道相孚，故卒成乎兑，而天下悦之。

商、周之革命也，非但易位而已文质之损益俱不相沿，天之正朔、人之典礼、物之声色臭味，皆惩其敝而易其用，俾可久而成数百年之大法。若其大本之昭垂者，百王同道，则亦皮虽治而仍其故之理，所易者外，而内无改也。革者，非常之事，一代之必废，而后一代以兴；前王之法已敝，而后更为制作。

非其德之夙明者，不敢革也，故难言其孚，而悔未易亡也。道之大明，待将盛之时以升中，于时为己。日在禺中而将午，前明方盛，天下乃仰望其光辉而深信之，六二当之。故三阳协合，以戴九五于天位，而受命摈阴，改其典物，故曰"己日乃孚”，非如日之加己，未足以孚，言时之难也。"元亨利贞"，乾之四德。

自三至五，乾道以成，然后虎变而小人莫不悦顺，悔乃可亡，德之难也。有其德，乘其时，以居其位，而后可革。非大明于内，众正相孚，德合于天，而欲遽革，王莽篡而乱旧章，众叛亲离，虽悔何及乎？先言"悔"而后言"亡"，固有悔而能亡之，亦所谓有惭德也。

《象》曰：革，水火相息。二女同居，其志不相得，曰革。

变泽言"水"者，泽非能息火，泽中之水乃息之也。然两间固有之水火，日流行而不相悖害，惟泽之所潴，斟之以息火，而火之所熯干之水，亦人所挹于泽之水也。

二女之志不同与睽同，但睽止相背，革则相争，以少加长，故不但睽而必争。"不相得"者，争也。争则有不两存之势，非但桀、纣之慕汤、武；逢、比欲存夏、殷而伊、吕欲亡之，亦不相得之甚矣。有道者胜焉，则革。

"己日乃孚"，革而信之。

天下信之，惟其大明之德，已盛于内也。

文明以说，大亨以正，革而当，其悔乃亡。

说，弋雪反。

"文明"者，其德也。"说"者，人信而说之，时可革也。"大亨以正"，不言利者，正而固者必合义之利，故《彖传》每统利于正。备天德之全，道可革也。如是而革，则当矣。"乃"者，其难之辞。

天地革而四时成。汤武革命，顺乎天而应乎人。革之时大矣哉！

四时之将改，则必有疾风大雨居其间，而后寒暑温凉之候定。元亨利贞，化之相禅者然也。汤武体天之道，尽长人、合礼、利物、贞干之道以顺天，文明著而人皆说，以应乎人，乃革前王之命。当革之时，行革之事，非甚盛德，谁能当此乎！

《象》曰：泽中有火，革。君子以治历明时。

"泽"，因自然之高下，浚治其条理，而后疏通不滞。"火"，以烛乎幽暗者也。泽通而火照之，知其敝而改之，不恃成法也。治历者，因历元而下推，若川之就下，理四时之轨度，幽微未易测者，而显著其定候。

天之有岁差，七政之有疾徐盈缩，不百年而必改，此不可不革者，非妄乱旧章以强天从己也。君子当治平之代，非创制之时，而可用革者，惟此。

初九：巩用黄牛之革。

"巩"，固守也，固守其素，而不革也。"黄"，中色；"牛"，顺物；离之德也，六二以之。初九之德未著，且宜固守"为下不悖"之义，以坚贞定志，待六二顺天应人之道，文明已著，而后革之。其"巩"也，乃所以革也。有文王之服事，而后武王可兴，修德以俟命，无容心焉。

《象》曰："巩用黄牛"，不可以有为也。

时未可为，虽盛德，能亟于求革乎？

六二：己日乃革之，征吉，无咎。

二为离明之主，虽未登乎天位，而已宅中当位，此正所谓禺中之日也。"乃革之"，统其后而言之。既为己日，光耀昭著，而方升乎中，从此而革，其往必吉，吉斯无咎矣。

革之美，必备四德，而以明为本。知之明，然后行之备善，所谓大明终始，然后利贞"也。故《汤》闩"懋昭"，文王曰"克明"。有天锡之智，然后有日跻之圣，乃可以顺天应人而行非常之事，得无咎焉。

《象》曰："己日""革之"，行有嘉也。

大明乎理，而后天下皆嘉尚之。

九三：征凶，贞厉。革言三就，有孚。

"就"，成也。革之不可轻试也，以九三刚而当位，大明已彻，然且不可自谓知天人之理数，而亟往以革，征则必凶，道虽正而犹危也。所谓"已日可革"者，言乎知已明而行必尽善。乾德之成，自三而四而五，三爻纯就，四德皆备，仁义中正交协乎天人，然后可以为孚于下土，而人说从之。今此方为乾道之始，虽从其终，而言之，可就可孚，而固未也。九三以刚居刚，而为进爻，故先戒以闪危，而后许其有成，以使知徐待焉。

《象》曰："革言三就"，又何之矣！

"之"，往也。革以言乎三就之后，则当三阳未就之初，又何可轻往乎！

九四：悔亡，有孚改命，吉。

九四，当文明已著之后，而于三阳为得中，虽不当位，而刚柔相剂，道足以孚信天下。两阳夹辅于上下，成大有为之业。于时即未遑制作，而变伐以改命，天与人归，宜其功成而吉。

《象》曰："改命"之吉，信志也。

"改命"者，圣人不得已之事。于天下为变。当泽、火相接之际，不能无争，非吉道也。惟自志足信其刚健无私，而天下皆信之，则顺天者本乎应人，而宜其吉矣。

九五：大人虎变，未占有孚。

此则革命而且改制矣。自离而变者，阳自上而来，正天中之位，承天之佑，而为建极之"大人"矣。"虎变"，亦于革取象。治虎皮者，振刷其文而宣昭之。阳为文，文敷于天下矣。"变"则损益前制而救其敝也。

"未占"者，不待此爻之既验乎占，自九三以来，知明行美，乾德已纯，内信诸己，外信诸人，本身征民，则裁成百王，更无疑也。若此类爻动应占，非夫人之所可用；筮而遇此，为世道文明、礼乐将兴之象、占者决于从王可也。

《象》曰："大人虎变"，其文炳也。

"炳"者，光辉盛著，人所共睹。所谓考三于、俟百世而成一代之美也。

上六：君子豹变，小人革面。征凶，居贞吉。

阴自五而迁于上，时已革矣。其君子虽修先代之事守，而其文物，非时王之所尚，不足以为，法于天下。豹之为兽，隐于雾以濡其毛，其文较虎为暗。二王之后，所以虽善而无征也。若其在下之小人，则已改面异向，而从虎变之大人，不可使复遵故国之典物矣。为君子者于此，而不安于已废，欲有所行则凶，武庚之所以终殄；惟知时而自守其作宾之正，则微子之所以存商也。

《象》曰："君子豹变"，其文蔚也。"小人革面"，顺以从君也。

蔚，纡勿反。

"蔚"，盛而不舒也，与郁同义。"君"谓九五。变离而兑，君子之文抑而不宣，小人之情从时而悦，不可以征，而惟宜居贞，明矣。"君子"、"小人"以位言，然此仅为商、周之际言也。韩亡而张良必报，莽篡而翟义致死，岂以居贞为吉哉！

☲ 离上
☴ 巽下 **鼎**

鼎：元吉，亨。

鼎以卦画取象，则初为足，二、三、四为腹，五为耳，上为铉。以巽、离二体言之，则木下火上，为烹饪以登于鼎之象，而义因以立焉。阴之德主养，柔居五而以养道抚群阳；初阴在下，效所养以奉主，五资之以养阳。

君之所以养圣贤、享上帝者，固无不取之于民。民非能事天养贤者，从君而养也。其所致养者，有得有失。而卦之诸爻，惟三为得位，则拣别所宜养而不失者，恃离明在上之举错得宜。

五柔为离主，而不自用，则资于上之阳刚外发以达其聪明，故五丽之而不滥于所施；如鼎之有铉，举而升之，以登堂载俎而致养者，其功大矣。卦以柔居尊而抚刚，与大有略同，故《象辞》亦同。特鼎得初六之柔，承上意而效其养，于事为顺，故加"吉"焉。卦以阴为主，而二阴皆失其位；自巽变者，柔离其本位而登于尊，二、四、上皆非位而不安，为天下未宁、君臣易位之象。

时未可以刚道莅物，而息其争，故养之所以安之，而取新凝命之义存焉矣。然柔道行，而抑必资于刚，乃克有定，则卦德之美，在阳之元，而以上之刚以节柔为亨，亦与大有上九之佑同也。

中華藏書

第四部 船山说易

中国书房

二五二九

《彖》曰：鼎，象也。以木巽火，亨饪也。

亨与烹同。

为足，为腹，为耳，为铉，其象也。巽，人也。火然而益以木，烹乃熟。备此二义，故兼言之。

圣人亨以享上帝，而大亨以养圣贤。

郊用特牛，故不言大。享宾之礼，牛羊豕具焉，故曰大。言"圣人"者，惟德位俱隆，乃可以享帝；而养贤，以定阴阳失位之世，非圣人莫能。君子以名世自期，不可以食爱虚拘也。六五上养上九，享帝之象；下养三阳，养贤之象。

巽而耳目聪明。

巽以人人之情，而达之。目明而耳聪，达矣。夫人之情，虽君子亦岂能违养乎？此释内卦。

柔进而上行，得中而应乎刚。

巽敌应而不相与，变而柔进居中。以与刚相应，志通而养道行矣。此释外卦。

是以元亨。

具上二义，故阳之元德伸而吉；刚柔相应，则志通而亨。不言吉者，文略尔。

《象》曰：木上有火，鼎。君子以正位凝命。

火者，两间固有之化，而遇木则聚。木在下，而火然于上，火聚而得其炎上之位也。巽为命令，位正则命凝矣。正位凝命，以柔道绥天下，而静以安之。

不言大人，不言后，而言"君子"者，天下初定，弭失位之乱，而大定之，以文明巽顺为君国子民之道也。此类专以贞悔二卦相配取象，义不系于卦名，不必强为之说。

初六：鼎颠趾，利出否。得妾以其子，无咎。

"颠"，覆也。"颠趾"倒持其足而倾之也。"否"，实之积于内者也。"以其"，相助也。初六卑柔居下、为民致养于上之象。颠趾而尽出其所积以奉上，为养贤之具。民贫而吝，其中固有否塞不乐输之情，而能捐私竭力，以致养，如妾之贱，而能佐主以辅助其子，谁得以其卑屈也而咎之！

《象》曰："鼎颠趾"，未悖也。"利出否"，以从贵也。

下奉上，力竭而义不悖也。"从贵"，从九五养贤之志也。言从贵，则"得妾以子"之义亦明矣。在下而柔，令无不从，故五乐得之以从己之用。

九二：鼎有实。我仇有疾，不我能即，吉。

二以刚中之德，六五应之，五择其贤，而输诚以享之，"鼎有实"也。怨耦曰"仇"。四与二均为阳之同类，而四比附于五，擅为己宠，与二相拒，乃以折足致凶，则为"有疾"，而不能就我以争，二可安受五之鼎实矣，故吉。

《象》曰："鼎有实"，慎所之也。"我仇有疾"，终无尤也。

"之"，往也；往而授人也。五之有鼎实，必慎所授，四安能与二争哉？二固可安享而无尤。

九三：鼎耳革，其行塞。雉膏不食，方雨亏悔，终吉。

卦惟此爻为得位，刚正之才可以有为，而受上之礼亨者也。三为进爻，则固有进而受享之意。乃以卦变言之，柔自四进而居五，改革巽体，为鼎耳，阴阳不相比，而志不相通，四又怙贪以间阻之，则五烹"雉膏"以待土，而三不得与。时易世迁，刚正道塞，而君侧有娟疾之臣，贾牛所以困于绛、灌也。但三与上为应，而上以刚柔有节为道，则释疑忌，而伸三之直，其悔可亏，故终获其吉。"雉"，离之禽也。《礼》，陪鼎有雉踞。既雨者，阴阳之和；上以刚居柔，故曰"方雨"。

《象》曰："鼎耳革"，失其义也。

三刚正，本持义以自居，而鼎耳既革，则不与时遇而义不伸，故终言"亏悔"。特亏之耳，未能无悔也。

九四：鼎折足，覆公悚，其形渥，凶。

覆，芳服反。

"覆"，倾也。"公悚"，上之所储于民，以足国者。"渥"，沾濡污秽之貌。四下应于初，而忘其上，取养于贫弱之民，民不堪命，折其足矣。病民者，病国者也。民贫而贪不止，污秽露著。所谓"害于而国，凶于而家"者也。占者遇此，当速远言利之人，以免于祸。

《象》曰："覆公悚"，信如何也？

"信"，果然之辞。小人之使为国家也，以利为利，苗害并至，无如之何矣。言当远之于早。

六五：鼎黄耳，金铉，利贞。

五为耳。"黄"，中色。"黄耳"，以黄金饰耳也。"金铉"谓上九。于上言玉，而此言金者，自五之柔视上之刚，则金之坚，而胜举鼎之任者也。五惟中正而柔，以虚中待贤，故得九二之大贤，以力任国事，于义合而情亦正。具此二德，吉可知矣。

《象》曰："鼎黄耳"，中以为实也。

阴本虚也，得中位而虚以待阳，则出于诚而实矣。信贤而笃任之，故金铉之利贞，皆其利贞也。

上九：鼎玉铉，大吉，无不利。

文明外发，力任国事，而成君之美；贵重华美，师保之德，宜受大烹之养，吉矣。利于国，利于民，无不利也。

《象》曰："玉铉"在上，刚柔节也。

以其刚节六五之柔，乃能举大器，而成其美，君所敬养而在止。宜矣哉！

震上震下 震

震：亨。震来虩虩，笑言哑哑。震惊百里，不丧匕鬯。

哑，乌客反。丧，息浪反。

震，雷声也。雷之用在声，声动而振起乎物也。阴性凝滞，而居其所，喜于敛而惮于发，非有心于锢阳，而得其类以凝聚，则遏阳而不受施。于时为春气方萌之际，阳欲起而阴闷于其上，阳不能散见，则聚于一而奋以求出，乃以无所待而骤发。阴愈凝，则阳愈聚以出，故雷恒发于阴云寒雨之下，而将霁，则出之和而不震。其出而有声也，非阳气之声也。两间之见为空虚者，人目力穷于微渺而觉其虚耳，其实则纲组之和气，充塞而无间。

阳气既聚而锐以出，则划破空中纲组之气。气与气相排荡，以裂而散，于是乎有震之声。凡声，皆气之为也。故雷始从地出，地中无声，而地上有声。阳之锐气，既划裂空中纲组之气而散之，于是阴阳之怙党以相持者，失其党而相和以施，故动植之物受之以发生而兴起焉。阴噎之日，非无阳也，而近乎地之上，则阴之凝结也为甚。阳出而未及散，因急聚而成形，故或得物如斧如椎者焉，阴急受阳施而成于俄顷者也。万物之生，无不以俄顷之化而成者，人特未之觉尔。故或惊以为异，而不知震体之固然也。

其或震而杀人物者，当其出之冲也，出不择地，而人之正而吉者，若或佑之而不与相值，此抑天理之自然。阴之受震，和则为祥，乖则戾也。

此卦二阴凝聚于上，亢而怠于资生。阳之专气，自下达上，破阴而直彻于其藏，以挥散停凝之气，动阴而使不即于康。阴愈聚则阳愈专，阳愈孤则出愈裂，乃造化生物之大权，以威为恩者也，故其象为雷。而凡气运之初拨于乱，人心之始动以兴，治道之立本定，而趋时急者，皆肖其德焉。凡此，皆亨道也。不待详其所以亨，而但震动以兴，则阴受震而必惧，阴知戒，则阳亨矣。

然阴方积而在上，其势不易动也。虽刚直锐往之气无所阻挠，而抑岂恣睢自任者之足以震之哉！固必有悚惕而惟恐不胜之情，则震之来，阴虩虩也。物无不虩虩也，阳亦未尝不虩虩也，乃阳之震阴，非伤阴也，作其惰归，使散藏固以受交，成资生之用也，则阳之志得，阴之功成，物之生以荣，而"笑言哑哑"，二阴之所以安于上而无忧也。

凡雷声之所至，其气必摇荡而物之有心，知者必惊。雷之砉然，而永者，则闻于百里，其殷殷而短者，不能百里。卦重二震，内卦迅起，外卦继之以永，故百里皆惊焉，震道之盛者也。"匕"，以升肉于鼎而载之俎。"鬯"，柜黍酿酒以和郁而灌者。

天子、诸侯祭则亲执匕载牲而奠鬯。"不丧"者，一阳初起，承乾而继祚，首出以为人神之主，受天命以奠宗社也。其德则震动恪共生于心，而以振起臣民怠滞之情，交于鬼神，治于民物，莫不奋兴以共赞祓宁也。震之为象，德本如此。

以筮者言之，则时方不宁而得主以不乱，虽惊惧而必畅遂，当勿忧其可惧之形声，而但自勉于振作。以学《易》者言之，震、巽者，天地大用之几也，君子以之致用；艮、兑者，天地自然融结之定体也，君子以之立体。人莫悲于心死，则非其能动，万善不生，而恶积于不自知。

欲相昵，利相困，习气相袭以安，皆重阴凝滞之气，闭人之生理者也。而或以因而任之，恬而安之，谓之为静，以制其心之动，而不使出与物感，则拘守幽暗而丧其神明，偷安以自怡，始于笑言而卒于恐惧。甚哉，致虚守静之说，以害人心至烈也！初动之几，恻隐之心，介然发于未有思、未有为之中，则怠与欲划然分裂，而渐散以退。

由是而羞恶、恭敬、是非之心，怵惕交集，而无一念之敢康，鸡鸣而起，孳孳以集万善，而若将不逮。其情虩虩也，则其福笑言也，其及者远也，则其守者定也。王道尽于无逸，圣学审于研几。震之为用，贤智所以日进于高明，愚不肖所以救牿亡，而违禽兽，非艮之徒劳，而仅免于咎者所可匹矣。

《彖》曰：震，亨。

《本义》云："震有亨道"，是也。天下之能亨者，未有不自震得，而不震则必不足以自亨也。

"震来虩虩"，恐致福也。"笑言哑哑"，后有则也。

"恐"者，非有畏于物；使人恐者，亦非威以摄之。但专气以出，惟恐理不胜欲，义不胜利，敬不胜怠，发愤内省，内壹气动，而物自震其德威之道也。"有则"者，如其震动恪共之初，几以行之，自不违于天则。

"震惊百里"，惊远而惧迩也。

所惊者及远而非务远也。惟恐惧之心，不忘于几席户牖之间，自足以震动天下。

出可以守宗庙社稷，以为祭主也。

此释"不丧匕鬯"之义。《程传》云："有脱文。""出"，言其动，而不括也。凡人之情，怠荒退缩，则心之神明闭而不发，自谓能保守其身以保家保国，不知心一闭塞，则万物交乱于前，利欲乘之，而日以偷窳。惟使此心之几，震动以出，而与民物之理，相为酬酢而不宁，然后中之所主，御万变而所守常定。孟子之以知言养气，而不动其心者如此。嗣子定祚，而孽邪之党自戢，乃保其国而为人神之主，亦此道也。卦一阳上承二阴，故有主祭之象。

《象》曰：洊雷，震。君子以恐惧修省。

"洊"，频仍也。君子之震，非立威以加物，亦非张皇纷扰，而不宁，乃临深履薄，不忘于心，复时加克治之功，以内省其或失，震于内，非震于外也。内卦始念之，忧惕为恐惧，外卦后念之，加警为修省，象洊雷之叠至。

初九：震来虩虩，后笑言哑哑，吉。

初九为震之主，故象占同《象》。言"后"者，非此爻有笑言之喜，通二、三言之，而初已裕其理也。变亨言"吉"者，此但具吉理，待成卦，而后亨通也。

震初与四同，而初"吉"四"泥"，艮三与上同，而三"厉"，上"吉"。盖犬心初动之几，天性见端之良能，而动于后者，感物之余，将流于妄。若遏欲闭邪之道，天理原不舍人欲而别为体，则当其始而遽为禁抑，则且绝人情而未得天理之正，必有非所止，而强止之患；逮乎阴柔得中之后，内邪息而外未能纯，乃坚守以止几微之过，乃吉。此震、艮之所以异用也。

《象》曰："震来虩虩"，恐致福也。"笑言哑哑"，后有则也。

"后有则"，亦通二、三言之；后之则，初定之矣。

六二：震来厉，亿丧贝，跻于九陵，勿逐，七日得。

初六震来者，言其震而来也。二三震来者，言初之来震乎己也。初与四之震，白震也。四阴之震，为阳所震也。始出之动，几甚锐，"厉"言其严威之相迫也。十万曰"亿"，大也。阴主利，故曰"贝"。阳刚之来，甚锐以严，使阴大丧其所积，而无宁处，远跻于至高之地，以避其锐。以雷言之，出于地上而驱迫阴气之纲组者，直上而达于青霄，势所激也。

其在人心，一动于有为，而前此之怀来蕴积者，一旦尽忘而不知其何往，亦此几也。乃以雷言之，既震之余，阳气渐弥漫散人于廖廓，与阴相协，则纲组之气仍归其所。其在人心，震动之后，天理仍与人情而相得，则日用饮食、声色臭味还得其所欲，而非终于枵寂，以远乎人情。

乃若天下治乱之几，当戡乱之始，武威乍用，人民物产必有凋丧，而乱之已戡，则财固可阜，流散者可还复其所，皆"勿逐自得"之象也。逐之，则逆理数之自然，而反丧矣。"七日"，与复同。震、复皆阳生之卦。

《象》曰："震来厉"，乘刚也。

二居刚柔之冲，首受震焉，故见初之威严，而不无自危之心，然而无庸也。

六三：震苏苏，震行无眚。

中華藏書

第四部 船山说易

中国书店

二五三七

"苏"，柔草也。"苏苏"，荏苒缓柔之貌。三去初远，情渐懈散，虽受震而犹苏苏，柔而不可驱策也。但所居之位，本刚而居进，则固可以"震行"者。若因震以行，则"无眚"矣。盖震之忽来，在怠缓者，见为意外之眚，而有与震俱动之情，则见其本非眚，而勉于行，所谓闻雷霆而不惊也。

《象》曰："震苏苏"，位不当也。

位刚而反柔，非能因震而动者也。

九四：震遂泥。

泥，乃计反。

"泥"，滞弱而不能行也。迅雷之出也甚厉，后渐苏苏以缓，乃当将散之际，又有爆然之声，而渐以息，不能及远矣。九四，震后复震之象也。不出于地，而震于空，其震既妄，故不能动物而将衰。人心一动，而忽又再动，是私意起，而徒使心之不宁。其于事，则汉高帝之困于平城、唐太宗之败于高丽也。

《象》曰："震遂泥"，未光也。

动不以诚，私意妄作，而志不光。

六五：震往来厉。亿无丧，有事。

前震已往，后震复来，虽若严厉，而威已黩，不能挠散乎阴，而阴可安于尊位，"大无丧"也。乃六五居中，非无能为者，必有所兴作，以尽阴之才，而致于用以见功。不言吉者，视其事之得失而未定也。

《象》曰："震往来厉"，危行也。其事在中，大无丧也。

中華藏書

周易全书·最新整理珍藏版

震而不已，虽无丧而行犹危，居中尽道，而有为以应之，则阴不待丧其积，而自居成物之功矣。

上六：震索索，视矍矍，征凶。震不于其躬，于其邻，无咎。婚媾有言。

"震索索"，受震而神气消沮也。"矍矍"，惊视貌。上六阴居散位，不能有为，受震而欲妄行，必失措而凶。顾其所受震者，抑有辨矣。上与四合，为外卦之体，躬之震也，初九则其邻也。

四之震乃无端之怒，可勿以为惊惧；初之震则君子之德威，不容不悚惕者。能不为四所摇，而凛承乎初，则无咎矣。柔而得位，故可不至于"征凶"，而免于咎。四与上，阴阳合体，又有夫妇之象，故曰"婚媾"。不为四动而为初动，故四有相责之言，虽然，可弗恤也。

《象》曰："震索索"，中未得也。虽凶无咎，畏邻戒也。

远于阳而无兴起之情，受震而自失，心不能自得矣。"戒"者，君子之以名义相警责，初九严厉，震以其道之谓也。

艮上
艮下

艮

艮其背，不获其身。行其庭，不见其人，无咎。

"艮"者，坚确限阻之谓。四阴已长，居中乘权，而日进，阳乃止于其上，以遏之，使不得遂焉，以是为守之坚，而阻其泛滥之势，为颓流之砥柱也，是之谓艮。夫天地之化机，阴资阳以荣，阳得阴而实，于相与并行之中即有相制之用，无有阴气方行，忽遽遏之之理。故五行、四序、六气、百物，皆无艮道，而惟已成之形象有之，则山是已。

水之向背、云日之阴晴、草木之异态、风俗之殊情，每于山画为两区，限之而不逾于其域。人之用心有如是者，不为俗迁，不为物引，克伐怨欲，制而不行，同室乡邻，均之闭户，亦可谓自守之坚、救过之强，忍而有力矣。故曰"艮其背，不获其身，行其庭，不见其人，无咎"也。

"艮其背"者，卦以内向者为面，外向者为背。背者，具以成生人之体，而非所用者也。卦之初爻，几之动也；其中爻，道之主也；三与上在外，以成乎卦体而无用。阳峙乎上，仅以防阴之溢，而阳成乎外见，故其卦曰"艮其背"。艮非必于背也，此卦则艮背之艮也。

夫处于阴盛之余，而欲力遏之以使之止，是以无用而制有情，则必耳不悦声，目不取色，口绝乎味，体废其安，有身而若无身，抑必一家非之而不顾，一国非之而不顾，募然立于物表，有人而若无人，而后果艮也，果艮其背也，则不见可欲，使心不动，而后可以无咎矣。艮之善，止于此矣。

虽然，既有身矣，撼一发而头为之动，何容"不获"？既行其庭矣，吾非斯人之徒与，而谁与，则何容"不见"？吾恐"不获"者之且获，而"不见"者之终见也，则以免咎也难，而况进此之德业乎！故震、坎、巽、离、兑，皆分有乾之四德，而艮独无。夫子以原思为难，而不许其仁，盖此意也。后世老庄之徒，丧我丧耦，逃物以止邪，而邪益甚，则甚哉艮，而无咎以自免于邪，而君子为之惧焉。

《象》曰：艮，止也。时止则止，时行则行。动静不失其时，其道光明。

此通论行止之道，以见艮之一于止，而未适于时也。身世之有行藏，酬酢之有应违，事功之有作辍，用物之有丰俭，学问之有博约，心思之有存察，皆由乎心之一动一静；而为行为止，行而不爽，其止之正，止而不塞其行之几，则当所必止，一念不移于旁杂，而天下无能相诱。

当其必行，天下惟吾所利用，而吾心无所或吝，行止无适，莫之私意，而天下皆见其心，非独据止，以为藏身之固，而忘己绝人，以为姑免于咎之善术矣。

艮其止，止其所也。上下敌应，不相与也。是以"不获其身，行其庭，不见其人，无咎也"。

此言"艮其背"，非时止时行之道，必内不得己，外不见人，而后仅以无咎也。凡言"无咎"，皆有咎而免者尔。背止体，故变背言"止"。"止其所"者，据背以为可止之地，而止之，以止为其所安也。乾坤六子，皆敌应之卦，独此言"敌应"者，以其止而又相敌，则终不相应也。

夫行止各因时以为道，而动静相函，静以养动之才，则动不失静之体，故圣人之心万感皆应，而保合太和，阴阳各协于一。今以止为其所，而与物相拒以不相入，则惟丧我丧耦，守之不移，而后成乎其止而无咎。呜乎，难矣！万缘息而一念不兴，专气凝，而守静以笃，异端固有用是道者，而不能无咎，惟不知动之不可已，而阴之用为阳之体，善止者之即行而止也。

《象》曰：兼山，艮。君子以思不出其位。

崇山相叠而终古有定在，"其位"也。山以蕴酿灵气，积之固，而发生无穷，在人则为心之有思。然思此理，则即此理而穷之，而义乃精；思此事，则即此事而研之，而道始定；不驰骛于他端以相假借，君子体艮以尽心者如此，非绝物遗事，以颓然如委土也。

初六：艮其趾，无咎，利永贞。

初与二，为三所止者也，而初在下为"趾"。阴之初生，而不得其位，故止之于早，则妄动之失免矣。"利永贞"者，戒之之辞。止邪于始易，而保其终也难。未着异物，则意不迁，恐其既感于外则且变，得位以行，则自恣。常若此受止而不妄，乃永贞而利。

《象》曰："艮其趾"，未失正也。

三虽止不以道，而当方动之初，劝之进，不如沮之止，固可踌躇审虑，以得行止之正。

六二：艮其腓，不拯其随，其心不快。

"腓"居下体之中，随股以动，而不躁，顺乎行止之常者也。六二阴，当位而得中，比于九三，固愿随阳以行，而得刚柔之节；三不拯恤其情而固止之，失所望而不快，必矣。人之有情有欲，亦莫非天理之宜然者，苟得其中正之节，则被衿鼓琴，日与万物相取与，而适以顺乎天理。不择其善不善，而止之，则矫拂人情，虽被裁抑，而听其强禁，安能无怼心哉！甚矣，三之违物而逞私意也。

《象》曰："不拯其随"，未退听也。

本志随三，而顺理以行，不拯而止之，势必不能安心退听。骐骥岂终困于盐车哉！

九三：艮其限，列其夤，厉熏心。

"限"，居上下分界之所，谓腰也。"列"，横陈于中。"夤"，脊也。九三居四阴之中，隔绝上下，横列其间，为腰不能屈伸，而脊亦受制之象。"厉"，危也。欲止邪者，必立身于事外，耳目清而心志定，乃察其贞淫，而动静取舍惟吾所裁，而不为邪所困。

今乃置身于阴浊繁杂之中，横施裁抑，抑之太甚而上下交逼，则危其身；所见所闻无非柔暗，孤立不能，而将为所移，则危其心。危心之害，甚于危身。一尺之练，受无穷之烟尘，欲以不丧其洁也，不亦难乎！

《象》曰："艮其限"，危"熏心"也。

所止非其时地，如人腰脊之气梗塞，其病曰关格。许衡、姚枢讲性学非其时，受熏而为道之贼，似此。

六四：艮其身，无咎。

四与五受上止者也。自腰以上为身；身者，心之舍，所由以发五官之灵、制言行之枢者也。有所受制，而静以驭动，异乎腓足之职司动，而被锢者。柔而当位，乐听裁抑，上以其道止之，慎于自持，则由是以行焉，可无咎矣。

《象》曰："艮其身"，止诸躬也。

身之自任也，曰"躬"。反求自尽，躬行君子之道，知止我者之以善吾行，无不快之心也。四于咸为心，于艮为身，一也。艮以止外诱之私，则曰身；咸以应群动之变，则曰心。

六五：艮其辅，言有序，悔亡。

"辅"，口辅也。言则辅动。五位在上，而为外卦之枢机，言所自出也。言刚厉则简而当。柔则为甘言，为巧说；上亟止之，则所言者，皆当乎事之序，而悔亡。五本有悔，上止之乃亡。咸上为辅，艮以五当之者，阳为德性，阴为形体，故艮之取象于身，极于五，而上乃止德也。

《象》曰："艮其辅"，以中正也。

《本义》云："'正'字，羡文。"六五不当位，非正故也。中虚而受止，故有慎言之德。艮止之道，莫善于言。惟口兴戎，言之不怍，是难于行。老子曰："多言数穷，不如守中。"艮道于此宜矣。

上九：敦艮，吉。

凡止之道，能终于止者，必其当止，而可终不行者也，然而难矣。无静而不动，无退而不进，天之理数、人心自有之几也，故必熟尝乎变化之途，而审其或行或止之几，以得夫必不可行之至理，而后其止也历历变而不迁。上九立乎四阴之上，物情事理，皆有以察其贞淫，而力遏非几于毫厘之得失，则其确然而不移也，止于至善之定静，而非强为遏制者也。于是而止，纯乎正，而无妄矣，以修己治人，而莫不吉矣。故克己之学，惟颜子而后可告以"四勿"之刚决，而非初学之所可与。止之急，则必不能敦。异端之所以无定守，而为陆王之学者终于无忌惮，皆未历乎变，而遽求止也。

《象》曰："敦艮"之吉，以厚终也。

成德者，加谨之功也。

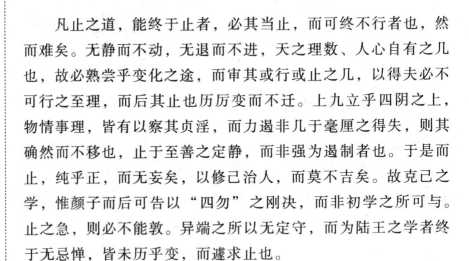

巽上
艮下

渐

渐：女归吉，利贞。

水所润渍曰"渐"；相近而密相人，循次以相浃之谓也。卦因否卦之变，而立义。否阳上阴下，各据其所而不交。渐则坤上之阴，上乎四以相人，乾下之阳，下乎三而止焉，阴阳于是乎得交，以消否塞，而阴之进、阳之退，以其密迩者潜移于中，易相就而徐相浃，故其卦为渐。渐以消否，而刚柔交，化凶为吉矣。

然交道之大正者，近不必比，远不必乖，尤必居尊而为主者，以诚相感，迹若疏而情自深。今此就近潜移，以情相洽，而互相受，二之阴、五之阳，居中自如，无相就之志，则其道惟"女归"为得而吉焉。阳下于三，男下女也。阴上于四，妇人以外为归也。婚姻之事，地相邻，爵相等，族相若，年相均，知间已夙，而后媒妁以通，其事在内而不及于外。

女外归，男下达，各得其正，以渐而吉也。吉止于女归者，君以渐道而交臣，则浸润之小人承宠；士以渐而交友，则沈溺之损友相狎；皆非吉也。"女归"先言女而后言归，女往而归男，嫁娶之谓也；异于归妹之先言归而后言妹，为男反归女之辞。故渐吉而归妹凶。卦中四爻，阴阳各当其位，贞也。而功在四往者，消之位也。

阴之为性，安于内而难于出外，四往而后三来，回放道以抑情而顺其正，虽离群外出而不恤，二五乃以各奠其中位而无不正，则合义而利，永固其贞矣。故近而相亲，未免于嫌，而要归于善终，异于归妹之渎乱远矣。

《象》曰：渐之进也，"女归吉"也。进得位，往有功也。进以正，可以正邦也。

"进"，阴进，谓六四也。渐之进，惟女归为吉，有不可他用之意焉。阳上阴下，各怡其所安，阴进而后阳下之，故有女归之义而吉。

盖虽有男下女之道，而阳刚终无先自卑屈之情，必阴先往，而后刚柔各得其位，消否之功，在阴之往也。虽仅为女归之吉，而阳不亢，阴不贼，宜家之化，施于有国，亦治平之要、王化之基矣。

其位，刚得中也。

"其位"，犹言以位言之。九五虽以六四上进而乾道损，然不失其中，则位固正也，所以利贞。

止而巽，动不穷也。

以二体之卦德言之，有艮止之德，而后巽以人焉。居安资深，而左右逢原也，渐之所以利也。世之为学者不知此义，灭裂躏等，而鄙盈科之进，为不足学。自异端有直指人心见性之说：而陆子静、王伯安附之，陷而必穷、动之不善，宜矣。

《象》曰：山上有木，渐。君子以居贤德善俗。

别言"木"者，山上之风，动物而长养之，验于木也。艮止以"居德"，巽风以"善俗"，止而不迁，入而不迫，君子体德于身，居之安而自得，敷教于俗，养以善而自化，皆由浸渐而深。

渐者，学、诲之善术也。世岂有一言之悟而足为圣之徒、俄顷之化，而令物皆善哉！异端之顿教，所以惑世而诬民也。《本义》云："贤"字疑衍。

初六：鸿渐于干。小子厉，有言，无咎。

卦之诸爻，皆取象于"鸿"者，鸿飞以渐，不迫而不息也。卦爻之位，外高而内下，内阳南而外阴北。鸿自北而南曰阳鸟，《禹贡》所谓"阳鸟攸居"也。三自外而内，渐下向于南，鸿之来宾也，于秋冬也。四自内而外，渐上往于北，鸿之北乡也。

三阳下，则五与上有且来之势；四阴上，则初与二有且往之势；而固未来未往也，近者先移焉，故曰渐也。曰"干"，曰"磐"，曰"陆"，皆下也；南方之地，水石平旷之地也，陆则近于北者也。曰"木"，曰"陵"，曰"逵"，皆高也，北方水涸风高之地也。阳则渐以下，阴则渐以上，而来南之时寒，下二阴方冱之象；往北之时暑，上二阳方炎之象。其飞也密移，其来往也阴阳均，故于鸿，而得天化物情渐进之理焉。暑则北，寒则南，常得中和之气，渐之所以贞而利也。

"干"，水之涯也。南方水草之地，鸿之所安，进而于此，有徘徊不欲更进之情。初六柔而居下，故有其象。而柔弱为小子，时方进而迟回不敏，群将孤矣，故"厉"。四，其同群，而相应者。四往而初止，四不能不相责也，故"有言"。然渐之为道，以不迫为美，则时尚未至，姑止而待焉。安安而后能迁，故无咎。

《象》曰："小子"之厉，义"无咎"也。

"小子"者，未可急于行者也。则虽以不敏而危，白循其分义。

六二：鸿渐于磐，饮食衎衎，吉。

"磐"，大石平而固者。鸿渐进，而止于此，尤可以安矣。二柔当位而中，故有此象。"衎衎"，和乐貌。居之安则自得也，故吉。渐卦阴阳之交，近而相比，非交道之盛，故皆以止而不躁为吉。

《象》曰："饮食衎衎"，不素饱也。

饮食而吉者，岂以安居宴乐为宜乎？必有中正柔顺之德，以靖其于位，则虽不急于进，而非尤事而食也。以学问言之，则造以道，而居安自得，非遽望有成于坐获。

九三：鸿渐于陆。夫征不复，妇孕不育，凶。利御寇。

初、二、四，鸿之渐而往也。三则其渐而来也。"陆"，中原平旷之地。鸿之南征，近南者先焉，而早至于中原矣。虽渐也，而实遽也。三，男卜女；四，女外适；故为"夫妇"。

阴方上交，而阳相背以下，无反顾之情，"征不复"也。"妇"虽孕，而无与恤之，"不育"也。迁之遽，交之浅，则其情不固，所以凶。卦德虽为渐进，而三、四动见于占，则未能渐。凡此类，以著策九、六之动而言，故与卦之全体有异，所谓"惟其时"也。三既下，无可复上之理，则与初、二合而止于内。以"御寇"而消否，捐其生，不恤其家可也。刚当其位，故得有此利。

中華藏書

周易全书·最新整理珍藏版

中国书房

《象》曰："夫征不复"，离群丑也。"妇孕不育"，失其道也。"利"用"御寇"，顺相保也。

"丑"，类也。五上与三，同类之阳也。二阳安居，未有行志，而三遽下移，独往不反，则虽四阴上交，而不能相聚，以成生化之美，惟退而与六二相比，而二乐得之以相保，则利。

六四：鸿渐于木，或得其桷，无咎。

"桷"，横枝平出如椽者。鸿趾有幕，不可木栖，惟得桷，则可暂安。四就近而进，无所择而辄往，与三同其遽动，故有此象。以其当位也，故"或得其桷"。"或"者，不必得之辞，而亦理之可得者也。阴进而往外，以顺承乎五、上之刚，变而不失其正，故贤于三而无咎。

《象》曰："或得其桷"，顺以巽也。

柔顺以巽人于二阳之下，虽离群孤往而可安。

九五：鸿渐于陵，妇三岁不孕。终莫之胜，吉。

胜，音升。

鸿之南也，经雁门之塞，所谓"陵"也。前者已至于陆，而后者尚集于陵，居高而不遽下，得渐之正者也。九五居尊而得位，故有此象。"妇"谓四也。四出归于外，五为之主，其正配也。

四欲上进，五远引而不相狎，有不即相交而"不孕"之象。不孕，不相接也。然四之情既笃，五安能终拒之哉？惟不听其遽于求好，而渐乃相接，则《象传》所谓"进以正，可以正邦"者也，故不胜其吉。

《象》曰："终莫之胜，吉"，得所愿也。

连吉为文，谓不胜其吉也。"得所愿"者，阴之外适，固乐得君子而事之。谑浪笑傲，庄姜不得其愿，知狎昵之不可恃也。

上九：鸿渐于陆，其羽可用为仪，吉。

陆，读如逵。

"陆"，旧说以为"逵"字之讹，韵与义皆通，谓云路也。上处至高之位，而乘巽风之上，乃翱翔云际，而不欲下之象。"羽"，所以飞者。"仪"，法也。三、四交移，以密迩之情为进退，上去之远，止于最高而不下。

盖鸿之甫也，违寒就暖，适水草稻粱之乡，有希荣之情焉。翔云路而不屑，君子爱身，以爱道，扬雄所谓"鸿飞冥冥，弋者何慕"也。砭顽起懦，可以为百世师矣。

《象》曰："其羽可用为仪，吉"，不可乱也。

志不降，身不辱，孰得而乱之？急于消否者，志士之情，三、四所以为女归之吉。安于下而不妄者，贞人之守，初之所以虽危，而免咎。尊德乐义，而不轻于动者，大人之操，上九所以为法于天下。

可进可退，而不失其正者，君子之度，二、五所以和乐而得愿。六爻异用，而各有其道，渐之所以利贞，而上九其尤矣。

震上
兑下　**归妹**

归妹：征凶，无攸利。

征而即之以为家，曰"归"。"女归"者，女外适而以夫家为归也。"归妹"者，男舍其家，出而就女以为归也。卦自泰变。阴阳本有定交，而乾上之阳，出而依阴，坤下之阴，反人而为主于内，就近狎交，不当其位。男已长，女方少，相说而动以从之，卦德之凶甚矣。故无所取象，无所取德，而直就其占言"凶"、言"无攸利"，与剥卦同而尤凶。但举卦名，已知为不祥之至，勿待更推其所以凶也。

"征凶"者，以往而凶。阳不往，则阴不入而干阳。妇之不顺，皆夫轻就之情导之也。既言"凶"，又言"无攸利"者，往归之意，以为利存焉，而不知适以贻害。君子之屈于小人，中国之折于夷狄，皆见为利，而自罹于害。失其位，而利可徼乎？然惟征斯凶，则初之得位而安于下，二、五之居中而不动，固可以免。所以《象》凶，而《爻》或有吉存焉。不征，则不凶矣。

《彖》曰：归妹，天地之大义也。天地不交而万物不兴。归妹，人之终始也。说以动，所归妹也。

说。弋雪反。

上古之世，男女无别，黄帝始制婚姻，而匹耦定。然或女出适男家，或男就女室，初无定制。故子、姒、姬、姜，皆以女为姓。迨乎夏、殷，虽天子诸侯且有就女而婚者，《易》两言"帝乙归妹"是已。

周之兴，惩南国之淫乱，始为画一之婚礼，自纳采以至亲迎，略放古者阳就求阴之意，而必"女归"，而无"归妹"之事，然后氏族正，家道立，而阳不为阴屈，天经地义，垂之万世。孔子曰"周监于二代，吾从周"，此周道宜从之大经大法也，故施及秦、汉，等赘婿于罪人，有谪戍之法焉。后世非贫贱无赖之野人，未有以妹为归者矣。此《传》缘其始而言之，当匹耦未定，典礼未定之先，亦未大拂乎天地之大义。

盖阴之情与，然内乐于与而外吝于与，抑以存其耻心，故必阳往而动之，然后悦而生化兴焉，则男就女，以为家亦可矣。然人道之正正于始，始于此则终于此。阳一屈而就阴，则阴人而为主于内，阳反宾焉，终其身受制而不能自拔。故先王于此，慎其始以防之。乃如此卦之象，所以为"归妹"者，不恤礼制之既定，苟且便安，规小利，说焉而动者也。始不正而终为人道之大患，自非帝乙，鲜有不丧国亡家，而陷于恶者，所以凶而无攸利也。

"征凶"，位不当也。

三、四失位，二、五因之。

"无攸利"，柔乘刚也。

外卦二阴乘一阳，内卦一阴乘二阳。阳妄动，而为阴所乘，则败于家、凶于国，惟阴之制，而莫如之何。隋文帝之刚，为独孤所乘，而身杀国亡，况唐高、宋光之未能刚者乎！

《象》曰：泽上有雷，归妹。君子以永终知敝。

泽流下，雷终奋出，而不为衰止。男已长，女方少，不忧其不偕老，而说从之。推此志也，贫贱、夷狄、患难，皆可以永焉者也。天下无不可终之交，无不可成之事。

君子明知事会之有敝，而必保其终，情不为变，志不为迁，盖体此象以为德。庸人不知敝，而妄觊其终之利，智士知其敝，而为可进可退之图以自全。孔子曰："道之不行，已知之矣。"文信国曰："父母病，虽知不起，无不药之理。"圣人之仁所以深，君子之志，所以不可夺也。《大象》此类皆与《象》殊指，不可强合者也。

初九：归妹以娣，跛能履，征吉。

"归妹以娣"，谓当归妹，以娣之世也。此句统下九二言之。"娣"，少女，谓三也。"跛能履"、"眇能视"分言之，而固相聊以成文，二爻之德相肖也。阳之往出而归阴，得其娣以归，而为主于内，乱道也。初九刚而居下，不随四以行，跛象也。惟守正，而不妄动，则如跛者之行，畏仆而必慎。以此道而正四之不正，往而吉矣。

履与归妹，内卦皆兑，而上承乾，震之刚，故皆有跛眇之象，而履孤阴妄进，故自谓能而非其能；归妹四轻往，而过不在三，则初与二能保其正，而与履之"素履往，坦坦幽贞"，德固相若，皆处浊世，而有孤行之操者也。《易》之文简，故词同而意异。

《象》曰："归妹以娣"，以恒也。"跛能履，吉"，相承也。

此与九二《象传》，文皆相承。当"归妹以娣"之时，世已变，而初能守其恒，故跛而能履；上承九二之刚，足以知敝，与同道而免于污，故吉。阳以不归阴为恒理。

九二：眇能视，利幽人之贞。

二刚非其位，而上为六三之阴柔所掩，有眇象焉。然天下贞邪治乱之辨本易晓了，而柔不自振者，诱之以动则迷。二以刚中之德，无欲而清，则五之为君、三之为娣，从违自审，而弗复如四之失所归。此乃《柏舟》之妇、《麦秀》之老，理明而义自正也。

《象》曰："利幽人之贞"，未变常也。

以其近三，而为兑说之体，疑于变，故言"未变"。"常"亦恒也，谓阴阳之正理。

六三：归妹以须，反归以娣。

"须"，给使之人，女之贱者也。古者天子诸侯媵用侄娣，侄贵而娣贱。阳舍其位，离其类以外归，志行之卑贱，适足与须女相配而已。"反归"，谓还反于夫家，阴来就阳，六之来三也。

六五中正，不轻就匪人，而与相说，惟坤下之阴，卑贱而就之，先得其宠；内治不修，自此始矣。干君而仅得合于权佞之臣，亦此象也。进不以正，则不正者应之。

《象》曰："归妹以须"，未当也。

"当"谓当位。四失其位，三因失焉。言"未"者，过不在三也。

九四：归妹愆期，迟归有时。

此正"征凶无攸利"之爻，不再言占者，《象》已决言之，于此原其致妄之由，而设戒以导之于正。圣人不轻绝人之情，抑以上古旧有此礼，虽足致乱，而固可教以正也。

不待女之归，而男反归女者，以三十而娶，不可过期。乾三之阳已老，坤四之阴方稚，六五中正，待礼成而后行，故阳屈己而往从之，不以贱辱为耻。乃为之戒曰：虽其归之迟，而自有时，何至卑屈失身，以召柔之乘己哉！词之婉，讽之切，周公当婚礼初定之时，曲体人情，而救之以正，故其辞温厚而动人。若后世淫色吝财之夫，则固不足与言也。

《象》曰："愆期"之志，有待而行也。

待年待礼，阴之志本正，而未尝不欲行。九四急于往，而不姑为待，何也？男择配，臣择君，士择友，岂有定期哉！急于立身，缓于逢时，则己不往而物可正。推而上之，圣人之养晦，以受命，待贾而沽玉，亦此而已矣。

六五：帝乙归妹，其君之袂，不如其娣之袂良。月几望，吉。

帝乙归妹"，归而逢其吉者，故此爻当之。"君"，女君。

帝乙所归之妹，谓五；"娣"，谓三也。三阴稚，而以色悦人，阳所狎也。言"袂良"者，君子辞尔。

六五柔顺得中，而应以正，贵德而不以色为良，阴德之盛者也，故曰"月几望"。五惟有待而行，不与四俱乱，故帝乙归之，虽失正而可宜家，然惟有帝乙之德，而遇恭俭自持之贤配，乃能获吉。使其为悍煽之妻，而自不免于狎溺，则征凶，而无攸利也，必矣。

《象》曰："帝乙归妹"，"不如其娣之袂良"也，其位在中，以贵行也。

以色言之，不如娣矣。德称其位，故贵为天下之母，而帝乙亦蒙其吉，所遇之幸也。娄敬不遇汉高帝，马周不遇唐太宗，则与苏秦同其车裂矣。

上六：女承筐，无实。士刲羊，无血。无攸利。

"女"谓上六。"士"，九四也。"筐"，《礼》所谓筥。"实"，榛栗枣脯，以见舅姑者。"刲羊无血"，自毙之羊也。吝于六礼，苟简以成事，故女不归士，而士归女。包死麕以诱女，末俗之恶，吝而已矣。士吝则女愈骄，乃以无实之筐，见舅姑而不怍，上六之阴亢，九四自贻之辱也。

《象》曰：上六"无实"，"承"虚"筐"也。

"承虚筐"者，不以礼意相接也。夫四之屈辱往归，岂无觊利之心哉？乃此以吝往，彼以骄报，所必然者。

故先王之用财也俭，而独于宾嘉之礼，重费而不恤，所以平天下之情，而使相劝于君子之道，其意深矣。夷风乱华，人趋苟简，而伦常以斁，可不鉴哉！

☲ 震上 离下 丰

丰：亨，王假之。勿忧，宜日中。

"丰"者，盛物于器，满而溢于上之谓。此卦一阳载一阴于下，二阳载二阴于上。阴，有形质者也，得中而加于阳上，盛满而溢于所载，故谓之丰。以其自泰之变言之，阴人而为主于二，其明乃盛，阳出而动于外，动以满盈，亦丰象也。而丰于外者蔽其中，丰于上者蔽其下。

在二体，则阳虽动于外，而阴留不去，尚掩其离明。以卦画言之，则阳受蔽于阴，为重叠覆障之象。在阴则势处其盛，在阳则载阴而大有事焉。非易处之卦也。以其阳虽受蔽，而为方生之爻，明之发而动之始也，故亨。

然而非有其位，非有其德者，未易亨也。惟王者抚有天下而载万民，富贵福泽，过量相益而不必辞；处于深宫，而臣民之情伪相积以相蒙覆，皆其所容受以待治，则固不能离彼而炫其孤清。故至于丰，不当以为忧，而必拒之撤之，以自碍其有容之度。夫王者既有其位矣，而抑必有其德。

惟大明丽中，尽察于物情之微暖，则可任其丛杂相掩而不为之乱。若非王者之位，则一受习俗柔暗之蔽，百炼之刚且化为绕指之柔。若非日中之德，则肘腋之下，蒙蔽所积，而况四海之遥，兆民之众，一叶蔽目，不见泰岱矣。故丰者，忧危之卦也，非德位兼隆，固当以为忧也。

《彖》曰：丰，大也。明以动，故丰。

阴盛而阳皆载之，故曰"大"。蔽盛则不得通，然而亨者，六二阴得其位，而阳相与丽，以发其明；二阴积上，而九四震起以动之，使勿怙其柔暗，故亨。明之所以不掩者，皆九四之能拔出于外，导宣其幽滞，而明乃上行。非然，则明夷矣，何易言震乎！

"王假之"，尚大也。

惟王者之道，以广大而遍载，天下之繁杂为尚，下此者不能也。

"勿忧，宜日中"，宜照天下也。

能如日之中，偏照天下，无幽不彻，乃可勿以丰蔽为忧。

日中则昃，月盈则食，天地盈虚，与时消息，而况于人乎？况于鬼神乎？

此言阴盛之不足忧，而惟"日中"之不易得也。"日中则昃"，"明以动"而犹恐其失也。"月盈则食"，阴虽中，而固有其可亏者也。人则有邪正之消长，鬼神则有祸福之倚伏，邪可使悔而之正，祸固为福之所倚，而何忧乎！而不能以明照天下，则吉且召凶，善且流而之恶；消息盈虚，听乎时而不审其变，人且灾之，鬼神且伤之，而何易言"勿忧"乎！

苟非尧、舜、禹之相继以治天下，则共、骓顽谗之覆蔽以成阴暗者自相乘以乱。苟非文王之不遑暇食、卫武之耄而好学，则方其明而若或障之，方其动而若或掣之矣。故曰：丰，忧危之卦也。

《象》曰：雷电皆至，丰。君子以折狱致刑。

电始出，而雷即发，其雷必迅，所谓"雷电皆至"也。惟重阴覆蔽，故阳之出也必怒。"致"，致之于市，与甸人行辟也。折狱既明，刑即决焉，奸人无可容其规避，雷电迅疾之象。

噬嗑之"明罚敕法"，已断而必更察之，立法之慎，先王详刑之典，君道也。丰之"折狱致刑"，已明则断，君子用法

中華藏書

第四部 船山说易

中国书店

二五五七

之严，吏治也。"君子"，谓守法之嗣君与听狱之卿士。

初九：遇其配主，虽旬无咎，往有尚。

"配主"渭四，自下匹上谓之配。"主"者，卦以下画为基；初为离主，四为震主。十日曰"旬"，《春秋传》曰："天有十日。"自甲至癸，旬数也。

九日当离体已成之后，日之数已盈，而遇之者，以其大明，生其善动，虽有"日中则昃"之忧，而自可无咎。"往"，则为四之所嘉尚矣。阴盛，非刚不能致察；初与四相资，以成日中之治，所以善处丰也。初不言丰者，二虽蔽初，而柔得其位，居中以为明主，无相蔽之情也。

《象》曰："虽旬无咎"，过旬灾也。

"虽旬无咎"，言即至于旬，而尚无咎，则其不可过可知。初与四过，当离之已成，则两刚相得；过此则五、上之阴且蔽之矣。五能蔽四，不能蔽初，以其远也。

六二：丰其蔀，日中见斗。往得疑疾，有孚发若，吉。

"蔀"，编草为藩蔽。"日中见斗"，日食而星见也。六二上应五，而五以阴掩阳，故为丰于障蔽，为日食昼晦之象。二不容不疑，其蔽己之明，疑甚而疾矣。乃二以柔中当位，虚中而信物，以与五相孚，则五且感发，而与之同志，弃暗求明，吉矣。丰非刚不能撤蔽，而二以柔能感五者，丽于刚以为明也。

《象》曰："有孚发若"，信以发志也。

能信诸己，则足以发人之志也。阳实阴虚，以实之谓信。而《易》每于阴言孚者，人之怀疑，必先有成见于中，窒而不通，则遇物皆见其乖异；虚以受之，自能择善而笃其信。实以言信之用，虚以言信之体也。

九三：丰其沛，日中见沫。折其右肱，无咎。

"沛"，旧说以为幡幔。"沫"，小星也。"日中见沫"，日食既，而昼晦极矣。"右肱"谓四，九三之所以资动者也。九三处明之终，"日中而昃"矣，而上应上六之极幽极暗，故为幔障天，而日昼晦之象。上之蔽也厚，与应而受其蔽，虽有九四之刚，可资其动以撤蔽，而弗能用也。汉元受石显之蔽，而萧望之不能抒其诚；唐德受卢杞之蔽，而陆贽不能效其忠；盖此象也。言"无咎"者未详，程子以为"无所归咎"，亦通。

《象》曰："丰其沛"，不可大事也。"折其右肱"，终不可用也。

丰惟王假之，必将大有所为。受蔽于上，不足以照天下，而何大事之可为！"终不可"者，奸蔽贤，则贤终不为之用也。

九四：丰其蔀，日中见斗。遇其夷主，吉。

"夷"，等夷也。在上而交下曰夷。四虽不应五，而与五相比，故与二同象，而受蔽更切焉。赖其下与初应，两刚相得，明以济动，而阴弗能终掩之，故吉。

《象》曰："丰其蔀"，位不当也。"日中见斗"，幽不明也。"遇其夷主"，"吉"行也。

象虽与二同，而受蔽更深，故于此发"不当"、"不明"之义。四虽为震主，而以刚居柔，与五相比，则所处之地危矣。非离体，则明不足以灼幽，独阳不足以胜众阴；必行而下就乎初以相辅，乃得吉焉。

丰之所以能"明以动"者，功在四，而四又资初。当昏昧之世，求贤自辅，为善动之要术。四之吉，惟其为退爻，而不自怙其刚，以轻试于障蔽之中也。

六五：来章，有庆誉，吉。

五以阴暗居尊位，力足以障蔽乎阳，本无吉道。惟其得中，为六二之所仰而求孚者；而阴尚未盈，能下受之，故二来而施之以明，弥缝其不善，而著其善，乃有"庆誉"而吉。"有"者，本非所有而有之辞。"庆"，福自外来也。"誉"，名自外成也。

《象》曰：六五之"吉"，"有庆"也。

本非吉，以得二"来章"之庆，故吉。

上六：丰其屋，蔀其家，窥其户，阒其无人，三岁不觌，凶。

上恃二、五之阴皆得中，而己又居于其上，骄盈而重蔽阳刚，其德凶矣。蔽人者先以自蔽，阳刚方"明以动"，安能蔽之？

徒重屋厚障，不能见远而已。明之所不照，处于幽暗之室，有人若无，而人亦终无欲见之者，见绝于有道而凶矣。占此者，遇如此暗傲之人，绝之可也。五可孚，而上不可化也。

《象》曰："丰其屋"，天际翔也。"窥其户，阒其无人"，自藏也。

丰满盈溢，亢而自骄，高居而绝物，明者不施以照，终于自藏而已。其愚若此，不足以为日中之忧。

旅

离上 艮下

旅：小亨，旅贞吉。

相从而行曰"旅"。古者卿行旅从，故曰行旅。以二体之象言之，火在山上，野烧也，前焰后焰，相踵竞进，而不留，若行者之在途，相蹑而遄征。以卦画言之，三阳皆在阴上，往也；阳为客，阴为主，阳之旅也。

自否变者，五阳去位而止于三，虽止而非其居；三固进爻也，则亦姑寓而欲行者也。旅者阳也，乃阳倡则阴必随，阴无阳，以立其不易之基于下，则虽得中，而非其安居，阳旅而阴从之以旅矣。一阳往而一阴从之，二阳往而二阴从之，阴随阳行，若卿行之有旅从，阴亦旅矣。

六五居中，非其位也，虽有文明之德，而艮止阻之以不下，逮阳已往而明王不作，己亦不得安于上位，故先儒谓仲尼为旅人。"小亨"，小者阴也；阴得二中，故亨。"旅贞吉"者，旅之贞，旅之吉也。上不当位而下止，本非正而不吉，乃时当其止，道不足以行而文明不息，以明道为己任，随所寓而安焉，为旅之正，而乐天安土，得其吉矣。

《象》曰：旅，小亨。柔得中乎外而顺乎刚，止而丽乎明，是以"小亨，旅贞吉"也。

"得中乎外"，不能得其正位，而在事之外也。阴下阳为"顺乎刚"，虽柔而放道以行也。止矣而必丽乎明以不息，故即此，而志无不通、道无不正、居无不吉也。阳君阴臣，阳见阴隐，虽德备文明若仲尼，亦但谓之"小"，以位言也。夫子之志，于《象传》自道之。

旅之时义大矣哉！

非其人则失正，而不能亨。因其时，合其义，居不安，而道不废，隘与不恭，俱不足以当之，故极叹其大。

《象》曰：山上有火，旅。君子以明慎用刑而不留狱。

离火，明也。艮止，慎也。既明且慎，则速断之，而不淹滞，以滋扰，如山上之火，过而不居。

君子之于民，教之治之，皆迟久而不迫，惟用刑则非君子之本心，不得已而寄焉耳。留之则证佐待理，而久淹，枝叶旁生，而蔓引，胥吏仇奸而迭为舞易，其殃民也大，而好人得以规避，故以"不留"为贵。

初六：旅琐琐，斯其所取灾。

《象专》取六五立义，爻则各以其得失言之。旅之时义虽大，然非六五文明之德，则其得失亦微，所谓"苟非其人道不虚行"也。"琐琐"，细小貌。初六卑柔无远志，而随阳为旅，则鄙屑而为裹粮结屦之谋，灾之至，若出意外，而不知务小忘大，正其所自取也。

《象》曰："旅琐琐"，志穷灾也。

"穷"者，自窘于微细之中也。

六二：旅即次，怀其资，得童仆贞。

二柔得中位，旅得所安之次舍矣。阴为资粮。"童仆"谓初也。琐琐在旅人则取灾，在童仆则为正。以柔怀童仆，而使效其忠，小之亨也。旅初与二所取象占皆小节尔，而《易》犹为告之。苟非不义，亦日用之常，圣人详著之，以前民用，而学《易》者慎微之道在焉。

《象》曰："得童仆贞"，终无尤也。

中華藏書

第四部 船山说易

中国书店

二五六一

中華藏書

周易全书·最新整理珍藏版

中国书店

"怀其资"，未免非尤，惟得"童仆贞"，则免于咎。怀资而失童仆之心，斯寡助而涂穷矣。

九三：旅焚其次，丧其童仆，贞厉。

丧，息浪反。

阴爻之旅，皆从人以旅者也。阳爻之旅，则自欲旅者也。旅者行而不留，君子之仕止久速，因时制义，无悻悻穷日之心。九三以刚居刚，不中而为进爻，急于去而不留，无反顾之情。"焚其次"，誓不复返；徒众解散，不可复收，虽使其去合于正，而亦危矣。

《象》曰："旅焚其次"，亦以伤矣。以旅与下，其义丧也。

"伤"，谓伤于君子，不轻绝人之义。"以旅与下"，谓既悻悻以去，使初、二之心解体，导之离散，不能复合。介然之义，其终必穷。好勇而不知所裁，将与鸟兽同群乎！

九四：旅于处，得其资斧，我心不快。

"处"，羁旅所处之国也。"斧"者，行而携以备樵采栋代之用者。三去而迫于去，四则刚失位。而居退爻，义未可留。而姑留者也。留则得其资斧，而四志本刚，非以资斧为念者也，故心不快。

《象》曰："旅于处"，未得位也。"得其资斧"，心未快也。

四非阳刚宜居之位，故虽得资斧而不快，若孟子之于齐、梁是也。

中華藏書

第四部·船山说易

六五：射雉，一矢亡，终以誉命。

"雉"，文明之禽。六五，离之主，欲丽乎阳。以发其光辉，而得中于外，不能乘权以有为．则不得雉，而并其所以射者亡之，所谓"道之将丧"也。然虽为旅人，而道赖以明，则人之所与，天之所笃，又岂能去之哉！止而丽乎明，此爻当之。

《象》曰："终以誉命"，上逮也。

上无明王，则天人之所宗仰者在己也。周公心仪其人，而孔子自当之。

上九：鸟焚其巢，旅人先笑后号咷。丧牛于易，凶。

易，与场通。

上九居离体之终，阳已亢极，火炎于山上而不息，鸟有巢而被焚之象。盖时有灾危，去以避害者也。免于祸则笑，而贪生悻免，为人所不礼，无可再栖之枝，将号咷而悲思其故处矣。"牛"，顺物。"易"，疆场也。居其国，行其家，则无可去之理，顺道也，子思所以遇寇而守也。丧其贞顺于国，而越疆外出，道火而身必危，故凶。

《象》曰：以旅在上，其义"焚"也。"丧牛于易"，终莫之闻也。

闻，亡运反。

"闻"，名誉也。既居高位，则义在同其灾患，而以旅道自处，违其义矣。不忠不顺，人皆贱之，虽其阳刚之才，无德而称焉。

九四：旅于处，得其资斧，我心不快。

"处"，羁旅所处之国也。"斧"者，行而携以备樵采栋代之用者。三去而迫于去，四则刚失位而居退爻，义未可留而姑留者也。留则得其资斧，而四志本刚，非以资斧为念者也，故心不快。

《象》曰："旅于处"，未得位也。"得其资斧"，心未快也。

四非阳刚宜居之位，故虽得资斧而不快，若孟子之于齐、梁是也。

六五：射雉，一矢亡，终以誉命。

"雉"，文明之禽。六五，离之主，欲丽乎阳，以发其光辉，而得中于外，不能乘权以有为，则不得雉，而并其所以射者亡之，所谓"道之将丧"也。然虽为旅人，而道赖以明，则人之所与，天之所笃，又岂能去之哉！止而丽乎明，此爻当之。

《象》曰："终以誉命"，上逮也。

上无明王，则天人之所宗仰者在己也。周公心仪其人，而孔子自当之。

上九：鸟焚其巢，旅人先笑后号眺。丧牛于易，凶。

易，与场通。

上九居离体之终，阳已亢极，火炎于山上，而不息，鸟有巢，而被焚之象。盖时有灾危，去以避害者也。免于祸则笑，而贪生悻免，为人所不礼，无可再栖之枝，将号眺，而悲思其故处矣。"牛"，顺物。"易"，疆场也。居其国，有其家，则无可去之理，顺道也，子思所以遇寇而守也。丧其贞顺于国，而越疆外出，道失而身必危，故凶。

《象》曰：以旅在上，其义"焚"也。"丧牛于易"，终莫之闻也。

闻，亡运反。

"闻"，名誉也。既居高位，则义在同其灾患，而以旅道自处，违其义矣。不忠不顺，人皆贱之，虽其阳刚之才，无德而称焉。

中華藏書

第四部 船山说易

中国书店

二五六五

第八章　周易内传卷四下

巽上
巽下　　巽

巽：小亨，利有攸往，利见大人。

巽阴潜起于阳下与姤、遁同。兑阳盛于中而阴外，与大壮、夬同。而姤为阴干阳，遁为阳避阴，巽则以人为德；大壮戒阳之壮，夹奖阳以决阴，兑则以说为道；何也？巽、兑本三画卦之名，重而为六，不失其象。

风有于喝之相因，泽有左右之并流，皆无异道，则重而为六，犹然三画之象也。三画之卦，天之理，物之体，形象之自然者也。相杂而六画生则物之变，人之用，得失之或然而不得不然者也。六画不异于三，则用而仍如其体；姤、遁、大壮、夬之重而有异也，则体异而用亦异也。

夫天之理，物之体，阴阳柔刚，参伍以成形象，一惟其自然。阴本不以干阳而潜起，阳亦不畏逼而欲避，阳虽盛而非恃其壮以决去乎阴，则体天体之无不善者，以肖其德而嘉与之，故巽以人为利，兑以说为贞。若夫阴遇阳，而迫阳以避，阳壮而决绝乎阴，固非天地纲组、互相屈伸以成化之道，故姤、遁无相人之美，壮、夬无相说之情也。

然则震之阳起，而动阴，与复、临义略相通；艮之阳上以止阴，与剥、观道略相似。震恐以致福，"丧贝而七日得"，复之理也。艮敦而吉，"大观在上"，"君子得舆"之象也。而异于巽、兑之别于姤、遁、壮、夬，又何也？

震初阳起而动地下之阴，四阳出地，而动地上之阴，乃以出人无疾，而相感以临。艮三止阴而不能止，二阴又乘其上，剥之所以"剥肤",止之又止而后止焉；观之所以必"观我""观民"而恐志之未平，天人体用之义均也。

若夫姤、遁，阴干阳而逼之，阴皆进而阳皆退；巽则六四居阴以顺乎阳，而阳未相率以之于外；大壮、夬阳连类以摈阴，亢而且消，兑则阳纳阴于二，相说而不相拒。巽、兑之与媚、遁、壮、夬，其象异，其德异，固不可以震、艮例求也。此读《易》者之当知变通也。

巽者，选具而进之谓。能慎于进则相人，故为人也。柔顺修谨，欲依阳而求相人以成化，巽之德也。阳且乐而受之，是以"小亨"。阴虽人，而刚不失其中，刚柔相济，往斯利矣。"大人"，谓二五刚中，德位并隆者也。选慎以人而相见，见斯利矣，阴之亨利者也。

程子曰："兑柔在外，用柔也；巽柔在内，性柔也。"兑，阳之为也；巽，阴之为也。兑则亨，巽所以小亨也。然阴固两仪自然之体而万物资生之用，得其正而亨而且利，亦孰非天道之正，人事之善者乎！

《象》曰：重巽以申命。

重，直龙反。

巽有二义，自阴而言之，则自下而柔顺，以人合于阳；自阳而言之，则刚得中而以柔道下施，人物而相劝勉。此以九五刚中君德为主，而六四下人起义。六四非上人，而下施者也。"重巽"者，初已柔施，而四又申之也。承刚中之道，柔以下逮，愚贱不可卒喻，申命而后能人民之隐。

刚巽乎中正而志行，柔皆顺乎刚，是以"小亨，利有攸往，利见大人"。

"巽乎中正"者，不以当位得中，遂刚以临下，而柔巽以人民，则志可喻于物，而物遵以行，故"利有攸往"。此以自上施下者言也。"柔皆顺乎刚"者，慎以进而不敢干，阴道得而就正于刚中者，其益大矣，故"小亨"而"利见大人"：此以自下顺上者言也。内卦三爻，皆取下顺上之义，外三爻皆取上施下之义。《象》错言之，明其用异而道同也。

《象》曰：随风，巽。君子以申命行事。

巽之为风者，动气者阳气也。阳气聚于外，薄阴在内，阳不得入而阴弱不相激，则阳乘动几。往复飘聚，而鼓荡以行焉。聚而行于此，则彼虚，阴乃乘之以入，庄周所谓"厉风济则为虚"也，虚而阴入矣，入而和，则晴雨平、物汇昌矣。

"随风"者，前风往而后风复兴之谓。飘风则不相继，故不能终朝。相随以不息，风之柔和者也。故庄周曰："冷风则大和。"君子之将欲兴民以有事，命之，又申命；其始不迫，其继不厌，期于人民而事以集；如风之相随，则草皆顺偃，而寒暄以渐而成。

取法于此，斯无不教、不戒、慢令之三恶矣。但言"行事"，为政言也，明非言教也。若教则不愤不启，不悱不发，喋喋然徒劳而亡益也。

初六：进退，利武人之贞。

阴起而入阳，进也；在下而柔，退也。初六阴欲入，而未果，故为进退不决之象。阳为文，阴为武，阴上临阳，而欲进，故此与履六三皆言"武人"。武人，勇于进者，"贞"则慎于进而不妄，故得进退之宜而利。

《象》曰："进退"，志疑也。"利武人之贞"，志治也。

"志治"者，阴屈下以求入于阳，所以受阳之裁成而成化。武人不恃其勇而望治，慎于进以就正，故利，此所谓"利见大人"也。

九二：巽在床下，用史巫纷若，吉，无咎。

中華藏書

第四部 船山说易

"巽在床下"，谓初也。"史"，撰辞告神者。阴有鬼神之道焉，故用史巫。凡敌应之卦，既不相应，则以相比者为应求。阴阳相比，而相求则和，远则乖矣。故巽二、五吉，而三、上凶吝。

初六进退维疑，在床下而不能起应乎刚。二以刚居柔，笃志下求，纷若不已，则阴可人而阳得其耦，故吉。不当位，疑有咎也，而不失其刚中之德，则无咎。

《象》曰："纷若"之吉，得中也。

"用史巫纷若"，则疑于太屈，而刚固得中，虽求阴而不自失。

九三：频巽，吝。

"频"与颦通。三以刚居刚而不中，见阴之巽人，而颦蹙以受之，不能止阴使不入，徒"吝"而已。

《象》曰："频巽"之吝，志穷也。

不通之谓"穷"。异端以人伦物理为火宅，而欲绝之，终不能而只以自穷，盖若此。

六四：悔亡，田获三品。

此所谓"利有攸往"也。"三品"：干豆、宾客、充君之庖。上杀、中杀、下杀皆获焉，是大获也。四在上卦之下，乃施命以人下而使行事者也。

国之大事，在祀与戎，而巽非征伐之卦，田猎以供宾祭，役民率作，故取象焉。柔以申命，下顺听之，故田而多获。"悔亡"者，本无悔也。

《象》曰："田获三品"，有功也。

申命以得人之情则行事而有功。

九五：贞吉，悔亡，无不利。无初有终。先庚三日，后庚三日，吉。

先，息荐反。后，胡豆反。

九五居尊，为申命之主。礼乐征伐，自上出，其正也，吉道也。"悔亡"，盖下"无初有终"之义。无初疑于悔，有终则悔亡矣。"无不利"者，于位为宜，于德为称，四之功，盖五之利也。

民不可与虑始；五以刚中之道率民以有为，民将疑惮，故"无初"，而终于有功，则"有终"而无不利。"庚"者，更新行事之义。故外事用刚日，而以庚为吉。"先庚三日"而告之，初六始出令也。"后庚三日"，而复警以其不逮，六四申命也。于是而命无不行，事无不立矣。故备诸美词以赞其盛。

《象》曰：九五之"吉"，位正中也。

得其位，乃能行其命。

上九：巽在床下，丧其资斧，贞凶。

"巽在床下"，亦谓初也。"资斧"，所以行之具也。初求人，而上与之绝远，阴阳之情既已隔绝，而不通，所恃以人民之隐，而劝之行者，四之申命；而命白五出，非上所制，上又亢而无下逮之情，丧其所以行者。权失而益之以骄，《诗》所谓"上帝甚蹈，勿自瘵焉"者也。

《象》曰："巽在床下"，上穷也。"丧其资斧"，正乎"凶"也。

巽既在床下，而高处乎上，则不相通甚矣。又不比乎四，而无恃以行，则凶者其情理之应得，而非意外之变也。此言"贞凶"，别为一义。然上九亦无不正之失，特以过恃其刚正而凶，遂为应得之祸尔。

☱ 兑上
　 兑下　**兑**

兑：亨，利贞。

"兑"为"欣说"之说，又为"言说"之说，而义固相通。言说者，非徒言也，称引详婉，善为辞，而使人乐听之，以移其情。馈人千金之璧而辞不善，则反以致怒，故言说者所以说人，而人之有心，不能言则郁，称引而详言之则畅，故说者所以自说而说人也。

此卦刚居内而得中，柔见于外。外者所以宣其中之藏使不郁，而交乎人以相得者也。柔见于外，愤盈之气消，而为物之所喜，故从其用而言，谓之为兑。兑有三德，而特无元。元者，阳刚资始之德，外发以施化。兑卦阳德不著见，而隐于中，未足以始也。说者，事成而居之安，乃以人己交畅。若以说始，则是务相随顺，而道先自枉。其为言说，则先以言者，事必不成，故兑于元德不足焉。

其"亨利贞"者，说则物我之志咸通，说而物我胥劝以相益，说之以道，本无不正也。具此三德，自无不亨，而利者皆正，正自利矣。兑有二义，一为下顺乎正，以事上而获上，则下亨而上利，内卦以之。一为上得其正，以劝下而得民，则上亨而下利，外卦以之。要其以刚中之贞为本，则一也。

《象》曰：兑，说也。刚中而柔外，说以"利贞"。

"柔外"，故说。"刚中"，则合义以利物，而非以膏粱，致人之疢疾；守正以永固，而非诱物邀欢，而后遂渝。故兑卦之德，惟在刚中。非此，则小人之说，不利不贞，而不足以亨。不释亨者，说自能亨也。

是以顺乎天而应乎人。说以先民，民忘其劳。说以犯难，民忘其死。说之大，民劝矣哉！

先，苏佃反。难，奴案反。

推广说之为用，为王道之美利，而皆刚中，柔外之德成之也。刚中则顺乎天之正，柔外则应乎人之所利。天顺丽人应，则上以之先民，兴事赴功，而民忘其劳，上说下而下自贞也。

民之既说，则踊跃以从王，虽使之犯难以死而不恤，下说上而上自利也。惟其外虽柔而中固刚，则是秉元后父母之常经，以通四海之志，而非小惠之苟说以干誉；下亦率其亲上死长之义，以合天下，而同心，而非宵小之面谀以取容；所以为说之大，而民无不劝也。

六子皆天地自然之化，而艮、兑专以人事言者，山泽为阴阳已成之体，非摩荡之几；乾道成男而为艮，坤道成女而为兑，成乎人，而性情功效皆惟人之自成，而天下不复与也。

《象》曰：丽泽，兑。君子以朋友讲习。

"泽"者，川流之地体，所谓河身也。兑之卦画，上虚下实，坎水塞其下流，堤而壅之，潴水灌注以润物，其象也。故上输所积以惠下，谓之恩泽。泽虽曲折迁流，而固一泽，故重兑之卦，不可以上下言，而取象于两泽之左右并行者，为丽泽焉。两泽并流，有若将不及而相竞以劝于行之象。

然其归也，则同注于大川以致于海。君子之道，学之者一以圣人为归，而博约文质、本末后先之异趋，各以其质之所近而通焉。乃恐其专己而成乎私意，则取益于同门同志之学者，相与讲习，各尽其说以竞相辨证。

当其论难之时，若争先求胜而不相让，而辨之已通，则皆至于圣人之道，如丽泽之不相后而务相合也。游、夏、曾、有同游于孔子之门，而《礼记》所载，互相争于得失，用此道也。君子之用兑，用之于此而已。苟非朋友讲习，而务以口说相竞，流而不反，则淳于髡、公孙龙之永为佞人，又奚取焉！

初九：和兑，吉。

兑体之成，虽以三上之阴为主，而刚中柔外，相因以说，则六爻皆有兑之德焉，异于巽之阴人阳而阳受其人，震、艮之阳动止乎阴，而阴为其所动所止也。"和兑"者，以和而说也。

初潜而在下，而阳刚得位，未尝与天下相感，率其素履，与物无竞，殆有月到天心、风来水面、无求而自得之意焉，君子之吉也。

《象》曰："和兑"之吉，行未疑也。

君子之行，素位而居易者也。富贵、贫贱、夷狄、患难，无人而不自得，自说其说，非待说于物，何疑之有！其不然者，处顺则得非，所据而疑其不安，处逆则妄有歆羡而疑其可徼，惟无刚正之德故也。

九二：孚兑，吉，悔亡。

下孚于初九，以合德于刚中，则不为妄说；以刚上承乎柔而不亢，抑可以获上而亨，虽不当位，悔亦以亡。

《象》曰："孚兑"之吉，信志也。

志正，则可以信友而获上。

六三：来兑，凶。

"来"者，招致之谓。六三居四阳之中，而以不正之柔，上谄而下谀，待物之来说，而相与说，小人之道也，故凶。兑之亨利，自三成之，而《爻》凶异于《彖》者，兑体已成，则刚中之德外虽柔，而自非容悦，三独发动，则柔以躁进，而为小人之媚世。此类从筮者占其所动而言，别为一例，抑以兑本非君子之守，故非全体阴阳之合，则必流为邪佞也。

《象》曰："来兑"之凶，位不当也。

宜刚而柔，无所不柔矣，而况杂乎四阳之中以躁进乎！

九四：商兑未宁，介疾有喜。

四与三比而居上卦之下，近乎民者也。以刚居柔，不欲受小人之媚，而抑不欲咈人之欲，酌量于宽严之中，不能得咸宜之道，所以未宁。然说民之道，莫先于远邪佞之小人。奸佞不仇，则虽未有惠泽及人之事，而天下已说服之。九四介于"来兑"之间，能以说己者为疾，三进而己退，静以止躁，不期民之说而民自说矣。

《象》曰：九四之"喜"，有庆也。

己方以未宁为患，而天下说之，外至之喜也。

九五：孚于剥，有厉。

"剥"，丧乱也。"厉"，威严也，而有危意。九五刚中之德已至，而与九四刚静疾邪之君子相孚，则虽丧乱卒起，而以之犯难，人心既说，且忘其死，履危地，而德威自立，说之大者，不在呴呴之恩，施于小人也。

《象》曰："孚于剥"，位正当也。

德位相称，贤者说从，民为之用，虽处剥丧，不相离叛矣。

上六：引兑。

居高而以柔待物，所以引民之说者也；异于九五之民自劝，而忘其死，故不言吉。然以上说下，柔当其位，异于三之屈节以招上而说之，故不言凶。殆霸者雒虞之治乎？

《象》曰：上六"引兑"，未光也。

有干誉于民之心焉，则德不光。民之说，民白说也，非町引者也。

䷺ 巽上 坎下 涣

涣：亨。王假有庙，利涉大川，利贞。

"涣"，水散貌。风动水飘，水浮木泛，皆涣象也。卦自否变者，涣散其否也。乾下之阳，下而居二；坤中之阴，上而居四。阳为主于内，则阴不得怙党以相亢；阴顺承丁外，则阳受其人，而不骄。否、泰之变屡矣，而独此为得。阳之退，虽不当位，而得中；阴之进，虽失其中而得位。物之固执，而不解者，授之以所安，则乐于散，而惩相拒之迷。否塞之情改，而上下通，嘉会而亨矣，故六爻皆吉。

盖尝论之，人之情有所凝滞而不达者，皆以己所怀安之土，为情之所便，因据为道之所宜。既执之以为道，则精力志虑一聚于此，此外虽有甚安之位，甚远之图，皆为智所不及、意所不愿之境。

一旦豁然悟其所据之非，风拂水流，尽破拘画之藩离，乃知昔所为崇高者，非崇高也，退抑乃以止物之忌，而中和可以宰物；昔之所为安处者，非安处也，上达而得其所通，而顺理乃以达情；拓散其分据之心于俄顷之间，已如彻重围而游旷宇。

由此而推行之，破一乡之见，而善以天下，离一时之俗，而游于千古，则在下不贰，在上不骄，涣之为功于进德修业也，亦大矣哉！《诗》云："泮奂尔游矣，优游尔休矣。"言拘挛之日散也，是以涣之六爻皆吉也。

"王假有庙"者，阳自四而下居于二，率三阴以事上也。当其在庙则为臣为子，而要不失其居中之位，二之以退为尊也。"利涉大川"者，阳来人险而不忧也。可以事鬼神，则天下无不可通之志；可以涉险阻，则天下无不可安之遇；斯以于物皆利，而变焉，而不失其正也。

《彖》曰：涣，亨。刚来而不穷，柔得位乎外而上同。

刚聚于上，则且消而穷矣；来而居二，则以人险，而得通，柔在二在四，皆得位也。不贰其中位之尊，出而之外，乃以上交而同乎阳。二者皆亨通，而柔之为功大矣，以其舍党去尊而顺上也。

"王假有庙"，王乃在中也。

"乃"云者，谓虽离群退处，而乃得其中也。故修臣子之节，而不失其王之尊。

"利涉大川"，乘木有功也。

木浮水上，行舟之象。二以刚中能载，而涉险之功立矣。巽一为风，乘风而浮于水，亦利涉之象。古者舟未有帆，故《象传》不言乘风。后人以帆使风而行于水，盖亦取法于涣制器者尚其象，但精其义，皆可创制。古人所未尽，以俟后哲，若此类者众矣。

《象》曰：风行水上，涣。先王以享于帝立庙。

涣与节，相综之卦。节俭而聚，涣散而丰。风行水上，无所吝止，极文章之观。先王享帝立庙，以事天祖，于财无所惜，于力无所吝，于己不患其无余，于民不恤其难给，乃至薪蒸刍藁，皆广取，而轻用之，与节之不以劳民伤财者异道，所谓"菲饮食而致孝乎鬼神"也。言"先王"者，郊庙之礼开创者。

初六：用拯，马壮，吉。

"马"，行地者，故坤之象马。阴纯在下，马之壮也。马壮，则有奔驰，蹄啮之伤。二来主阴而制之，初承二而奉之为主，以制马而使之驯，以免于咎。拯之者，二也；利用其拯者，初也，而吉在初矣。

《象》曰：初六之"吉"，顺也。

顺阳而下之也。

九二：涣奔其机，悔亡。

出疆外适曰"奔"。"机"，《程传》作《春秋传》"投之以机"之机，亦通，谓所凭以安也。或作杌者，伐木而留其本也。在险中，而可以止奔，于义尤合。阳舍上位，越三而来二，以散阴之党，若将不及，曰"奔"。来而得中以止，若奔者之遇杌，而息焉。虽不当位，疑于有悔，而居中以主阴，使顺而散，则悔亡矣。

《象》曰："涣奔其机"，得愿也。

二阴乐奉之以为主，故散而不怙其群。

六三：涣其躬，无悔。

中華藏書

周易全书·最新整理珍藏版

中国书房

阴阳以类聚，则合而成体。三与初同类，而二来居间以散之，阴之体不纯成矣，非徒二之能散之也。三为进爻而位刚，本欲上行以应乎刚，是能公尔忘私者，虽不当位，而遂其就阳之素心，固无悔矣。

《象》曰："涣其躬"，志在外也。

"外"谓外卦。进从六四之阴，以顺阳而应上九，不恤阴之同体，是以无悔。

六四：涣其群，元吉。涣其丘，匪夷所思。

阴之自二而往四，既以散阴凝不解之群，抑以散阳亢不交之群；群散而大同，本然之吉，无所待也。二与四皆涣群者，而功归于四。盖舍内而出外，去中而居下，非情之所可愿。使阴吝而不往，则阳亦无从得二，以为杭而止焉。虚中位以召阳为主，而己为阳下，非消释其鄙吝之情者不能也。"涣有丘"，涣而至于丘也。丘卑于山而高于地，可依以止者，谓四涣而固高以安也。"夷"，等类也。

阴方相聚于内，同类且相倚以为群，忽舍之而外适，非初与三思虑之所及。拔流俗以奋出，而巽人，以依乎阳刚中正之主，惟豪杰之士能之，非凡民所测，而卒使皆免于晦蒙否塞之中，所谓非常之人，成非常之功也。

《象》曰："涣其群，元吉"，光大也。

阿私结党，则卑暗而鄙陋。六四自我涣群，光明正大，何吉不臻乎！

九五：涣汗其大号，涣王居，无咎。

"汗"者，阳出而散阴者也。"号"，命令也。五，刚中得天位，而与巽为体，下同于四。四为巽主，申命以诰下者。五不怙阳之群，而资四以播教令于下，宣其大公无畛之德意，而险侧皆顺焉。虽王者之居，宜积盛大以为巩固，一阳亏，而失其聚，而天位自定，命令自行，固无咎也。古者天子之畿，剖邑以赐诸侯，为汤沐之邑，其"涣王居"之义乎？

《象》曰："王居""无咎"，正位也。

虽涣而王者之居，固无咎者，刚中正位，不以一阳之去就为损益也。

上九：涣其血，去，逖出，无咎。

"血"者，战争之事。"逖"，远也。阴凝于下，阳亢于上，否则必争，而上当之，未免于伤。乃既涣散其群，则阴巽入乎阳，而阳为主于阴，争息而血去矣，可以远处事外矣。时平而志静故无咎。

《象》曰："涣其血"，远害也。

远，于愿反。
以涣故能远交争之害，而超然逖出。

坎上
兑下　**节**

节：亨。苦节不可贞。

"节"，竹节也，有度以限之，而不逾也。卦画一阴间以一阳，二阴间以二阳，阳实阴虚，虚者在上，阳实在下，以为之节。下二阳，近根之促节也，阳之节阴也。

阳有余而阴不足，以不足节有余，而相通焉，阴之节阳也。以二体之象言之，两间之水无穷，而泽之所容有准，不漏不溢，有节度也。二水相沓，而实其下以使不泄，故有慎密之象焉。节而亨矣，为阳之节阴者言也。阳亨，而复云"苦节不可贞"者，为阴之节阳言也。

有余者，物之所甘；不足者，物之所苦。阳道方亨，而必裁之以不过，则自居约，而处物亦吝，固将自以为，廉于用物而得贞。乃自居之约，可谓之贞；处物之吝，强人，隋以所不甘，则不顺天理之正，不可以为贞矣。以其实，节其虚，则虚者恃以保固，忠谨之所以通天下之志。

畏其有余，节以不足，则俭而固，不给万物之用，而无以成天下之务。《象》两设之，使学《易》者择焉而占者得之，虽以俭，而不困于行，而终不合于道，非君子寡过永誉之宜也。

《彖》曰：节，亨。刚柔分而刚得中。

此明亨之为阳言也。"刚柔分"，言其相间，各成乎畛而不相乱。得中乃可以为阴之节，而阴恃以不倾；中有主，则通乎物，而不随物以流也。

"苦节不可贞"，其道穷也。

此明阴之节阳为已过也。道不足以济天下，则穷而非正矣。

说以行险，当位以节，中正以通。

说，弋雪反。

"说以行险"，不以忧惧失度也。"当位以节"，谓九五以笃实之刚，为阴虚之节也。五以中正节乎二阴之中，上下皆可通矣。

言能行险而说、节而甘者，惟九五当位中正，以为阴之节，则无过不及之差，而于物皆通；以见节之亨在刚中，而阴之过为裁抑者非贞，而抑未可亨也。

天地节而四时成。节以制度，不伤财，不害民。

天地之化，寒暑温凉，莫之节，而自中其节惟无过也，抑无不及也。王道之裁成民物，非故为损抑以崇俭陋。制度立而财不伤，民不害，所以志说而用亨。如九五者，斯与天地四时合其节矣。

《象》曰：泽上有水，节。君子以制数度，议德行。

行，下孟反。

多寡曰数，长短曰度，如《礼器》所谓"以多"、"以少"、"以高"、"以下"之类是也。"德行"，德之施于物者，厚薄刚柔之则也。泽之受水也有限，而水为泽之所有，自足给灌注之用。君子以此道，通志成务，其节也，非无水而以自困困民也，道本有余，而酌其施受之宜也。若陈仲子之流，以无水为节，则徒苦而人道废矣。

初九：不出户庭，无咎。

初居卦下，为泽之底，苟非坚实，必致下漏，困之所以无水，而穷也。户，室户；庭，其外楹间也。时方在室内而未行，道宜缜密。阳刚下实，防阴之流，慎之于内，而不使出，涵其有余以待不足，虽过于慎，而白无咎。

《象》曰："不出户庭"，知通塞也。

当藏于内，而未见于外之始，必刚决慎持，以防其放佚，塞之所以求通也。"知"者，知时宜也。若二，则知塞而不知通矣。

九二：不出门庭，凶。

中華藏書

周易全书·最新整理珍藏版

中国书房

门，大门；庭，其庑也。既审慎于内，而出于外矣，则行焉可矣，又从而节之，慎而无礼者也。刚非其位，知塞而不知通，故凶。

《象》曰："不出门庭，凶"，失时极也。

"极"，至也。时至事起而吝于出，则事败而物怨之。

六三：不节若，则嗟若，无咎。

二阳已积，则有坚刚太过之忧。三当其上，急欲节之，而柔失其位，力有未逮，故不能节也，而忧之急。其迫切欲节之心，虽若已甚，而实不容已也，故无咎。

《象》曰："不节"之嗟，又谁咎也？

谓谁得而咎之也。刚过而折，通人所戒，楚父老之于龚生是已。是或一道也，不得谓之为非。

六四：安节，亨。

与三同道，以节阳之过，而柔当其位，且上承九五，而受其节，在节而安，无所嗟叹，刚柔均而通塞适其宜，故亨。

《象》曰："安节"之亨，承上道也。

方以柔节刚，而上有九五刚中之主，以节己；四能承之，则阴阳正均，而行之亨矣。

九五：甘节，吉，往有尚。

自四以下，刚柔既分而有节，九五以刚健，中正之主，议道自己，而节阴之不足，以制为中道，合乎理，顺乎情，物之所甘也。以此而往，宜为天下之所尊信矣。

《象》曰："甘节"之吉，居位中也。

以中道而居天位，创制立法，而天下悦服。

上六：苦节，贞凶，悔亡。

五以中道为节，而物情甘之，不可损也。上犹以为过，而裁抑之，以人情之所不堪，虽无淫泆之过，可谓贞矣，而违物，以行其俭固之志，凶道也。然而"悔亡"者，天下之悔皆生于侈汰，自处约，则虽凶而无耻辱。

《象》曰："苦节，贞凶"，其道穷也。

节之为道，惟贤者可就，不肖者可企及，则亨。俭过则吝，物所不顺，故穷。

巽上
兑下 **中孚**

中孚：豚鱼吉，利涉大川，利贞。

"中"，内也。"孚"，信也，感也。卦画二阴在内，不得中，而三为躁爻，四为疑地，相聚而异志，既有不相信之势，而失中无权，志且不平；然而安处于内，静顺以不与阳争，则其信阳也至，而阳之感之者深也。三顺乎二而说，四承乎五而相人，皆虚以听命乎阳，而无疑无竞，是二阴之孚于中也。孚者，阴也；孚之者，得中之阳也。

夫欲感异类者，必同类之相信。己志未定，同道不亲，则无望异己者之相洽以化。二抚初，五承上，相与成纯而不杂，迩悦则远安，是以至实之德，内感三、四，而起其敬信以说，故谓之中孚，言阳之能孚阴于中也，而阴之在中者孚矣。"豚鱼"，阴物，谓三、四也。二、五以中正之德施信于三、四，而三、四相感以和顺于内，受其吉矣。

"利涉大川"，《彖传》之释备矣。"利贞"者，施信以感物，物蒙其利，刚中以孚阴于内而不自失，则贞。有其利贞之德，故涉险能利，而所孚者皆受其吉也。

《彖》曰：中孚，柔在内而刚得中。说而巽，孚，乃化邦也。

说，弋雪反。

成乎巽者六三，成乎兑者六四；阴效说而顺以人，阴化而和矣。惟二、五刚中，以道相孚，故阴乐受其化。阴为国土、为民，故曰"邦"。孚，信也，而谓之化者，朱子谓如鸟孚乳之象，诚笃以覆翼，则如期而化生。

"豚鱼吉"，信及豚鱼也。

"及"，相逮也。信足以及之，而豚鱼皆信。感以实，则以实应。

"利涉大川"，乘木舟虚也。

"乘木"，泽载木也。"舟虚"者，外实中虚，有刳木为舟之象焉。舟之利于涉以中虚，而非外之实，以为之闲，则不能成中虚之用。惟四阳在外，左右相均而无隙，故中得以有其虚而受物之载，以经险而利于行。二、五能函二阴，故二阴虚，以受感而不窒，亦以明二、五刚中之德，足以致阴之孚也。

中孚以"利贞"，乃应乎天也。

"天"谓阳也。阳孚之以利物，贞固之德，故阴应之。诚者天之道，至诚而不动者，未之有也。

《象》曰：泽上有风，中孚。君子以议狱缓死。

兑为言说，以详论而酌其当；巽风和缓，以俟议之平允。巽命，以施泽于下，宽道也。然缓之以详议，使无冤而已，非纵有罪，以亏法也。缓之，议之，信诸心而后杀之，则虽死不怨矣。《大象》之言刑狱者五，圣人慎罚之情至矣，学《易》者可不谨哉！

初九：虞吉，有它不燕。

"虞"，度也，安也。阴之连类，以居于内，非初所可遽感者。初潜处于下，内度之己，惟守其刚正，以与二相孚而安，故吉。"他"谓四。"燕"亦安也。言虽有相应之四，亦非其所安，而独与二合德也。中孚以纯，而不杂为美，然惟初静处，而无欲感之情，则吉；上已亢而不相感，则又过矣。初承二而上乘五，故初孚二，而上不能孚五。

《象》曰：初九"虞吉"，志未变也。

虽无感阴之情，而亦无乖违之志，审度以求安，而听二之来感；不求速合者，不至于离，故吉。

九二：鸣鹤在阴，其子和之。我有好爵，吾与尔靡之。

和，胡卧反。靡与縻通，忙皮反。好，去声。
"鹤"，高洁之鸟，阳之象也。"阴"，林荫之下。二虽居中而在下卦，故为阴。"子"谓初九。两俱阳，而初承二，故为"子"。"好爵"，相好之爵，谓六三与二相比，而奉二为主，以尊贵之。"吾"，二自谓。"尔"，谓初也。"靡"，系属之也。
二刚中，而欲以诚感六三，聊为兑体，以相和好，得同道之初九与相倡和，乃劝之偕和于三，以縻系而联属之，使相孚化。盖惟其为鹤之鸣，故能下合乎初而上感乎三。不然，初之不轻燕，三之无定情，岂易孚者乎！

《象》曰："其子和之"，中心愿也。

以诚感者，故以诚应。但释初之和，不释三之靡，三柔易感，而初刚难燕也。

六三：得敌，或鼓或罢，或泣或歌。

阴之为性，虽同类，而必疑。四与三比，本无相敌之情，而三为躁进之爻，与四异体，而不亲，见为敌也，甫相得而即相猜。"鼓"，进而攻之；四不与竞，乃"罢"。既诎于四，而不得进，则"泣"。已而为二、五之刚，以正相感，则抑洽比于四，而悦以"歌"。无恒之情不易孚，殆豚鱼耳。而终为刚中所縻系，而保其信，无恒者且孚焉。九二之德盛矣哉！

《象》曰："或鼓或罢"，位不当也。

柔居刚位，躁而不宁，无定情而不易感也。

六四：月几望，马匹亡，无咎。

月以承日之施为明，阴阳相感之正者也。六四承五之孚，而顺受之，柔得其位，"月几望"之象。阴为阳所孚，至矣。两马为"匹"，谓四匹二也。阴党盛则与阳亢。四柔退，而不与三同其躁忌，"马匹亡"矣。阴孚于内，中孚之道也。与三异尚，疑于有咎，而正以消三之猜狠，使久而自化，复何咎乎！

《象》曰："马匹亡"，绝类上也。

"类"谓三；"上"谓上孚于五。绝三以孚于五，破小群，而惇大信，感应之正，故无咎。

九五：有孚挛如，无咎。

五刚中居尊，可以为上之主，而孚于同，以感于异者也。虽上亢，而不受其孚，而五之诚信已至，足以挛系乎四，而使之安，故无咎。三、四非乘权之中位，阴之情岂能晏然处之而不争哉？

二靡之，五挛之，乃以感异类而说以巽。乃二得初之承，而五不能平上之亢，则二易而五难。孚异尚易，而孚同愈难。伊川不能得之于苏氏，赵鼎不能得之于张浚，亦自处于无咎而可耳。

《象》曰："有孚挛如"，位正当也。

惟其位之正当，故上不能不与之孚，而四有"挛如"之固结也。

上九：翰音登于天，贞凶。

鸡曰"翰音"，以其鸣有信也。上九刚德，非无信者。然亢而居高，自信而不下比于五，以孚于阴，则不自量其刚之不中，尚小信，而抗志绝物。鸡之高飞，能几何哉？以其刚，而不靡也，可谓之贞。然亦匹夫匹妇之谅耳，凶必及之。

《象》曰："翰音登于天"，何可长也！

飞甫起而即坠矣。远于阴则不足以孚，又不能下顺乎五，是绝物也。一试而颠越，所必然矣。

震上
艮下　小过

小过：亨，利贞。可小事，不可大事。飞鸟遗之音，不宜上，宜下，大吉。

遗，惟季反。

二、五者，中位而为卦之主也。小过之卦画，阴皆据之，又得初、上二阴以为羽翼，而以三、四进退危疑之地，处阳而锢之于内，阴之逾其涯量者甚矣，故门小过。乃过之为辞，非恶也，非罪也，则与否、剥之消阳者异，盖阳虽势微失中，而犹处乎内，未尝如剥之削而孤，否之摈，而之外也。

柔得中，未尝溢也；自上覆之，自下承之，将谓护阳而保之，而势极于盛，遂轶其常度，非其罪也，故可以亨。阳在内，而阴函之，以柔道行焉，亦可以利物，而不失其正。然阴之为道，柔弱曲谨，而不能胜大任，故可小而不可大。

乃圣人于此，寓扶阳抑阴之深意，故申之曰"飞鸟遗之音，不宜上"也，"宜下"则"大吉"也。鸟飞，则翼竦上而躯垂下，翼凭虚，而躯载实。翼载躯以飞，躯其本也。四阴，两翼之象；三、四，其躯也。"遗之音"者，躯之能事也。阳体灵而用达于远。音者，鸟之灵，而以宣其意者也。音下则声闻于人间，上则无闻焉。鸟翼竦而上，音与俱上；躯睥睨，而视下，音与俱下，"不宜上"者，躯为翼用也，阴恃其过，以挟阳而上也。"宜下"者，翼随躯降也，阳虽不及，能敛阴以趋乎实也。三、四虽失中而处内，一止一动，皆其所主；阴虽过，可使戢其飞扬之志，以顺刚而行，则大吉矣。

夫失中之刚，岂能遽戢阴之拼飞哉！而圣人曰阳固有可藉之资，犹有可为之时，小虽过，何尝不可大吉乎！人欲行，不足以害天，则好货好色而可以王。君子存，犹足以制小人，故汲黯在廷而淮南惮，裴度得用而承宗服。"大吉"者，终在阳，而不在阴，阴之过未足以为阳忧也。呜呼！此圣人扶抑阴阳之徵：权也。抑惟阴非固恶，阳犹足以大吉，而异于否、剥之必凶也。

《象》曰：小过，小者过而"亨"也。过以"利贞"，与时行也。

夫阴固不足以匹阳之德，然亦孰非造化必有之实，太和固有之撰，可以通万物之志，与之利而得其定体之正哉！时而乘权则秋冬有敷荣之草木，阴雨有中节之正候，不妨于过，而未尝不亨以利贞也，惟其时而已矣。含阳于内，载之以行，则当过之时而道存焉，可有此三德，特不足者元尔。

柔得中，是以小事吉也。刚失位而不中，是以"不可大事"也。

柔可以胜小而大事，非刚不能任。失位不中，虽刚不能有为矣。

有飞鸟之象焉。"飞鸟遗之音，不宜上，宜下，大吉"，上逆而下顺也。

三、四象鸟躯；四阴在旁，其翼也。躯从翼以上，阳为阴所挟，而从之往，阴亢而不顺阳，逆也，初、上以之。翼从躯以下，阴不挟阳而从阳，阳居内以制外，顺也，二、五比于三、四以之。然九三有"或戕之凶"，以九三妄动，不能居重以御轻也。

《象》曰：山上有雷，小过。君子以行过乎恭，丧过乎哀，用过乎俭。

行，下孟反。

雷在山上，不能击动地中，而上人手空，则阴气凝聚，而盛矣。小过，阴之过也。阳亢阴恭，阳乐阴哀，阳丰阴俭。君子之道有过用夫阴者，惟此三者尔。不溺于怠惰，不靡于嗜欲，不流于惨杀，则皆阳以胜阴，而不使过也。

初六：飞鸟以凶。

初、上在外，张翼欲飞之象。阴盛而偕二、五以翔，逆理而行，害及天下，故凶。"以"者，谓以飞故凶。

《象》曰："飞鸟以凶"，不可如何也！

明非飞鸟之凶，而遇之者凶也。妻挟夫，臣挟君，夷狄挟中国。不叫复制，示占者宜早为之防。

六二：过其祖，遇其妣。不及其君，遇其臣。无咎。

五、上以阴居天位，有鬼神之道焉，故为"祖"、"妣"。上，祖也；五，妣也。"过其祖"，六二柔当位得中，较上为胜。与五同道，"遇其妣"也。阳为君，阴为臣。二非刚中，于君道为"不及"，而柔顺当位，于臣道为得，"遇其臣"也。小过以阴过为咎，惟二以柔自靖，为可以无咎。

《象》曰："不及其君"，臣不可过也。

臣不可以君道自居，安于不及而柔顺，则当过之世而无咎。

九三：弗过防之，从或戕之，凶。

阴过则阳不及矣，故曰"弗过"。以其不能过也而为二阴所迫，乃欲防而止之，志大而力不足，阴受其止，从而戕之矣。苌弘之所以死于晋也。言"或"者，二柔顺，而初逆，祸自远发也。

《象》曰:"从或戕之","凶"如何也!

道不足而志可矜,故重为之叹。

九四:无咎,弗过遇之。往厉必戒,勿用永贞。

当阴过于盛之世,阳宜静处,于内以待其定。三刚而躁
进,以与阴相持,故或戕之。四以刚居柔,守正而不争,故无
咎。以其不能过也,而上承六五,以与之遇,庶几抚之使顺。
然五且居尊拥盛,而未即合,则往且危,而不容不戒,能
戒则免于危矣。戒而后免于危,抑岂可以轻试图功乎!"勿用"
焉,乃以永保其正。盖求胜不能,求合不易,自守以免咎。处
于不足之势者,其道然也。

《象》曰:"弗过遇之",位不当也。"往厉必戒",终不可
长也。

阳失其位而屈于阴下,不得已而遇,非其情也。阴已过而
不相下,虽与之遇,交终不固,故惟勿用为正。

六五:密云不雨,自我西郊。公弋取彼在穴。

以阴暗居天位,凝而不散。四虽欲与遇,终不可得而和
也。阴阳和则雨;阴亢而不受交于阳,云虽密,不能雨也。四
近尊位,其象为三公。六五据位深处,在穴之象。四欲遇五,
而不能得,如弋本,以射飞鸟,而施之于穴,固不能入,盖终
无如之何也。阴邪盛,而志士徒劳,故为四重叹之。

《象》曰:"密云不雨",已上也。

阴已据上位,任其蔽塞重昏而无如之何。

上六:弗遇过之,飞鸟离之,凶,是谓灾眚。

"离"，丽也，当也。水旱曰"灾"，薄蚀曰"眚"。"弗遇"，终绝阳而不幅下也。"过之"，势已过，而又自骄亢以求胜也。此则鸟飞而上，逆之极也。遇之者，其凶甚矣，"是谓灾眚"，言其为害之遍，白天降灾，无可避也。

《象》曰："弗遇过之"，已亢也。

翱翔天位之上，肆志以逞，故害及天下。

坎上 离下　既济

既济：亨小，利贞。初吉，终乱。

"既"者，已然之迹者也。"济"者，成也；如人涉水，已涉而事乃成也。《周易》乾坤并建，以终统全《易》；阴阳之至足，健顺之至纯，太极本然之体也，而用行乎其间矣。

乾以易而知险，坤以简而知阻，阴阳不杂，自絪缊以成化；天下之物、天下之事、天下之情，得失吉凶，赅而存焉，而不忧物变事机之或轶乎其外。乃就一时一事而言之，大化无心，而听其适然之遇。遇之适然者，在天皆可成象，在地皆可成形，在物皆有其理，在人皆有其情，多寡盈虚、进退衰王，迭相乘而卦象以昭，物理以定。故自屯、蒙以降，错之综之，物之所必有也，占之所必遇也。

君子观象以达化，而学术、事功、出处，所可得而学也。然而造化之妙，以不测为神；阴阳之用，以杂而不离乎纯者为正。故象虽诡异，而道以不限于方所者为无穷之大用。其曰"一阴一阳之谓道"者，阴阳十二皆备，惟其所用之谓也，非一阴，而即间以一阳，一阳而即杂以一阴，一受其成型，终古而不易之谓也。经之纬之，升之降之，合之离之，而阴阳之不以相间相杂，画井分疆，为已然之成迹，则乾坤易简之至德，固非人事排比位置之所能与矣。

以化象言之，乾坤六子之性情功效，所殊异，而交争者，莫水火若也。乃当二仪函五行，以纲组于两间，则固不可以迹求，不可以情辨，不可以用分，不可以名纪。迨其已成，而水与火遂判为两物而不相得，然其中自有互相人而不相害之精理存焉。其终也，火息水嗅，而仍归于太和。

若其一炎一寒、一润一燥、一上一下者，皆形而下之器，滞于用而将消者也。由此言之，则既济、未济为人事已谢之陈迹，而非乾元乘龙、坤元行地之变化，明矣。自不知道者言之，则曰爻有奇偶之定位，而刚柔各当其位，贞悔各奠其中，初与四，二与五，上与三，各应以正，乾坤之变化，至此而大定，而不知此有形之刚柔同异，不足与于不测之神也。

且夫一阴也，而即授以一阳，一阳也而即授以一阴，志无定主，道无适从，执中而无权，贤奸各据其安，理欲交战于内，生杀不适有常，以诡合于情事之苟安而谢其愆，以迹相倡和，而情相乖忤，杂而不伦，主辅体用之不立，以斯为道，天可以人之智能限之，人可以己之成法处之，而恶能不终于乱哉！无已，则阴之怀土而自私者，与阳分权而利得其所，以行焉而自遂，则"亨"者，"小"之亨焉尔，若阳，则固不利有此相参相伍之阴柔，与之相应也。故虽当位以正应，而非阳刚保泰持盈之福。故既济者，阴之济也；未济者，阴之未济也。阳不以既济居成功，不以未济求必济；《象》与《爻》皆主阴而言；二卦皆小人之道，衰世之象也。

阴乘阳而上，以踞于至高之位，则为既济。阴处阳下，阳利其行而不安，则为未济。刚居刚，柔居柔，任其情之所安，而据以不迁，阳昵阴，而阴感阳，以为交应，则为既济。刚柔相济，易位以求通，则相应而固相合之道则为未济。故曰："济者成也。"成乎得者恒于斯，成乎失者恒于斯；其得也，失也；其未尽得也，犹未尽失也。故未济之爻，贤于既济也。

既济者，天无其化，人无其事，物无其理。天之化，人之事，物之理，虽杂而必有纯也。至杂而不纯，惟大乱之世，无恒之小人，以仇其意欲，故所亨者惟小也，阴无不乘刚而出其上也。夫六位之分刚分柔，岂非义之必合而为阴阳之正哉？故可谓之"利贞"；而要未闻刚以居刚，柔以居柔，情不相得，势不相下者之可久居也。"初吉"者，如涉者之乍登于涯，自幸其济，而不恤前途之险阻。贞邪互相持以不相下，其为大乱之道，岂顾问哉！故曰："亨小利贞，初吉终乱。"乱非待既济之后；当其求济，而乱已萌生矣。

《象》曰：既济，亨，小者亨也。

《本义》云："济下脱'小'字。"然不必言小，而下句申明之，自通。既济"之亨"，惟小者亨耳。阴阳各当其位，贞邪各快其志，而相应不相制，则阴之得志可知。

"利贞"，刚柔正而位当也。

以常理言之，则利贞。

初吉，柔得中也。

六二柔当位得中，尚安于其分而不淫。

"终止"则"乱"，其道穷也。

刚柔各止其所，以相杂而不相治。刚已刚，而刚道穷，柔已柔而柔道亦穷；惟其情之所安，势之所便，各逞其志欲，而大乱成矣。非之无举，刺之无刺，涂饰耳目，而执中无权，谓之乱德。

《象》曰：水在火上，既济。君子以思患而豫防之。

水在火上，其中必有载水，而间火者，所以防水之下注而灭火。君子有中道，以豫为调变之防，如火可上达其气于水，以成变热之用，而止争相轧灭之患，盖以载之之道济之也。

初九：曳其轮，濡其尾，无咎。

二欲升，而初以阳刚，静镇于下，制之不行，"曳其轮"也。初曳之，则二之尾濡而不得济，故虽为柔，所乘而无咎，此奖阳以制阴之辞也。言"濡尾"者，于未济见之，谓狐也。取象于狐者：狐，阴邪之兽，性多疑，而妖媚，以与人相乱。阴杂于阳之中则疑；与阳杂处而交应，故能媚，贱阴之辞也。

《象》曰："曳其轮"，义无咎也。

阴岂可使之济哉！制之不行，君子之义也。

六二：妇丧其茀，勿逐，七日得。

丧，息浪反。

"茀"，车蔽也。二阴柔居中为"妇"。妇人之车有弗，所以蔽容貌，而全其幽贞。六二杂于二阳之中，而欲上行以济，无所敬忌，"丧其弗"，则近于乱矣。特以居中，而为离明之主，志本光贞，故但戒以勿亟于驰逐，则七日自得，终足以知耻而远嫌。言"七日"者，六位已穷之后，乱定而志白也。

《象》曰："七日得"，以中道也。

当位则居中，而合乎道，故虽处杂乱，而可终保其贞。

九三：高宗伐鬼方，三年克之。小人勿用。

高宗当商道中衰，治乱相半、贞邪相干之时，而奋发中兴，以嘉靖殷邦。九三处明之终，而介于险，以刚居刚，而为进爻，故取象焉。伐鬼方，《诗》所谓"奋伐荆楚"也。

楚人尚鬼，故曰鬼方。阳之间于阴也，始而相制，制之不已则相攻。三处二阴之中，阴欲济，而阳制之不得，故有征伐之事。前临坎险，《诗》所谓"罙入其阻"也。险不易击，故三年而后克。"小人"谓上六，濡首之小人也，与三相应，嫌于相用。功成之后，息劳而骄，则小人易以仇其狐媚，故戒之以"勿用"。

《象》曰："三年克之"，惫也。

前阻于险，后复无阳，刚以为之援，孤军犯难，力已惫矣。水将下渗而息火，甚可畏也，尚可容小人之相惑乱乎！

六四：繻有衣袽，终日戒。

繻，汝朱反。

"繻"，程子以为当作"濡"，沾湿也。"袽"，敝絮。四居坎体之下，有渗漏沾濡之象"衣袽"，以塞漏者。以柔居柔，虽有欲济之心，而不敢决于轻进；既有衣袽，而犹"终日戒"，畏谨之至。不言无咎，而自不至乱可知。

《象》曰："终日戒"，有所疑也。

柔退而处二阳之间，进则恐五之不受，退则虑三之见攻，畏谨以持，以视无忌惮之小人，远矣。

九五：东邻杀牛，不如西邻之禴祭，实受其福。

九五介二阴之间，刚中得位，阴所求也。坎之位正北，北以东为上，西为下；上六其"东邻"，六四其"西邻"也。阴欲济，而惮于五之尊严，故皆仰求其相济。四慎而居约，薄祭之象。

上盈而僭，太牢之祀也。五择于二者，当以下比乎四为宜。祭而神享之曰"福"。受四之享，于道斯得。东邻汰而濡首，礼虽隆而诚不属，绝之可尔。五虽刚中，而贞妄杂进，故戒之使知取舍焉。朱子谓：此为文王与纣之事。文王方服事殷而称邻，又以受福自矜，文王之至德，周公其忍重诬之乎！

《象》曰："东邻杀牛"，"不如西邻"之时也。"实受其福"，吉大来也。

"禴祭"，夏祀。"时"者，俭而有节之谓。"吉大来"者，锡福于四，人神交绥。四之慎于济，吉道也，乃于四不言吉，而于此言之，四之畏谨，无徼福之心也。

上六：濡其首，厉。

阴亢居上，恃得位得应，而猛于济，水淹其顶，而不恤，危矣哉！阴之亨至此而极，阴之乱至此，而不可弭矣。阴阳相杂，各安其所，而变化之道穷。过此而无可为者，则惟挠乱以成乎未济；阴阳向背十二位，自然之理数也。

《象》曰："濡其首，厉"，何可久也！

天下无有各据其所安之位，相杂相合而可久者。"濡其首"，则耳无所闻，目无所见，不知物变之至，阴且消，而阳亦失其位矣。

未济 离上 坎下

未济：亨。小狐汔济，濡其尾。无攸利。

"未济"，阴未济也。阴起于初，进于三，跻于五。俱失其位，为阳所覆，而不得达于上，故未济也。以离、坎言之，火炎上，而已上则散；水流下，而已下则涸，各遂其情，而不相为用，则火与水皆不足以成化，亦未济也。

阴未济而阳上达，阴不能掩，乃不言阳之济，而言阴未济；三阴失位，三阳亦失，抑不言阳未济，而但言阴。盖阳气之流行，上穷碧霄，下彻黄垆，无往而非其体之所在，无往而非其用之所行；天包地外，亦人地中，升降出入，行焉而皆得，化焉而皆成，故曰"时乘六龙以御天"。若阴之升，而成功于两间，非阳袭其内，以震起之，则凝滞而不足以资变蕃之生。阳覆于上，不为鼓荡以升，而阴不济矣。故既济、未济，皆以阴道之成毁言，而阳不与焉。

"亨"者，阴之亨也。阴得中，而丽乎刚以为明，故亨。既亨矣，而又云"小狐汔济，濡其尾，无攸利"者，得位而居则亨，欲行焉，则无利也。未济三阳皆失位矣，阴阳相间，而阳道穷，然而阳失位而阴亦不得，则阴之不利未足以为病。故拟之以小狐濡尾，若有幸辞焉。狐者，淫惑之兽也，杂处以交于人，而更利于济，则为人道之患。故于其丽乎明也，则迪之以君子之道而许其亨；于其弱而无力，狂而妄逞，则明告以凶咎而止其慝；《易》之所以曲为裁成也。

呜呼！既济、未济之世，难矣哉！非人事之有此也，理数然也。天下岂有旦善而夕恶，左君子，而右小人者哉！亦岂有刑与赏相参以成治，欲与理相错以成德者哉！既济之世，已成乎杂糅之局，而据为得；未济之世，未成其各得之利，而犹有所忧疑，则未济愈矣。小狐濡尾，而无攸利，未始非阳之利也。《易》以二卦终，则以见阴阳之交感，以成乎杂乱，其变之极，且至于如此；险阻之极至，非乾坤之易简，莫能知其变，而定之以大常也。

《象》曰：未济，亨，柔得中也。

六五得中，柔道亨矣。虚中以受阳，乘刚而丽之以明，未济之愈于既济以此。故既济言"亨小"，而未济言"亨"。柔道得，则刚志亦行。

"小狐汔济"，未出中也。

合三阴而谓之"小狐"，以其乘刚之间，而居其位也。"未出中"者，欲上济而止于五，未达乎上也。阳位极于五，阴位极于上。上者，阴之尊位也。"汔"者，将至未至之辞。阴不达上，仅至于五，故为"汔济"。

"濡其尾，无攸利"，不续终也。

三躁进，五居尊，初乃滞于下，不能相继以上升，阴之不利也。

虽不当位，刚柔应也。

既济亦刚柔应，而独于未济言之者，既济当位则刚以居刚，柔以居柔，各擅其所利，而恣其情之所安，则虽应，而志不相下。未济不当位，以刚居柔，以柔居刚，刚者不傲，可以受阴而不骄，柔者不靡，可以交阳而不吝，宽猛相剂，刑赏相资，温厉相节，则以感焉而通，故五、上皆言"有孚"，以柔之有刚，刚之有柔也。

在他卦则固以当位，而应者为亨利，而此二卦异焉，阴阳杂而相间，各有时位之可据，则易以起疑，貌合而情不亲，固异于他卦之纯焉，而无互竞之情也。不当位而应以无疑，故未济六爻，皆愈于既济。

《象》曰：火在水上，未济。君子以慎辨物居方。

"居方"者，随物之性情功效，而处之，以其所安，各居其分位，不相紊也。慎于辨，则知之明；慎于居，则处之当矣。火本上，水本下，不相济也。置水火上，以成熟变之功，而患亦随之，既济所以必防。

辨之明，而使各居其所，虽未有功，自可无过。盖天下之物，一物自为一物，贞淫美恶，本不相杂。知其异，乃可统其同，而水火之争以息，不可不慎也。

初六：濡其尾，吝。

柔弱在下，欲济而不能，故有此象。《象》言"无攸利"者，统三阴而言也。此言"吝"者，为初六一爻言也。初无求利之心，利亦违之，为吝而已。

《象》曰："濡其尾"，亦不知极也。

"极"如《诗》"谁因谁极"之极。初为上二阴所引，而欲济，以至于濡，所托非其人，柔而暗也。

九二：曳其轮，贞吉。

柔欲济，而二以刚中止之，初是以有濡尾之吝。裁阴而不使得志，得正而吉矣。

《象》曰：九二"贞吉"，中以行正也。

刚不当位，本非正也。居中而不过，以刚处柔，而善其闲勒，则中以得正矣。阴阳之相间，阴起乎下以上进，未易禁其淫泆，而初六卑柔，则犹可禁止。道宜刚断以裁抑之，而又不欲过激。二惟刚柔相剂，而以中道行之，故处于二阴之间，而不为其所忌。奚必大正，以相治，而后得为贞乎！

六三：未济，征凶，利涉大川。

三为进爻，乘险而上进，力弱而志刚，以之行焉，其凶必矣。然而"利涉大川"者，当险难之极，无必全之道。不顾利害，而求上承乎刚，宁武子以之。

至于此，则吉凶非其所谋，无可避之患也。凶而云"利"者，可益见《易》之言利，皆以合义利物为利，而非如《火珠林》之类，以快志而得财，为小人所喻之利也。

《象》曰："未济，征凶"，位不当也。

位不当，而欲上进则必凶。未济之位，皆不当，独于此言之，以其志可取而穷于时也。

九四：贞吉，悔亡。震用伐鬼方，三年有赏于大国。

以刚居柔，当阴阳交持之世，而不失其正者也，故不当位，本有"悔"而可以"亡"。"震"，动而不宁之谓。居二阴之间，不能宁处，则必有征伐之事。"伐鬼方"，下临坎险，而治之也。刚柔有节，兴师而不暴，则克之虽难，而功成受赏矣。"大国"，谓主兵者非奉五之命，故赏非天子颁之。

《象》曰："贞吉，悔亡"，志行也。

阴之未济，阳志得行，刚柔得宜，不忧阴之凭险以相难矣。

六五：贞吉，无悔。君子之光，有孚，吉。

以柔居刚而履中，未出乎中，而不求上进，安其位而知止，故得正以吉，而固无悔。处阴阳交杂之世，独能虚中以丽乎二阳，而著其文明，虽非大人之造，而允为"君子之光"。"君子"者，以位言，则守成而不徼功之令主；以德言，则希圣而不躐等之纯儒。以是而孚于阳，虽用异而志同，阴之以不求济而得吉者也。凡言孚者，皆阴与阴遇，阳与阳合，此与上九独别，以其位言也。《易》之不可为典要，辞亦有之，存乎人之善通耳。

《象》曰："君子之光"，其晖吉也。

"晖"，光之散于虚，而遥被于物者。五之有光，二阳发之，故其吉在晖。资阳为德，而不自求成，所谓"鲁无君子，斯焉取斯"也。

上九：有孚于饮酒，无咎。濡其首，有孚，失是。

上九以刚居柔，故与三相得，而不拒其求济之情，遂相信以交欢，固非咎也。乃阴之为性，不可与耽者也。处阴阳交杂之时，志易以淫。

若以居高而无位之故，失其所守，不能如二之"曳轮"、四之下伐，以相裁抑，则将为六三所染而"濡其首"；其有孚也，正其所以失乎"是"也。"是"者，当其可之谓。

《象》曰："饮酒"濡首，亦不知节也。

以刚节柔，故与三宴好，而无损。乃以两俱失位之故，遂相与放逸而谨溺，则自且失节，何以节彼哉！

君子虽当时不可为，犹不忘正大之矩，与臣言忠，与子言孝，虽混迹卜肆，自有名教，在我之责存于心；柳下惠和而不易其介，无往而非道，亦何至有"濡首"之辱哉！

第九章　周易内传卷五上

系辞上传起第一讫第七

伏羲氏之始画卦也，即阴阳升降、多寡隐见，而得失是非形焉。其占简，其理备矣。后圣因之，若《连山》，若《归藏》，皆引伸画象之理，而为之辞，使人晓然，于吉凶之异，以遵道而迪吉。至于文王，益求诸天人性命之原，而见天下之物、天下之事、天下之变，一本于太极阴阳动静之几，贞邪、诚妄、兴衰、利害、皆刚柔六位交错固然之理，乃易其序，以乾坤并建为之统宗，而错综以成六十四卦，举万变之必形者可以约言而该其义，则《周易》之《彖辞》所由折衷往圣而不可易也。

周公复因卦中六位阴阳之动，而为之《象辞》，则以明一时一事之相值，各有至精允协之义，为天所祸福于人、人所自蹈于吉凶之定理，莫不于爻之动几显著焉。《彖》与《象》皆系乎卦而以相引伸，故曰《系辞》。"系"云者，数以生画，画积而象成，象成而德著，德立而义起，义可喻而以辞达之，相为属系而不相离，故无数外之象，无象外之辞，辞者即理数之藏也。而王弼曰"得意忘言，得言忘象"，不亦舛乎！

顾自《连山》以后，卜筮之官，各以所授受之师说，而增益之，为之繇辞者不一，如《春秋传》所记，附会支离，或偶验于一时，而要不当于天人性命之理。流及后世，如焦赣、关朗之书，其私智窥测象数而为之辞，以待占者，类有吉凶而无得失。下逮《火珠林》之小技，贪夫、淫女、讼魁、盗帅，皆得以猥鄙悖逆之谋，取决于《易》，则惟辞不系于理数甚深之藏，而又旁引支干、五行、鬼神、妖妄如青龙、朱雀之类，妖妄也。以相乱。

若夫文王、周公所系之辞，皆人事也，即皆天道也；皆物变也，即皆圣学也；皆祸福也，即皆善恶也。其辞费，其旨隐，藏之于用，显之以仁，通吉凶得失于一贯，而帝王经世、君子穷理以尽性之道，率于此而上达其原。夫子虑学《易》者逐于占《象》而昧其所以然之理，故为之《传》以发明之，即占也，即学也，即以知命而不忧，即以立命而不贰。

其以喻斯人于人道之所自立，而贞乎死生休咎之大常，意深切矣。而传《易》者或谓但为筮设，其因象立辞，不过如《火珠林》之卦影，为学者所不必学，则夫子作《传》，又何为而加以《象》外之理乎？此通儒之蔽，不可不辨者也。分上、下《传》者，冈简策之繁而各编之耳，非义所系也。

天尊地卑，乾坤定矣。卑高以陈，贵贱位矣。动静有常，刚柔断矣。方以类聚，物以群分，吉凶生矣。在天成象，在地成形，变化见矣。

断，丁乱反。见，胡甸反。

此明《周易》并建乾坤，以统六子，而为五十六卦之父母；在天之化，在人之理，皆所由生，道无以易，而君子之盛德大业，要不外乎此也。

乾者阳气之舒，天之所以运行。坤者阴气之凝，地之所以翕受。天地，一诚无妄之至德，牛化之主宰也。乃乾行不息于无声无臭之中，坤受无疆而资不测之生，其用至费，而用之也隐，人不可得而见焉，则于"天尊地卑"而得其定性之必然矣。惟其健，故浑沦无际，函地于中而统之，虽至清至虚，而有形有质者，皆其所役使，是以尊而无尚；惟其顺，故虽坚凝，有实体之可凭，而静听无形之抟抗，不白擅而惟其所变化，是以卑而不违；则于尊卑之职分，而健顺之德著矣。此言奇偶之画，函三于一，纯乎奇而为六阳之卦，以成乎至健；于三得二，纯乎偶而为六阴之卦，以成乎大顺。奇偶至纯而至足于两间，故乾坤并建而统《易》，其象然，其数然，其德然，卦画之所设，乃固然之大用也。

变"尊"言"高"者，"尊卑"以司化之用言，"卑高"以定体之位言也。天高地下，人生其中，三极昭然，因而重之，以为六位；天之所显示，地之所明陈，人之所仰事而俯承者，著矣。

高者贵，甲者贱，故六位设而君臣之分、隐见之殊、功效之各营，虽无典要，而有定位。此言《易》设位以载九六之画，为自然之定体也。

位有阴阳，而有体必有用。三、四者，进退之机；二、五者，主辅之别；初、上者，消长之时；皆有常也。而爻有刚柔，刚与阳协，柔与阴称，或相得而宜，或相剂而和，则刚柔之得失寸：此断矣。此言爻丽于位，而刚柔之致用当与不当之分也。

"方"者位也。贞、悔各有二位，而初四、二五、二上，以类相应，其近而相比者，以类相孚，交相聚也。"物"者爻也。爻之刚柔，各自为群，而性情分焉。

同群者孚，异群者应，如其道则吉，非其道则凶。若以阴阳之本体俱为天地之大用，何吉何凶？而一聚一分，则得失差异，是以吉凶生焉。此言爻位有比有应，有承有乘，因时而生吉凶也。

凡此者，乾坤二卦，统六阳六阴，于六位之小，健顺之理备，贵贱之位陈，刚柔之节定，孚应之情通，两仪并建，全《易》之理，吉凶得失之故，已全具其体用，则由此而变化焉，又岂圣人之故，为损益推荡，以立象哉！惟乾统天，而天有以行其命令于地者，则雷、风、日、月成乎象。惟坤行地，而地有以效功能于天者，则水、火、山、泽成乎形。天不终于无形，地固成乎有象。乾之所始而流形，坤之所生而化光者，变化自著于两间，六阳六阴，往来于向背十二位之中，而发见于六位，交相错以利时乘之用。阳之变，阴之化，皆自然必有之功效，故六子兴焉，以为六十二卦之权舆，而《易》道备矣。

是故刚柔相摩，八卦相荡。

"摩"者，两相循也。"荡"者，交相动也。惟其乾坤并建，六阳六阴各处于至足以储用，而十二位之半隐而半见，惟见者，为形象之可用者也。在天则十二次之经星迭出迭没，在地则百昌之生成迭荣迭悴，在人物则灵蠢动植、圣狂义利、君臣治乱之分体而各乘其时，所发见而利用者，约略得其六耳。

以十二至足之阴阳，往来于六位之中，相错以进退，刚利柔之受，柔倚刚以安，乍然有合而相摩荡，则纯阳而为乾，纯阴而为坤，阴阳相杂，而为六子，皆自然必有之化，要非乾坤之至足，亦恶能摩荡，以成八卦之经纬，而起六十四卦哉！

鼓之以雷霆，润之以风雨。日月运行，一寒一暑。乾道成男，坤道成女。

此皆其相摩相荡，所变化之形象也。阳下起而鼓动乎阴，成雷霆之象，而为震；阴人阳下，而散阳之亢，以使和浃，成风雨之象，而为巽；阴阳交相映相函以相运，则成日月寒暑相易之形象而为坎、离；乾以刚而致其奇于耦中，阴以柔而致其耦于奇内，则成男女之形而为艮、兑；皆形象之固有，而《易》于六位之中，备其各成之变化，既鼓既润，既运既成，则由是以变化无方，以生五十六卦，皆此至足之健顺，不容已于摩荡者为之也。此《周易》之穷理达化，所以极其至而立义精也。

巽兼言"雨"者，阴泽下流，亦雨象也。日南则寒，北则暑。月虽二十七日有奇，周于九道，而冬至之月恒在夏至之黄道，夏至之月，恒在冬至之黄道，月南则暑，月北则寒矣。艮兑不言山泽，言男女者，山陵为牡，溪谷为牝也。

此上言天地自然之化，以下则推原于乾坤健顺之德，明其所以起万化而统全《易》之理，乃终以希圣希天之学，示学《易》者于乾坤并建而得崇德广业之枢要，此此章之次序也。

乾知大始，坤作成物。

夫人知天之大始，而不知始之者，惟乾以知之；人知地之成物，而不知成之者，惟坤以作之。故乾曰"大明终始"，坤曰"行地无疆"。然则苟有乾之知皆可以始，苟有坤之作皆可以成。而非至健，则明不出于一炯，而无以豫万变；非至顺，则道隐于小成，而无以善永终。

故以在人之知行言之：闻见之知不如心之所喻，心之所喻，不如身之所亲；行焉而与不齐之化遇，则其诉拒之情、顺逆之势、盈虚之数，皆熟尝之而不惊其变，行之不息，知之已全也。故惟乾之健行而后其"知"为"大始"也。志之所作不如理之所放，理之所放惟其志之能顺；气动而随，相因而效，则无凝滞之情，而顺道之所宜以尽事物之应得，勉焉而无所强，为焉而不自用，顺之至，作之无倦也。

故惟坤之顺承而后其"作成物"也。乾坤者，在天地为自然之德，而天之气在人，气畅而知通，气馁而知亦无觉；地之理在人，耳目口体从心知，心知之所不至，耳目口体无以见功，皆此理也。六十四卦之象，其德有知者，皆乾之为也；有作者，皆坤之为也。其或知之非实、作之非道者，则阴阳之愆，而要亦未始，非刚柔固有之几所发，而但其时位之不齐耳。"知大始"，"作成物"，则全《易》皆在其中矣。

乾以易知，坤以简能。

易，以豉反。

此言乾坤者，指二卦之全体，而言也。变"作"言"能"者，知作，其功；知能，其效也。在知曰"易"，理有难易；在能曰"简"，事有繁简；其为纯一而无间杂之义，则同也，谓纯阳纯阴，道惟一而无事于更端也。二卦并建，以统变化，在乾惟健，在坤惟顺，疑不足以尽万变。乃天下之理，虽甚深而不易测，然惟有所怠废者则有所疑惑。

纯乎健而自强不息，则无所凝滞，而吉凶消长自可旁通其数；抑惟矫物立异，则势穷而阻。纯乎顺而承天时行，则无所阻，而悔吝忧虞皆曲尽其材。在天地，则不劳而造物之功化无以御。其在人，则知行皆一以贯而道无多歧。此乾坤二卦，虽未备六十二卦之变，而已裕其理也。

易则易知，简则易从。易知则有亲，易从则有功。有亲则可久，有功则可大。

有天地则雷风，寒暑、山泽虽殊象异形，皆有其常，无所容其疑，殆而不能离；动植飞潜，各率其情材以自效而奏其功。古今不易，而小大不遗，天道之纯为之也。在人则心纯，而理一，天下归其仁，万方效其顺，安于其教而德不斁，劝于其善而道以广，皆此至健不息、至顺无违之德为之也。

可久则贤人之德，可大则贤人之业。

"贤人"，贤于人者，盖亦谓希天之圣人也。德不斁，而业皆成，其所以致此者，知行而已矣。知则乾之大明，以无欲不屈之刚，烛乎万理者也。行则坤之通理，以顺事恕施之柔，不杂私僻者也。

乾坤之德，人生而性皆具，有气皆可清通，有质皆可效法，而惟贤人能全体之。故时皆其时，位皆其位，行乎险阻，而德业贞于一，以易简应繁难，而不忧道之或诎也。

易简，而天下之理得矣。天下之理得，而成位乎其中矣。

此言学《易》者，能体乾坤之易简，则理穷性尽，而与天地合德也。知无不明，则纯乾矣；行无不当，则纯坤矣。以之随时变化，惟所利用，而裁成辅相之功著焉，则与天地参。故《周易》并建乾坤十二位之阴阳，以听出入进退，成六十四卦、三百八十四爻之象占，所以尽天道，昭人极，为圣学合天之轨则，位有异，时有殊，而无九六以外有余不足之数得参焉。

斯以冒天下之道，而非《连山》、《归藏》之所及，况后世之窥测气机以占利害，如加一倍乘除之法，及复、姤为小父母之支说，其不足与于三圣大中至正之道，明矣。

抑尝论之，圣人之论《易》也曰"易简"，而苟且之小儒，与佛老之徒亦曰"易简"，因依托于《易》以文其谬陋。乃《易》之言"易简"者，言纯乾纯坤不息无疆之知能也，至健而无或不健，至顺而无或不顺也。

小儒惰于敏求而乐于自用，以骄语无事多求，而道可逸获；异端则挥斥万物，灭裂造化，偶有一隙之净光，侈为函盖乾坤之妙悟，而谓人伦物理之繁难，为尘垢糠秕、人法未空之障碍、天地之大用且毁，而人且同于禽兽，正与"知大始"、"作成物"之理背驰。善学《易》者，于健顺，求至其极，则自"易"白"简"，慎勿轻言"易简"也。

右第一章。此章言《周易》首建乾坤之旨，该尽乎全《易》之理，立天德王道之极，以明文王定《易》序之大义。

圣人设卦观象，系辞焉而明吉凶。

圣人谓文王、周公。"设卦观象"，设卦画于前，而观其成象也。"辞"者，象之义也。"吉凶"象之所固有而所以然之理，非辞不明。

"系"者，相属而不离之谓。《象》、《爻》之辞，必因乎象之所有即有戒占者之辞，亦因象之所当戒与其可戒而戒之。若宜正而不宜邪，则万事万理皆然，不待戒也。此节明《象》与《辞》所自设，为君子平居之所宜玩。

刚柔相推，而生变化。

推，吐回反。

"推"，移也。阳极于九，而已盈，则下移而八；阴极于六，而已歉，则上移而七。"变"，阳且变而有阴之用；"化"，阴受阳化而且从阳之德也。六爻已成卦象，而所占在一爻，以刚柔之过，必且推移，故于此爻占其变化也。如乾之九二，且变而之阴，有离之象，故曰"天下文明"，刚推而柔也。

坤之初六，阴尚微弱，而曰"坚冰"，柔且推而刚也。履之六三曰"志刚"，谦之六五曰"侵伐"，皆有变化阴阳之义，此义例之常也。若乾初动而无媚道，坤初动，而无复理，则又不可据义例，为典要，在学者之知通尔。此节明变与占之所自生，为君子因动，而占之所宜玩。

是故吉凶者，失得之象也。悔吝者，忧虞之象也。

得失，以理言，谓善不善也。"虞"，虑也。《易》不为小人谋诡至之吉凶，于其善，决其吉，于其不善，决其凶，无不自己求之者，示人自反，而勿微幸、勿怨尤也。"悔"者，行焉而必失，则宜忧。"吝"者，求行而不遂，则宜虑。故言"悔吝"者，以著其当忧虞也。

变化者，进退之象也。刚柔者，昼夜之象也。

"变"者阳之退，"化"者阴之进。进所宜进，退所宜退，则得；进而或躁或阻，退而或疑或怯，则失。卦象虽成，而当其时位，有进退之几焉。故其得者，卦虽险而可使平，其失者卦虽吉而且凶，《易》于发动之爻著其理焉。

昼动夜静，天之道，物之情也。然动不可静，则气浮而丧其心之所守；静不能动，则心放而气与俱馁。故《易》以刚柔相推之数，著其刚下生柔、柔上生刚之动几，示人以动静相函，如昼夜异时，而天运不息，昼必可夜，夜必可昼也。

六爻之动，三极之道也。

初、二，地位；三、四，人位；五、上，天位。每位必重，气之阴阳、形之柔刚、性之仁义，交至而成乎全体大用也。

然而不能皆见于用，故一时之所值、一事之所占，则道著焉。当其时，处其地，择其进退，天之灾祥、地之险易、人事之顺逆因而决焉。三极得失之理，于斯显矣。

是故君子，所居而安者，《易》之序也；所乐而玩者，爻之辞也。是故君子，居则观其象而玩其辞，动则观其变而玩其占。是以自天佑之，吉无不利。

"安"者，知其不可过，而无越思。"居"者，守之以为恒度。"序"谓刚柔消长之次序。"乐"者，不惊其吉，不恶其凶。"玩"，熟求其所以然之理也。"观象玩辞"，学《易》之事。"观变玩占"，筮《易》之事；占亦辞之所占也。承上文而言，《易》因天道，以治人事，学之以定其所守，而有事于筮，则占其时位之所宜，以慎于得失，而不忘忧虞，则进退动静一依于理，而"白天佑之，吉无不利"矣。

天者，理而已矣，得理则得天矣。比干虽死，自不与飞廉、恶来同戮；夷齐虽饿，自不与顽民同迁：皆天所佑而无不利也。利者，义之和也。

右第二章。此章及下章皆言《易》道之切于人用，居不可不学，而动不可不占也。

象者，言乎象者也。爻者，言乎变者也。

谓《象》、《爻》之辞也。"象"，一卦全体之成象；"变"，九六发动之几应也。

吉凶者，言手其失得也；悔吝者，言乎其小疵也；无咎者，善补过也。

谓《象》、《爻》之辞，因象变，而征人事也。刚柔因乎时位以为得失。"吉凶"非妄，皆由道之得失。"小疵"于道未失，而不当其时位，则刚柔差错，而必有"悔吝"。"无咎"，于道末得，而有因时自靖、不终其过之几。

盖祸福无不自己求之者，虽或所处不幸，而固有可顺受之命。故研几精义，谨小慎微，改过迁善，君子自修之实功，俱于《象》、《爻》著之。《周易》之兴，与后世技术卜占之书，贞邪义例之分，天地悬隔，于此辨矣。

是故列贵贱者存乎位，齐大小者存乎卦，辨吉凶者存乎辞。

齐，在诣反。

此言《易》之定体也。"贵贱"犹言尊卑。居中及在上者为贵，在下而不中者为贱。居其"位"，则有其职分之所当然者也。齐与剂通。"小"，阴；"大"，阳也。"卦"谓九、六之爻，丽于六位者，各有宜居，为位之当，阴阳之分剂，于此定也。卦位两设，相遇以成象，而吉凶之故，因而系之矣。

忧悔吝者存乎介，震无咎者存乎悔。

此言《易》之存乎辞者，其示人之意深切也。"介"，善不善之间也。本善也，一有小疵，而即成乎不善，故告之以"悔吝"，使人于此忧之，以慎于微而早辨之。动而有过曰"震"。本有咎而告之故，使人知悔其前之过，而补之，则犹可以免无咎。《易》之所以警惕夫人，而奖劝之于善者至，非但诏以吉凶而已。

是故卦有小大，辞有险易。

《系传》言"是故"，有不承上言者，朱子谓唤起下文，如此类是也。"小"、大"，因象而异。其系于世道之盛衰，治理之治乱，天道圣学之体用，而象有之，则大。其他一事一物之得失，如噬嗑、颐、家人、革、井、归妹之类，则小。

卦纯则辞易，如"潜龙勿用"，"直方大"之类。卦杂则辞险，如"荷校"、"噬肤"、"载鬼"、"张弧"之类。盖人事之不齐，务其大必谨其小，居其易抑必济其险，奉天道以尽人能，皆不可不备，而《易》皆诏之。

辞也者，各指其所之。

"指"，示也。"之"，往也。使因其所示，而善其行也。张子曰"指之使趋时顺利，顺性命之理，臻三极之道"是也。

务其大，则可以致远，谨其小则可以明微，知其易而安于常，知其险而不忧其变，《易》之为君子谋者至矣。

右第三章。

《易》与天地准，故能弥纶天地之道。

《易》之象数，天地之法象也。乾坤统其全，卦爻尽其变，其体与天地合也。"弥"，遍也。"纶"，联合而尽其条理也。"道"谓化育运行之大用。自其为人物所必由者，则谓之道。

自其妙万物而不主故常者，则谓之神。全肖其体，故曲尽其用。此二句，一章之大指，以下皆以申明此意。

仰以观于天文，俯以察于地理，是故知幽明之故。

"故"字以上，皆言《易》之与天地准者；其下，则赞其弥纶之盛也。仰观俯察，兼画卦、系辞而言，余放此。"天文"，日月星辰隐见之经纬；"地理"，山泽动植荣落之条绪；雷风，介其间以生变化者也。

《易》之以八卦错综摩荡，而成文理者准之。天文则有隐有见，地理则有荣有落。见而荣者明也，隐而落者幽也。其故则明以达幽，而幽者所以养明；明非外袭，幽非永息。于《易》之六阴六阳互见于六位，以乘时而成文理者，可以知幽明之为一物，而但以时为显藏也。

原始反终，故知死生之说。

"原"，有本而生也。"反"，归诸其故也。阴阳之见乎卦象者，其自下生，而来也非无本；极于上而且终，其往也非消散而灭。八错二十八综，具乾坤之全体，以相互屈伸，故资始无穷，而要归可以继起。

《易》言往来，不言生灭，"原"与"反"之义著矣。以此知人物之生，一原于二气至足之化；其死也，反于纲组之和，以待时而复，特变不测，而不仍其故尔。生非创有，而死非消灭，阴阳自然之理也。朱子讥张子为大轮回，而谓死则消散无有，何其与夫子此言异也！

精气为物，游魂为变，是故知鬼神之情状。

"精"者阴之始凝，"气"者阳之善动者也。成乎形象者，皆谓之"物"。"魂"者，精得气而灵。气荡精而动者也。"变"，易其故而别为新之谓。"为"者，天地纲组不息之几，以妙屈伸之用者也。

"鬼神"者，二气不已之良能，为屈为伸之用，而吉凶之所自出也。《易》之或九或六，结而成乎卦体，出于无心之分合，神之为物而且为鬼者也。奇偶成而反诸大衍，听再营之游荡，不必仍其故，而又且成焉，鬼之为变，而复为神者也。已成乎物者，吉凶之效；未成乎物者，吉凶之几；一聚一散，变化无穷，而吉凶不爽。以此知鬼神之情状，无心而自有恒度，则以事鬼神，应灾祥，而制礼乐刑赏之大用，无不与鬼神合其吉凶矣。

白天地一隐一见之文理，则谓之幽明；自万物之受其隐，见以聚散者，则谓之生死；自天地至足之体，以起屈伸之用，而生死乎物者，则谓之鬼神。天地之道，弥纶于两间者，此而已矣。而《易》以六位为阴阳十二之全体，一聚一散，一屈一伸于其间，以迭为幽明生死物变，则准之以弥纶天地之道，诚然之几无不著明，而吉凶之故，亦必无爽忒矣。此上言《易》之立体，参伍错综以知化，与天地之化，相弥纶者也。

与天地相似，故不违。

"不违"，天不违之也。天地之所以宰万物者，理而已矣。《易》一准乎时位当然之理，以著其得失，故吉凶虽未先见，而其应不爽，天地弗能违也。此下言《易》之致用，崇德广业，与天地之德，相弥纶者也。

知周乎万物而道济天下，故不过。

知，去声。

"过"，差也。万物之情理，皆天地之化，所发见，而君子知之，必尽以通志成务，而利天下。《易》于物之象变，委曲蕃庶，虽猥小而推之以阴阳之化理，因示以济之之道，则可与天地之流行于品物，而咸亨者无差忒也。

旁行而不流，乐天知命，故不忧。

乐，卢各反。

"旁行"，随所变迁无定，则之谓。"不流"，于六位之中往来有纪，而各成其义也。《易》之错综变化，得失不定，皆物理人事之所有。

当其时，居其位，则有其道。天命之无所择而施，知之则可不改其乐。盖在天者即为理，在命者即为正，天不与人同忧，而《易》肖之以诏人不忧。此知者之学于《易》而合天之道也。

安土敦乎仁，故能爱。

天地普爱万物，而德施无穷，随阴阳之所附丽，皆著其生成。而《易》无择于六位之贵贱险易，皆因时以奠居，奖其进而抑其躁，则无土不有天理之必尽，而健顺之化皆行焉，是体天地广大之生以诏人，而利物也。

盖人之妨其爱而病物者，惟越位以生意欲，则自私而不恤物之利害。故《易》所重者在位，以示无土之不可安，不待施惠，而于物无伤，十二自敦矣。此仁者之学于《易》而合天之道也。朱子曰："天地之道，知仁而已。"

范围天地之化而不过，曲成万物而不遗，通乎昼夜之道而知，故神无方而《易》无体。

相肖曰"范"，统摄曰"围"。昼夜，相因而迭为隐见者也。此统挈上文而言。与天地相似，"范围其化而不过"也。知周道济，尽知仁之用，"成物而不遗"也。知幽明、生死、鬼神、屈伸一致之理，"通昼夜而知"也。"通"者《易》通之，"知"者使人知也，此皆与天地之道，相弥纶者也。

其所以然之故，则以天地之神无方而《易》之无体者，一准之也。"无方"者，无方而非其方，"无体"者，无体而非其体；不据以为方、体也。吉凶之数，成物之功，昼夜之道，皆天地已然之迹，有方者也。而所以变化屈伸，"知大始"而"作成物"者，其神也；纲组之和，肇有于无，而无方之不行者也。

《易》之阴阳六位，有体者也。而错综参伍，消息盈虚，则无心成化，周流六虚，元体之不立者也。故《周易》者，准天地之神以御象数，而不但以象数测已然之迹者也。后之为《易》者，如卦气，如游魂、归魂、世应，如纳甲、纳音，如乾一兑二、方圆整齐之象，皆立体以限《易》，而域于其方，虽亦一隅之理所或有，而求以肖无方之神，难矣哉！

右第四章。此章备赞《易》道之大，合乎天而尽乎人也。

一阴一阳之谓道。

前章由《易》而推天道之所自合，见《易》为至命之书。此章推人所受于天之性，而合之于《易》，见《易》为尽性之学。盖圣人作《易》，以诏吉凶而利民用者，皆佑人性分之所固有，以奖成其德业，而非天道之远人，吉凶听其自然也。修之者吉，修其性之良能也。悖之者凶，悖其性之定理也。所性全体之外，无有吉凶，于此占，即于此学矣。

"一阴一阳之谓道"，推性之所自出，而言之。"道"谓天道也。"阴阳"者太极所有之实也。凡两间之所有，为形为象，为精为气，为清为浊，自雷风水火山泽以至蜎孑萌芽之小，自成形而上以至未有成形，相与纲组以待用之初，皆此二者之充塞无间，而判然各为一物，其性情才质功效，皆不可强之而同。动静者，阴阳交感之几也。

动者阴阳之动，静者阴阳之静也。其谓动属阳、静属阴者，以其性之所利而用之所著者言之尔，非动之外无阳之实体，静之外无阴之实体，因动静而始有阴阳也。故曰"阴阳无始"，言其有在动静之先也。阳轻清以健，而恒为动先，乃以动乎阴，而阴亦动。

阴重浊以顺，非感不动，恒处乎静；阳既丽乎阴，则阳亦静。静而阴之体见焉，非无阳也；动而阳之用章焉，非无阴也。犹嘘吸本，有清温之气，因嘘吸而出入也。故可谓之静生阴，动生阳，而非本无而始生，尤非动之谓阳、静之谓阴也。合之则为太极，分之则谓之阴阳。不可强同而不相悖害，谓之太和，皆以言乎阴阳静存之体，而动发亦不失也。然阴阳充满乎两间，而盈天地之间，惟阴阳而已矣。"一""一"云者，相合以成，主持而分剂之谓也。

无有阴而无阳，无有阳而无阴，两相倚而不离也。随其隐见，一彼一此之互相往来，虽多寡之不齐，必交待以成也。一形之成，必起一事；一精之用，必载一气。浊以清而灵，清以浊而定。若经营之，若博抗之，不见其为，而巧无以逾，此则分剂之之密，主持之之定，合同之之和也。此太极之所以出生万物，成万理而起万事者也，资始资生之本体也，故谓之"道"，亘古今，统天人，摄人物，皆受成于此。

其在人也，则自此而善，自此而性矣。夫一阴一阳，《易》之全体大用也。乃溯善与性之所从出，统宗于道者，固即此理。是则人物之有道，《易》之有象数，同原而不容歧视，明矣。

继之者善也，成之者性也。

中華藏書

周易全书·最新整理珍藏版

道统天地人物，善、性则专就人，而言也。一阴一阳之谓道，天地之自为体，人与万物之所受命，莫不然也。而在天者即为理，不必其分剂之宜；在物者，乘大化之偶然，而不能遇分剂之适得；则合一阴一阳之美，以首出万物，而灵焉者，人也。"继"者，天人相接续之际，命之流行于人者也。其合也有伦，其分也有理，仁智不可为之名，而实其所自生。

在阳而为象为气者，足以通天下之志而无不知，在阴而为形为精者，足以成天下之务而无不能，斯其纯善而无恶者。孟子曰："人无有不善"，就其继者而言也。"成之"，谓形已成，而凝于其中也。此则有生以后，终始相依，极至于圣而非外益，下至于牿亡之后犹有存焉者也。

于是人各有性，而一阴一阳之道，妙合而凝焉。然则性也，命也，皆通极于道，为"一之一之"之神所渐化，而显仁藏用者。道大而性小，性小而载道之大，以无遗。道隐而性彰，性彰而所以能然者终隐。道外无性，而性乃道之所函。是一阴一阳之妙，以次而渐凝于人，而成乎人之性。则全《易》之理不离乎性中，即性以推求之《易》之蕴，岂待他求象数哉！

仁者见之谓之仁，知者见之谓之知，百姓日用而不知，故君子之道鲜矣。

"知者"、"之知"之知，去声。鲜，上声。

以阴阳之分言之，则仁者行之纯，阴之顺也；知者知之明，阳之健也。以阴阳之合言之，则仁者阴阳静存之几，知者阴阳动发之几也；皆性之所有，而道之所全具者也。特人以其性之所偏厚，而学焉，又专于所向，则或谓之仁，或谓之知，亦既能见而未明于其全体之合一也。

百姓无能与于仁知，则去道愈远；然伦不明而亦自有其伦，物不察而亦能用物，必有其刚，必有其柔，虽不审于时位之攸宜，以斟酌消长之数，酬酢往来之交，而得失吉凶，皆即其可为善者以为不善，不能离也，特昧焉而不自觉耳。

以仁知所见不全，而百姓不知，故能喻于道以成德业者鲜。是则《易》之理，特为人所不察，而白流行于日用之间。欲为君子者，舍《易》不学，安于一偏之见，迷其性善之全体、阴阳之大用，将与百姓均其茫昧，久矣。

此上言人性之所自出，即《易》阴阳交易之理，流行于日用而不可离。以下则言《易》为性体之大全，而尽性以尽物者，皆不能逾乎此也。

显诸仁，藏诸用，鼓万物而不与圣人同忧，盛德大业至矣哉！

此言一阴一阳之道，为《易》之全体，而于人性之中，为德业所自立，以见尽性者之不可离也。性函于心。心之体，处于至静而侧然有动者，仁也。性之能，丽于事物而不穷于其所施，用也。仁函于心，本隐也，而天理者未动而不测其所在，虽或闻见有得，而终不与己相亲；侧然内动，乃以知：吾心之有此，而条绪昭察于心目之前，则惟仁：为道之所显也。

此阴阳固有其诚，而必著其几于动静之介者也。用丽于事物，本著也，而所以用者卒不可得而见。同一视听，而明昧之几不可诘；同一言动，而得失之发不自知；逮其用之已行，则又成乎体而非其用。故人所外著者皆体也，而用则隐于中也。

变化错综于形声两泯之地，用之密运，乃一阴一阳主持分剂之微权，而藏于动静之中者也。显而微，藏而著，此阴阳配合参伍之妙，"一之一之"之道也。以其显者鼓之，使侧然而兴；以其藏者鼓之，而不匮于用。一阴一阳之道，流行于两间、充周于万物者如此。故吉凶悔吝无所择，而仁皆周，用皆行焉。在圣人之有忧者，皆其可乐之天、可安之土。

惟《易》全体此道以为教，故圣人于《易》，可以释其忧，以偕百姓，而同归于道，由此而盛德著，大业兴。一阴一阳之道为《易》之蕴，而具于人性之中也如此，诚至极而无可尚矣。

抑论之圣人，尽性者也；性尽，则《易》之理该焉，而何为其尚有忧耶？盖道在未继以前，浑沦而无得失，雨畅任其所施，禾莠不妨并茂，善之名未立，而不善之迹亦忘。既以善继乎人，而成乎人之性矣，一于善而少差焉，则不善矣。圣人求至于纯粹以精，而望道未见，则有忧；性尽而尽人物之性，而天运有治乱，人情有贞邪，不可遽施转移，以胥协于至善，则有忧；而恶能无忧乎？

同一道也，在未继以前为天道，既成而后为人道，天道无择，而人道有辨。圣人尽人道，而不如异端之欲妄同于天；至于业大德盛，人道已尽，乃学于《易》而乐天安土以无忧，此夫子所以自谓卒学《易》，而后可以无大过也。

富有之谓大业，日新之谓盛德。

尽其性而业大者，惟道之富有；一阴一阳，其储至足，而行无所择也。尽其性而德盛者，惟道之日新；一阴一阳，变化之妙，无有典要，而随时以致其美善也。在道为富有，见于业则大。在道为日新，居为德则盛。此申上文而推德业之盛大，莫非《易》之理，成于人之性中者为之也。

生生之谓易。

此以下正言《易》之所自设，皆一阴一阳之道，而人性之全体也。"生生"者，有其体，而动几必萌，以显诸仁；有其藏，必以时利见，而效其用。

鼓万物而不忧，则无不可发见，以兴起富有日新之德业。此性一而四端必萌，万善必兴，生生不已之几。而《易》之由大衍，而生数，由数而生爻，由爻而生卦，由卦而生变占，由变占，而生天下之亹亹，有源故不穷，乘时故不悖，皆即此道也。

成象之谓乾，效法之谓坤。

"效"，呈也，法已成之迹也。仁之必显，藏有其用，则吾性中，知之所至，在事功未著之先，有一始终现成之象，以应天下之险而不昧其条理者。《易》之乾以知而大始者，即此道也。

仁凝为德，用成乎业，则吾性中能之所充，顺所知之理，尽呈其法则，以通天下之阻，而不爽于其始者，《易》之坤以能而成物者，即此道也。分言之，则乾阳坤阴；合言之，则乾以阴为体而起用，坤以阳为用而成体。知能并行，而不离一阴一阳之道，法象皆备，继之于人，所以合健顺而咸善也。

极数知来之谓占，通变之谓事

"极"，根极之也。"事"谓既占而利用之以成乎事也。善以成性，而性皆善，故德业皆一阴一阳之善所生，修此则吉，悖此则凶。吉凶未形，而善不善之理可以前知，不爽乎其数。

《易》之有占、率此道也。鼓万物而不忧者，一吾性固有之道，故尽其性以通人物之性，则物无不可用，事无不可为，极乎变而不失其贞。《易》之备物理之不齐，以诏人因时而立事者，率此道也。

阴阳不测之谓神。

"神"者，道之妙万物者也。《易》之所可见者象也，可数者数也；而立于吉凶之先，无心于分而为两之际，人谋之所不至，其动静无端，莫之为而为者，神也。使阴阳有一成之则，升降消长，以渐而为序，以均而为适，则人可以私意测之，而无所谓神矣。

夫性，一也，皆继道以生之善也。然而圣人有忧，仁知有其偏见，百姓用而不知，惟至健至顺之极变化，以周于险阻者，无择无端，而时至几生于不容已莫能测也。《易》惟以此体其无方，为其无体，周流六虚，无有典要，因时顺变，不主故常，则性载神以尽用，神帅性以达权之道至矣。

一阴一阳者，原不测也。以此益知"一之一之"云者，非一彼而即一此，如组织之相间，而拂乎神之无方，乖乎道之各得，明矣。然则列次序，列方位，方而矩之，圆而规之，整齐排比，举一隅则三隅尽见，截然四块八段，以为《易》、岂非可观之小道，而鬻术之小人亦可以其小慧成法，坐而测之乎！

右第五章。此章推极性命之原于《易》之道，以明即性见《易》，而体《易》乃能尽性于占，而学《易》之理备矣。根极精微，发天人之蕴，《六经》、《语》、《孟》示人知性知天，未有如此之深切著明者；诚性学之统宗，圣功之要领，于《易》而显。乃说者谓《易》为卜筮之专技，不关于学，将置夫子此章之言于何地乎？

夫《易》，广矣大矣。以言乎远则不御，以言乎迩则静而正，以言乎天地之间则备矣。

夫，音扶。

"广"者，包括富，而暨被远也；"大"者，规模弘，而发生盛也；谓《象》与《辞》所该之义也"远"者，推而达乎万变；"迩"者，反而验之日用也。"不御"，于理皆无所滞也；"静而正"，不待动，而俱得其常理也。"天地之间"，两间所有之物理气化也；"备"者，尽其变蕃之数也。此极赞《易》道之大，而下推其广大之由，惟乾坤以统之。

夫乾，其静也专，其动也直，是以大生焉。夫坤，其静也翕，其动也辟，是以广生焉。

夫，音扶。专，徒官反。

"静"者言其体；"动"，其用也。"专"与抟、团通，圜而聚也，阳气浑沦团合，而无间之谓。"直"，行而无所诎也。"翕"，收敛含藏，而所包者富。"辟"，启户以受阳之施，顺而不拒也。"生"，以化理言之，则万物之发生；以爻象言之，则六十二卦、三百八十四爻，皆一阴一阳之所生；以德言之，则健于知而"大明终始"，顺于作而"行地无疆"也。乾坤之生，广大如此，故《周易》并建以为首，而六十二卦之错综以备物化，而天道尽于此也。

广大配天地，变通配四时，阴阳之义配日月，易简之善配至德。

"配"，合也。"天地"，谓其大生、广生也。"变"者，阴变阳，阳变阴，爻之相间者也。"通"，阴阳自相通，爻之相承者也。"四时"，春通夏，而秋变之，秋通冬而春变之。"阴阳之义"者，阴以受阳之施为义，阳以施德于阴为义。

日与月相映则明，同道则晦，掩日则蚀；爻之初、四、二、五，阴阳相应则多吉，柔乘刚则凶，"日月"之义也。"易简"，乾坤之纯也。纯乎刚则健而易，纯乎柔则顺而简，括万理于知能，而纯健纯顺，则知之至，行之成，与天地"大明终始"、"承天时行"之至德合矣。"至德"犹《中庸》言"大德"，天地敦化之本也。惟有此至德，以敦其化，故广大之生，变通之道，阴阳倡和之义，皆川流而不息。《易》之首建乾坤以备天道者，以此。

右第六章。《易》统天道、人道，以著象而立教，而其为天人之统宗，惟乾坤则一也。此章之旨与第一章略同。而此章分言天道，下章分言人道，以申明之。

子曰："《易》其至矣乎！夫《易》，圣人所以崇德而广业也。

夫，音扶。

"崇德"者，日进于高明；"广业"者，立焉而固，行焉而顺也。不崇，则执近小以为德，而不弘；不广，则业不切于事理，而不足以行远。此圣学之极致，而作圣者不容舍此而有歧趋，则志学之初，亦必以此为圣功之准则，故曰"至矣"。

"知崇礼卑，崇效天，卑法地。

无私意私欲之累而达于化，知之崇所以崇德也。谨小慎微，循乎天理之秩序而不敢逾越，礼之卑所以广业也。此圣学也，而所效法者天地。天地者，乾坤之法象，崇卑之至者也。

刚而不屈，健行而不息，法天之崇而知无不彻；柔而不亢，顺理而无违，法地之卑而礼无不中。圣之所以希天，而《易》乾坤并建，则下学上达之义备著于斯矣。

"天地设位，而易行乎其中矣。成性存存，道义之门。"

崇卑之位设，而卦象、爻辞所有之德业，行乎其中。非但其位然也，天道崇而健德行焉，地位卑而顺德行焉，一阴一阳之道，主持之精理存矣。"成性"者，此一阴一阳健顺知能之道，成乎人而为性，则知以致知，礼以敦行，固其性之本有也。

"存存"，存其所存也。存乎人者，闲而存之，则道义皆由此出矣。知以极道之藏，而道凝为德；礼以显义之实，而义分乎业。一崇一卑之分明，而相得以合，下学上达，圣功成矣。

夫人之所以"罔克由圣"者无他，知见不出近小之域，而不谨于理以自逸尔。圣人效天法地，惟健顺而已矣。故《易》者圣人致知复礼之极功，夫子所谓卒学，而无大过也。于此推极其实，而要归之于知礼，以使学者循循于博文约礼，而上达于天德，意至切矣。世儒不审，乃谓《易》为盈虚消息之道，圣人学之以审于进退而不致亢龙之悔，乃王弼、何晏师老庄之机械，以避祸而瓦全之术，其与圣人知必极高明，礼必尽精微之道，天地悬隔。乾坤纯而德业盛，何尝以处錞用冲为存性之功乎！

右第七章。此章分言《易》之尽乎人道，而乾坤统之。其曰"圣人所以崇德而广业"，而非但曰"圣人所以占吉凶而审利害"；圣人之言，炳如日星，奈何曰《易》但为卜筮之书，非学者所宜读也！

第十章　周易内传卷五下

系辞上传起第八讫第十二

圣人有以见天下之赜，而拟诸其形容，象其物宜，是故谓之象。

"象"谓《大象》。物之生，器之成，气化之消长，世运之治乱，人事之顺逆，学术事功之得失，莫非一阴一阳之错综所就，而宜不宜者，罔乎时位，故圣人画卦而为之名，系之《象》以拟而象之，皆所以示人，应天下之至赜者也。

圣人有以见天下之动，而观其会通，以行其典礼，系辞焉以断其吉凶，是故谓之"爻"。

断，丁乱反。

"爻"，效也，著于动而呈其占也。卦者，事物之定体；爻，其一时一事之几也。"会"，所遇之适，当乎此也。"通"者，所遇之动，适在于此，而白通乎全卦之理也。"典礼"，常法也。谓之礼者，大经大法、人官物曲之谓，韩起见《易象》而谓"周礼在鲁"是也。古者国有大事，谋及卿士，下逮庶人，犹未决焉，乃以命著。著非小人之敢亵用，典礼之所取裁也。会通者在一时一事，而必因时以求，当其不易之大法，则典礼无不行矣。"吉凶"者，得失之影响。圣人之断吉凶，断之以得失而已。

言天下之至赜而不可恶也，言天下之至动而不可乱也。

恶，乌路反。

卦备天下之象，极于赜矣，而以辨刚柔消长之得失，闲其邪，而安于善，故"不可恶"；爻尽化机之变，因于动矣，而吉凶之故，原本于卦德之顺逆，故"不可乱"；皆可以诏君子之尽道，而精于其义。占者、学者，决择以制言动，利害生死，行法以俟，自不犯物情之厌怒而乱其所守。

若后世《易林》、《火珠林》、先天、观梅之术，言赜、言动而不察物宜，不循典礼，故屠贩盗贼皆可就问利害，是训天下以乱，而可恶甚矣。

拟之而后言，议之而后动，拟议以成其变化。

上言圣人作《易》，垂训之正大，而此言占者、学者之宜取法也。占以谋其言动之宜，学之所以善其言动，惟在详于拟议而已。"拟"者，以己之所言，絜之于《易》之辞，审其合否。

"议"者，详绎其变动得失所以然之义，而酌己之从违。成其变化，言动因时，研几精义，则有善通乎卦象爻辞，而惟其所用，无所滞也。自此以下，所引伸爻辞，而推广于修己治人之道，皆拟议之精、变化之妙也。

"鸣鹤在阴，其子和之。我有好爵，吾与尔靡之。"子曰："君子居其室，出其言善，则千里之外应之，况其迩者乎？居其室，出其言不善，则千里之外违之，况其迩者乎？言出乎身，加乎民；行发乎迩，见乎远。言行，君子之枢机。枢机之发，荣辱之主也。言行，君子之所以动天地也，可不慎乎！"

行，下孟反。见，胡甸反。

此下七节，皆拟议爻辞，以精其变化之义，略举夫子所引伸之说，见义味之深广，示学者当拟议之以言动，勿徒视吉凶，而忧喜，类如此也。中孚九二，但言鸣和靡爵之吉，为下孚初九、上靡六三之象。而夫子推本于言行：惟其为鹤之鸣，高洁而声闻上彻于天、远被于野，故同类必和，而异己可靡。"和"者，迩相得也；"靡"者，远相慕也。"在阴"，居室而非行远之事。

刚中而孚于下，则其言善矣。言、行皆重，而详言"言"者，内卦兑为口说，于象为鸣，于人为言，以修身则行为本，以应物，则言之感人为速也。"枢"，户椅启闭之主；"机"，弩牙存发之要也。"动天地"者，人之和戾，灾祥应之。"君子"，以位言。慎之于出口，举足之间，而天人交孚，非可揣度物情、曲徇曹好而得倡和之荣也。

"同人先号眺而后笑。"子曰："君子之道，或出或处，或默或语。二人同心，其利断金。同心之言，其臭如兰。"

断，都管反。

"利"，锐利，谓所向无阻也。"金"，难断者。可以断金，则行焉皆果矣。"兰"，芳香，人所乐闻者。"同人"九五，本以下应六二，三、四不能间之，故有先离后合之象。而夫子引伸其义，以为君子与人同处，人求自靖，出处语默，不必遽同，要以心理相信，故行皆利而言相洽，与小人之共趋一途而心怀冰炭者异，所以始号眺以相求，终欢笑以相得，物莫能间之也。

"初六：藉用白茅，无咎。"子曰："苟错诸地而可矣，藉之用茅，何咎之有？慎之至也。夫茅之为物薄，而用可重也。慎斯术也以往，其无所失矣。"

大过初六，以柔承过盛之刚，而顺之于下，为卑顺事天之象。夫子引伸而推求之；惟慎而后可以承事乎天。

"错诸地"者，错筵俎也；事天以质，故错诸地而可。尤加慎而藉之以茅，于礼无愆，而于诚斯至，虽薄物而可荐其恪恭。以此推之，以柔道自靖者，必载恭肃之心，则孤阴处于积刚之下而无失。见慎之为术，在下者寡过之要也。

"劳谦，君子有终，吉。"子曰："劳而不伐，有功而不德，厚之至也。语以其功下人者也。德言盛，礼言恭。谦也者，致恭以存其位者也。""不德"，不居以为德也。"德言盛"者，谓若居功为德，则气盛而辞多张大。"礼言恭"，以礼为则，其言自恭也。引伸谦九三之义而言，惟劳而有功，能以下人，乃君子之谦，非无功可见而但务柔逊以求媚于世。惟以礼自谨，则不期恭而自恭矣。乃功固终不可掩，而抑非无礼之劳，则进不亢而退不自失矣。"存其位"，存孤阳于积阴之世而当其位。

"亢龙有悔"。子曰："贵而无位，高而无民，贤人在下位而无辅，是以动而有悔也。"

义见《文言》。于此重记之者，此章所释，皆谨慎谦恭，以拟议言动之旨。其不能然，则虽龙德而犹有悔，故引与诸爻互证之。

"不出户庭，无咎。"子曰："乱之所生也，则言语以为阶。君不密则失臣，臣不密则失身，几事不密则害成，是以君子慎密而不出也。"

"密"者疏之反，非诡秘之谓；详审其时，细察其人，谨防其患，不敢疏也。"失臣"，嫉忌者乘而伤之。"失身"，怨归之也。"机事"，兵戎之事，制于一心，而发之速以加彼者也。节初六，以知塞而得无咎，夫子引伸之，以为未可出而必塞，惟言语为最，盖行之出也渐，而言之出也速，通塞之机决于俄顷而不可复收，知塞者所尤慎也。

此章明拟言议动之旨，而两重戒夫言。节、中孚既有兑体，抑以人之言行，皆志动，而气随以兴。气无两用，发之于言则气为之一畅，而其行也必不力。乃出身而加人者，远迩君民，疑信交属。行则待事之成，而人见其功，其初不测也，恒始于疑而终于信；言则一言而所藏尽出，彻于上下，人始于信而渐相推测以终于疑。既信以为必然，抑疑其未必然，而特以相欺，则异己者相乘于未行之前，以相禁害，而行必不可成矣。

　　且夫不言亦何咎之有哉？所谓欺人者，所行在此而言彼之谓，周頠之所以杀身也。若不言，初未尝相欺也。本不起天下之疑，而气以不泄，而行之笃。故圣人教人，屡以慎言为戒，而行则惟劝之以敏。知塞者，不塞之于行，而塞之于：言，则知塞而知通矣，不忧天下之不孚矣，何失身害成之忧哉！此尤拟议切近之实功也。

中華藏書

第四部　船山说易

　　子曰："作《易》者，其知盗乎？《易》曰：'负且乘，致寇至。'负也者，小人之事也。乘也者，君子之器也。小人而乘君子之器，盗思夺之矣。上慢下暴，盗思伐之矣。慢藏诲盗，冶容诲淫。《易》曰：'负且乘，致寇至。'盗之招也。"

　　"知盗"，知盗之所自起，而审所以弭之也。"器"谓车也。"上慢"，挟乘刚之威以承四，则慢而无礼。"下暴"，挟四之刚，以乘二，则假威而暴。以其不足贵而轻之，故思夺之；以其得罪于上下而无与为援，故思伐之。

　　"慢藏"，不谨于藏，自炫其富；"冶容"，自矜容态绰约，如金在冶也；皆小人暴得富贵骄淫之态。引伸解六三爻辞，而先以"知盗"为言者，非徒惩小人使之知退，乃以戒有国家者，欲得盗之情以弭之于未起，惟在慎重名器，勿使小人窃位以招盗，而患其难扑也。

　　晋用士会而盗奔秦，鲁纳叛人而多盗，田令孜宠而黄巢兴，童贯王而方腊起。始于夺伐小人，而终为社稷生民之害。故解悖之道，乘高墉而先制六三之慢暴，则君子道行，而小人亦蒙安以全矣。盖拟议于事先，而变化之大用以存也。

　　右第八章。此章言《易》之义类深远，学者当精研其义，以体之于日用，而示筮者知变化灾祥之理，在于躬行之拟议，勿徒以知吉知凶，吉则恃之，凶则委之于无可如何也。

　　天一，地二；天三，地四；天五，地六；天七，地八；天九，地十。天数五，地数五，五位相得而各有合。天数二十有五，地数三十。凡天地之数五十有五，此所以成变化而行鬼神也。

有、又通。

"天一"至"地十"二十字，郑氏本在第一卜章之首，《本义》定为错简，序之于此。班固《律历志》及卫元嵩《元包·运蓍篇》，皆在"天数五"之上。以文义求之，是也。此言八卦之画肇于《河图》，而下言蓍策之法出于大衍，体相因而用有殊，天地之变化用其全，而人之合天者有裁成之节也。

五十有五，《河图》垂象之数也。阳曰天，阴曰地。奇数，阳也；偶数，阴也。天无心而成化，非有所吝留、有所丰予，斟酌而量用之，乃屈伸时行而变化见，则成乎象而因以得数，有如此者。阴阳之纲组，时有聚散，故其象不一，而数之可数者以殊焉。以阴阳之本体而言之，一、二而已矣。专而直者，可命为一；翕而辟者，可命为二。

阳盈而阴虚，阳一函三，而阴得其二。虚者清而得境全，浊者凝而得境约，此法象之昭然可见者也。"成变化而行鬼神"者，其用也，用则散矣。阳即散，而必专直以行乎阴之中，故阴散而为四、六、八、十，而阳恒弥缝其中虚，以为三、五、七、九。一非少也，十非多也，聚之甚则一、二，散之甚则九、十也。

"成变化而行鬼神"者，以不测而神，人固不能测也。故其聚而一、二，散而九、十者，非人智力之所及知，而阴阳之聚散实有之。一、二数少，而所包者厚，渐散以至于九、十，而气亦杀矣。"成变化而行鬼神"者，天、地、雷、风、水、火、山、泽之用也。其或一以至或十，以时为聚散而可见；其数之多寡，有不可得而见者焉；莫测其何以一而九，何以二而十也。

天垂象于《河图》，人乃见其数之有五十有五：阳二十五，而阴三十，各以类聚而分五位。圣人乃以知阴阳聚散之用，虽无心于斟酌，而分合之妙，必定于五位之类聚，不溢不缺以不乱；遂于其相得，而有合者，以类相从，以几相应，而知其为天、地、雷、水、火、山、泽之象，则八卦之画兴焉。因七、五、一而画乾，因六、十、二而画坤。天道下施，为五、为七以行于地中；地道上行，为十、为六以交乎天位。

乾止于一，不至于极北；坤止于二，不至于极南；上下之分，所谓"天地定位"也。阳盛散布于上，至下而聚，所谓"其动也直"也；阴气聚于上，方与阳交于中，而极其散，所谓"其动也辟"也。因左八、三、十而画坎，因右九、四、五而画离。离位乎东，不至乎西；坎位乎西，不至乎东；五与十相函以止，而不相逾，所谓"水火不相射"也。因一、三、二而画为兑，因二、四、一而画为艮。一、二互用，参三、四而成艮、兑，所谓"山泽通气"也。山泽者，于天地之中最为聚而见少者也。少者，少也，甫散而非其气之周布者也。少者在内，雷、风、水、火之所保也。因九、六、八而画为震，因八、七、九而画为巽。八、九互用，参六、七而成震、巽，所谓"雷风相薄"也，驰逐于外也。

雷风者，阴阳之气，动极而欲散者也，故因其散而见多也。多者，老也，气之不复聚而且散以无余者也。老者居外，以周营于天地之间也。八卦画而六十四卦，皆由此以配合焉。其阴阳之互相用以成象者，变化也。其一屈一伸，为聚为散，或见盈，而或见绌者，鬼神也。此天地之所以行其大用，而妙于不测也。

圣人始因《河图》之象，而数其数，乃因其数之合而相得，以成三爻之位者著其象，故八卦画而《易》之体立焉。阴阳自相类聚者为合，阴与阳应、阳与阴感为相得。圣人比其合，通其相得，分之为八卦，而五位五卜有五之各著其用于屈伸推荡之中，天道备而人事存乎其间。

然则《河图》者，八卦之所自出，灿然眉列；《易》有明文，《图》有显象。乃自汉以后，皆以五位五十有五为五行生成之序者，舍八卦而别言五行，既与《易》相叛离；其云"天一生水而地六成，地二生火而天七成，天三生木而地八成，地四生金而天九成，天五生土而地十成"，不知其多少相配之何所征，一生一成之何所验？《图》无其理，《易》无其象，《六经》之所不及，圣人之所不语，说不知其所自出，而蔓延于二千余年者，人莫敢以为非。

夫天生地成，自然之理，乾知始而坤成物，《易》著其一定之义。今以火、金为地生而天成，乱乾坤之德，逆倡随之分，而不知火与金之生，独不由天也。何道使然，虽欲不谓之邪说也可乎！

且五行之目，始见于《洪范》。《洪范》者，大法也；人事也，非天道也，故谓之畴。行，用也，谓民生所必用之资，水、火、木、金、土缺一而民用不行也。故《尚书》或又加以谷，而为六府。

若以天化言，则金者砂也，矿也，皆土也，人汰之炼之而始成金，亦泥之可陶而为瓦、石之可煅而为灰类耳，土生之，人成之，何能与木、水、火、土相匹也？四时之气，春木，夏火、冬水仿佛似之矣，秋气为金，抑不知其何说。若以肃杀之气言金，则金为刃，而杀者人也，与梃无别也，金气何尝杀而应秋乎？

五行非天之行，于《河图》奚取焉？其"一六生水"云云，乃战国技术之士私智穿凿之所为，而以加诸成变化、行鬼神之大用，其为邪说，决矣。《河图》著其象，圣人纪其数，八卦因其合，六十四卦穷其变，要以著一阴一阳之妙用，而天化物理人事之消长，屈伸、顺逆得失，皆有固然一定之则，所谓"卦之德方以知"也。而筮策之事，以人逆天之用，由此而起矣。

大衍之数五十，其用四十有九。

自此以下，皆言揲策之数，与其制数之理，盖以人求合于天之道也。"衍"者，流行之谓。"大衍"者，尽天下之理事，皆其所流行，而起用者也。天下之物与事莫非一阴一阳交错所成，受乾坤六子之撰以为形象，而以其德与位之宜不宜为理事之得失。

凡五十有五，成变化而行鬼神者，皆流行之大用也。然天地不与圣人同忧，故其用广，而无逾量之疑。圣人能合天地，以为德，而不能全肖天地无择之大用，是以其于筮也，于五位之中各虚其一，听之不可测，而立五十以为人用之全体。天道有余，而人用不足，行法以俟命者，非可穷造化之藏也。故极乎衍之大，而五十尽之矣。

"其用，四十有九"者：其一，体也，所占之事之体也。蓍之待问也无不衍，而人筮以稽疑者一事尔。置一策以象所占之成事，人谋定而后用其余，以审得失：吉凶之变也。事虽一而变无穷，故四十有九动而不已，以应静俟之一。一无常主，因时而立，其始固大衍五十之中同可效用之一也。

分而为二以象两，挂一以象三，揲之以四以象四时，归奇于扐以象闰。五岁再闰，故再扐而后挂。

奇，居宜反。

揲蓍法详朱子《筮仪》。"两"，两仪；"三"，三极也。"归奇"，归之无用之地，反诸静存也。"奇"，畸零也。不足于四之偶，而合之为十三、十七、二十一、二十五，皆不成数，为奇零也。"扐"犹《礼记》云"祭用数之仂"之仂，余也。

旧说以为左手中三指之两间，未是。古者蓍长三尺，非指间所可持也。筮礼就地为席，挂、扐皆委之席前，挂横而抽直。"五岁再闰"，大略然耳，以实则十九岁，而七闰有奇。凡言"象两"、"象三"、"象四"时、"象闰"、"象期"、"象万物"，皆仿佛其大略耳。人之合天，肖其大者，非可察察以求毫忽之不差。工遁、奇乙、超符、接气，细碎分合之为小术破道，《易》不然也。"再扐""后挂"，再扐则敛其拘，以合于挂，而待次揲之又挂。

乾之策二百一十有六，坤之策百四十有四，凡三百有六十，当期之日。

期，居宜反。

此老阳、老阴过揲之数也。《易》言九、六，不言七、八，故以二老纪数，过揲者所用也。事理之所阅历而待成者，归奇者所不用也，非事理之所效也。故六乘其三十六、二十四，而数定焉。

抑以二少积之，少阳过揲二十八，六乘之为百六十有八；少阴过揲三十二，六乘之为百九十有二；亦三百六十。"当期之日"，去其气盈，补其朔虚，亦大略也。

二篇之策，万有一千五百二十，当万物之数也。

"二篇"，六十四卦之爻也。阴阳之爻各百九十二，以二老积之，阳爻得六千九百一十二，阴爻得四千六百八；以二少积之，阳爻得五千三百七十六，阴爻得六千一百四十四；皆万一千五百二十。

物以万为盈数，至于万，而人之用物以成事之得失，物之效于人，以为事之吉凶者，大略备矣。过此以往，物变虽无可纪极，而无与于人事也。

是故四营而成易，十有八变而成卦。

"易"，变也。分二，挂一，揲四，归奇，四营之始成一变。再合之，三分之，而成一爻。凡三变。六其三变，而卦乃成。四营，亦取四时运行之义。十有八，亦两阳之九，参阴之六，阴阳互乘之象。

八卦而小成。引而伸之，触类而长之，天下之能事毕矣。

长，知两反。

筮者九变，而三画定，八卦之象见，小成矣。乃又九变，而六画之卦乃成，六十四之大象、三百八十四之动象见焉。自筮而言，数自下积，则小成乎贞，而引伸以成悔，故八卦相因之理在焉。是以屯言"云雷"，蒙言"山泉"，坎言"游至"，离言"两作"。

自始画而言，三画各重而六，增一为二，以天之有阴必有阳、地之有柔必有刚、人之有仁必有义，触其所与类合者，以长三为六，则三极六位之道在焉。凡占者之所拟议，在己而有为得为失之能事，在物而有以吉凶加己之能事，皆毕于此，则亦止此而可毕矣。焦赣衍为四千九十六，伸之于无所引，长之于非所类，天下无此赜，而可恶、动面可乱之能事，故但有吉凶之说而无得失之理，则其言吉凶者亦非吉凶矣。

显道神德行，是故可与酬酢，可与佑神矣。

行，下孟反。

"酬"，受物之感，而行之也。"酢"，物交己，而应之也。"佑神"，助神化之功能也。此亦合卦与蓍而言。天道之流行于事物者，卦象备著，而其当然之理皆显于所画之象；健顺以生六子，皆《河图》之天道也。

蓍策用大衍，四营而变化尽，则所以修德而制行者因时以合道，而仁不愚、智不荡，无所据非德之执滞，则其德亦非人之所易测矣。酬酢以尽人，而立德佑神，以合天而体道；卦方而显，蓍圆而神，《易》之所以广大，而切于人用也。

子曰："知变化之道者，其知神之所为乎？"

上言卦之所自画，与蓍之所用，皆准于天地之理数；而卦象虽立，成数虽在，其十有八变、分二之无心，而七、八、九、六妙合于轨则者，非可以意计测度，则神之所为也。

夫不测之谓神，而神者岂别有不可测者哉？诚而已矣。分之合之，进之退之，错之综之，盈虚屈伸一因乎时，而行其健顺之良能以不匮于充实至足之理数，则功未著、效未见之先，固非人耳目有尽之见闻，心思未彻之智虑所能测，而一阴一阳不测之神可体其妙用。

故夫子终叹之，以为法象昭垂，而神非诚不喻；成数虽在，固非筮史所能知。君子之于《易》，终身焉耳矣。

　　右第九章。此章由《河图》以著卦象，由大衍以详筮法，而终叹其神，以见卦与筮之义深，而不但倚于数。今所释《经》意，有全置旧说不采者，非敢好异先儒，以矜独得，实以术数之言，滥及五行、律历。

　　支干、星命之杂说，殊为不经，圣门之所不道，不可徇俗而乱真。君子之道简而文；天人性道，大正而无邪。故曰"洁静精微，《易》教也"。乃一乱于京房，再乱于邵子，而道士丹灶、医人运气、日者生克之邪说，充塞蔽蠹，故不容不力辩也。

　　《易》有圣人之道四焉：以言者尚其辞，以动者尚其变，以制器者尚其象，以卜筮者尚其占。

　　"圣人之道"，圣人通志成务，而示天下，以共由者也。"尚"，谓所宜崇奉以为法也。"言"，讲习讨论，以究理之得失。"辞"，其立言之义也。"动"谓行也。"变"，以卦体言，则阴阳之往来消长；以爻象言，则发动之时位也。"制器尚象"，非徒上古之圣作为然，凡天下后世所制之器，亦皆暗合于阴阳刚柔、虚实错综之象；其不合于象者，虽一时之俗尚，必不利于用而速敝，人特未之察耳。

　　是以君子将有为也，将有行也，问焉而以言，其受命也如嚮，无有远近幽深，遂知来物。非天下之至精，其孰能与于此？

　　向，许两反。与，羊洳反。

　　"为"，修己之事。"行"，应物也。"问"谓卜筮。"以言"，推其辞之义以论理也。"受命"，不违其所问所言之理。"向"，与响通。"如响"，应声而出，无所差而应之速也。"遂"，即也。"来物"，将来之事。"精"者，研究得失吉凶之故于刚柔动静根柢之由，极其顺逆消长之微而无不审，以要言之，义而已矣。义利之分极于微茫，而吉凶之差于此而判。

有时有位，或刚或柔，因其固然而行乎其不容已，则得正而吉，反此者凶。或徇意以忘道，或执道以强物，则不足以察其精微之辨。《易》原天理之自然，析理于毫发之间，而吉凶著于未见之先，此其所以为天下之至精，而君子之所必尚也。此节言尚辞、尚占之道。

参伍以变，错综其数。通其变，遂成天地之文。极其数，遂定天下之象。非天下之至变，其孰能与于此？

"参"如"离坐离立，勿往参焉"之参。"伍"如《史》"生与哙伍"之伍。参者，异而相人，阴人阳中、阳人阴中之谓也。伍者，同而相偶，阴阳自为行列之谓也。

奇偶之变，为八卦，八卦之变，为六十四卦，其象或参或伍，相为往来，而象各成矣。"错"，治金之器，交相违拂之谓。"综"，以绳维经，使上下而交织者，互相升降之谓也。卦之错，而不综者八，乾、坤、坎、离、颐、大过、中孚、小过。综之象二十八，而成五十六卦，屯、蒙以下皆是。错而兼综者，泰、否、随、蛊、渐、归妹、既济、未济。其错则不综者，屯、蒙之错鼎、革，凡四十八卦。

通阴阳十二位而交相易，则六十四卦，相错而成三十对。以于所发见之六位而相为易，则五十六卦上下颠倒于二十八象之中。此象也，而谓之数者，象之阴阳，因乎数之七、八、九、六也。"通其变"，谓卦有定体，而所参所伍者异则道异，如震遇泽而阳随阴，遇山而阴养阳，三阳连类而损为损下，益为损上，阴阳各得而家人之利在女贞、蹇之利见大人是已；爻有定位，而参之伍之也异则道异，如阳居初而在乾则潜以静而为龙德，在震则虩虩以动而致福，阴居二而在同人则为于宗之吝，在明夷则为马壮之拯是已。天下之动万变不齐，而止此刚柔之屈伸，因时位而易其用，不为典要而周流于六虚以通之，则天地之刚柔交人以成文者在是，而君子之动，行藏文质进反劝威，极典礼之节文以无不著其大美者，惟尚此而能通也。

中華藏書

第四部 船山说易

中国书房

二六三七

"极其数"谓因数以得象也。其错也，一向一背，而赢于此者诎于彼；其综也，一升一降，而往以顺者来以逆。天下之器，其象各异，而用亦异，要其形质之宜，或仰而承，或俯而覆，或微而至，或大而容，或进而利，或退而安，要惟酌数之多寡以善刚柔之用，合异以为同，分同以为异，皆此一往一来、一赢一诎以成之象，象成体定，而用以利矣。"变"者，尽乎万殊之理，而无所滞也。

"至变"，则天下之事无不可为，天下之物无不可用．动而咸宜，创制立法而永为物利矣。此节言尚变、尚象之道。

易，无思也，无为也，寂然不动，感而遂通天下之故。非天下之至神，其孰能与于此？

《易》统象、占、辞、变而言。"无思无为"，谓于事几未形、物理未著之先，未尝取事物之理，思焉而求其义之精，为焉而营其用之变也；设其象变，系以辞占而已。

"寂然不动"，具其理，以该四者之道，无适动而为一时一事兆也。"感"者，学《易》者以心遇之，筮者以谋求通焉。"通天下之"，故谓言、动、器、占皆于此而得也，此则至精至微，而括之于一理之浑然，以随感必通，非智计之所能测，惟"天下之至神"乃能与也。

天下之至神，诚之至也。健而诚乎健，顺而诚乎顺，纲组而大和，裕于至足之原，精粗、本末、常变皆备于易简之中，故相感者触之，而即与以应得之象数，非待筹量调剂，以曲赴乎事物，此则神之所以妙万物，而不测也。周子曰："诚几神，"谓诚则几，诚之几则神也。朱子曰："人心之妙，其动静亦如此。"人心者，性之具于虚灵者；静而无不实，故动而无不灵，灵斯神矣。

夫易，圣人所以极深而研几也。

夫，音扶。

"深"者，精之藏；"几"者，变之微也。极而至之、研而察之者，神也。圣人之神合乎天地，而无深不至、无几不察矣。故于《易》著之，以待天下之感，而予之以通。

唯深也，故能通天下之志；唯几也，故能成天下之务；唯神也，故不疾而速，不行而至。

以言、以占者，谋理之得失，审事之吉凶，必于天下智愚淳顽之志，皆通其顺逆之由，乃能予以理之宜而不违其情。惟极乎深，而察其刚柔消长之萌在一念之隐微，而万变不出于此，故无不可通也。

以动、以制器者，求事之成能，求物之利用，必因天下之务，有所缺则有所需，有所为，则有所成能，因而节之文之，以善其为。惟研其几，而知体用相因之际，同异互成，其微难见，而静有其体，动必有其用则庶务合而归诸道，无不可成也。乃其所以极之研之者，无思无为于寂然不动之中，易简而该刚柔摩荡之大用，则问之即应，用之即效，妙用而不测；其功之速成也，则一皆神之为也。

非大明于全《易》浑然之体，以得其至变大常之诚，固未足以知此也。要诸其实，则与第一章，易简而理得，同为一理。惟纯乎健顺，以知大始而作成物，故无深非其深，无几非其几，以速于应而妙万物。若何晏、夏侯湛之徒，以老庄之浮明，售其权谋机智，而自谓极深而入神，则足以杀其躯而已。无他，诚与妄之分也。

子曰"《易》有圣人之道四焉"者，此之谓也。

立诚以尽神之谓也。

右第十章。此章目言圣人之道四。夫子阐《易》之大用，以诏后世，皎如日星，而说《易》者或徒究其辞与变，以泛论事功学术，而不详筮者之占，固为未达；又或专取象占，而谓《易》之为书止以前知吉凶，又乌足以与圣人垂教之精意！占也，言也，动也，制器也，用四而道合于一也。道合于一，而必备四者之用，以言《易》，则愚不敢多让。非敢矫先儒之偏也，笃信圣人之明训也。

子曰："夫《易》，何为者也？夫《易》，开物成务，冒天下之道，如斯而已者也。"是故圣人以通天下之志，以定天下之业，以断天下之疑。

夫，音扶。

"开物"谓一阴一阳之道，为万事万物之所始；"成务"谓事物之成自人为者，亦此理成之也。"冒"者，始终覆括之谓。"如斯而已"者，夏、商之世，易道中衰，或多为繁说，侈于吉凶，而不要归诸道，文王乃作《周易》，一本诸天人之至理，止其诬冗，惟君子谋道，乃得占以稽疑，理定于一，而义严矣。

以此立教，后世之窃《易》者，或滥于符命，如《乾凿度》；或淫于导引，如《参同契》；或假以饰浮屠之邪妄，如李通玄之注《华严》；又其下则地术星命之小人皆争托焉；恶知《易》之为用，但如斯而已乎？"通天下之志"以阴阳之情，"定天下之业"以健顺之德，"断天下之疑"以得失之理，非是三者，《易》之所不谋也。

是故蓍之德圆而神，卦之德方以知，六爻之义易以贡。圣人以此洗心，退藏于密，吉凶与民同患。神以知来，知以藏往，其孰能与于此哉？古之聪明睿知，神武而不杀者夫！

"睿知"之知，去声，余并如字。"能与"之与，羊洳反。夫，音扶。

此节言圣人画卦、系辞、设筮，以自验其德也。"德"谓其性情功效。"义"者，理著于辞也。"圆"者，运而不滞，谓七、八、九、六，揲无定则，惟其所成而恰合也。"神"，尽其变也。"方"者，卦之有定体也。"知"，明于理之大全也。

"易"，变易也；阴阳丽于六位而因时位以殊也。"贡"明告无隐也。"洗心退藏于密"者，圣人之为莫非礼义，可以惟其所行，而洗涤自信之心，以不决于行止，必退而藏其用于天道之不测，以筮决之。

盖天道至精至密，吉凶得失，纤毫皆至理之所察，而非可以道义之大纲定者。故圣人自恐其疏，而稽疑于阴阳之繁变，以极致其谨慎周详而后动也。"吉凶"者，凡民之所患，圣人有天佑人助之德，可以不患，而不轻自恃，有忧其未当之情，以决于蓍而免于患。资蓍之神，以穷其变而"知来"；资卦之知，以明所守于古今不易之理而"藏往"。

非圣人之至虚无我，畏天而俟命者不能也。聪明睿知神武矣，而智不自用，勇不自恃，虽道盛功兴，可以生杀惟己，而犹以吉凶为患，听天而待时。文王演《易》，道已大行，而不兴吊伐之师，用此道也，而德以至矣。此圣人之用《易》，以厚其德之藏者也。

是以明于天之道，而察于民之故，是兴神物以前民用。圣人以此斋戒，以神明其德夫！

此节明圣人以《易》，使天下后世人得用之以筮，而迪之以吉也。"兴"犹尚也。"神物"，蓍也"斋戒"，使人齐一其心，戒筮者，戒有司，使恪共莅筮也。"以神明其德"者，以蓍之神灵为民示所从，俾无失德也。

众人之斋戒，虽不足与于圣人之洗心，而收敛傲僻，以待明于神，则亦可以与于阴阳不测不神知。惟圣人于《易》尽天人之理，为吉凶得失之原，而察之精，故能使天下后世，信而从之，此圣人用《易》以纳民于敬慎，而寡其过也。

是故阖户谓之坤，辟户谓之乾，一阖一辟谓之变，往来不穷谓之通。见乃谓之象，形乃谓之器，制而用之谓之法，利用出入，民咸用之谓之神。

见，胡甸反。

此节明"六爻之义易以贡"而"前民用"之理也。惟其易，故能明天道，而察于民，用万变之故；惟其贡，故民皆得与，而以神所告者，明其德。盖卦与蓍神知之妙，非民之所与知，而爻义之显陈，则民咸可用。原本于神者同，而所用有大小浅深之异，《易》所以冒天下之道也。

乾坤谓阴阳也。凡卦之阴爻，皆坤顺之体，阳爻皆乾健之体；散见于六十二卦者，虽乾坤之象不全，而体固具也。"阖户"、"辟户"，以功用言。阴受阳施，敛以为实，阖之象也。阳行乎阴，荡阴而启之，辟之象也。取象于户之阖辟者，使人易喻，亦所谓"易以贡"也。已阖而静，方阖则动；辟之也动，既辟而静；静以成体，动以发用；故六爻之有阴阳，皆具乾坤之德，而用不穷也。

夫阖则必辟，辟则必阖，万象体乾坤，而各自为体，阴阳有畸胜，而无偏废，其一阴一阳之相间者，纯之必变也。上生之谓"往"，下生之谓"来"，上下相连而阴阳以类聚者，变之必通也。既济、未济，变之极；央、媾、剥、复，通之盛也。阴阳之变，通行乎六位而卦成，其见也象之所著也。万物之形，皆以此为虚实、质文、同异之制，成乎器矣。象立器成，乃因其刚柔之得失，裁成而用之，则事之法也。

此阖辟往来互变，以使六爻之失得，爻自有义，昭著呈见，以听民之贵贱智愚，随其日用，考从违于阴阳不测之中，极其所感，而无不通，神亦行乎其中矣。故使天下之人斋戒，而求以明其德者，不测其所以然，而莫不敬信，以从乎筮策也。

是故易有太极，是生两仪，两仪生四象，四象生八卦，八卦定吉凶，吉凶生大业。

此明蓍与卦之德，方圆之所取法，神知之所自生，而圣人藏密，以与民同患，惟有其至足之原，冒天下之道也。

"太极"之名，始见于此，抑仅见于此，圣人之所难言也。

"太"者极其大而无尚之辞。"极",至也,语道至此而尽也;其实阴阳之浑合者而已,而不可名之为阴阳,则但赞其极至而无以加,曰太极。太极者,无有不极也,无有一极也。惟无有一极,则无所不极。

故周子又从而赞之"无极而太极"。阴阳之本体,纲组相得,和同而化,充塞于两间,此所谓太极也,张子谓之"太和"。中也,和也,诚也,则就人之德言之,其实一也。在《易》则乾坤并建,六位交函,而六十四卦之爻象该而存焉。蓍运其间,而方听乎圆,圆不失方,交相成以任其摩荡,静以摄动,无不浃焉。故曰"《易》有太极",言《易》之为书,备有此理也。

"两仪",太极中所具足之阴阳也。"仪"者,白有其恒度,自成其规范,秩然表见之谓。"两"者,自各为一物,森然迥别而不紊。为气为质,为神为精,体异矣。为清为浊,为明为暗,为生为杀,用异矣。

为盈为虚,为奇为偶,数异矣。"是生"者,从《易》而言,以数求象于寂然不动者,感而通焉。自一画以至于三,自三以至于六,奇偶著阴阳之仪,皆即至足浑沦之乾坤所笃降,有生起之义焉,非太极为父、两仪为子之谓也。阴阳,无始者也,太极非孤立于阴阳之上者也。

"四象":纯阳纯阴,通之二象也;阴错阳,阳错阴,变之二象也。阴阳之种性分,而合同于太极者以时而为通为变,人得而著其象,四者具矣,体之所以互成,用之所以交得。其在于《易》,则乾一象,坤一象,震、坎、艮、象,巽、兑、离一象,皆即两仪所因而生者也。

四象成,而变通往来进退之几著焉。成乎六子之异撰,与二纯而八矣,卦之体所由立也。截然为两、为四、为八,各成其体,所谓卦之德方也。其在于蓍,则大衍五十,阴阳具其中,而七、八、九、六不出于此,太极也;分而为两,奇耦无定,而必各成乎奇偶,两仪也;三变之策,或纯奇,或纯偶,或奇间偶或偶间奇,四象具焉;进退无恒,九变之中,八卦成焉,由是而十有八变,要不离乎八卦也;无心随感以通,而皆合于卦体，所谓蓍之德圆也。

乃自一画以至八卦，自八卦以至六十四卦，极于三百八十四爻，无一非太极之全体，乘时而利用其出入。其为仪、为象、为卦者显矣；其原于太极至足之和以起变化者密也，非圣人莫能洗心而与者也。

八卦立而时位之得失，刚柔之应违，吉凶定矣。"定"者，体之方也，可知而不可乱者也。乃圣人于此，既已具卦德于聪明神武，而不恃之，以忘民之患，或凝其吉，或违其凶，或吉而有所不受，或凶而有所不避，以自远于患而弭民之患，惟洗心以听于神之所告，极深研几，而察于圆运不穷之神，则大业之利用，而无畸、分剂而不乱，开物成务，而道无不冒矣。盖惟圣人即显知密，上溯之太极之理，至健而不息，至顺而无疆，即圆以求方，为不逾之矩，为能与于其深，而下此者，日用而不知也。

是故法象，莫大乎天地；变通，莫大乎四时；悬象，著明莫大乎日月；崇高，莫大乎富贵；备物致用，立成器以为天下利，莫大乎圣人；探赜索隐，钩深致远，以定天下之吉凶，成天下之亹亹者，莫大乎蓍龟。

县，平声。索，色白反。

此总承上而明"冒天下之道"之意。"变通"谓秋变夏，春变冬，夏通春，冬通秋。"富贵"谓有天下，履帝位。崇高作君师，而志无不行也。"隐"者，吉凶之未见。"深"，其所以然之理。"远"，推之天下而准也。"亹亹"，大业之无穷也。

在天而为天地，为日月，为四时，吉凶之所自出者，蓍龟皆准之；在人而帝王承天以行刑赏，圣人法天以制事，而大业之亹亹者，蓍龟皆备具其道。《易》之所以冒天下之道，而圣人与民之交资以去患者也。

乃其所以然者，天地日月四时，皆太极之组，所凝聚而流行。帝王、圣人受命于太极以立人极，非圣人之洗心藏密，不足以见其浑沦变化之全体大用。而以名象，比拟之私智窥测者，不知其道之如斯而已也。不贞于一而杂以妄，则窃《易》而流于邪，固君子之所必黜也。

是故天生神物，圣人则之；天地变化，圣人效之；天垂象，见吉凶，圣人象之；河出图，洛出书，圣人则之。易有四象，所以示也。系辞焉，所以告也。定之以吉凶，所以断也。

见，胡甸反。断，丁瓦反。

"神物"，蓍龟也。"则"者，取以为法也。"变化"，阴阳交动，而生成万物也。"垂象见吉凶"者，七政、雨畅之灾祥，一阴阳时位之得失为之也。《洛书》于《易》无取。上兼言蓍龟，《洛书》本龟背之文，古者龟卜或法之以为兆，而今不传。说者欲曲相附会于《周易》，则诬矣。此承上而言蓍龟之用，合天人之理，极乎其大，故圣人法天，而制为象占，以尽其神用，以示、以告、以断，民得与焉，而开物成务之道备矣。

按：此言《易》有四象，以示《易》之全体，则自八卦，而六十四卦，皆四象也。乃邵子立二画之卦，以为四象，因而于三画之上，增四画之卦十六，五画之卦三十二，委曲烦琐，以就其加一倍之法；乃所画之卦，无名无义，无象无占，而徒为虚设，抑不合于参两天地，兼三才，而统阴阳柔刚仁义之理，且使一倍屡加，则七画而百二十八，八画而二百五十六，至于无穷无极，而不可止，亦奚不可！守先圣之道者，所不敢信。《易》固曰："如斯而已"，何容以算法之小术乱之哉！

右第十一章。此章专言筮《易》之理，然发圣人藏密之德，凡民斋戒之诚，则学《易》者亦可以得敬修俟命之理矣。

《易》曰："自天佑之，吉无不利。"子曰："佑者，助也。天之所助者顺也，人之所助者信也。履信思乎顺，又以尚贤也，是以'自天佑之，吉无不利'也。"

"助"者，己用力，而人辅益之之谓，明非不劳而得福也。"顺"者，顺乎理"信"，循物无违也。大有上九在上，而为五所有，以助乎五；惟五虚中以下受群阳，而人助之，居尊位而以柔承上九，故天助之。天助之，则理得而事宜，吉无不利矣。

阳刚者，君子之道，故又为"贤"。"尚"谓五上承之也。夫子引伸爻辞，明天佑不可徼幸，惟信顺以为本，尚贤以求益，乃可以获佑也。《本义》云："恐是错简，宜在第八章之末。"

子曰："书不尽言，言不尽意。"然则圣人之意，其不可见乎？子曰："圣人立象以尽意，设卦以尽情伪，系辞焉以尽其言，变而通之以尽利，鼓之舞之以尽神。"

"书"谓文字。"言"，口所言。言有抑扬轻重之节，在声与气之间，而文字不能别之。言可以著其当然，而不能曲尽其所以然；能传其所知，而不能传其所觉。故设问以示占者、学者，当合卦象，鼓舞变通之妙，以征《系辞》之所示，而不但求之于辞也。

"象"，阴阳奇偶之画，道之所自出，则《易》之大指不逾于此也。六画配合而成卦，则物情之得失，见于刚柔时位矣。《系辞》则以尽情意之可言者也。利义之合也。卦象虽具，而变通参伍之，然后所合之义显焉。辞虽有尽，而卦象通变之切于人事者，圣人达其意，于辞中，以劝善惩恶，歆动而警戒之，则鼓舞天下之权，于辞而著，是利用出入，使民咸用之神所寓也。如是以玩索于《易》，然后《系辞》之得失吉凶，皆藏密之实理，而无不可尽之于书矣。夫子示人读《易》之法，于此至为著明。

自王弼有"得言忘象"之说，而后之言《易》者以己意测一端之义，不揆诸象，不以象而征辞，不会通于六爻，不合符于《彖》《象》，不上推于阴阳十二位之往来，六十四卦，三十六象之错综，求以见圣人之意，难矣。

乾坤，其易之组邪？乾坤成列，而易立乎其中矣。乾坤毁，则无以见易。易不可见，则乾坤或几乎息矣。

邪，以遮反。

"组"，衣内絮著也，充实于中之谓。"成列"，二卦并建，而阴阳十二全备也。"毁"，灭裂之也，谓人灭裂乾坤，并建之义也。"几"，期也。"息"者，道不行不明也。乾坤各具六爻之全体大用，而卦惟六位，乃六位之中，所错综互见者，无非此健顺之德所弥纶以为其实。

六位不足以容阴阳之十二，则纳两仪于六位之中，必有变有通，而成乎六十四象。明者以知来，幽者以藏往；来者以立体，往者以待用。体其全，而后知时之所趣，皆道之所丽。学《易》者不明于此，而灭裂乾坤并建之理，以诡遇于所变之象，则姤之一阴，何自而生？复之一阳何自而来？剥之五阳归于何所？夬之五阴反于何地？变通无本而祸福无端，无以见《易》矣。

抑不知阴阳之盈虚往来，有变易而无生灭，有幽明而无有无，则且疑二卦之外，皆非乾坤之所固有，而乾坤有息灭之时，于是而邀利于一时，幸功于一得，则自强不息之学可废以从时，承天时行之德可逆之以自便，德不崇而业不广，苟且趋避于吉凶之涂，道之所以不明而不行也。《易》始于伏羲，而大明于文王。夏、商之世，《易》道中衰。

《连山》、《归藏》，孔子之世犹有存者，而圣人不论，以其毁乾坤而欲见《易》也。知此，则京房八宫世应迭相为主，奖六子以与乾坤并列；秦玠复、姤为小父母之说，皆所谓毁乾坤而不见《易》者也。

此节与上下文义不相属，盖亦错简，疑在第六章之末。

是故形而上者谓之道，形而下者谓之器。

"形而上"者：当其未形，而隐然有不可逾之天则，天以之化，而人以为心之作用，形之所自生，隐而未见者也。及其形之既成，而形可见，形之所可用以效其当然之能者，如车之所以可载，器之所以可盛，乃至父子之有孝慈，君臣之有忠

中華藏書

周易全书·最新整理珍藏版

中国书店

礼，皆隐于形之中而不显。二者则所谓当然之道也，形而上者也。"形而下"，即形之已成乎物而可见可循者也。

形而上之道隐矣，乃必有其形，而后前乎所以成之者之良能著，后乎所以用之者之功效定，故谓之"形而上"，而不离乎形。道与器不相离，故卦也、辞也、象也、皆书之所著也，器也；变通以成象辞者道也。民用，器也；鼓舞以兴事业者，道也，圣人之意所藏也。合道、器而尽上下之理，则圣人之意可见矣。

化而裁之谓之变，推而行之谓之通，举而错之天下之民谓之事业。

此言《易》之功用，尽于象、辞变通之中也。"化"、"裁"者，阴阳之迭相变易，以裁其过，而使刚柔之相剂。"推"、"行"者，阴阳之以类聚相长而相属，即已著之刚柔更推而进，尽其材用也。

此以形而上之道，为形之所自殊，可于器而见道者也。以其变通之义合于已成之象，而玩其所系之爻辞，举是而措之于民用，观其进退，合离之节，以择得失而审吉凶，则事业生焉。此以形而发生乎用之利，可即器以遇道者也。圣人作《易》之意，合上下于一贯，岂有不可见之秘藏乎！

是故夫象，圣人有以见天下之赜，而拟诸其形容，象其物宜，是故谓之象。圣人有以见天下之动，而观其会通，以行其典礼，系辞焉以断其吉凶，是故谓之爻。

承上文申言之。象、辞之中，变通在焉，事业兴焉。辞以显象，象以生辞，两者互成，而圣人作《易》之意，无不达矣。

极天下之赜者存乎卦。鼓天下之动者存乎辞。化而裁之存乎变。推而行之存乎通。

此言学《易》者，即卦象爻辞变通，而尽圣人之意，以利其用也。"存"，在也，在即此以知其理也。"极"，尽也，具知事物小大险易之情状也。六十四卦，天道、人事、物理备矣，可因是以极其赜也。"动"，兴起于善也，玩其辞，而劝戒之情自不容已也。"化而裁之"者，人之于事业，有所太过，则刚以节柔，柔以节刚，于卦之变，而得其不滞之理。"推而行之"者，苟其所宜然，则刚益刚而不屈，柔益柔而不违，即已然之志行而进之，于卦之通，而得其不穷之用也。如此，则可以尽圣人之意矣。

神而明之存乎其人。默而成之，不言而信，存乎德行。

行，下孟反。

承上而推言之。欲见圣人之意，以尽《易》之理，又存乎人之德行，而非徒于象、辞求之，或不验于民用，则归咎于书也。《易》本天道不测之神；神，幽矣，而欲明著之于事业，以征其定理，惟君子能之，非小人窃窥阴阳以谋利计功者所知也。

若默喻其理，而健顺之德有成象于心，不待《易》言之已及而无不实体其道，惟修德砥行者体仁合义，自与《易》契合，而信《易》言之不诬也。

右第十二章。此章专言学《易》之事，然占《易》者亦必于化裁推行之妙，考得失而审吉凶之故；不然，则亦泥辞，而不验矣。存乎人之德行，则惟君子可以筮，而小人不与之理也。

第十一章　周易内传卷六上

系辞下传

八卦成列，象在其中矣。因而重之，爻在其中矣。

重，直龙反。

"成列"，谓三画具，而已成乎卦体，乾、坤、震、巽、坎、离、艮、兑交错以并列也。"象"者，天、地、雷、风、水、火、山、泽之法象；八卦具而天地之化迹，具其中矣。"因而重之"者，因八卦之体，仍而不改，每画演而为二，以具阴阳、柔刚，仁义之道也。"爻"者，效也。重三为六，则天地之化理，人物之情事，所以成万变而酬酢之道，皆呈效于其中矣。三画者，固然之体；六画者，当然而必然之用。

人之所以法天而应物者，非三百八十四爻莫尽其用。阴阳具而后天效其神，柔刚具而后地效其化，仁义具而后人效其德。重一为二合二于一也。故屯、蒙以下五十六卦，类以事理立名，明其切于用也。旧说以三画之上复加三画为重，此据《彖》、《象传》"动乎险中"，《大象》"云雷屯"之类，以成卦而后内贞外悔，因其现成之象而言，自别为一义。

若以伏羲画卦及筮者积次上生而成六爻者言之，则非内三画遽成乎八卦，而别起外三画以层累之。故《传》言参三才而两之，合二爻而为一位。"重"者，一爻立而又重一爻也。故此于八卦言象，于重卦言爻。而屯、蒙以下，皆性情功效之动几，非象也，则非一象列而又增三画为一象。今遵夫子，参两因重之义，为重卦图如下：

因乾☰而重

☰乾　☰同人　☰小畜　☰夬

☰家人　☰革　☰需　☰既济

因坤☷而重

☷☷坤　☷☵师　☷☳豫　☷☶剥
☷☵解　☶☵蒙　☷☲晋　☵☲未济

因震☳而重

☲☳睽　☶☳噬嗑　☶☳损　☳☱归妹
☶☳颐　☳☳震　☷☱临　☷☳复

因巽☴而重

☵☶蹇　☵☴井　☱☶咸　☴☶渐
☱☴大过　☴☴巽　☰☶遁　☰☴姤

因坎☵而重

☲☴鼎　☲☶旅　☶☴蛊　☳☴恒
☶☶艮　☳☶小过　☷☴升　☷☶谦

因离☲而重

☵☳屯　☵☱节　☱☳随　☴☳益
☱☱兑　☴☱中孚　☰☳无妄　☰☱履

因艮☶而重

☵☰讼　☰☷否　☱☵涣　☵☱困
☴☷观　☱☷萃　☵☵坎　☷☵比

因兑☱而重

☷☲明夷　☷☰泰　☳☲丰　☶☲贲
☳☰大壮　☶☰大畜　☲☲离　☲☰大有

初、三、五，八卦之本位，二、四、上，其重也。所重之
次，阳卦先阳，而阴自下变；阴卦先阴，而阳自下变；故交错
而成列。重卦次序，于义不必有取。坎重艮，离重兑，艮重

坎，兑重离，皆阴阳偶合之条理，自然之变化，不可以意为推求。

盖象成而后义见，此方在经营成象之初，未尝先立一义以命爻。《易》之所以以天治人，而非以人测天也。故于八卦言象，而？重言爻。重卦但备爻以该三才之道，初不因象而设。爻备而复有象，象在爻；后，则《彖传》、《大象》之说，取二体之德与象以立义，自别为一理，不可强通之于因重。若京房乾生姤、震生豫之说，则又下文刚柔相推之余义，非伏羲重三为六之本旨，其说又别，所谓《易》之为道屡迁也。

刚柔相，推，变在其中矣。系辞焉面命之，动在其中矣。

推，吐回反。

"推"即所谓相摩相荡也。刚以承刚，柔以继柔，常也。其摩荡，而相间者，天之化，人之事变所由生也。六十四卦具，而中有阴阳互杂之爻，则物理人事之变，皆其所备著矣。"命"，以告占者也。因爻之动，而系之以辞，则人之进退作止，所以善其动者皆其中所蕴之理矣。

此上二节，言《易》理之利用于人者。

吉凶悔吝者，生乎动者也。

吉凶悔吝，辞之所著也。爻动则时位与事相值，而四者之占应之。此以申明"动在其中"之意，而言发动之爻，为所动之得失。昧者不察，乃谓因动而生四者，吉一而凶三，欲人之一于静以远害，此老庄之余渖，毁健顺以戕生理，而贼名教者也。

刚柔者，立本者也。变通者，趣时者也。

趣，七俞反。

言"刚柔"者，以爻有成形，依地道，而言之，天之阴阳、人之仁义，皆在其中，其象数则统于奇耦也。以健顺之全体，起仁义之大用，而合九、六之定数，为爻之实、卦之本也，即三才合德之本也。其"变"、其"通"，则刚柔有必动之时，而成乎交错；当其时，立其义，人之乘时速应而不滞，以效此者也。时虽必趣，而本之已立，乃可以乘时而趣之，故下言贞一之理，以归其德于健顺，急立本也。

吉凶者，贞胜者也。天地之道，贞观者也。日月之道，贞明者也。天下之动，贞夫一者也。

胜，音升。观，古玩反。夫，音扶。

"贞"，正也，常也；刚柔之定体，健顺之至德，所以立本，变而不易，其常者也。吉凶之胜，天地之观，日月之明，人事之动，皆趋时，以效其变，而必以其至正，而大常者为之本也。"胜"者，道足以任之谓。吉而不靡，凶而不忧，足以胜吉凶，而德业不替者，此贞也。天之七政有隐见，四时有推移，地之荣枯殊候，融结殊质，而一惟其健顺之至足，以具大观于迭运者，此贞也。日月有发敛、有盈缩，而阳明外施，阴虚内涵，一刚柔至足之德者，此贞也。

天下之动，虽极乎万变之至赜，而非善则无恶，非得则无失；仁义之流，至于充塞仁义，而惟趣时之变所至，若其所自来，则皆二气纲组，迭相摩荡，分而为两仪者，同函于太极之中，莫非此贞也。阴阳之外，无太极，得失顺逆不越于阴阳之推荡，则皆太极浑沦之固有，至不一而无不一者，此贞也。是以乾坤立本，而象爻交动以趣时，莫不出于其中也。

夫乾，确然示人易矣；夫坤，隤然示人简矣。爻也者，效此者也。象也者，像此者也。

易，以豉反。隤与颓同。

"确然"，至健而不虚之谓。"颓然"，至顺而不竞之谓。乾坤二纯，立体于至足而不杂，则易简之至也。此指乾坤易简。爻之吉凶悔吝，卦象之大小险易，趣时以变通者各异，而无非此乾坤易简，一实至足之理；则刚柔之德，以立本，而贞天下之动者，皆函于两仪合一之原。

知太极之藏，惟两仪之纲组不息，而易简以得天下之理；爻象效，而像之，岂越此哉！

爻象动乎内，吉凶见乎外。功业见乎变，圣人之情见乎辞。

见，胡甸反。

几之初动者曰"内"，事应之生起者曰"外"。立本以趣时，则随爻象之所动，而吉凶之理著。因其变，而以行乎吉凶之涂，得其贞胜，则无往而不可成功业。圣人之《系辞》，无非以此鼓舞天下，使因时务本，以善其动，合于贞一之道而已。

天地之大德曰生，圣人之大宝曰位。何以守位？曰仁。何以聚人？曰财。理财正辞，禁民为非曰义。

此节上下疑有脱误。大要以明重三画而六之，阴阳、柔刚、仁义，合二以立极之理，著爻之所效也。"天地之大德曰生"，统阴阳柔刚，而言之。万物之生，天之阴阳具，而嘘吸以通，地之柔刚具而融结以成；阴以敛之而使固，阳以发之而使灵，刚以干之，而使立，柔以濡之而使动。天地之为德，即立天立地之本德，于其生见之矣。位也，财也，仁也，义也，圣人之立人极不偏废者也，所以裁成辅相乎天地，而贞天下之动者也。卦中三、四二爻，三为人之正位，于圣人为位；四为出治之道，于圣人为财；仁为守位，义以理财，则人位二爻之德也。君道止于仁，惟为民父母，而后可为元后，仁所以守位也。

仁者，位中所有之德也。义者，取舍而已。非义而取，则上有匿情，虽责民以善而辞不昌，民乃不服。财散民聚，而令下如流水矣。义者，于财而著者也。仁义之藏生于人心一阴一阳之成性，而此于守位聚人言之者，自其效天下之动，以利用者言也。仁义并行，而后圣人之尽人道者，配天地之德，以善天下之动，则六位以尽三才，其效益著明矣。

　　右第一章。此章约天下之动于爻象变动之中，而又推原立本之乃以趣时，举而归之于乾坤之易简；抑且约之于贞一，以见《易》之大用，极于博而约，极乎变而常。至足，则六位三才之道也；至实，则健顺也；至一，则太极也。其文显，其义微，圣人作《易》之大指，尽于此矣。

　　古者包羲氏之王天下也，仰则观象于天，俯则观法于地，观鸟兽之文，与地之宜，近取诸身，远取诸物，于是始作八卦，以通神明之德，以类万物之情。

　　包，薄交反。王，于放反。

　　"王"犹君也。"文"谓羽毛齿革之可登于用者。"地之宜"，地产所宜，草木金石之利，若"秦宜禾"是也。"明"，神之著也。通其德者，达天地神化之理于事物也。"类"，分之合之以成用。"情"，实也。将言制器尚象之理，而先推八卦之所自作，已尽天地人物之性情功效，而一阴一阳，神明之德寓焉，故可因其象，以制器也。六十四卦皆伏羲所作，但言八卦者，八卦立，而贞悔二体上下交互，皆不出八卦之成象也。

　　作结绳而为网罟，以佃以渔，盖取诸离。

　　佃与畋同。

　　"网"兽网。"罟"，鱼罟。离为目象，外为轮郭而中虚。目目相承，网罟之象，禽鱼自丽其中。

　　包羲氏没，神农氏作。斫木为耜，揉木为耒，耒耜之利，以教天下；盖取诸益。

　　"耜"，今之犁头。"耒"，犁辕。古者耜端无铁，削木锐而用之。"耨"应"耜"字之讹。益卦一阳，下人为耜，阳刚之锐也；中三阴为耒之曲，阴柔曲也；上二阳为耒柄，动而入土。益之象也，旧说以卦名而略其义。

按：《经》云"制器者尚其象"，则义在象而不在卦名。若此节以耒耜为益于天下，则凡器皆益，不独耒耜，故所不取。余放此。

日中为市，致天下之民，聚天下之货，交易而退，各得其所，盖取诸噬嗑。

"得其所"，得其所欲也。离在上，为"日中"。噬嗑之象，上下二阳，设为关肆；阴为民为利；九四象有司治市者，讥察于中，使三阴各退，不终合，以免黩货无厌也。

神农氏没，黄帝、尧、舜氏作。通其变，使民不倦，神而化之，使民宜之。《易》穷则变，变则通，通则久。是以"自天佑之，吉无不利"。黄帝、尧、舜垂衣裳而天下治，盖取诸乾、坤。

兼言三圣者，上古之世，人道初开，法制未立，三圣相因，乃以全体乾坤之道，而创制立法，以奠人位，参天地而远于禽狄。所以治天下者，无非健顺之至理，而衣裳尤其大者也。"不倦"者，乾之健行。"宜民"者，坤之顺德。"通其变"者，卦体阴阳，互为参伍，而乾无不行于其间，法其健以奖民而兴于行，民乃去其嘘嘘于于之怠气而不倦。

"神而化之"者，阴主形，阳主神，阴性凝滞而承天时行，以天之神，化地之形，坤之所以行地而无疆，法其顺以使民因嗜欲之情而率由乎道，以化其质，民乃安于日用饮食而帝则自顺，无不宜也。《易》之为位为爻，乾坤之变通而已。穷极则阴阳互易以相变；变不可久居，则又顺而通之，使阴阳各利其用。变通合，而出入于万变者皆贞其道，乃可万世而无敝，此三圣之创制立法，所以利百姓之用而上承天佑也。法制之兴，衣裳，人道之尤大者，所以别尊卑之等，则天尊地卑之象；所以别男女之嫌，则阴阳分建而不相杂之象；而上玄以法天，下 纁以法地，衣九章以阳之文，裳十二幅以两阴之质，无不取则焉。

盖衣裳之尽制，若无益于民用，而裁制苟且，但便于驰驱辗转，则民气怠于简束而健德泯，生其鸷戾而顺理亡。故乾坤毁而易道不立，衣裳乱而人禽无别，三圣之立人纪而参天地者在焉，故他卦不足以拟其大，而取诸乾坤。

刳木为舟，剡木为楫。舟楫之利，以济不通，致远以利天下，盖取诸涣。

始为舟者，剖大木，而刳其中，今岭南，犹有独木船，其遗制也。"剡"，削其木使锐，以刺岸也。涣卦三、四二阴为中虚，五、二二阳为两舷，上一阳象篙楫，初阴则浮于水之象也。又巽木浮坎水之上，水以济，风能致远，皆舟象也。

惟此卦巽为木，见于《象传》。而睽亦言，弦木剡木，卦无巽体，不可疑木之必于为巽。若旧说谓益两言断木揉木，为震、巽皆木，其说亦出于《火珠林》之牵合。惟巽一阴下人，象木之根人土中，二阳在上，象木之枝条舒畅故有木象。震体反是，非木审矣。

服牛乘马，引重致远，以利天下，盖取诸随。

随上一阴引二阳，牛曳二辕大车，以载重之象；二、三二阴引一阳，四马并驾引轻车之象。

重门击柝，以待暴客，盖取诸豫。

重，直龙反。

阴交象门之两扉。豫内三阴、外二阴为"重门"。九四阳亘其中，象抱关击柝者。又震为雷，柝以象雷而惊众。"暴客"，客之为暴者。古者假道之客，或包藏祸心，故必防之。旧说取豫备之意。乃豫本张，大逸乐之义，无先事早图之意。

凡此类，违失本旨，故不取。

断木为杵，掘地为臼，臼杵之利，万民以济，盖取诸小过。

断，都管反。

古之为臼者，掘地作坎，爇之使坚；后世易之以石。小过上下四阴，象臼之棱；坎中二阳，象杵人其中。又下止上动，震、艮之象。

弦木为弧，剡木为矢，弧矢之利，以威天下，盖取诸睽。

二与上为弓干；五与三，其曲也；四象弦；初，其矢也。

上古穴居而野处，后世圣人易之以宫室，上栋下宇，以待风雨，盖取诸大壮。

上，时掌反。下，户嫁反。

"上栋"，竖栋而上之也。"下宇"，从上垂下也。四阳象栋柱上升。二阴象苫盖下垂。下明象阳，上暗象阴。

古之葬者，厚衣之以薪，葬之中野，不封不树，丧期无数，后世圣人易之以棺椁，盖取诸大过。

衣，于计反。

"中野"，谓不必墓域也。"无数"，厚薄久近惟人之意也。棺椁具，而丧制备矣。大过中四阳，重固坚实之象，藏于初、上二阴之中。古者天子之棺四重，举其极厚者而言也。

上古结绳而治，后世圣人易之以书契，百官以治，万民以察，盖取诸夬。

"书契"，书木版各分其一以为约，左以取，右以与，若今之合同文书然。"治"谓分理众事之期会。"察",辨别取与之义也。央五阳连合,上一阴有分剖之象,离而固可合也。

右第二章。略举十三卦以言"制器尚象"之义。凡圣人之制器,以利民用者,盖无不合于阴阳奇耦错综之理数,类如此。圣人非必因卦而制器,而自与卦象合,故可经久行远,而人不能违。

即在后世,损益古法以从服食居处修事之便,其能与阴阳象数吻合者,则行之永而与圣人同功;其私心妄作奇巧,无象可法者,旋兴而旋敝。且如蒙恬作笔,下刚长而上柔短,亦央之象。

洪武初,始制网巾,上下束合,而中目繁多,亦颐之象。舟之有帆,本末奇而中耦,乘风以行于泽,亦大过之象。故曰:"以制器者尚其象。"凡制器者皆当取法,非徒古圣然也。

是故《易》者,象也。

由理之固然者而言,则阴阳交易之理,而成象,象成而数之以得数。由人之占《易》者而言,则积数以成象,象成而阴阳交易之理在焉。

象者,理之所自著也。故卦也,爻也,变也,辞也,皆象之所生也,非象则无以见《易》。然则舍六画奇耦往来应违之象,以言《易》,其失明矣。

象也者,像也。

此"象"谓卦之"大象"。像者,因其已成之形状,而写之。象已成乎可像,故因而想像其道之如此。此"自强不息"以下诸义之所自生,因乎象之已成也。

彖者,材也。爻也者,效天下之动者也。是故吉凶生而悔吝著也。

"材"者体质之谓,"效天下之动"则其用也。有此体乃有此用；用者，用其体，惟随时，而异动尔。吉凶自外至，故曰"生"；悔吝存乎心，而见乎事，故曰"著"。

吉凶悔吝，辞之所生所著也，因爻而呈，而爻亦本乎象所固有之材。材者，画象之材也。非象无象，非象无爻，非象与爻无辞，则大象、象、爻、辞占，皆不离乎所画之象。《易》之全体在象，明矣。邵子曰："画前有《易》"，不知指何者为画前也？有太极即有两仪，两仪即可画之象矣。

右第三章。此章示人读《易》之法，以卦画为主。

阳卦多阴，阴卦多阳，其故何也？阳卦奇，阴卦偶。

奇，居宜反。

此据三画之卦而言，阴爻三分阳爻，而缺其一。一函三，阳为九，阴为六。震、坎、艮之数二十一，三乘七，阳数也。巽、离、兑之数二十四，三乘八，阴数也。三复函三，震、坎、艮之数六十三，七乘九，阳数也。巽、离、兑之数七十二，八乘九，阴数也。

六画之卦，一阴之卦六，其数五十一；一阳之卦六，其数三十九；三阴三阳之卦二十，其数四十五；凡三十二卦皆奇、六阳之卦一，其数五十四；六阴之卦一，其数三十六；二阴之卦十五，其数四十八；二阳之卦十五，其数四十二；凡三十二卦皆偶。一阳一阴、三阴三阳之卦为阳卦。六阴六阳、二阴二阳之卦为阴卦。抑必有说，先圣未言，以俟知者。

其德行何也？阳一君而二民，君子之道也。阴二君一民，小人之道也。

行，下孟反。

据以为道者曰"德"，奉之为行者曰"行"。卦之体用如是，而人之用之以成体者，亦如是也。奇谓之"一"，偶谓之"二"。"君"者，立以为主；"民"者，使从所主而行也。"一"者，九之全体，名不足，而实有余；"二"者，三分九而得其六，名有余而实不足。君子之道，主一以统万行，以循乎天理，极其变而行之皆顺，充实于内也。

小人之道，义利、理欲两端交战，挟两可之心以幸曲全，而既不足于义，必失其利，所歉于中者多矣。震以动于善，艮以止其恶，坎虽陷而有维心之亨，皆以阳为君也。巽求人而情隐，兑求说而外饰，离虽明而必丽，阳以求明，外明而内实暗，皆以阴为君也。用阴阳者不在多寡，而在主辅之分，故君子以小体从大体，而声色臭味皆受役于宰制之心，小人以大体从小体，而心随所交之物变迁，而无恒，所遵之道异也。

右第四章。此章言学《易》之道。

《易》曰："憧憧往来，朋从尔思。"子曰："天下何思何虑？天下同归而殊途，一致而百虑，天下何思何虑？

"天下"，谓事物之与我相感，而我应之受之，以成乎吉凶得失者也。君子之思，以思德之何以崇；其虑也，以虑义之未能精。故曰"君子有九思"，又曰"虑而后能得"。此咸之九四，所以贞吉而悔亡也。

若天下之殊涂百致，一往一来之无定，为逆为顺，为得为丧，为利为害，为生为死，则本无所容其思虑者。盖天下之物，为造化一本之并育；天下之事，为天运时行之进退。贫贱、富贵、夷狄、患难，莫非命也则一致，皆道之所行也，则同归。穷理以尽性，修身以俟命，君子之尽心，惟日不足，而何暇为天下思虑也？思其得，虑其不得吉来则惊，往则忧，凶往则幸，来则患，事物百变于前，与之交驰，而内丧其志，物交而引，朋从之所以失其贞也。咸四当心与物感之位，故戒之。

"日往则月来，月往则日来，日月相推而明生焉。寒往则暑来，暑往则寒来，寒暑相推而岁成焉。往者屈也，来者信也，屈信相感，而利生焉。

推，吐雷反。信，与伸同。

"推"者，迭运而相承之谓。"日月相推"者，月惟于日往入地之时而来，则明生；若并行于天，则失其明。"岁成"，谓生成之岁功以登也。"屈信"以指喻，同此一体，特用异尔。"屈信相感"者，达于屈信之理，而感其心，以不凝滞于往来之迹，而于屈存信、于信存屈也。

"利生"者，信亦利，屈亦利，无所不合于义也。此夫子博观于天地人物之化，生死得丧之常，而见一理之循环，无非可受之命、可行之道，故极言之，以见同归一致之理，而无事思虑以从其朋，感物而丧其志也。往者非果往也，屈而已矣。来者非终来也，信而已矣。故死此生彼，非有区画之报，而归于大化之纲组。善吾生者所以善吾死，屈则鬼而信则神，听其往来之自致，而贞一之体不丧，则清明和顺之德不息于两间，形神聚散，交无所乱矣。死生且然，而况于物之顺逆、事之得丧乎！同一指也，同归而一致者也。

其殊涂而百虑者，为得为丧，为进为退，为利为害，圣人视之，屈信异而指无殊；若见为往而戚焉，见为来而诉焉，外徇物而内失己，屈而不能伸，伸而不能屈，指之用丧，而指之体亦废矣。故曰"何思何虑"，为天下之往来言也。知其憧憧者不越于一指，而爱养其指，全体以待用者不穷，感以其同归一致，而不感以其往来，不贞之思虑，何从而起乎！

"尺蠖之屈，以求信也。龙蛇之蛰，以存身也。

"尺蠖"，小虫，耸脊而后行。古人布手知尺，以大指中指一屈一信，而为一尺；此虫似之，故名尺蠖。屈信自然之理势，皆无所容其思虑，而人之朋从其思者，当其屈，不安于屈而求信，而不知屈之所以信，乃同归一致之理，故以尺蠖，龙蛇为拟，而言不能屈则不能信。

故舜惟与木石鹿豕同其屈，而沛然汀河之善，莫之能御，有天下而若固有之，皆其豫定之诚，受命以事天，而不于往来之顺逆，劳其思虑，丧其守而不足以行也。

"精义入神，以致用也，利用安身，以崇德也。过此以往，未之或知也。

"致用"、"崇德"，君子之所思虑者，此而已矣，以其为同归一致之本也。此指上文而言。过此，则天下之殊涂，而百致者也。"精义"者，察伦明物，而审其至善之理，以合于吾心固有之制，非但徇义之迹，而略其微也。"入神"者，义之已精，不但因事物以择善，益求之所以然之化理，而不测之变化皆悉其故，则不显之藏昭，彻于静存，而与天载之体用相参也。此静而致其思虑于学修，无与于外应之为，而致之用者，有本而不穷，张子所谓"事豫吾内，求利吾外"也。"利用"者，观物之变而知之明、处之当，则天下之物，顺逆美恶，皆惟吾所用而无有不利。"安身"者，随遇之不一，而受其正、尽其道，则素位以行而不忧不惑，无土而不安；此动而出应乎天下，非欲居之以为德，而物不能乱，境不能迁，则德自崇，张子所谓"素利吾外，致养吾内"也。

此内外交养之功，动为信，静为屈；静而致用，则不穷于往；动而崇德，则益裕其来；故朱子谓"推屈信往来之理以言学。"乃精义入神以立体，利用安身以起用，体立而用乃可行，则屈以求信之理亦在其中，往来密运于心，而不朋从于天下。天下之屈我信我者，本不可逆亿以知，而一付之不可知之化，不求知焉，则圣人所以贞生死、贞得丧，而终无悔也。

后之学《易》者，于过此以往不可知之数，乃至一物之成毁，一事之利钝，强以数推而求知，用思虑于往来殊异之憧憧，以计瓶花磁枕之兴废，亦异于圣人之言矣。

"穷神知化，德之盛也。"

"神"者化之理，同归一致之大原也；"化"者神之迹，殊涂百虑之变动也。致用崇德，而殚思虑以得贞一之理，行乎不可知之涂，而应以顺，则"穷神"。过此以往，未或知者付之不知，而达于屈必信、信必屈、屈以善信之道，豁然大明，不以私智为之思虑，则"知化"。

此圣人之德所以盛也。盖人之思也，必感于物而动，虽圣人不能不有所感，而所感于天人之故者，在屈信自然之数，以不为信喜、不为屈忧，乃以大明于阴阳太极，同归一致之太和。不然，则但据往来之迹以为从违而起思虑，则于殊涂百虑之中逐物之情伪，朋而从之，是感以乱思，而其思也，适以害义而已。

夫子引伸，以极推其贞妄之由，为圣学尽心之要。不知者乃谓"何思何虑"为吾心之妙用，此释、老贼道之余沈，不可不辨也。

《易》曰："困于石，据于蒺藜，入于其宫，不见其妻，凶。"子曰："非所困而困焉，名必辱；非所据而据焉，身必危。既辱且危，死期将至，妻其可得见邪？"

邪，以遮反。

欲以困人而败其名，清议自定，不可掩也。望援于不可恃之人，欲以安身，而人不我应，徒召侮而已。小人呼党以与君子为难，自取死亡，君子弗庸以为忧，困之必亨也。

《易》曰："公用射隼，于高墉之上，获之，无不利。"子曰："隼者禽也，弓矢者器也，射之者人也。君子藏器于身，待时而动，何不利之有？动而不括，是以出而有获，语成器而动者也。"

"射之"之射，食亦反。

"禽"之为言获也，所欲获之鸟也。"器"者，君子乘权，以治小人之道也。上六得位，而柔不急于解，故曰"藏器"。"待时"者，六五惑解而后可治三也。震之德动，二阴虚中而"不括"；志已定，道已胜，时至已则"成器而动"矣。

所待在时，而必先有动，而不括之道，乃可以时至而必动。君子解悖之道，不与争以求胜；时至道行，则廓然白其志于天下，小人自孚。迫于解者，惟道之不足，东汉党人，所以愈解而愈纷也。

子曰："小人不耻不仁，不畏不义，不见利不劝，不威不惩。小惩而大诫，此小人之福也。《易》曰'屦校灭趾，无咎'，此之谓也。

"不耻不仁"，故必利以劝之；"不畏不义"，故必威以惩之。噬嗑之初，尚可惩而使诫；用刑于早，以免小人于恶，薄惩焉可也。

"善不积不足以成名，恶不积不足以灭身。小人以小善为无益而弗为也，以小恶为无伤而弗去也。故恶积而不可掩，罪大而不可解。《易》曰：'何校灭耳，凶。'"

"何校"，犹未诛也，"灭耳"而不听，恃罪之小，而成乎大。上九自恃居高而刚愎，则杀之而必不可赦。合二爻治狱之轻重，见君子之用刑，始于惩诫，而教之不改，则天讨必伸。凶惟小人之自取，非君子有心于其间也。

子曰："危者安其位者也，亡者保其存者也，乱者有其治者也。是故君子安而不忘危，存而不忘亡，治而不忘乱，是以身安而国家可保也。《易》曰：'其亡其亡，系于苞桑。'"

"乱"谓纲纪废、上下紊也。乱者，危亡之由；治所以安存之道也。"有其治"，谓方乱之时，治之道固在，但能念乱，则即此土地、人民、政事而治之，理存其中矣。

否九五本有休否之德，而夫子推言之。虽安静不失其常度，而中心之竞惕，未尝忘危亡之戒；外不妄动，而内积忧危。"其亡其亡"，非徒其势然也，大人之操心固如此也。

子曰："德薄而位尊，知小而谋大，力小而任重，鲜不及矣。《易》曰：'鼎折足，覆公悚，其形渥，凶。'言不胜其任也。"

知，去声。鲜，息浅反。胜，音升。

贪以敛怨于下，则德薄，意计不出苞苴牍竿之中则知小，众所不与则力小。小人非无才，而志污情柔，则终于卑陋。"鲜不及"者，灾害并至也。"不胜其任"，戒有国家者不当任之。

或谓圣人非责人以德厚而知力大，但戒其勿贪大位，其说迂矣。小人之贪大位，五鼎烹而不恤，岂能戒之使退者！《易》不为小人谋，示君子处小人之道尔。

子曰："知几其神乎？君子上交不谄，下交不渎，其知几乎？几者动之微，吉之先见者也。君子见几而作，不俟终日。《易》曰：'介于石，不终日，贞吉。'介如石焉，宁用终日？断可识矣君子知微知彰，知柔知刚，万夫之望。"

"介于石"，静之笃也。"不终日"，动之捷也。豫之卦德本动，而六二静正自守，嫌于不足以动。乃天下动，而有所滞累者，皆立心不固，以利欲累其进退，持己无本，则倚于人而随物以靡，谄上渎下，求济其欲，而为人所掣，不能自主矣。

惟不谄不渎，正己而无求，则上不能制，下无所牵，进退绰有余裕，不待事变之著，吉凶已有成形，而得失之理决于当念。从其后而观之，何其知几之早，同于神化！而君子所守者至正之理，黑白之辨显著于前，如饥食渴饮之自喻，不待动念而早觉，非以机智相测也。

微之必彰，知之不昧，而以或柔或刚应天下者不爽，天下于其出处语默卜治乱焉，则可谓之至神矣。周子曰："无欲故静。"又曰："静无而动有。"谄、渎无他，私欲乱之耳。"介于石"，无欲之至也。《本义》云：《汉书》"吉"、"之"之间有"凶"字。

子曰："颜氏之子，其殆庶几乎？有不善未尝不知，知之未尝复行也。《易》曰：'不远复，无祗悔，元吉。'"

"复行"之复，扶又反。

"庶几"，合于复初之德也。初九一阳，起于五阴之下，至静之中，而动几兴焉，则知无不明，而行无所待矣。盖静而存养之功已密，则天理流行，而大中至正之则，炯然不昧，故一念甫动，毫厘有差，即与素志相违，而疾喻其非，隐而莫见，微而莫显，省察之功易而速矣。

故愚尝谓庸人后念明于前念，君子初几决于后几。后念之明，悔之所自生也。初几则无事于悔矣。不睹不闻之中，万理森然，而痛痒自觉，故拔一发而心为之动，此仁之体也；于静存之，于动著之也。

天地纲组，万物化醇；男女构精，万物化生。《易》曰："三人行则损一人，一人行则得其友。"言致一也。

"纲组"二气交相人，而包孕以运动之貌。"醇"者，变化其形质，而使灵善，犹酒醴之酿而醇美也。"男女"，兼牝牡雌雄而言。"化醇"，化其气而使神。"化生"，化其形而使长。神在气之中，天地阴阳之实与男女之精，互相为体而不离，气生形，形还生气，初无二也。

男女者，阴阳之成形，天地之具体，亦非二也，从其神理形质而别言之耳。天地之理至足，故函三而用一。"致"者，奉而与之之谓。天致其一于上而成艮，地致其一于三而成兑，交相致以合同而化，乃以保泰而通山泽之气。若吝于损而不致，则化不行矣。故三人同行，而损一以致之；与异己者行焉，则得友而相益。以善体阴阳之化理，以取益者不私己以自隘不怙己而交物也。

按：此言天地化醇，男女化生，形气交资，而生乃遂，则乾坤称父母，而父母一乾坤之理，于此可见。人不能离生以养醇，则父母之恩均于天地，不可专归生化于天地以遗忘父母。

仁人孝子，事亲以事天，即此可悟。而天地之化醇，人物蕃育以迄消萎，屈伸于纲组之内，于天地初无所损；若父母则劬劳以裕吾之生，者皆损己以益其子，故曰"昊天罔极"，尤为人子者，所不可不深念也。

子曰："君子安其身而后动，易其心而后语，定其交而后求。君子修此三者，故全也。危以动则民不与也，惧以语则民不应也，无交而求则民不与也，莫之与则伤之者至矣。《易》曰：'莫益之，或击之，立心勿恒，凶。'"

易，以鼓反。

"安其身"，自处有道，而不行险以徼幸也。"易"，平也。"易其心"，不以极喜极忧而迫于言也。下专言惧者，惧且不可语，而况可溢喜以妄言耶！"定交"，道合而情孚也。

三者皆有恒之道，无损于物，则物自乐于相益；反是者，孤危而害将至矣。益之上九，高危而骄吝，故决言其凶。圣人之言，彻上彻下，日用之所不能违，类如此，尤读《易》者所宜加警。

右第五章。此章与《上传》第八章旨趣略同，盖亦示人拟议之法，而分属上、下传者，二传皆圣人居恒学《易》，有会而言，初未尝自定为全书；迨其为传，随汇集而诠次之，因简策之繁，分为上下尔。

子曰："学《易》可以无大过"，亦略见于此矣。极天人之理，尽性命之蕴，而著之于庸言庸行之间，无所不用其极，圣人之学《易》也如此，岂但知盈虚消息之数，而效老庄之以退为道哉！圣人作《易》，俾学圣者，引伸尽致，以为修己治人之龟监，非徒为著者示吉凶，亦可见矣。

子曰："乾坤，其易之门邪？乾，阳物也；坤，阴物也。阴阳合德而刚柔有体，以体天地之撰，以通神明之德。

邪，以遮反。

《易》统六十四卦而言。所从出曰"门"，有形有象，而成乎事者，则可名为"物"，谓爻也；言凡阳爻皆乾之阳，凡阴爻皆坤之阴也。"合德"，相合以成德。"体"，卦已成之体也。阴阳合，而成六十二卦，各有性情功效，而体因定焉。阳卦体刚，阴卦体柔，体立而用因以著也。"撰"，其所作也。凡物理之不齐，人事之至赜，皆天地健顺之德所变通而生。乾坤之良能，体物不遗，而变之通之者，神明为之也。

六十四卦具而乾坤之能事毕，变通之动几尽焉。要其实，则一阴一阳之用而已。"神明"，神之明也；自其流行谓之"神"，自其昭著谓之"明"。

"其称名也，杂而不越，于稽其类，其衰世之意邪？

阴阳变通，而成象，则有体。体立，而事物之理著焉，则可因其德，而为之名。自屯、蒙以下，物理之化，人事之几，得失良楛，赜而存焉，其类不一，亦至杂矣。然皆乾坤刚柔交感合德之所固有，不越乎天地之撰也。"衰世"，谓文王之世。

乾坤之撰，无所不有，而因时以著。在盛治之世，天之理正，物之气顺，而变有所不著。惟三代之末造，君昏民乱，天之变已极，日月雷风山泽，有愆有伏，人情物理，或逆而成，或顺而败，而后阴阳错综不测之化乃尽见于象，《易》之所为备杂卦吉凶之象而无遗。

然在天者，即为理，一消一长，一盛一衰，初无损于天地之大德，特以劳君子之忧患，而遂见为不正之变；乃体其撰，皆可以尽吾健顺之常，则固不越乎乾坤之合德也。治世无乱象，而乱世可有治理，故惟衰世，而后杂而不越之道乃著，而文王体天尽人之意，见乎《象》、《彖》者乃全也。

"夫《易》，彰往而察来，而微显阐幽。开而当名辨物，正言断辞则备矣。

夫，音扶。当，丁浪反。断，丁乱反。

《本义》云："'而微显'当作微'显而阐幽'。'开而'之而，疑误。"此以下皆申明"杂而不越"之义。"往"者已著之理，"来"者必然之应。"微显"者，事物之迹，皆推其所以然，而示其当然也。"阐幽"，明示其由来之故，必见于事应也。"当名"，因象立名，允当而卦德以著也。"言"者辞之理。"正言"，定其得失应违之常理也。"断辞"，以辞断其吉凶也。"备"者统上九者而言，皆所谓杂也，推其所从备，则不越也。

"其称名也小，其取类也大。其旨远，其辞文。其言曲而中，其事肆而隐。因贰以济民行，以明失得之报。"

中，陟仲反。行，下孟反。

"名"，谓卦名及辞中所举事物之名也。"小"者，专以一事一物言也。"取类"，取义而推其类也。"大"如屯，本草出土之象，而可推之建侯；噬嗑，啮合也，而可推之用刑。"旨远"，尽阴阳变化之无穷。"辞文"，依义理以为文，则顺理而成章也。"曲"，委曲于吉凶悔吝之故。"肆"，陈列也；所言之事虽陈列分明，而所以然之理则深隐也。"贰"，疑也，谓有疑而筮也。"报"者，失得在人事，而吉凶之应不爽也。皆备赞《易》理，以申"杂而不越"之义。惟乾坤以为门，故不可越；而惟衰世，其变乃著。

伏羲之易待文王而兴，而并建乾坤以统万象，《周易》之所以轶夏商而备天人之道也。

右第六章。篇内凡三言衰世之意，以见惟周有《易》，而《易》理大备于周，然则虽果有伏羲之《易》，犹当略之以从周，况其世远亡传，徒为后人所冒袭之虚名乎！

《易》之兴也，其于中古乎？作《易》者，其有忧患乎？

"中古"，殷之末、周之初也。"忧患"者，文王欲吊伐则恐失君臣之大义，欲服事，则忧民之毒痛，以健顺行乎时位者难，故忧之。周公之居东也亦然。故以研几精义者，仰合于伏羲之卦得其理，而以垂为天下后世，致用崇德之法。旧说谓拘羑里为文王之忧患，非也。死生荣辱，君子之所弗患，而况圣人乎！

是故履，德之基也。谦，德之柄也。复，德之本也。恒，德之固也。损，德之修也。益，德之裕也。困，德之辨也。井，德之地也。巽，德之制也。

文王、周公之志，于此九卦而见，以其时位之相若也。履、谦，阴阳孤，而处于忧危之位；复，微阳初起，而重阴居其上；恒，阴阳互相人而相持；损、益，盛衰之始；困、井，阳皆陷于阴中；巽，阴伏于下而干阳；皆殷末周初忧危不宁之象。而圣人履其时，即以九卦为德，则德即成于时位之中，而不他求术以相制胜也。三陈之旨，大率与《大象》取义略同，而参以《象辞》。"基"，所以自立也；"柄"，持以应物者也；"本"，所自生也；"固"，自持不失也；"修"，裁其情之有余；"裕"，进其理之未充也。

按：下云"困以寡怨，井以辨义"，此疑传写之误。当云"困，德之地也"，刚虽为柔掩，而有地以自处也；"井德之辨也"，得正而知所择也。"制"谓以柔节刚也。

履，和而至。谦，尊而光。复，小而辨于物。恒，杂而不厌。损，先难而后易。益，长裕而不设。困，穷而通。井，居其所而迁。巽，称而隐。

易，以豉反。称，如字。
此实陈卦德，以申释上文之意。履，说而应乎乾，应乾则行，而不倦，而能至于理，所以为德之基，虽履虎尾而不伤也。谦，称物平施，不失其尊，而物不能掩之，所以为德之柄而终吉。复，阳初动而察事几之善恶于早，所以为德之本，而由此以出入皆无疾。恒，阴人阳中，阳动阴内，阴阳杂矣，而

中华藏书

周易全书·最新整理珍藏版

中国书房

藏于深密以立主，则不以杂为厌患，故为德之固，而立不易方。损，惩忿窒欲，先之遏止也难，而后说则易，故为德之修，遏欲者欲已净而自得也。益，迁善改过，日新以进德，而不先立一止境，以自画，故为德之裕，而其益无疆。困，刚为柔掩，而能遂其志，则遇穷而心自通，所以为德之地，而于土皆安。井，不改而往来者皆成乎养以不穷，故为德之辨，而因事制宜，皆利于物。"称"，举也。巽阴人阳而举阳于上，以保中位，使不失其尊。"隐"，用其顺德以求巽人，所以为德之制，而能裁已亢之阳也。

履以和行，谦以制礼，复以自知，恒以一德，损以远害，益以兴利，困以寡怨，井以辨义，巽以行权。

远，于怨反。

此言圣人，当忧患之世，以此九卦之德，修己处人，故上以凝天命，下以顺人情，文王以之，而成其至德，周公以之，而永保冲人，进以成大业，而退不伤于道之正，故九卦时虽危，而可因之，以为德。盖阴阳之化，虽消长纯杂之不一，而深体之则道皆存焉，亦所谓"杂而不越"也。履以健行和，和而不流。谦非徒自卑屈，且以制礼而使人不能逾，所以操天下之柄而制其妄。

"自知"者，独知之谓，慎于独而非几早绝，以顺帝则而受天命者，此其本也。"一德"则德固矣。忿欲损而害自远。迁善则道行，而物自利。穷则怨，怨物者物亦怨之；安于困，则于物无侮。井，一阴一阳，上下分而皆成其则，以之因时制义，辨而宜矣。巽顺而隐，以济时之变，则不激于裁制而制自行，圣人之权也。以此九卦之德处忧患，外达物情之变，而内自居于大正，圣人之德所以至也。他卦非无处忧患之道，而但陈九卦者，夫子深知二圣人之用心，非人所易测也。

子曰："内省不疚，夫何忧何惧！"内省者，自知之谓也。然则复尤其至者与！故曰："复，德之本也。"

右第七章。

《易》之为书也不可远，为道也屡迁。

"书"，其辞也。"不可远"，谓当切问而近思之也。"为道"，辞与象相应之理。"屡迁"，不可执成法以推测之也。

变动不居，周流六虚，上下无常，刚柔相易，不可为典要，惟变所适。

此言道之屡迁者也。有定在谓之"居"。"变动不居"，其变动无定在也。阴阳之气，纲组而化醇，虽有大成之序，而实无序。以天化言之，寒暑之变有定矣，而由寒之暑，由暑之寒，风雨阴晴，递变其间，非日日渐寒，日日渐暑，刻期不爽也。以人物言之，少老之变有定矣，而修短无期，衰旺无恒，其间血气之消长，非王之中无偶衰，衰之后不再王，渐王渐衰，以趋于消灭，可刻期而数也。

《易》体此以为道，故乾、坤立而屯、蒙继，阴阳之交也，无可循之序；十变而得泰、否，八变而得临、观，再变而得剥、复，其消长也无渐次之期。非如京房之乾生垢、垢生遁，以渐而上变；抑非如邵子所指，为伏羲之《易》，乾一兑二，以渐而下变，其变动有定居也。"六虚"者，六位也。谓之"虚"者，位虽设而无可据之实。既可曰初、二为地，三、四为人，五、上为天；又可曰内三画为贞，外三画为悔。五为君位，而有时非君；初，上五位，而有时为主；因刚柔之周流，而乘权各异也。上下阴阳之消长升降也无常，则变动不可测矣。天化之神妙，在天即为理；人事之推移，惟人之所造也。"刚柔相易"，谓位虽有内外高卑之分，而刚柔各有乘权之时，即以其乘时而居位者为主辅倡和，位虚而以阴阳之周流者为实也。

《易》之为道本如是，以体天化，以尽物理，以日新而富有，故占者、学者不可执一凝滞之法，如后世京房、邵子之说，以为之典要。故"得位"，正也，而有时非正；"居中"，吉也，而有时不吉；"相应"，利也，而有时不利；坎或为云，而或为雨；巽以上人，而其命下施；不可为典要也类如是。读《易》者所当惟变所适，以善体其屡迁之道也。

其出入以度，外内使知惧。又明于忧患与故，无有师保，如临父母。

此言其不可远也。"外内"，有定位者也；刚柔之往来，无定位者也。以无定之出入，审度所以行乎其位者，则精义不可以执一求，而抑不可以毫厘差。言《易》虽屡迁，而当几之得失，于一出一人，揆度外内，使人知道之不易合者，又明于忧患之必有，与所以致之之故，则不待师保之诏，而如父母之不可离，抑非随变动之吉凶而听其自至也。

初率其辞，而揆其方，既有典常。苟非其人，道不虚行。

统承上文，而言《易》道之至近，而寓无穷之变，非君子莫能用也。"率"，由也。忧患与故，象不能著，而圣人以辞显之，则由辞以研究其精微，而揆度其周流无方之方，则天化人事之变尽，而所以处之者之义精，于无典要之中，得其至当不易之理矣。然占者，非徒以知吉而喜，知凶而忧也。苟为君子之人，则察其随时之中，而乾惕以慎守其至正之则，于是而《易》之道乃以行万变而利用。非其人，则恃其吉而委其凶于无可奈何之数，其占也不如弗占，《易》道虚设矣。《易》之为书，言得失也，非言祸福也，占义也，非占志也，此学《易》者不可不知也。

右第八章。此章言学《易》、占《易》之道，最为明切。圣人示人之义，炳如日星；后世以数乱之，非愚所知也。古之为筮者，于事神治人之大事，内审之心，求其理之所安，而未得，在天子、诸侯则博谋之卿士以至于庶人，士则切问之师友，又无折中之定论，然后筮以决之。

抑或忠臣孝子，处无可如何之时势，而无以自靖，则筮以邀神告而启其心，则变可尽，而忧患知所审处。是知《易》者，所以代天诏人，迪之于寡过之涂，而占与学初无二理。若夫以射覆之术言《易》，即欲辞侮圣言，而不畏天命之恣，其可得乎！

《易》之为书也，原始要终以为质也。

要，如字，平声。

"质"，定体也。以全《易》言之，乾坤并建以为体，六十二卦皆其用。以一卦言之，象以为体，六爻皆其用。用者，用其体也。原其全体，以知用之所自生，要其发用以知体之所终变。舍乾坤无《易》，舍象无爻。六爻相通，共成一体，始终一贯，义不得异。如履之履阳，而上者六三也，则原始要终，皆以三之履刚为质。

临以二阳上临四阴，则原始要终，刚临柔皆以为质，而说《易》者谓履上九自视其履，临六五以知临下，爻、象自相蹢盩，裂质以成文，异乎圣人之论矣。

六爻相杂，惟其时物也。

《射礼》：射位曰物。"物"，位也。"时物"，时与位也。六爻之得失吉凶虽杂，若不合于象，然惟其发动之时位，因时立义耳，非有悖于卦之质也。如履六三"虎哩人"，与象辞若异，而义自可通。

其初难知，其上易知，本末也。初辞拟之，卒成之终。

易，以豉反。卒，即律反。

以下皆为读《易》者言也。"本者"，如草木之根，藏而未见。"末"则全体皆见也。如乾之初九，一阳动于下，不易知其为潜，以上有见，有跃，有飞，有亢，而后知之。原始要终，则无不知矣。初象未著，必待辞而后著。"卒"，尽也。卒已成，则观象而知其义所自生，故辞易知也。初、上之义尽于此。

旧说于凡卦之初，皆言当某之始，于上则言卦已极而将变。以卦言，则本无将变之理，以筮言，则六爻备而筮事毕，何变之有！卒者，成也，非变也。

若夫杂物撰德，辨是与非，则非其中爻不备。

夫，音扶。

"物"，谓阴阳之成象者，即爻也。"撰德"，所以造成此卦之德也。"是非"，吉凶得失之本也。中四爻者，出乎地、尽乎人，而应乎天，卦之成德，备于此矣。即如复以初爻为主，而非中爻重阴，则无以见其不远之复；夬以上爻为主，而非中爻积阳，则无以见其无号之凶。家人、睽，阳之闲于初、上者同；困、井，柔之掩刚于初、上者同；而中之得失异。

故欲明初、上之初终，必合中爻以辨之。原始要终，不可以辞害爻，以爻害象也。

噫！亦要存亡吉凶，则居可知矣。

此句疑有阙误。大要谓六爻之成象，辨卦之主辅，则可于吉凶，而知所存之义矣。

知者观其彖辞，则思过半矣。

"知"谓知《易》者。读《易》之法，以象为主，而爻之杂撰是非，因时物而成者，即其质以思其变，乃谓之知《易》。圣人示人读《易》之法，于此最为明切。其谓有文王之《易》，有周公之《易》，有孔子之《易》，何其与圣言异也！

二与四同功而异位，其善不同：二多誉，四多惧，近也。柔之为道，不利远者。其要无咎，其用柔中也。

"功"者，位之奇偶，刚柔所见功之地也。言"善不同"，惧亦善也。"近"谓近于五。近尊则不敢自专，而惧不足以承，故四虽多惧，而固有善也。二居下卦之中，远于尊位，则嫌于相敌，正以无所惧而不利；然其大要以无咎而致誉，则以得中故也。

三与五同功而异位：三多凶，五多功，贵贱之等也。其柔危，其刚胜邪？

邪，以遮反。

五履天位而中，故贵；三视之贱矣。柔居之，而危，小人而乘君子之权也；刚居之则有功。言"胜"者，三或过刚而凶，特胜于柔耳；五柔亦或吉刚尤胜也。

此二节亦言其大略耳。不可为典要者，又存乎其时，读者当善通之。

右第九章。此章言读《易》之法。

《易》之为书也，广大悉备。有天道焉，有人道焉，有地道焉。兼三才而两之，故六。六者非它也，三才之道也。

"广大"，其规模之宏远；"悉备"，其事理之该括也。"道"者，立天、立地、立人之道也。《易》包括两间之化理，而效生人之大用，故于六位，著其象。"才"者，固有之良能，天地以成化，人以顺众理而应万事者也。阴阳，天之才；柔刚，地之才；仁义，人之才。

天高地下，人居其中，各效其才，物之所以成，事之所自立也。

道有变动，故曰爻。

"道"，三才之道也。六位虽分，三才殊道而天地纲组，时相升降，人心之邪正、气之顺逆，亦与天地而互感。故初、二为地，三、四为人，五、上为天，其常也。其变动，则随位，而三才之道见，固不可为典要。以爻之阴阳，动于其位，道即因之而在。

爻有等，故曰物。

"等差"，别也。以数则有九、六、七、八，以象则有奇、偶、阴、阳，各成其形象。丽于六位者，二仪之象也。"物"谓阴阳之质。

物相杂，故曰文。

自乾坤二卦外，皆阴阳之相杂者也。"文"者，其承、乘、孚、应之辨也。

文不当，故吉凶生焉。

"当"，兼当不当而言。下之承上，上之乘下，同者相孚，异者相应，时各有当，当则吉，否则凶。六位本有定体，以著三才之道，而其变动，则交相附丽以效用。阴阳二物出入于三才六位之中，相杂而因生乎吉凶。

盖人之有道，本与天地相参而立，而刚柔之用存乎人者或顺或逆，则阴阳之偏气与之相感而相戾。故凶者未有不由乎人之失也，吉者未有不由乎人之得也。

圣人作《易》，君子占焉，所以善用其阴阳于尽人事、赞化育之中，而非在天有一定之吉凶，人不得而与也。

右第十章。此章明三才六位之理，明卦之所由重。说详第一章。

《易》之兴也，其当殷之末世，周之盛德邪？当文王与纣之事邪？是故其辞危。危者使平，易者使倾。

邪，以遮反。

"殷之末世"，纣无道，而错乱阴阳之纪。文王三分有二，以服事殷，心不忍殷之速亡，欲匡正以图存而不能，故作

《易》以明得失存亡之理，危辞以示警戒。危者使知有可平之理，善补过则无咎，若慢易，而不知戒者，使知必倾，虽得位而亦凶，冀殷之君臣谋于神而悔悟，盖文王之心亦比干之心也，故曰"盛德"。

其道甚大，百物不废。惧以终始，其要无咎，此之谓《易》之道也。

要，如字。

"物"事也。"要"归也。"道甚大"者，拨乱反治，以回天之理在焉，而忠厚无已之情，寓于微辞以自靖，不忍激成君臣之变，德之盛，故大也。

该天下之变于六十四象之中，上推天之所以为天，而下极于人事物情之变，使知天下之理，无不当以戒慎之心始之终之，而后归于无咎。殷之君臣能以此而自占，则天命可回，而周之至德终矣。

至于纣终不悟，而成乎登天入地之象，至周公之时，乃追序殷之所以失为后鉴，非文王之所忍言也。

右第十一章。

夫乾，天下之至健也，德行恒易以知险。夫坤，天下之至顺也，德行恒简以知阻。

夫，音扶。易，以豉反。行，下孟反。

乾、坤，谓《易》所并建，以统卦爻者。言天下之至健者，惟乾之德行也；天下之至顺者，惟坤之德行也。举凡天化物情，运行而不挠者，皆阳气上舒；其运焉而即动，嘘焉而即灵，无所不效以成能者，皆阴性之固然。乾纯乎阳，坤纯乎阴，健顺之至矣。健顺至，而险阻无不可知矣。

危而难于行者曰"险"，滞而不通者曰"阻"。阳气之舒，极天下之殊情异质，而皆有以动之，则出入于险，而周知其故。阴壹于顺，则虽凝为重浊，有所窒碍，而或禽或辟，承天时行，以不滞于阻，而自知其通。是以六阳六阴并建，以偕行，升降盈虚，为主为辅于物化人情者，以其纯而不杂，易简之德，备天下险阻之变而无不通。

六十四卦、三百八十四爻，无非乾、坤之所自为，则抑无非乾、坤之所自知也。

能说诸心，能研诸侯之虑，定天下之吉凶，成天下之亹亹者。是故变化云为，吉事有祥。象事知器，占事知来。

说，弋雪反。

"侯之"二字，《本义》云"衍文"。承上文而言：知其理，而得之，则夫人心得所安，而说矣；知其变而尽之，则夫人不定之虑可因之以研矣；知其理、知其变为事物之所自成，则天下亹亹不穷之功可就矣。

《易》以健顺易简历险阻，而无非其所自效而自知，故以《易》之变化验人之云为，而无不可知。"吉事"，谓吉礼祭也；祭则筮日、筮尸、筮牲。"祥"，福也；祭而神享为福。"象事"，有形象之事。"知器"，谓知制器，"制器者尚其象"也。"占事"，筮庶事也。通幽明、括事物于六十四卦爻象之间，而统不出于六阴六阳之变化。

盖人之云为，皆阴阳必动之几，而或刚或柔之得失，一本于健顺，以为德行。知其本则知其化，而险阻皆通，《周易》之道所以合天而尽人也。

天地设位，圣人成能。人谋鬼谋，百姓与能。

与，羊洳反。

上言《易》之为道，此则原筮所自设，而极赞其妙也。六位为三才之道，阴阳为高卑之实。《河图》分五卜，有五于五位，天地所设也。画其象，名其卦，系以辞而断以占，著变化于云为，圣人成之也。大衍五十，而用四十有九，分二挂一，归奇过揲，审七、八、九、六之变以求肖乎理，人谋也。分而为二，多寡成于无心不测之神，鬼谋也。人尽其理，鬼妙其变，所以百姓苟以义问，无不可与其能事，无艰深诘曲之难知，而大行于天下矣。

若龟之见兆，但有鬼谋，而无人谋；后世推测之数，如《壬》、遁之类，有人谋而无鬼谋；三才之道不存焉，可揣吉凶，而不能诏人以忧患之故。圣人之制作所以不可及也。

八卦以象告，爻彖以情言。刚柔杂居，而吉凶可见矣。

此以下言占者之法。八卦既各有象，其贞悔交错而为六十四卦，皆天化物情之象也。爻、彖，其辞也。"情"者，既成象而变动，必有情实也。杂居而得失异，得则吉，失则凶，未之或爽也。占者于其象之相杂而求其辞之情，则吉凶之故显矣。

变动以利言，吉凶以情迁。

阴阳之交相变而自相通，皆乘一时之利，而所利者有得有失，因乎情之正不正，而吉凶异矣。

是故爱恶相攻而吉凶生，远近相取而悔吝生，情伪相感而利害生。

恶，乌路反。

此以推明变动杂居，而吉凶可见之理，示占者知得失之由也。情属于彼，而与相离合曰"攻取"。上言"攻"，下言"取"，互文见意。爱则相取，恶则相攻。攻取之得，则应天顺人而吉；失，则致寇而凶。其相攻取也，近则攻不力，远则取不便，故其得失未甚而为悔吝。"情"，实也。"情伪"犹言诚伪。诚者其理所宜感，伪者非所感而妄感也。

感以实则利，以伪则害，此相杂之变动或应或不应，或孚或不孚，因乎八卦相错，刚柔相杂，爱恶远近情伪之殊情，而同一位、同一爻，在此而吉，在彼而凶，各以其时位为象为情，占者所宜因象以求辞也。

凡《易》之情，近而不相得则凶。或害之，悔且吝。

此举大凡以为之例，占者可即此以究情之迁也。近有二相比也，相应也，皆近也。相得有二异而相应，同而相孚也。相得则吉，否则凶。时欲相济，则利于相应；时欲相协，则利于孚。"或害之"者，情非不相得，而为中爻所牵制，以害其交，则事幸成而必悔，事未成而吝；如同人六二，与五相得，以三、四害之，故凶。

将叛者其辞惭，中心疑者其辞枝，吉人之辞寡，躁人之辞多，诬善之人其辞游，失其守者其辞屈。

"惭"者，欲言而若不能出诸口。"枝"者，不以正告且为旁出之言，以观人之意。"吉人"，善而凝福之人。"游"如泅水者，浮而不定。"失其守"，谓典守而失之。"屈"，无以自伸也。情见乎辞类如此。

《易》因爻象之得失，而体其情以为辞，乃系吉凶于下，所以知险阻而尽情伪。如大有之类，其辞寡矣。惭者，如观之六二，阴长得中位而将叛，故窥而不出以相见。枝者，如睽上九之类。多者，如无妄彖辞之类。游者，如震上六之类。屈者，如夬上六之类。

险阻皆因其象以为辞，而惟健顺易简之德不逆亿而先觉，故能尽知而传之。

右第十二章。此章言《易》所以前知之故，而示占者玩辞观象以尽变之道，略举一隅之义例，在读《易》者之善通尔。

第十二章　周易内传卷六下

说卦传

《系传》发明文王、周公《象》、《爻》之辞，微言大义之所自著，而《说卦》，专言伏羲画卦之理，故别为传，由此而后世有伏羲、文王次序，方位不同之说。乃文王之《象》，原本于伏羲之卦，特系之辞以明吉凶得失之故耳，非有异也。伏羲以八卦生六十四卦，而文王统之于乾坤之并建，则尤以发先圣之藏。然《说卦传》言"参天两地"、"观变于阴阳"，则亦乾坤统全《易》之旨。但伏羲有卦，而无辞，故其统宗不著；文王既为之辞，又为之序，以申其固有之理，终不可谓伏羲之别有序位，为先天之《易》也。

昔者圣人之作《易》也，幽赞于神明而生蓍。

"赞"，助也；神明欲下诏于人而无从，圣人以筮助其灵，使昭著也。"生"，始作之也。"蓍"，蒿属丛生者。草木因天地自然所生而无心，无心故听神明之用，其灵则在分而为两之妙。必用此草者，取其条直轻韧也。

旧说谓王道得而蓍生满百茎，说出史迁好异所传。此系圣人作《易》之下，则非天地生之可知。

参天两地而倚数。

六合之全体皆天也，所谓大圜也。故以数数之则径一围三，而一函三。地有形有气，在天之中，与相沦洽，而有所不至，则缺其一而为二。奇画中实，偶画中虚，其象也。"倚"，任也。

天地之理气，不可以象象，故任数以为之象。"参两"云者，圣人参之两之也。天地浑沦之体，合言之则一，分言之则二。圣人以其盈虚而拟天之数以三，地之数以二；卦画之奇阳偶阴，既明著其象，而揲蓍之法，用九用六，四其九而三十六，四其六而二十四，阳十二其三，阴十二其二，一以参两之法行之，数可任，而象可立，道因以著。盖人事之得失吉凶，惟所用之盈虚有当有否，故数可倚之以见道。

观变于阴阳而立卦，发挥于刚柔而生爻。

天地自然之变，发见于物理人情者，六十四象亦略备矣。其变一盈一虚，阴阳互用也。故以十八变，而成一卦，因著其象，立其名，显其性情功效之殊焉。"发挥"者，因所动之刚柔，而即动以著其效，则爻之吉凶悔吝，因之以生。"生"谓发其义也。阴阳刚柔互言之，在体曰阴阳，在用曰刚柔。读《易》之法，随在而求其指，大率如此。

若下章以阴阳属天，刚柔属地，又象、爻之辞言刚柔而不言阴阳，刚柔即阴阳，其指又别。古人言简而包括宏深。若必执一以为例，则泥矣。

和顺于道德而理于义，穷理尽性以至于命。

"道"即立天、立地、立人之道。"德"者，道之功能也。"义"者，随事之宜也。道德之实，阴阳健顺之本体也。以数立卦，而生爻，极其变动发挥，而不相悖害。道本浑沦，因而顺之，健顺交相济而和矣。及其因动起事，因事成象，卦各有宜，爻各有当，以别得失，以推吉凶，则因时制宜，而分析条理以尽义，无不各顺其则也。故推其精义合德之蕴，穷天下之理，尽人物之性，而天之继善以流行万化者，皆其所造极。

圣人之作《易》一倚数，而功化之盛，夫岂可以术测而亵用之乎！

右第一章。此章统赞作《易》之全体大用，而以数为本。数者，圣人成能之利用，人谋之本术也。

昔者圣人之作《易》也，将以顺性命之理。是以立天之道；曰阴与阳；立地之道，曰柔与刚；立人之道，曰仁与义。兼三才而两之，故《易》六画而成卦。分阴分阳，迭用柔刚，故《易》六位而成章。

在人曰"性"，在天地曰"命"。"立天之道"者，气之化也。"立地之道"者，形之用也。"立人之道"者，性之德也。此以阴阳并属之天者，自其命之或温或肃，一生一杀者言也。以柔刚并属之地者，自其或翕或辟，以育以载者言也。天无二气，地无二形，人无二性，合以成体，故三画而八卦成。而其命之降，性之发，各因乎动几，而随时相应以起，则道有殊施，心有殊感，阴阳、柔刚、仁义各成其理而不紊，故必重三为六，道乃备焉。

"成卦"，自画卦之旨及筮者积变为卦而言。"成章"，自统《爻》于《象》，共成一义而言也。卦以顺性命而利人之用，一事一物皆有全理，而动以其时，故必兼之，而后天道人事皆著于中矣。三才六位，既各有定，而初、三、五为阳为刚，二、四、上为阴为柔，于六位之中又有分焉。则天之有柔以和煦百物，地之有阳以荣发化光，又无判然不相通之理。

拟之以人，则男阳而固有阴，女阴而固有阳，血气荣术表里之互相为阴阳刚柔，莫不皆然。六位迭用，乃以文质相宜而成章。不复言人道者，仁之严以闲邪者刚也，阴也；慈以惠物者柔也，阳也；义之有断而俭者阴也，刚也；随时而宜者阳也，柔也；则以行乎六位而迭用者也。学《易》者于仁义体之，而天地之道存焉，则尽性而即以至于命。

占者以仁义之存去审得失，而吉凶在其中矣。故曰"《易》不为小人谋"，以其拂性而不能受命也。

右第二章。此章专说卦爻六位之旨。先言阴柔，后言阳刚，以叶韵耳，非有意也。旧说拘文牵义，谓阴柔先立体，而后阳刚施化；又分仁属阴，分义属阳。辨析徒繁，今皆不取。

天地定位，山泽通气，雷风相薄，水火不相射，八卦相错。

射，食亦反。

此章序伏羲则《河图》画八卦之理，而言其相错，以成章也，说详《系辞上传》第九章。乾坤、坎离，对待而相错也。震巽、艮兑，交营而相错也。天高地下，水左行而火右行，雷风动于外，山泽成于中，自然之体也。"定位"者，阳居上，清刚而利于施；阴居下，柔浊而利于受；惟其位定，是以交也。"通气"者，山象天之高，而地气行焉；泽体地之下，而天气行焉。"薄"如《春秋传》"宁我薄人"之薄。雷者阳之动，风者阴之动，交相驰逐也。"不相射"者，各止其所而不相侵，相侵则相息也。惟其错，是以互成相因之用也；由八卦而六十四卦之错可知已。

此言天地定位，虽据《河图》之七、五、一，六、十、二上下之位而言，实则一、三、五、七、九皆天之数，二、四、八、六、十皆地之数，则以交相参而相错成乎八卦，而五位之一奇一偶相配而不乱。盖乾、坤之化行于六子者莫不有定位，故文王并建乾、坤，而卦由之以生，相错者不离乎五十有五之中。读者宜善通之。

右第三章。

数往者顺，知来者逆。是故《易》，逆数也。

"数往"之数，上声。

从上而下，谓之"顺"，从下而上，谓之"逆"。象之顺逆，数亦因之。数者，数其象也；象之已成而数定矣，则先记其总而后记其别。如《河图》因五十有五之全数，而后推一六、二七、三八、四九、五十之分，自多而寡，顺数之也。若由未有而有，以渐积而成象，则有一而后有二，以至于多，逆知其将有，而姑从少者以起也，逆数之也。多以统少自上而下，顺也。少以生多，自下积上，逆也。故数往者必顺，而知来者必逆。

《易》以占未来之得失吉凶，故其画自初而二，以至于上，积之而卦成；乾初得九，增而十八，以至于五十四，迄乎上而象乃成。下者事之始，上者事之成，本末功效之序，自然之理也。先儒皆谓已往，而易见为顺，未来而前知为逆，盖此义也。邵子始为异说，以乱之，非是。

右第四章。此章《本义》与上章合为一章，以徇邵子先天之说。先天者，学倦者之邪说也。未有天之先，何象何数，而可言者耶？《易》曰："先天而天弗违"，言大人之创制显庸，拨乱反治，气机将动，而大人迎之于未见之前，若导之者。其字读为去声。非天之前有此时位，与后天判然，而异候也。若其云由乾而兑，而离而震；由巽而坎，而艮而坤，两相逆以相遇，惟弄卦画以短订成巧，而于理不穷，于性不尽，于得失吉凶无所当，特学仙者顺之则生人生物，逆之则成佛成仙之淫辞；而阳往阴来，相遇于震、巽之交，抑阴阳交构，彼家之妖术。

圣人作《易》，以顺道理义，致用崇德，亦安用彼为哉！徒虚立一伏羲之名，于世远言湮之后，以欺压文王而上之，为圣人之徒者所不敢徇也。此与上章意义各别，故分为二章，如先儒之旧。

雷以动之，风以散之，雨以润之，日以晅之，艮以止之，兑以说之，乾以君之，坤以藏之。

说，戈雪反。

此言六子之大用，所以摩荡阴阳，互相节宣，而归其本于乾坤也。"动"者，阳起而动阴之凝。"散"者，阴人而散阳之亢。"润"者，阳资于阴以濡其燥。"晅"者，阴丽于阳而得其和。"止"以遏阴之竞进。"说"以解阳之锐往。阴阳交相为益，而无过不及之忧矣。而宰制阴阳，使因时，而效子六之绩者，健行之气"君"之也。其能受阳之施，含藏之，以成六子之体者，顺承之德"藏"之也。故能相摩相荡，而六子之用行，两间之化浃也。

伏羲平列八卦，而乾君坤藏之象已著；文王并建乾坤以统《易》，亦善承伏羲之意而著明之耳。

右第五章。第三章以卦之定体，言其相错之象，故以天地统始，而六子之序，因其微著。山、泽，体之最著者也。雷、风，用之最著者也。水、火之体用皆微也。言相错之象，则先著而后微，象以著为大也。

此章以卦之大用，言其相益之序，故自震巽而坎离而艮兑，以归本于乾坤，皆因其自然之序，非以方位言也。

帝出乎震，齐乎巽，相见乎离，致役乎坤，说言乎兑，战乎乾，劳乎坎，成言乎艮。万物出乎震，震，东方也。齐乎巽，巽，东南也。齐也者，言万物之洁齐也。离也者，明也，万物皆相见，南方之卦也。圣人南面而听天下，向明而治，盖取诸此也。坤也者，地也，万物皆致养焉，故曰致役乎坤。兑，正秋也，万物之所说也，故曰说言乎兑。战乎乾，乾，西北之卦也，言阴阳相薄也。坎者，水也，正北方之卦也，劳卦也，万物之所归也，故曰劳乎坎。艮，东北之卦也，万物之所成终，而所成始也，故曰成言乎艮。

说，弋雪反。

前举其目而后释之。或古有此言而夫子释其义。乃"万物出乎震"以下，文类《公》、《谷》及《汉·律历志》，则或前为夫子，所录之本文，而后儒加之训诂也。《本义》云"所推卦位之说多未详"者，良是。而邵子以为文王之卦位，亦不知其何据。大抵《易》之为道，变动不居，以意求之皆得，则此亦未见为文王一定之位也。

前言"帝"，后言"万物"者，帝者万物之君主，运物而终始之者也。万物无体，以帝之用为其体；帝无用，以万物之体为其用；帝其显仁，而物其藏用，所谓"体物而不可遗"

也。其以八方四时合言而互见者，盖与历家"地有四游"之说略同。出乎震，春中也。成终始乎艮，孟春也。动物之自少至老，植物之自荣至枯，皆有出震而成言乎艮之条理焉，则此所言亦序也，非一定不移之位也。其循环相生之序，不以卦画之升降消长为次第，盖以卦德之用言，而非因其体。天地纲组之化，变动而不可为典要，在天者即为理，不可以人为之渐次测度之也。"齐乎巽"，风以动物而使疏秀整齐之谓。"相见"者，物与物相见，资于明也。"致"犹致师之致，引之而待其自至也。"役"，用也用以养也。"说言"，喜于自得之谓。

阴阳相薄而战，物既坚刚，争之所自起也。坎为"劳卦"者，效用于天地之间，其象为水流而不得息。艮则其劳止，而将以绍来者之生，故成终而即以成始。以意义拟之，大略如此。其详，则朱子之所谓"未详"也。

右第六章。自此以下六章，盖古筮氏有此，以占事应，夫子取其近正者录之于篇，以待占者，非夫子之赞论也。

神也者，妙万物而为言者也。动万物者莫疾乎雷，挠万物者莫疾乎风，燥万物者莫熯乎火，说万物者莫说乎泽，润万物者莫润乎水，终万物始万物者莫盛乎艮。故水火相逮，雷风不相悖，山泽通气，然后能变化，既成万物也。

"神"者，乾坤合德，健以率顺，顺以承健，纲组无间之妙用，并行于万物之中者也。故但言六子，不言乾坤，乾坤其神也。张子曰："一故神，两在故不测。"故方动而启之，旋挠而散之；方熯之，旋润之，方说以解其刚悍之气而使和，旋艮以结为成实之体而使止；两在不测，而乾坤之合用以妙变化者，不以性情功效之殊而相背，无非健顺合一之神为之也。

"水火相逮"者，燥泾寒热之异，而火入水中，水入火中。其象则《河图》八、三在左，九、四在右，而五、十交函于中。以物理推之，则煮水成汤，火逮乎水；以油起焰，水逮乎火也。"雷风不相悖"，可并作也。"山泽通气"，气不以山高泽下而阻也。六子之情才功用大殊，而自小至大，无物不体，自生至死，无肘可敦，合一之妙，乾坤固有之知能于斯显矣。

惟圣人体之以为德，则劝威合于一致，动静合于一几，进退合于一中，大德之敦化者成乎小德之川流；健以无所屈者即顺以无所拂，则人不可知而谓之神矣，《易》之所以体天地圣人之妙用也。

右第七章。

乾，健也。坤，顺也。震，动也。巽，入也。坎，陷也。离，丽也。艮，止也。兑，说也。

此释卦名义也。"健"、"顺"以德行言；"动"、"入"、"止"、"说"以功用言；"陷"、"丽"以时位言。"陷"者以惩阴之险，故阳得中而忧其陷。"丽"者以劝阴附阳以求明，故阴得中而谓其相附丽也。

右第八章。

乾为马，坤为牛，震为龙，巽为鸡，坎为豕，离为雉，艮为狗，兑为羊。

此下四章，皆古筮者杂占之说，与《象》、《爻》之辞，互有异同，盖非文王，周公所凭以取象之典要，然于物理亦合，故夫子存之，以广所占之征应，要亦未可执也。"为"云者，推本万事万物之所自出，莫非一阴一阳之道，所往来消长之几所造也。见乃谓之象，形乃谓之器，八卦之仁于此而显；其用也，皆八卦之所藏也。充塞于天地之间，周流于日用之际；近取诸身，远取诸物；屈伸感而利生，情伪感而利害生；其动而化者，即静凝而成体；诚不可遗，而体物不遗；或以象，或以数，或以性情功效，或以时位而成。

学《易》者引而伸之以穷理，则德业之崇广亦可知矣，非徒为筮者射覆之用也。

右第九章。

读书随笔

中華藏書

周易全书·最新整理珍藏版

中国书房

二六九〇

中国书房

乾为首，坤为腹，震为足，巽为股，坎为耳，离为目，艮为手，兑为口。

此所取象，本为筮者，占身中疾痛而设，然因此而见人之一身，无非乾坤六子之德业所自著，则由此而推之血气营卫、筋骸皮肉之络理，又推之动静语默、周旋进反之威仪，又推之喜怒哀乐、爱恶攻取之秩叙，无非健顺阴阳之所合同而生变化，而乘时居位之得失吉凶，应之不爽。

君子观象玩占，而于疾眚之去留，言行动作之善恶，皆可因筮以反躬自省而俟天命，盖人身浑然一天道之合体，而天理流行于其中，神之告之，亦以其诚然之理，而非但迹象之粗。筮之义如此其大。固不可以技术之小智测也。

右第十章。

乾，天也，故称乎父。坤，地也，故称乎母。

"称"者，以此之名加彼之辞也。张于《西铭》"理一分殊"之旨，盖本诸此。父母者，吾之所生成者也，因之而推其体，则为天地；因此而推其德，则为乾坤。天地大而父母专，天地疏而父母亲，故知父母，而不知乾坤者有矣，未有不知父母而知乾坤者也。思吾气之所自生，至健之理存焉；思吾形之所自成，至顺之理在焉；气固父之所临也，形固母之所授也。故敬爱行，而健顺之实、知能之良，于此而凝承，以流行于万理，则见乾于父，见坤于母，而天地之道不违矣。是以可名乾以父，名坤以母，而父母之尊亲，始昭著而不可昧。六子，皆乾坤之所生也，则吾之有身，备六子之体用性情者，无非父母之所全以生者也，无二本也。而以术数言《易》者，谓复、姤为小父母，然则生我之父母又其小者。一人而父母三焉，非禽兽之道而何哉！

震一索而得男，故谓之长男。巽一索而得女，故谓之长女。坎再索而得男，故谓之中男。离再索而得女，故谓之中女。艮三索而得男，故谓之少男。兑三索而得女，故谓之少女。

长，知两反。中，直用反。少，失诏反。索，色白反。

"索"，求也，揲蓍以求而遇之也。此亦以筮者占父母兄弟子女而设也。于《经》，惟震、睽、革、归妹著此象，他如师以坎二为长子，大过以巽初为女妻，亦不尽合，筮者因事而占则应耳。

阴体立，而阳人为之主，则为男阳用行，而阴又人之，则为女。阳之人阴以施化，常也。然阳与阴相沦洽，则阴又以其柔润之化，人于阳中，故巽、离、兑以阴感阳而起化，纲组化醇之妙，不可以一例求也。

右第十一章。

乾为天，为圜，为君，为父，为玉，为金，为寒，为冰，为大赤，为良马，为老马，为瘠马，为驳马，为木果。

"圜"以物之形象言。"驳马"，或谓食虎豹之兽；然言驳马，则固马也。驳者，性不驯良。果有木生，有蔓生。言木者，桃杏之属，别于蔓生者。

坤为地，为母，为布，为釜，为吝啬，为均，为子母牛，为大舆，为文，为众，为柄。其于地也，为黑。

分物得平之谓"均"。坤为地，而言"于地为黑"者，以之占地，则应在黧黑之土也。

震为雷，为龙，为玄黄，为旉，为大涂，为长子，为决躁，为苍筤竹，为萑苇。其于马也，为善鸣，为异足，为作足，为的颡。其于稼也，为反生，其究为健，为蕃鲜。

长，知两反。反，孚袁反。

"旉"，花也。"涂"路也。"决躁"，占事者当速决，而躁动也。"苍筤竹"，色苍翠，而叶茂盛者。"弄足"，足驳白。"作足"，足数动，马壮则然。"的颡"，当额白。"反生"，已槁而复生。"究"，言其成功也。"健"谓马。"蕃鲜"谓稼鲜荣盛也。

巽为木，为风，为长女，为绳直，为工，为白，为长，为高，为进退，为不果，为臭。其于人也，为寡发，为广颡，为多白眼，为近利市三倍，其究为躁卦。

"绳直"，引绳以定墙屋之基。"进退"，事不决。"不果"，志不定。"近利"，得财贿也。"三倍"，三倍其息。"其究"，以人言。"躁"，不宁也。

坎为水，为沟渎，为隐伏，为矫鞣，为弓轮。其于人也，为加忧，为心病，为耳痛，为血卦，为赤。其于马也，为美脊，为亟心，为下首，为薄蹄，为曳。其于舆也，为多眚，为通，为月，为盗。其于木也，为坚多心。

"隐伏"，以人情言。"矫"以为弓，"鞣"以为轮，相承言之。"血卦"，当见血也。"赤"者血色，亦相承言之。"亟心"性速也。"下首"首不高举，马疾驰则然。"曳"，人曳之不行。"多眚"，多隙漏也。"通"者，事得顺利。

离为火，为日，为电，为中女，为甲胄，为戈兵。其于人也，为大腹。为乾卦，为鳖，为蟹，为蠃，为蚌，为龟。其于木也，为科上槁。

中，直用反。乾，音干。
"大腹"，丁奚病。"干"，旱也。"科"，枝杪也。"蠃"与螺通。

艮为山，为径路，为小石，为门阙，为果蓏，为阍寺，为指，为狗，为鼠，为黔喙之属。其于木也，为坚多节。

寺，音侍。

"果蓏"，蔓生果，瓞瓜之属。"阍寺"，刑人守门者。"黔喙"，鸟兽之喙黑者。

兑为泽，为少女，为巫，为口舌，为毁折，为附决。其于地也，为刚卤，为妾，为羊。

"毁折"以物言。"附决"以事言，谓相倚附而得决也。

右第十二章。《本义》云："此章广八卦之象，其间多不可晓者，求之于《经》，亦不尽合。"盖古筮人，因象推求以待问，与后世射覆之术略同，为类甚繁，故荀爽集九家解，更有多占，而夫子取其理之可通者存之。实则尽天下之物、天下之事、天下之情伪，皆卦象之所固有，则占者以意求之，无不可验，而初不必拘于一定之说。故文王、周公所取象者，如坤言马、言冰之类，又与此别。

君子之筮，以审于义，而利自在焉，则笃信文、周之象数，冒天下之道而已足。若专为筮人而占细事小物之得失利害，则当于理者，亦时相符合，是以圣人亦存而不废焉。

序卦传

有天地，然后万物生焉。盈天地之间者，唯万物，故受之以屯。屯者，盈也。屯者，物之始生也。物生必蒙，故受之以蒙。蒙者，蒙也，物之稚也。物稚不可不养也，故受之以需。需者，饮食之道也。饮食必有讼，故受之以讼。讼必有众起，故受之以师。师者，众也。众必有所比，故受之以比。比者，比也。比必有所畜，故受之以小畜。物畜然后有礼，故受之以履。履而泰，然后安，故受之以泰。泰者，通也。物不可终通，故受之以否。物不可以终否，故受之以同人。与人同者，物必归焉，故受之以大有。有大者，不可以盈，故受之以谦。

有大而能谦，必豫，故受之以豫。豫必有随，故受之以随。以喜随人者，必有事，故受之以蛊。蛊者，事也。有事而后可大。故受之以临。临者，大也。物大然后可观，故受之以观。可观而后有所合，故受之以噬嗑。嗑者，合也。物不可以苟合而已，故受之以贲。贲者，饰也。致饰然后亨则尽矣，故受之以剥。剥者，剥也。物不可以终尽剥，穷上反下，故受之以复。复则不妄矣，故受之以无妄。有无妄，然后可畜，故受之以大畜。物畜然后可养，故受之以颐。颐者，养也。不养则不可动，故受之以大过。物不可以终过，故受之以坎。坎者，陷也。陷必有所丽，故受之以离。离者，丽也。

"可观"之观，如字。

右上篇。

有天地，然后有万物。有万物，然后有男女。有男女，然后有夫妇。有夫妇，然后有父子。有父子，然后有君臣。有君臣，然后有上下。有上下，然后礼义有所错。夫妇之道，不可以不久也，故受之以恒。恒者，久也。物不可以久居其所，故受之以遁。遁者，退也。物不可以终遁，故受之以大壮。物不可以终壮，故受之以晋。晋者，进也。进必有所伤，故受之以明夷。夷者，伤也。伤于外者，必反其家，故受之以家人。家道穷必乖，故受之以睽。睽者，乖也。乖必有难，故受之以蹇。蹇者，难也。物不可以终难，故受之以解。解者，缓也。缓必有所失，故受之以损。损而不已必益，故受之以益。益而不已必决，故受之以夬。夬者，决也。决必有所遇，故受之以姤。姤者，遇也。物相遇而后聚，故受之以萃。萃者，聚也。聚而上者谓之升，故受之以升。升而不已必困，故受之以困。困乎上者必反下，故受之以井。井道不可不革，故受之以革。革物者莫若鼎，故受之以鼎。主器者莫若长子，故受之以震。震者，动也。物不可以终动，止之，故受之以艮。艮者，止也。物不可以终止，故受之以渐。渐者，进也。进必有所归，故受之以归妹。得其所归者必大，故受之以丰。丰者，大也。

穷大者必失其居，故受之以旅。旅而无所容，故受之以巽。巽者，入也。入而后说之，故受之以兑。兑者，说也。说而后散之，故受之以涣。涣者，离也。物不可以终离，故受之以节。节而信之，故受之以中孚。有其信者必行之，故受之以小过。有过物者必济，故受之以既济。物不可穷也，故受之以未济终焉。

错，七故反。难，乃旦反。长，知两反。说，弋雪反。

右下篇。

二篇必非圣人之书，即以文义求之，亦多牵强失理，读者自当辨之。余详《外传》。

杂卦传

"杂"者，相问之谓也。一彼一此，一往一复，阴阳互建，而道义之门启焉。故自伏羲始画，而即以相杂者，为变易之体。文王因之，而以错综相比，为其序，屯、蒙以下四十八卦，二十四象往复顺逆之所成也。乾、坤、坎、离、过、颐、小过、中孚，综而不失其故，则以错相并。否、泰、随、蛊、渐、归妹、既济、未济，四象而成八卦，则错综同轨。《周易》以综为主，不可综而后从错。盖以天有全象，事有全理，而人之用之者，但得其半，天道备，而人用精，是以六爻之中，阴阳多寡，即就此而往复焉，则已足备一刚一柔之用，善一进一退之几，成一仁一义之德矣。杂卦者，言其道同，而易地则忧乐安危、出处语默，各因乎往复循环之理数，而无不可体之以为道也。

故伯夷，太公同避纣恶，而所行异；颜渊、季路同效圣志，而所愿殊。知其异乃可以统其同，用其半即可以会其全，故略于错而专于综。实则错综皆杂也，错者幽明之迭用，综皆用其明者也。《周易》六十四卦，为三十二对偶之旨也，而《传》为言其性情功效之别焉。

乾刚，坤柔。

二卦并建，刚柔备矣。分之则纯以成德，合之则杂以成章也。

比乐，师忧。

乐，卢各反。

均以孤阳得中为主，而在上位，则众所亲，而乐行其道，故虽失前禽，而不以为诫；在下位，则权重而分不足以相荫，故忧弟子之间之，而恐致舆尸。

临、观之义，或与或求。

临阳长摈阴，而以不轻绝阴为德，故咸而临之，与阴感而不吝。观阴长侵阳，而以仰承于阳为义，故利用宾王，求阳而观其光。

屯见而不失其居，蒙杂而著。

见，胡甸反。

"见"谓动而发见。"居"者，止而不行之谓。"屯"阳初出，亟于见，而据五位以自安，故虽建侯不宁，而膏终屯。蒙卦阳出，而杂处于二阴之中，然终以奋起出于阴之上以自著见，故击去蒙昧，而为童蒙之吉。

震，起也；艮，止也。

"起"以震阴之滞，"止"以遏阴之进，震有功而艮寡过也。

损、益，盛衰之始也。

泰变而损，阳自三往上，而之于将消之位，衰也。否变而益，阳自四来初，而之于方生之位，盛也。中爻未变，盛衰未极，三之势便于进，时至则轻往，四之势便于退，时至则先来，故为"盛衰之始"。气数之循环，盛则且衰，衰且渐盛，自然之理，而兆先见，故曰："损益盈虚，与时偕行。"

大畜，时也；无妄，灾也。

乾道成于下，而艮止之。使待时而进，遵养以时也。乾道奠于上，阴未尝干之，而震起以相迫，躁动则生灾也。时，故"利涉大川"；灾，故"行有眚"。

萃聚，而升不来也。

皆谓阳也。自上而下曰"来"。萃四与五相保，而不往，升三引二以进，而不复，萃则上阴护之，升则初阴推之也。故萃假有庙，而升利南征。

谦轻，而豫怠也。

二卦皆孤阳而不得中位。三为躁进之爻，谦阳处之，轻于往矣；四为退息之位，豫阳处之，怠于行矣。凡人之情，谦者无尊重之度，豫乐者虽奋起，而终不振；故谦必君子而后有终，豫建侯行师而后利。

噬嗑，食也；贲，无色也。

二卦皆有颐象。食、色皆养道也。"食"者，非所食而食之，强啮九四之刚。"无色"者，非所节而饰之，色之不正者，刚轻去中以文上，而失其自然之美也。

兑见，而巽伏也。

见，胡甸反。

柔见于外，于情易动；阴伏于下，其志难知，故兑上引人之说，巽初在床下而须史巫之求。

随，无故也；蛊，则饬也。

"故"，事也。随阳在下而随乎阴，偷小子之安，而无丈夫之志。蛊阴在下而承乎阳，饬子臣之节以顺承君父之事。故随非元亨利贞则不能无咎，蛊先甲后甲以效其功。

剥，烂也；复，反也。

阳退而之幽，先自溃烂，而后阴乘之。复归于明，阴虽盛，不足为忧也。

晋，昼也；明夷，诛也。

明出乎地，则可以烛阻，而导之进。地暗伤明，而明终不可掩，必反受其诛。

井通，而困相遇也。

"遇"谓所遇之穷。井，上者上行，下者下行，往来不穷，故通。困欲出险，为功为柔所牵，遇之穷也。君子之遇小人，不患其争，而患其相说，酒食朱绂不易脱而困矣。

咸，速也；恒，久也。

天下莫速于感应之机。三上浮出于外，情易动，随感而即应，速矣。恒四与初伏处于下，密相为移，植根深固以相倾之道也。

涣，离也；节，止也。

"离"，散也。否之散，刚下而得中，以解阴之党，为涣。泰道已成，刚上而止阴之流，为节。涣以消吝，节以防骄。

解，缓也；蹇，难也。

难，如字。

解四用爻皆失位，而初、上以柔处之，以缓其争，而乖戾平矣。蹇四用爻皆得位，而可以有为，初、上犹以柔道处之，其难其慎之至也。

睽，外也；家人，内也。

睽内不正，而徒闲之于外。家人内已正，而后饬其外治。

否、泰反其类也。

天上地下，方以类聚者也，而柔上刚下为泰，反此为否。阴阳以交，成化类之，反不反而通塞殊矣。

大壮则止，遁则退也。

皆为阳言也。大壮未得中位，止而不进，壮者忧其危矣。遁已离乎中位，急于退，退者所以善藏其用也。

大有，众也；同人，亲也。

在上则柔可以抚众，君道也。在下则柔，而贤者亲之，友道也。

革，去故也；鼎，取新也。

去，起吕反。

革者离之变。明再用则不鲜，阴改而之上，阳乃为主于中，而前明已谢，不复有易尽之忧。鼎者巽之变，柔去其位，上升于五，以昭其明，而凝天命，命为之新矣。

小过，过也；中孚，信也。

阴盛之过，乃真过也。虚中自保，而不干阳之中位，阳亦得其类而相信，信之至也。

丰，多故也；亲寡，旅也。

苣物上者，惟明无所蔽，则事自有绪，而不冗。丰阳受阴蔽，事无绪而危疑起，自非以日中之明治之，则天下多事，而乱且生。物之所亲者，情下逮也。旅阳寄处于阴上，不与物亲，则物亦莫之亲矣。丰阳已下，而旅已上也。

离上，而坎下也。

阳之性升，辅阴以升，则阴亦上，火之所以炎而上。阴之性沉，陷阳而抑之，则阳亦下，水之所以润而下。故离内卦吉于外，自下上也；坎外卦亨于内，自上下也。

小畜，寡也；履，不处也。

阴虽当位以畜阳，而力微，居于退爻，故密云而不雨，微弱之象。履阴不量其孤，处进爻，而欲踵刚以上，不能安处静俟，故有履虎尾之危。

需，不进也；讼，不亲也。

需三阳为四所隔，不能与五相踵以进，故五需以待之。讼阳离其群，而处乎中，三为之间，不与乾相亲，是以中窒而争。

大过，颠也；姤，遇也，柔遇刚也。渐，女归待男行也。颐，养正也。既济，定也。归妹，女之终也。未济，男之穷也。夬，决也，刚决柔也。君子道长，小人道忧也。

长，知两反。

大过、颐、姤、夬、渐、归妹、既济、未济，相错综对待之卦，而文参差不偶者，圣人无心于文，而文自顺，流动以著化机之变动，非若词章训诂之执滞排偶，拘于法而执一，所谓化工之笔也。

于以肖《易》之变动不居，而不可为典要，道相若焉。故虽挈乾、坤以为网，而自比、师以下，皆无一成之次序，与《周易》之序且不必同，则序卦之文，与京房八宫世应，邵子方圆之位序，不足以肖天地之变易审矣。今因其错综之序而释之。

"大过颠"者，本末挠也。"颐养正"者，上下以刚正柔也。姤言"遇"者，幸阴之得遇乎阳。夬言"决"者，劝阳之疾决夫阴也。"渐女归待男行"，而女止于四，柔得位而居之安，女道之吉也。归妹三、五二阴皆去其位而居于不正之位，尤骄淫而处于上，上者将消之位也；阳起于初、盛于二以相迫，女斯终矣。既济阳得位而定，阴亦定焉。

未济二、四二阳皆去其位而居于不正之位，尤亢物而处于上，上将消矣；阴起于初，以递进而相迫，男斯穷矣。初者方生之利，上者滨尽之地，既失位而又濒于尽，无方生之权，不穷何待焉！以归妹、未济观之，则六十四卦、三十六象虽相对待以备同异之理，而其中互相参伍，如暌解、家人蹇、损益、咸恒之互相为理，亦可类推矣。

又《杂卦》所言者，比、师以下四十八卦，皆以综体相对而言。自乾坤、坎离、大过颐、小过中孚、泰否、随蛊、渐归妹、既济未济而外，卦之相错者理，亦对待以备并行不悖之理，为幽明、体用、消长、盈虚之异致者，今为补诠之，亦《易》中固有之理也。同人，以情相亲也；师，以权相统也。

小畜，止其动也；豫，动其静也。夬，劝之决也；剥，惩其害也。家人，聚顺；解，散其逆也。革，润其燥；蒙，制其流也。需，阳相待以道；晋，阴相进以利；遥相取而情各异也。睽，强其不齐而疑也；蹇，于其各正而加慎也。

噬嗑，力为合也；井，理相辨也。损，高就下也；咸，虚受实也。临有功，而遁失制也。复，因得所而归；姤，不期而会也。鼎定而屯不宁也。旅，进也；节，退也。恒，阴之固也；益，阳之裕也。艮，忍也；兑，释也。震惧而巽幸也。升相让，无妄相凌也。谦以济暗，履乘危也。讼，有实而怨上也；明夷，上不明而忮下也。涣启其塞，丰蔽其通也。困，掩而保其真也；贲，著而亏其实也。观，功不试而制以道也；大壮，权未得而养以威也。萃，聚以亲上也；大畜，储少以养多也。比，得民；大有，有贤也。

第二篇　周易内传发例

　　王夫之在 62 岁以后，选择衡阳石船山麓筑草堂以居，不顾年迈体衰，贫病交加，勉力撰写了《周易内传》、《周易内传发例》等书，是其一生哲学思想的总结。

周易内传发例

一

伏羲氏始画卦,而天人之理,尽在其中矣。上古简朴,未遑明著其所以然者以诏天下后世,幸筮氏犹传其所画之象,而未之乱。文王起于数千年之后,以"不显亦临,无射亦保"之心得,即卦象而体之,乃系之《彖辞》,以发明卦象得失吉凶之所由。

周公又即文王之象,达其变于《爻》,以研时位之几而精其义。孔子又即文、周《彖》《爻》之辞,赞其所以然之理,而为《文言》与《彖》、《象》之《传》;又以其义例之贯通,与其变动者,为《系传》、《说卦》、《杂卦》,使占者、学者得其指归以通其殊致。

盖孔子所赞之说,即以明《彖传》、《象传》之纲领,而《彖》、《象》二《传》即文、周之《彖》、《爻》,文、周之《彖》、《爻》即伏羲之画象,四圣同揆,后圣以达先圣之意,而未尝有损益也,明矣。使有损益焉,则文、周当舍伏羲之画而别为一书,如扬雄《太玄》。司马君实《潜虚》、蔡仲默《洪范数》之类臆见之作。岂文、周之才出数子之下,而必假于羲画,使有损益焉?则孔子当舍文、周之辞而别为一书,如焦赣、京房、邵尧夫之异说。岂孔子之知出数子之下,乃暗相叛而明相沿以惑天下哉?

由此思之,则谓文王有文王之《易》,周公有周公之《易》,孔子有孔子之《易》,而又从旷世不知年代之余,忽从畸人得一图、一说,而谓为伏羲之《易》,其大谬不然,审矣。世之言《易》者曰:《易》者意也,惟人之意而《易》在,呜呼!安得此大乱之言,而称之哉!

中华藏书

周易全书·最新整理珍藏版

中国书店

此盖卜筮之家，迎合小人贪名幸利畏祸徼福之邪心，诡遇之于锱铢之得丧，窥伺其情，乃侮圣人之言，违天地之经以矜其前知，而学者因袭其妄，以之言微言大义之旨，如"元亨利贞，孔子之言四德，非文王之本旨"之类，竟以先圣通志成务，穷理尽性之制作，为《火珠林》鬻技之陋术，《易》之所以由明而复晦也。篇中如此类者，不得已广为之辨，即《彖》见《象》，即《象》明《爻》，即《象》、《爻》明《传》合四圣于一轨，庶几正人心、息邪说之遗意云。

二

由今而求羲、文之微言，非孔子之言，而孰信耶？意者不必师孔子，则苟一畸人立之说焉，师之可也，又何必假托之伏羲邪？子曰："《易》之兴也，其于中古乎！"又曰："其殷之末世，周之盛德邪！"则在文王而后《易》之名立，《易》之道著。是《周易》之义，建诸天地，考诸前王，而夏、商以上，虽有筮人之杂说，孔子之所不取，况后世之伪作而驾名伏羲者乎！

文王之卦，伏羲之卦也。文王取其变易神妙之旨，而名之曰《易》，是故周公之《爻辞》得以兴焉。舍文王而无《易》，舍文王而无伏羲氏之《易》，故《易》之所以建天地、考前王者，文王尽之矣。

至宋之中叶，忽于杳不知岁年之后，无所授受，而有所谓先天之学者，或曰邵尧夫得之江休复之家。休复好奇之文士，欧阳永叔尝称其人，要亦小智，而有所窥者尔。或曰陈抟以授穆修，修以授李之才，之才以授尧夫，则为抟取魏伯阳《参同契》之说，附会其还丹之术也无疑。所云先天者，钟离权、吕嵒之说也。

呜呼！使抟与尧夫，有见于道，则何弗自立一说？即不尽合于天，犹可如扬雄之所为，奚必假伏羲之名，于文字不传之邃古哉？其经营砌列为方圆图者，明与孔子"不可为典要"之语相背。而推其意之所主，将以何为？如方圆图方位次序之恒钉铺排者，可以崇德耶？可以广业耶？可以为师保父母，使人惧耶？可以通志成务，不疾而速，不行而至耶？不过曰：天地万物生杀兴废，有一定之象数，莫能逾于大方至圆之体。充其说，则君可以不仁，臣可以不忠，父可以不尽教，子可以不尽养，端坐以俟祸福之至。

呜呼！跖也，夷也，尧也，桀也，皆不能损益于大方至圆之中者也。即使其然，而又何事哓哓前知以炫明觉乎？故立一有方有体之象以言《易》，邪说之所由兴，暴行之所由肆，人极之所由毁也。魏伯阳以之言丹术，李通玄以之言《华严》，又下而《素女》之妖淫亦争托焉。故学《易》者，不辟先天之妄，吾所不知也。篇中广论之。

三

秦焚书，而《易》以卜筮之书，不罹其灾。故《六经》惟《易》有全书，后学之幸也。然而《易》之乱也，自此始。孔子之前，文、周有作，而夏、商《连山》《归藏》二家杂占之说，犹相淆杂。如《春秋传》之繇辞，多因事附会，而不足以垂大义，而使人惧以终始。

孔子删而定之，以明吉凶之一因于得失，事物之一本于性命，则就揲策占象之中，而冒天下之道。乃秦既夷之于卜筮之家，儒者不敢讲习，技术之士，又各以其意拟议，而诡于情伪之利害。

汉人所传者，非纯乎三圣之教。而秦以来，杂占之术纷纭而相乱，故襄楷、郎散、京房、郑玄、虞翻之流，一以象旁搜曲引，而不要诸理。王弼氏知其陋也，尽弃其说，一以道为断，盖庶几于三圣之意。而弼学本老庄虚无之旨，既诡于道，且其言曰"得意忘言，得言忘象"，则不知象中之言，言中之意，为天人之蕴所昭示于天下者，而何可忘耶？然自是以后，《易》乃免于嬲技者猥陋之诬，而为学者身心事理之要典。

唐、宋之言《易》者，虽与弼异，而所尚略同。苏氏轼出入于佛、老，敝与弼均，而间引之以言治理，则有合焉。程子之《传》，纯乎理事，固《易》大用之所以行，然有通志成务之理，而无不疾而速、不行而至之神。张子略言之，象言不忘，而神化不遗，其体洁静精微之妙，以益广周子《通书》之蕴，允矣至矣。惜乎其言约，而未尝贯全《易》于一撰也。

朱子学宗程氏，独于《易》焉尽废王弼以来引伸之理，而专言象占，谓孔子之言天，言人，言性，言德，言研几，言精义，言崇德广业者，皆非羲、文之本旨，仅以为卜筮之用，而谓非学者之所宜讲习。其激而为论，乃至拟之于《火珠林》卦影之陋术，则又与汉人之说同，而与孔子《系传》穷理尽性之言，显相抵牾而不恤。由王弼以至程子，矫枉而过正者也，朱子则矫正而不嫌于枉矣。

若夫《易》之为道，即象以见理，即理之得失，以定占之吉凶，即占以示学，切民用，合天性，统四圣人于一贯，会以言、以动、以占、以制器于一原，则不揣愚昧，窃所有事者也。

四

《易》之为筮而作，此不待言。王弼以后，言《易》者，尽废其占，而朱于非之，允矣。虽然，抑问筮以何为，而所筮者，何人何事耶？至哉！张子之言曰："《易》为君子谋，不为小人谋。"然非张子之创说也。《礼》：筮人之问筮者曰，义与？志与？义则筮，志则否。文王、周公之彝训，垂于筮氏之富守且然，而况君子之有为有行，而就天化以尽人道哉！自愚者言之，得失易知也，吉凶难知也。自知道者言之，吉凶易知也，得失难知也。

所以然者，何也？吉凶两端而已。吉则顺受，凶无可违焉，乐天知命而不忧。前知之而可不忧，即不前知之，而固无所容其忧。凶之大者极于死，亦孰不知生之必有死，而恶用知其早莫哉！惟夫得失者，统此一仁义，为立人之道，而差之毫厘者，谬以千里，虽圣人且有疑焉。一介之从违，生天下之险阻，其初几也隐，其后应也不测，诚之必几，神之不可度也。

故曰"明于忧患与故",又曰"忧悔吝者存乎介"。

一刚一柔,一进一退,一屈一伸,阴阳之动几;不疾而速、不行而至者,造化之权衡;操之于微芒,而吉凶分涂之后,人尚莫测其所自致。故圣人作《易》,以鬼谋助人谋之不逮,百姓可用,而君子不敢不度外内以知惧,此则筮者筮吉凶于得失之几也。

固非如《火珠林》者,盗贼可就问以利害。而世所传邵子牡丹之荣悴,瓷枕之全毁,亦何用知之以渎神化哉!是知占者即微言大义之所存,崇德广业之所慎,不可云徒以占吉凶,而非学者之先务也。

五

《易》之垂训于万世,占其一道尔,故曰:"《易》有圣人之道四焉。"惟"制器者尚其象",在上世器未备,而民用不利,为所必尚,至后世而非所急耳。以言尚辞,以动尚变,学《易》之事也。故占《易》学《易》,圣人之用《易》,二道并行,不可偏废也。故曰,"居则观其象,而玩其辞",学也;"动则观其变而玩其占",筮也。子曰,"卒以学《易》,可以无大过",言寡过之必于学也;又曰,"不占而已矣",言占之,则必学以有恒也。盖非学之有素,则当变动已成、吉凶已著之后,虽欲补过而不知所从,天恶从而佑之以吉无不利耶?

京房、虞翻之言《易》,言其占也。自王弼,而后至于程子,言其学也。二者皆《易》之所尚,不可偏废,尤其不可偏尚也。朱子又欲矫,而废学以尚占,曰"《易》非学者所宜读",非愚所知也。居则玩其辞者,其常也。以问焉而如向,则待有疑焉而始问,未有疑焉无所用《易》也。

且君子之有疑,必谋之心,谋之臣民师友,而道之中正以通;未有易合焉者,则其所疑者亦寡矣。学则终始典焉而不可须臾离者也。故曰:"《易》之为书也不可远。"徒以占而已矣,则无疑焉而固可远也。故篇内占与学并详,而尤以学为重。

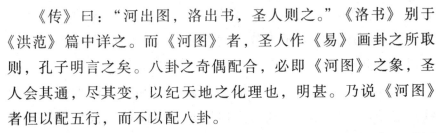

六

《传》曰："河出图，洛出书，圣人则之。"《洛书》别于《洪范》篇中详之。而《河图》者，圣人作《易》画卦之所取则，孔子明言之矣。八卦之奇偶配合，必即《河图》之象，圣人会其通，尽其变，以纪天地之化理也，明甚。乃说《河图》者但以配五行，而不以配八卦。

不知旷数千年，而无有思及此者，何也？故取则于《河图》，以分八卦之象，使圣人则《图》以画卦之旨得著明焉。说详《系传》第九章。

其以五行配《河图》者，盖即刘牧易《洛书》为《河图》之说所自出。《易》中并无五行之象与辞，五行特《洪范》九畴中之一畴，且不足以尽《洛书》，而况于《河图》！篇中广论之。其云"天一生水，地六成之"云云，尤不知其何见，而云然。先儒但沿陈说，无有能畅言，其多少生成之实者。不知何一人言之，而数千年遂不敢违邪？《易》则文王、周公、孔子也，《洪范》则禹、箕子也，四圣一仁，曾不如何一人之分析五行多寡之数，弗究其所以然，横空立论，而遂不敢违邪？

《本义》于《大衍》章，推大衍之数出自《河图》。大衍，筮法之本也。筮所以求卦，卦立而后筮生，筮且本于《河图》五十有五之数，而况于卦！筮则《图》，而卦之必先则于《图》也愈明。

《河图》之数五十有五，大衍之数五十，不全用者，筮以筮人事之得失吉凶，天之理数，非人事所克备也。天地之广大，风雷之变动，日月之运行，山泽之流峙，固有人所不可知而所不与谋者。五位之体，天体也，人无事爵；则筮不及焉。故筮惟大衍以五十，而虚其体之五。

虽曰圣人法天而德与天配，而岂能尽有其神化哉！必欲尽之，则惟道士之吐纳风雷，浮屠之起灭四大，而后可充其说，非理之所可有，道之所可诬也。故筮虚五位之一，而但用五十也。至于因《图》以画卦，则以肖天地风雷水火山泽之全体大用，该而存焉。

《图》之象，皆可摩荡以成，象《图》之数，皆可分合以为数，而五位五十有五，参伍错综，而后八卦以成。故《图》者，卦之全体；而著策者，《图》之偏用。卦与筮，理数具足于《图》中。若但于筮言《图》，而《图》则别象五行，无与于卦，是得末，而忘其本矣。圣人则《图》以画卦，八卦在而六十四卦亦在焉，因而重之，五位十象，交相错焉，六十四象，无不可按《图》而得矣。

或曰：因五位十象，而成六十二卦可也，若乾六阳、坤六阴，《图》则阳之象一、三、五、七、九，象止五阳；阴之象二、四、六、八、十，象止五阴；何从得六阳六阴而取则哉？曰：天之垂象也，不一其理，圣人之则天也，不一其道，故曰"其为道也屡迁"。

《河图》中外之象，凡三重焉：七、八、九、六，天也；五、十，地也；一、二、三、四，人也。七、九，阳也；八、六，阴也。立天之道，阴与阳俱焉者也。至于天，而阴阳之数备矣。

天包地外，地半于天者也，故其象二，而得数十五，犹未歉也。人成位于天地之中，合受天地之理数，故均于天，而有四象，然而得数仅十，视地为歉矣。卦重三而为六，在天而七、八、九、六皆刚，而又下用地之五、人之或一或三，而六阳成。地五、十皆阴，五，刚也；刚亦阴之刚。又用天之八、六，人之二、四，而六阴成。

此则乾坤六爻之象也。一、三皆阳也，乾虚其一而不用者，天道大备，乾且不得而尽焉，非如地道之尽于坤也。是知圣人则《河图》以画卦，非徒八卦然也，六十四卦皆《河图》所有之成象摩荡而成者，故曰："圣人则之。"

七

乾坤并建，为《周易》之纲宗，篇中及《外传》广论之，盖所谓"《易》有太极"也。周子之图，准此而立。其第二图，阴阳互相交函之象，亦无已，而言其并著者如此尔。太极，大圆者也。图但象其一面，而三阴三阳具焉。

其所不能写于图中者，亦有三阴三阳，则六阴六阳具足矣。特图但显三画卦之象，而《易》之乾坤并建，则以显六画卦之理。乃能显者，爻之六阴六阳而为十二；所终不能显者，一卦之中，向者背者，六幽六明，而位亦十二也。

十二者象天十二次之位，为大圆之体。太极一浑天之全体，见者半，隐者半，阴阳寓于其位，故毂转而恒见其六。乾明则坤处于幽，坤明则乾处于幽。《周易》并列之，示不相离，实则一卦之向背而乾坤皆在焉。非徒乾坤为然也，明为屯、蒙，则幽为鼎、革，无不然也。

《易》以综为用，所以象人事往复之报，而略其错，故向背之理未彰。然乾坤、坎离、颐大过、小过中孚，已具其机，抑于家人睽、蹇解之相次，示错综并行之妙。

要之，纲组升降，互相消长盈，虚于大圆之中，则乾、坤尽之，故谓之"组"，言其充满无间，以爻之备阴阳者言也。又谓之"门"，言其出入递用，以爻之十二位，具于向背者言也。故曰"《易》有太极"，言《易》具有太极之全体也；"是生两仪"，即是而两者之仪形可以分而想像之也。又于其变通而言之，则为四象；又于其变通而析之，则为八卦。变通无恒，不可为典要，以周流六虚，则三十六象、六十四卦之大用具焉。

乾极乎阳，坤极乎阴，乾坤并建，而阴阳之极皆显；四象八卦、三十六象六十四卦摩荡于中，无所不极，故谓之太极。阴阳之外无理数，乾坤之外无太极，健顺之外无德业。合其向背幽明，而即其变，以观其实，则屯蒙、鼎革无有二卦，而太极之体用不全，是则"《易》有太极"者，无卦而不有之也。故张子曰："言幽明，不言有无。"

言有无，则可谓夜无日，而晦无月乎？春无昴、毕，而秋无氐、房乎？时隐而时见者，天也，太极之体不滞也。知明而知幽者，人也，太极之用无时而息也。屈伸相感，体用相资，则道义之门出入，而不穷。呜呼！太极一图，所以开示乾坤并建之实，为人道之所自立，而知之者鲜矣！

八

《象传》之言阴阳，皆曰刚柔，何也？阴阳者，二物本体之名也。盈两间，皆此二物，凡位皆其位，无人而不自得，不可云当位不当位，应不应，故于吉凶悔吝无取焉。

阴阳之或见或隐，往来发见乎卦而成乎用，则阳刚而阴柔，性情各见，功效各成，于是而有，才，于是而有情，则盛德大业之所自出，而吉凶悔吝之所自生也。刚之性喜动，柔之性喜静，其情才因以然尔。而阳有动有静，阴亦有静有动，则阳虽喜动而必静，阴虽喜静而必动，故卦无动静，而筮有动静。故曰："乾其静也专，其动也直；坤其静也翕，其动也辟。"

阴非徒静，静亦未即为阴；阳非徒动，动亦未必为阳，明矣。《易》故代阴阳之辞曰刚柔，而不曰动静。阴阳刚柔，不倚动静，而动静非有恒也。

周子曰："动而生阳，静而生阴。"

生者，其功用发见之谓，动则，阳之化行，静则，阴之体定尔。非初无阴阳，因动静而始有也。今有物于此，运而用之，则曰动；置而安处之，则日静。然必有物也，以效乎动静。太极无阴阳之实体，则抑何所运而何所置邪？抑岂止此一物，动静异而遂判然为两耶？

夫阴阳之实有二物，明矣。自其气之冲微而未凝者，则阴阳皆不可见；自其成象成形者言之，则各有成质，而不相紊。自其合同而化者言之，则浑沦于太极之中而为一；自其清浊、虚实、大小之殊异，则固为二；就其二而统言其性情功效，则曰刚，日柔。阴阳必动必静，而动静者，阴阳之动静也。体有用而用其体，当待可用，而始有体乎？

若夫以人之嘘，而暖为阳，吸而寒为阴，谓天地止一气，而嘘吸分为二殊。乃以实求之：天其嘘乎？地其吸乎？嘘而成男乎？吸而成女乎？嘘则刚乎？吸则柔乎？其不然审矣。人之嘘而暖者，腹中之气温也；吸而寒者，空中之气清也，亦非一气也。

况天地固有之阴阳，其质或刚或柔，其德或健或顺，其体或清或浊、或轻或重、为男为女、为君子为小人、为文为武，判然必不可使阴之为阳，阳之为阴，而岂动静之顷，倏焉变易，而大相反哉？《易》不言阴阳，而言刚柔，自其质成，而用著者言之也，若动静则未之言也。信圣人之言，而实体之，可以折群疑矣。

九

昔者夫子既释《彖》、《爻》之辞，而虑天下之未审其归趣，故《系传》作焉。求《彖》、《爻》之义者，必遵《系传》之旨，舍此无以见《易》，明矣。《传》曰："观其《彖辞》，则思过半矣"，明乎《爻》之必依于《彖》也。故曰："《彖》者材也，《爻》者效也。"材成，而斫之，在车为车，轮舆皆车也；在器为器，中、边皆器也。各效其材，而要用其材，故曰："同归而殊涂，一致而百虑。"

舍其同归一致，叛而之他，则涂歧，而虑诡于理，虽有卮言之不穷，犹以条枚而为栋梁，析豫章而为薪蒸，材非其材，乌效哉？说《易》者于《爻》言《爻》，而不恤其《彖》；于《彖》言《彖》，而不顾其《爻》；谓之曰未达也，奚辞！《易》之辞简而理微，舍其同归一致，而叛离以各成其说，简者莫能辨也，微者可移易而差焉者也，则亦可诡遇以伸其说，而为之言曰，文自文也，周自周也，孔自孔也，则亦终莫之悟也。

今以略言之：乾惟具四德，故虽在"潜"而德已为龙，他阳之在下者，莫能拟也。"勿用"者，以养其元亨利贞之德也。坤惟"丧朋"而后有庆，故上六处西南极高之位，以得朋而疑战。屯惟"利建侯"而勿用攸往，故九五之屯膏，而委其利于初九。蒙惟"渎则不告"，以贞为吉，故六三以近昵而为不贞之女。推此而求之，《彖》为《爻》材、《爻》为《彖》效，以《彖》之经，求《爻》之权，未有不针芥相即者也。

至如履《象》"不咥人"，而六三"咥"者，舍其说以应乾之成德而躁以进也，而《象》已先示以履虎之危机。同人亨"于野"，而六二"于宗"而吝，亨者在阳，而吝在阴，两相同而得失固殊也。豫"建侯行师"之利，九四当之，非余爻之所能逮。咸备三德，而《爻》多咎吝，以利在"取女"以顺，而妄感皆非。由其所以异，观其所以同，岂特思过半哉！《爻》之义无不尽于《象》中，而何读《易》者弗之恤邪？篇中以《爻》不悖《象》为第一义，故破先儒之说，而不敢辞其罪。

释《经》者得句而忘其章，得章而忘其篇，古今之通病也。近世姚江之徒，拈单辞片语以伸其妄，皆此术尔，亦释氏离钩得鱼之淫辞，而君子奚取焉！

一〇

卦变者，因《彖传》往来上下，进行内外之旨，推而见其所自变也。夫子作《彖传》，于卦画已定、卦象已备、卦德已见于《彖辞》之后，而得其理焉，明此卦之所以异于彼卦者，以其爻与位之有变易也。

盖自天化而言之，则万象不同之形体，大化不齐之气应，各自为道，而非由此而变彼；而以人事之同异得失言之，则阴阳各自为类，而其相杂以互异者，惟由情之动，而往来进退于其间，数有参差，则性情功效之臧否，应违以殊，非忽至无因，乃其推移之际，毫厘之差，千里之谬也。

《彖传》之以卦变言者十五：随曰"刚来而下柔"，蛊曰"刚上而柔下"，噬嗑曰"柔得中而上行"，贲曰"柔来而文刚"、"分刚上而文柔"，咸曰"柔上而刚下"，恒曰"刚上而柔下"，损曰"其道上行"，益曰"自上下下"，渐曰"柔得位"，涣曰"刚来而不穷"，皆三阴三阳之卦，故古注以为自否、泰而变。而先儒非之，谓乾坤合而为否泰，岂有否泰复，为他卦之理！程子因渭皆自乾坤而变。然此二说相竞，以名之异，而非实之有异也。

若泛言自乾坤而变，则六十二卦皆乾坤所摩荡而成。若以随、蛊之属刚柔之上下言之，则所谓自乾坤变者，亦下乾上坤、下坤上乾之谓。从三画面言则谓之乾坤，从六画而言则为否泰，其实一也。三画之乾坤，或成象于内，或成象于外，各从其类而不杂者，则为否、泰，离其类而相杂，则为随、蛊。以下十八卦，纯者其常，杂者其变，故否泰非变，而余卦为变。故《象传》之理，多以否之变为得，泰之变为失。玩《传》自见其义，不当疑否、泰之不足于变也。变者，象变也。象不成乎否、泰即其变，非谓既泰既否而又变为他也。以揲蓍求之，其理自见。

乃若无妄曰"刚自外来，而为主于内"，大畜曰"刚上"，晋、睽、鼎皆日"柔进而上行"，则又非乾坤也，非否泰也。无妄者，遁之刚自外来也。大畜者，大壮之刚上也。晋者，观之柔进五也。睽者，大畜之柔上进也。鼎者，巽之柔上行也。此又一义。为遁，为大壮，为观，则阴阳虽畸胜，而犹从其类，亦纯象也。为无妄，为大畜，为晋，则杂也。惟睽为大畜之变，其义稍远；而鼎、革为巽、离之变，又别为一义。要此诸卦，皆相杂而难乎取象。变易之极，非固然之体撰，则有彼卦稍有移易而又别为一道之理。

从其变而观之，以审进退升降于几微，穷人情物理之致，《易》之所为屡迁而忧其介也。若上下秩然而成章，阴阳相比而定位，则道之常也，象之有定也，不复论其变矣。乃朱子谓一卦而六十三卦皆可变，其说本自焦赣。

赣之为术，博衍蓍策，九、六变动而为四千九十六之占辞，繁冗重复，而究不足以尽天道人事无穷之理数，以为忧悔吝而补过之明鉴，姑不具论；即其所云变者，以筮法动爻言之，非谓卦之固有此也。

且如贲之《象》曰"柔来而文刚"、"分刚上而文柔"，言贲也，非言泰也。《周易启蒙》谓六爻不变则占本卦，《象》辞是贲之《象》，非以占泰二、上两爻之变也明甚，而恶得谓一卦之变六十四卦乎？此焦氏之说与《启蒙》固相矛盾，奈之何曲徇而两存之也？一卦而六十三变，《春秋传》有其文。盖夏、商之季，《易》道衰，而筮氏以其小智，为游移不定之占，以求亿中。文王演《易》，尽废日者之术，归之易简。孔子所传者，文王之《易》也。

焦赣所演者，夏、商日者之《易》也。论文、周、孔子之《易》，而以日者之术乱之，奚可哉！篇中于随、蛊诸卦言泰、否之变，无妄、大畜、晋、睽、鼎、革各殊其说，玩爻象而宗二圣之指，不知其余也。

惟乾坤以纯为道，故乾曰"时乘六龙以御天"，又曰"天德不可为首，九五虽尊，不任为群阳之主，而各以时乘；坤曰"德合无疆，承天而时行"，六二虽正，而下不能释初六之凝阴，上不能息上六之龙战。

自此而外，则卦各有主。或专主一爻行乎众爻之中，则卦象、卦名、卦德及爻之所占，皆依所主之爻而立义。或贞悔两体相应，或因卦变而刚柔互相往来，则即以相应、相往来者为主。或卦象同，而中四爻之升降异位，或初、上之为功异道，则即以其升降刚柔之用爻为主。非在此一卦，而六爻皆其有一德也。

一爻行乎众爻之间，如履惟六三为柔履刚，则余爻之阳，皆其所履，不可于外三爻而言履他爻；初、二与三同为兑体，虽有履道而未履乎刚，故咥不哩不与焉。复卦惟初九为能复，大有惟六五为有乎大，而余爻皆听复而为柔所有。姤、同人、豫、小畜之类，其义皆然。

二爻相往来，而以所往来者为主，如损之损三而益上，益之损四而益初，则惟所损、所益之两爻为主，而余爻皆受损、益者也。恒之初与四固藏以持久，余爻非有恒道；需、晋之五居尊而遥相待，上与四为隔绝，所由以俟需、晋者，则需与所需、晋与所晋者异矣。

以相应不相应为主者，中四爻之合离，有得失之异，如中孚之二、五得中，相合而孚其类，以感三、四，故三、四非能孚者，初、上则尤不与于孚者也。或卦象略同而三、四之升降异，如贲柔来二以饰阳，故贲须终不得为大文；噬嗑刚自五而来初，以啮合交杂之阴阳而非道；则贲惟二与上为致饰，噬嗑惟初与上为强合；有贲者，有受贲者，有噬者，有受噬者，不得概言饰与合也。

中四爻象同而初、上为功异者，如家人以刚闲得位之贞，而蹇以柔用；解以柔解失位之悖，而睽以刚争；则中四爻之得失皆听乎初，上，不自为合离行止矣；有闲者，有受闲者，有解者，有受解者，有启其疑以睽者，有致其慎，而蹇者，未可无辨以离爻于全卦之象也。

观其《彖》以玩其《象》，则得失之所由，与其所著，吉凶之所生与其所受，六爻合一，而爻之义大明矣。旧说概云当某卦之世则皆有某卦之道，主辅不分，施受不别，遇履则皆履物，遇畜则皆畜彼，至于说不可伸，则旁立一义，如讼九五为听讼，而不问所讼者，为何人之类，揆之卦画，参之彖辞，绝不相当，非义所安，审矣。篇内疏其滞，会其通，非求异于先儒，庶弋获于三圣耳。

一二

以筮言之，则由三变以得一画，以为初，渐积至十八变，而成卦，疑初为始，而上为终。然成卦者，天地固有之化，万物固有之理，人事固有之情，筮而遇之则占存焉，非因筮而后有卦也。如天之健，非渐次以盛而向于弱；地之顺，非驯习以至而且将逆。至于夬、剥之属，非上不成，其初则未尝决阴而剥阳也。即以筮言，初爻得奇者，三十有二，岂必初九为乾之始？得偶者三十有二，岂必初六为坤之始？即至五爻得阳，而为乾为夬，尚未可知；五爻得阴，而为坤为剥，尚未可知。

无上不成乎初，亦阴阳无始、动静无端之理也。卦有以初、终为时位者，然而仅矣。即如乾以时言，而岂必一人焉由潜而见、而跃、而飞亢，阅历尽而不爽乎？孔子终于潜，周公终于见，文王终于跃，尧始即飞，比干、伯夷始即亢。人事如此，物之变、天之化，尤其不可测者。

需非九五，始固亟进，而谁需？讼非九二，五自居尊，而无与讼。然则何所据于时与地，为卦之始、卦之终也？未尝观象观变，以玩其占与辞，而初则曰，当某卦之始，上则曰当某卦之终，奚足以研几而精义乎？其尤异者，于泰则曰泰极且否，于否则曰否极而泰，于畜则曰畜极而通，然则明夷之终夷极，而必无伤，解之终解极而复悖乎？

以天下治乱，夫人进退而言之，泰极而否，则尧、舜之后当即继以桀、纣而禹何以嗣兴？否极而泰，则永嘉、靖康之余何以南北瓜分，人民离散，昏暴相踵，华夷相持，百余年而后宁？畜极而通，则苟怀才抱德者愤起一旦，不必问时之宜否，可以惟所欲为，而志无不快。

以天化言之，则盛夏炎风酷暑之明日，当即报以冰雪，山常畜而必流，水常通而必塞矣。故泰极者当益泰也，否极者当益否也。泰上之"复隍"，否上之"倾否"，自别有旨，而不可云极则必反也。

极则必反者，筮人以慰不得志于时者之佞辞，何足以穷天地之藏，尽人物之变，贞君子之常乎？故旧说言始言终者，概不敢从，而求诸爻象之实。卦或有初，而不必有终，不计其终；或有终而不必有初，不追其始。合浑沦之全体，以知变化之大用，斯得之矣。

一三

《本义》绘邵子诸图于卷首，不为之释，而尽去之，何也？曰：周流六虚，不可为典要；《易》之道，《易》之所以神也，不行而至也，阴阳不测者也。邵子方圆二图，典要也，非周流也，行而至者也，测阴阳而意其然者也。《易》自下生，而邵子之图自上变。自下生者，立本以趣时者也；自上变者，趣时而忘本者也。天地之化，至精至密。

一卉一木，一禽一虫，察于至小者皆以不测而妙尽其理；或寒或暑，或雨或晴，应以其候者抑不可豫测其候。故《易》体之，以使人行法俟命，无时不惧，以受天之佑。故乾坤并建，即继以屯：阴阳始交而难生，险阻在易简之中，示天命之靡常也。泰而旋否，剥而旋复，有恒而遁，明已夷，而可闲于有家：神之格不可度，而矧可射也？故曰百物不废，惧以终始。君子之学《易》，学此焉耳；有疑焉而以问，问此焉耳；固法象自然必有之变化也。

邵子之图，如织如绘，如钉如砌，以意计揣度，域大化于规圆矩方之中。尝试博览于天地之间，何者而相肖也？且君子之有作也，以显天道，即以昭人道，使崇德而广业焉。如邵子之图，一切皆自然排比，乘除增减，不可推移，则亦何用勤勤于德业为耶？疏节阔目，一览而尽，天地之设施，圣人之所不敢言，而言之如数家珍，此术数家举万事万理而归之前定，使人无惧，而听其自始自终之术也。将无为偷安而不知命者之劝耶？

于《彖》无其象，于《爻》无其序，于《大象》无其理，文王、周公、孔子之所不道，非圣之书也。而挟古圣以抑三圣，曰伏羲之《易》；美其名以临之，曰先天。伏羲何授？邵子何受？不能以告人也。先天者，黄冠祖炁之说也。故其图乾顺坤逆，而相遇于姤、复，一不越于龙虎交媾之术，而邵子之藏见矣。

程子忽之而不学，韪矣哉！朱子录之于《周易》之前，窃所不解学《易》者，学之圣人之言，而不给，奚暇至于黄冠曰者之说为？占《易》者，以占得失也，非以知其吉而骄、知其凶而怠者也，又奚以前知一定之数为？篇中详辨之。

一四

惟《易》不可为典要，故玩《彖》、《爻》之辞者，亦不可执一以求之。有 即爻之得失而象占在者，如"潜龙勿用"，则"龙"者初九之德，"潜"者初九之时，"勿用"则示修龙德而在潜者，当以藏为道之类是也。乃执此，以概其不然者，则于《爻》无义，于《彖》相违者多矣。有爻中之象占，有爻外之象占。而爻外之象占复有二。

其一如坤初六"履霜坚冰至",虽初六之且有此象,而所戒者在君子之辨之于早,非为初六言也;又如噬嗑初九"屦校灭趾无咎",虽初九之自致,而言无咎者,谓君子施薄刑于小人以弭其恶,则可寡民之过,非谓屦校而可无咎也。

其一如大有上九"自天佑之吉无不利",上九即天也,佑者非佑上也,乃六五履信思顺而上佑之,即其福之至,以归本于六五之德也;又如解六五"君子维有解",解者,非五之能解也,上六藏器待时而解六三之悖,故五可孚三而解之,此原本上六之德以知六五之吉也。

盖读书者一句而求一句之义,则句义必狭,况于《易》之为学,以求知天人之全体大用;于一爻而求一爻之义,则爻义必不可知。且如"潜龙勿用",义固尽于爻中矣,而非六阳纯成、自强不息,则无以见一阳初动之即为龙,况其会通于爻外之爻,以互相应求,与立一占者、学者于卦爻之外,以垂训戒者乎!通其变而不倦于玩,君子之所以行乎亹亹也。执一句一义,而论先圣之书,微言隐,大义乖,他经且然,奚况《易》哉!

一五

《爻辞》为筮得九六动爻而设,故于《象》有变通,如履六三、复上六之类。乃动爻之取义有二,一为值其动之时者言也,一为于其时位,而有动之情者言也。值其动之时,不必有动之情,而动应之。如乾初九,非有欲潜之情,时为之也,示占者当其时,则道宜如是,非有欲用之意,而固不可用也。凡此类,以所值之时位言也。一则卦德本如是矣,非其吉凶之必然也,乃忽情动于中,而与此爻得失之理相应,则爻因其情之动,而告之以动之吉凶。如同人以一阴应群阳,本有"于野"之亨,而六二以应而动其情,以私合于五,非其时位然也,情之动也。

凡此类,以人之情专于此而遗其全体,则以情之动而告以动之得失也。占者非有其情,则当其时而趣之;苟有其情,则因其情之得失而慎之；此所以明于忧患之故，而为通志成务之道。即占即学，岂有二理哉！

一六

《易》为君子谋，不为小人谋。君子之谋于《易》，非欲知吉凶而已，所以知忧，知惧，而知所择执也。故曰："无有师保，如临父母。"《本义》往往有戒占者之言，韪矣。然所戒者，刚柔之节，进退之度，王者之刑赏因革，君子之出处语默，两俱近道，而戒以慎择，而固执之。

若夫贞之为言正也，出乎正则人乎邪，即微《易》之戒，岂有不贞而可以徼利者哉！贞之为利也，不相离也，贞则利，利必贞也，故有贞凶，而无不利之贞，无不贞之利。且《易》之所谓利者，非小人之利。求荣而荣，求富而富，欲焉而遂，忿焉而逞者也。故口"利物"，非私利于己之谓也；曰"合义"，合于义即利，所谓不以利为利，以义为利也。

故凡言贞吉者，言既得其正，而义吉。或谓所吉者在正，而非不正者之可幸吉，此即戒矣。若利贞，则谓其合义而可固守，即有戒焉，劝；谓其义之合不以权而以正也。倘云利于贞，不利于不贞，此又岂待《易》之言而后戒乎！况如乾言"利贞"，在天者即为道之正，胡容责天以正，而惟恐不正之不利耶！元、亨、利、贞，分言之则四德，合言之则二理。复礼为仁，礼者仁之秩叙；信必近义，信者义之始终。文王合四德而顺言之，孔子分四德，而合言之，义固两存，不可云孔子之言，非文王之意也。篇中亟正之。

一七

当位之吉，不当位之凶，其恒也。应之利，不应之不利，其恒也。使有恒之可执，而据之为典要，则《火珠林》一类技术之书，相生相克之成局，足以与于圣人之道义，天地之德业矣。故有不当位而吉，当位而不吉，应而不利，不应而利者。

以人事征之：纣以世嫡而为君，三桓以公族而为卿，当位者也；文王之为臣，孔子之为下大夫，不当位者也；飞廉、恶来，柔以应刚者也；微子之决于去，比干之戆于谏，不应者也。得失岂有定哉！耕者之雨，行者之病也。丰草之茂，良苗之瘠也。位无恒，应必视其可应，以为趣时之妙用，其可以典要求之乎！乾、坤、震、巽、坎、离、艮、兑，位皆其位，不待应而自合者也。

泰、否、益、恒、既济、未济、咸、损，固相应而无关于得失也。既济无不当之位，未济无相当之位，位不足言也。推此而言变动无常之旨，类可知矣。

一八

《易》之难知者，三阴三阳，相杂之卦，此所谓险阻也。咸、恒、损、益之旨，微矣。随、蛊、噬嗑、贲、困、井、鼎、革、丰、旅、节、涣，于象于德，尤为隐而难知。旧说通于《爻》，则不通于《象辞》；通于《象辞》，抑不通于卦画。盖阴阳相半，以递相乘，乃天化之流行，于物理人事者，不能皆如泰、否之秩然成章；而圣人观其变与象以穷万变之理，自非可以论易简之道论险阻也。损、益之义大矣。其曰"损上益下，民说无疆"者，孔子推而征之君民之间，以著其一理耳。

旧说据此以尽损、益之理，则损为暴君污吏之朘削，而何以云"有孚无咎"而可贞也？天施地生、与时偕行之说，又何以称焉？随为阳随阴也，明矣。

蛊阴顺承阳，正也。《春秋传》"女惑男"之说，术人因事而支离，非蛊之象也。既云蛊坏矣，既坏，则治不治未可知也。若得坏极必治，而可名之为治，则否可以谓之泰、困可以谓之通乎？困之刚掩，易知也。

井亦刚掩，而奚以异于困？不即井之象以合卦之象，则爻之言"漏"、言"泥"、言"汲"言"甃"、言"食"、言"收"者何所取？而"往来不改"之义又何以云？丰，蔽也，阴蔽阳也，《爻》之训明矣；而谓为盛大，故蔡京得以"丰亨豫大"之说惑其君。使即象征《爻》，知丰之为蔽而豫之为怠，邪说不足以立矣。

天、地、雷、风、水、火、山、泽，八卦之象也。八卦之德，不限于此。舍卦画所著之德，仅求之所取之象，是得枝叶，而忘其本根；于是雷火盛，而为丰，山风厉而为蛊，一偏之说，遂以蔽卦之全体，而《象》与《爻》之大义微言皆隐矣。

但以天、地、雷、风、水、火、山、泽曲就卦之名义，则雷、风至无恒者，而何以为恒？又将为之说曰"无恒而有恒"。则亦泰可谓否，乾可谓之坤矣。今释数卦，皆研审画象、会通《象》《爻》以明其旨，尽异于先儒之言，非敢求异，求其通而已矣。

一九

《大象》之与《彖》、《爻》，自别为一义。取《大象》以释《彖》、《爻》，必龃龉不合，而强欲合之，此《易》学之所由晦也。《易》以筮，而学存焉，惟《大象》则纯乎学《易》之理，而不与于筮。盖筮者，知天之事也；知天者，以俟命而立命也。

乐天知命而不忧以俟命，安土敦仁而能爱以立命，则卦有小有大、有险有易、有顺有逆，知其吉凶，而明于忧患之故，吉还其吉，凶还其凶，利害交著于情伪之感，以穷天化物情之变，学《易》之道虽寓其中，而固有所从违，以研几而趣时，所谓"动则玩其占"也。

若夫学《易》者，尽人之事也。尽人而求合乎天德，则在天者即为理。天下无穷之变，阴阳杂用之几，察乎至小、至险、至逆，而皆天道之所必察。苟精其义、穷其理，但为一阴一阳所继，而成象者，君子无不可用之以为静存动察、修己治人、拨乱反正之道。故否而可以"俭德辟难"，剥而可以"厚下安宅"，归妹而可以"永终知敝"，姤而可以"施命诰四方"；略其德之凶危，而反诸诚之通复，则统天、地、雷、风、电、木、水、火、日、月、山、泽已成之法象，而体其各得之常。

故乾大矣，而但法其行，坤至矣，而但效其势，分审于六十四象之性情，以求其功效，乃以精义入神，而随时处中，天无不可学，物无不可用，事无不可为，由是以上达，则圣人"耳顺""从心"之德也。故子曰："五十以学《易》，可以无大过矣。"《大象》，圣人之所以学《易》也。"无大过"者，谦辞也。圣人之集大成，以时中而参天地，无过之尽者也，圣学之无所择，而皆固执者也，非但为筮者言也。君子学圣人之学，未能至焉，而欲罢不能，竭才以从，遗其一象而即为过，岂待筮哉！所谓"居则观其象"也。

呜呼！此孔子之师文王而益精其义者，岂求异于文王乎！神而明之，存乎其人，非圣人而孰能与于斯！读《易》者分别玩之，勿强相牵附，以乱《爻》、《象》之说，庶几得之。

二〇

《序卦》非圣人之书，愚于《外传》辨之详矣。《易》之为道，自以错综相易，为变化之经，而以阴阳之消长屈伸、变动不居者，为不测之神。间尝分经纬二道，以为三十六象、六十四卦之次序，亦未敢信为必然，故不次之此篇。然需、讼可以继屯、蒙，而讼之继蒙，以象以数、无一可者，于理尤为不顺。故确信《序卦》一《传》非圣人之书，而此篇置之不论。且上、下《经》之目，非必孔子之所立也。《六经》之书，在孔子但谓之艺，其称"经"者，始见于戴氏《经解》之文，后人之所称也。其分上下也有二。

古之简策，以韦编之，犹今之卷帙也。简多而不可编为一，故分上下为二，其简之多少必相称也。《上经》乾、坤二卦独有《文言》，则损其二卦，以为下篇，而文与简相均。《下经》之始咸、恒，不过如此而已。

义以错综之象言之，《上经》错卦六为象六，综卦二十四，为象十二，共十有八。《下经》错卦二、综卦三十二，为象亦十有八，偶相合也，亦可分为二而均者也。乃曲为之说曰"有夫妇，然后有父子，有父子，然后有君臣"，安所得无道之言而称之哉！父子君臣者，自有人道以来，与禽兽之大别者此也。

有男女则有夫妇，天化之自然；鸟之雌雄，兽之牝牡，与人同焉者也。即曰夫妇者，非配合之谓尔，以礼相合之谓也，而抑不然：父子之仁、君臣之义，圣人因人心之固，有顺导之，而爱敬之真，不待圣人之裁成；若夫妇之以礼相接，则圣人于既有配合之后，裁成之以正人纪者也。故黄帝以前，婚姻未正，而父子君臣之伦早已大定，何得以为父子君臣俱待此以成，而推为人伦之本耶！况所云有男女然后有夫妇者，又仅自其配合而言乎！

乾者，万物之资始也，父吾乾也；坤者，万物之资生也，母吾坤也。乾、坤二十八变而后有咸恒，则讵可曰有夫妇，然后有父子哉！故曰：非圣人之书也。且欲取卦以象夫妇，则泰、否为阴阳内外之象，损、益、既济、未济皆男女相谐匹之象，而奚独咸、恒！

若曰乾道至艮而成男，坤道至兑而成女，则损何殊于咸？若以男下女为婚礼之象，则恒抑不如益矣。咸者，感也。天下之感岂徒夫妇！故《爻辞》不及焉，《大象》不及焉。《彖》言"取女"，亦举一事以通其余，如屯之"建侯"、益之"涉川"，非必定此为夫妇也。恒与咸综，义实相反。如云夫妇必久，则父子、君臣、兄弟、朋友可暂合，而终离乎？以咸、恒拟乾、坤，分上、下《经》之首，无一而可者也。

上、下《经》之分，文与简之多少相称尔，十有八象之偶均尔，圣人何容心焉！故曰：《序卦》非圣人之书也。

若夫《十翼》之说，既未足据；即云《卜翼》：《文言》一，上下《象传》二，《大象》一，上下《象传》二，《系辞》《上下传》二，《说卦传》一，《杂卦传》一。《序卦》固赘余矣。

二一

以《易》为学者问道之书，而略筮占之法，自王弼始。嗣是言《易》者不一家，虽各有所偏倚，而随事以见得失之几，要未大远于《易》理。惟是专于言理，废筮占之法于不讲，听其授受于筮人，则以筮玩占之道，不能得先圣人谋鬼谋、百姓与能之要。至朱子作《启蒙》，始详焉。乃朱子之法，一本之沙随程氏，其三爻变以上无所适从，但以晋文公之筮贞屯悔豫为证，至五爻变则据穆姜之筮随，而又谓史妄引随之《彖辞》。

今按三爻变，则占本卦及之卦之《彖辞》。假令筮得乾，而三、五、上变为归妹，乾《彖》曰"元亨利贞"，而归妹曰"征凶无攸利"；又令筮得家人，初、二、四变为姤，家人《彖》曰"利女贞"，姤曰"女壮勿用取女"；得失吉凶，相反悬绝，占者将何所折衷耶？其四爻、五爻、六爻变，皆舍本卦，而专取之卦，本之不立，急于趣时，以静为动，以动为静，于理不安之甚。

盖所谓之卦者，一出于筮人，而极于焦赣，四千几十六之《繇辞》。若以易简，而知险阻言之，则三百八十四之《爻辞》通合于六十四《彖》之中，已足尽天人之变。如以为少而益之，则天化物理事变之日新，又岂但四千九十六，而已哉！故赣之《易林》，诡于吉凶，而无得失之理以为枢机，率与流俗所传《灵棋经》、《一撮金》，同为小人细事之所取用，亵天悖理，君子不屑过而问焉。是之卦之说，三圣之所不用，亦已审矣。

惟《春秋传》晋文、穆姜之占，以之卦为说，乃皆曰八，则疑为《连山》、《归藏》之法，而非《周易》之所取。其他《传》之所载，虽曰某卦之某，所占者抑惟本卦动爻之辞，且概取本卦一爻以为占，未必其筮皆一爻动而五爻不动。意古之占法，动爻虽不一，但因事之所取象、位之与相当者，一爻以为主，而略其余。特自王弼以来，言《易》者置之不论，遂失其传，而沙随程氏以臆见为占法，则固未足信也。

二二

《易》三画而八卦小成，一函三之数，三才之位也；重而为六，阴阳、柔刚、仁义之道，参两之数也。象数一依于道，故曰"《易》与天地准"，故能弥纶天地之道。邵子挟其加一倍之术，以求天数，作二画之卦四、四画之卦十六、五画之卦三十二，于道无合，于数无则，无名无象，无得失之理，无吉凶之应，窃所不解。加一倍之术，无所底止之说也。可二画，可四画，可五画，则亦可递增而七、八、九画，然则将有七画之卦百二十八、八画之卦二百五十六、九画之卦五百一十二，渐而加之以无穷无极，而亦奚不可哉！

邵子之学如此类者，穷大失居而引人于荒忽不可知之域，如言始终之数，自乾一而以十二、三十相乘，放坤之三十一万、三千四百五十六万、六千五百六十三万、八千四百万，运算终日而得之，不知将以何为？《易》曰："易简而天下之理得矣。"故学《易》者知其数：一函三为体，阳九阴六为用，极于万二千五百而止。畏圣人之言，不敢侮也。

二三

《六经》一以夫子所定为正。董仲舒言，"道术归于一，诸不在六艺之科者，勿使并进"，万世之大法，为圣人之徒者，勿能越也。故《尚书》虽有《汲冢周书》，《诗》虽有传记所引少吴之诗、《白云》之谣，《春秋》虽有《竹书纪年》，《礼》虽有《夏小正》，无有援古，以加于圣经者；况秦汉制诏之书，《铙歌》、《清商》之诗，王通《元经》之拟《春秋》，叔孙绵蕝之制朝礼，其不敢跻而上之以杂圣教，正道异端之辨，严矣哉！何独至于《易》，而前引旷古无征之伏羲，以为之图说，后则有八宫、世应、飞神、伏神、六龙、六亲、纳甲之邪说，公然登之圣经之列而不知忌惮？

为圣人之徒者，何其诬也！以康节之先天，安排巧妙，且不足以与于天地运行之变化，况八宫、世应之陋术哉！

乾之变穷于剥，何以反下，而为晋？又全反其所已变，而为大有？无可奈何，而为游魂、归魂之说以文之。何以游？何以归也？无能言其故也，穷斯遁也。其以五行割裂而配八卦也，坎、离何以专水、火，而木、金、土兼摄二卦；乾、坤为变化之本原，而便与兑、艮伍，以分金、土之半；坤、艮杳不相及、而使同司土政；皆蔑理逆天之说耳。至于纳甲取象于月魄之死生，本出于魏伯阳修炼之小数，而下游为房中妖淫之技，其惑道诬民，岂但《元经》之于《春秋》、绵蕞之于《三礼》哉！非圣者无法，而小人趋利避害，乐奉之以为徼幸之媒。

刘牖氏，儒者也，为之说曰："辞与事不相应，吉与凶何自而决？盖人于辞上会者浅，于象上会者深；文王、周公之辞虽以明卦，然辞之所该终有限，故有时而不应。"其非圣无法，以崇尚邪说也，甚矣！二圣之辞有限，而鬻术者推测之小慧为无穷乎？

其云有时而不应者，则自有故。假令一人就君子而问穿窬之得财与否，君子岂能以其所获之多少而告之？即令有人以贸贩之售不售，求酒索食之有无问，君子又岂屑役其心，以揣其多寡利钝而告之？故曰："伐国不问仁人。"仁人且不可问，而《易》者天之明赫，诚之形著、几之明威、鬼神之盛德，四圣崇德广业、洗心藏密之至仁大义，其屑为此琐琐者谋乎？

象数者，天理也，非天理之必察，于象数亡当焉，而恶乎相应？有时不应，固其宜也。其在君子，则语嘿从心，苟问非所问，则隐几而卧，曳杖而去之已耳。若蓍策者，虽神之所凭，抑听人之运焉者也。神不能掣筮人之腕指，而使勿揲，则听其渎而不禁，而揲之奇偶自然，必合于七八九六，鬼神不能使妄渎者之不成乎爻象。有象则有辞，亦如孔子之遇阳货于涂，非欲欺之，而自不与其言相应。所问不应，又何疑焉！即或偶应，亦偶遇而非神之所形。怙愚不肖者，不能如穆姜之自反以悔其渎而不告，乃归咎于文王、周公之辞有限，而不足以尽象，悍而愚不可瘳矣。揣其意，不过欲伸康节观梅之术，与京房世应、《火珠林》禄马贵合刑杀之邪妄，以毁圣人而已。孔子曰："所乐而玩者，《易》之辞也。"篇内推广辞中之精义，以旁通之，苟君子以义而筮，如父母也，如师保也，何有不应之疑耶？

二四

揲蓍之法，当视过揲七、八、九、六四数之实，以定阴阳老少，而不当论归奇，《外传》已详辨之矣。其著明者，莫如夫子之言。《系传》曰："乾之策，二百一十六，坤之策，百四十四"，过揲之数也。若乾之归奇七十八，坤之归奇百五十，圣人之所弗道也。又曰："乾坤之策，三百六十，当期之日。"若合乾坤之归奇，则二百二十八，于天之象数一无所准。圣人之言炳如日星，而崇后世苟简之术，取归奇之《易》于数记，谓但论归奇之五、四、九、八，乱奇偶之成象，诬过揲为赘旒，非愚所知也。

后儒谈《易》之敝，大抵论《爻》则不恤《象》，论《象》、《爻》则不恤《系传》，不知三圣之精，蕴非《系传》二篇不足以章著。此乃孔子昭示万世学《易》、占《易》之至仁大义，昭回于天者。而往往以日者苟简邪淫之说为师。

朱子师孔子，以表章六艺，徒于《易》显背孔子之至教。故善崇朱子者，舍其注《易》可也。邵康节乱之于前，王介甫废之于后，蔡西山以术破道，而星命葬术、为《王制》杀而勿赦者，复弄《易》以神其说，则朱子之于《易》，舍周、孔以从术士，有自来矣。故归奇者，术士苟简之术也，于此可以知，朱子之过矣。

二五

夫之自隆武丙戌，始有志于读《易》。戊子避戎于莲花峰，益讲求之。初得观卦之义，服膺其理，以出入于险阻而自靖；乃深有感于圣人画象系辞，为精义安身之至道，告于易简以知险阻，非异端窃盈虚消长之机，为翕张雌黑之术，所得与于学《易》之旨者也。乙未于晋宁山寺，始为《外传》，丙辰始为《大象传》。亡国孤臣，寄身于秽土，志无可酬，业无可广，惟《易》之为道则未尝旦夕敢忘于心，而拟议之难，又未敢轻言也。

　　岁在乙丑，从游诸生求为解说。形枯气索，畅论为难，于是乃于病中勉为作《传》，大略以乾坤，并建为宗；错综合一为象；《象》《爻》一致、四圣一揆为释；占学一理、得失吉凶一道为义；占义不占利，劝戒君子、不渎告小人为用；畏文、周、孔子之正训，辟京房、陈抟日者，黄冠之图说为防。诚知得罪于先儒，而畏圣人之言，不敢以小道俗学异端相乱；则亦患其研之未精，执之未固，辨之未严，敢辞罪乎！

　　《易》之精蕴，非《系传》不阐。观于《系传》，而王安石屏《易》于三经之外，朱子等《易》于《火珠林》之列，其异于孔子甚矣。衰困之余力疾草创，未能节繁以归简，饰辞以达意。汰之链之，以俟哲人。

　　来者悠悠，谁且为吾定之者？若此篇之说，间有与《外传》不同者：《外传》以推广于象数之变通，极酬酢之大用，而此篇守《象》、《爻》立诚之辞，以体天人之理，固不容有毫厘之逾越。

　　至于《大象传》，则有引伸而无判合，正可以互通之。《传》曰"默而成之，不言而信，存乎德行"，岂徒以其言哉！躬行不逮，道不足以明，则夫之所疚愧，于终身者也。

第三篇 周易外传

中華藏書

周易全书·最新整理珍藏版

《周易外传》是王船山《易》学义理学的第一部代表作，也是其最早确立宇宙观的重要哲学著作。全书各卷不列经传正文，皆就经传的重要问题或命题从本体论上申说和阐发自己的哲学思想。

第一章　周易外传卷一

䷀ 乾

一

道，体乎物之中，以生天下之用者也。物生而有象，象成而有数，数资乎动以起用而有行，行而有得于道，而有德。因数以推象，象自然者也，道自然而弗藉于人。乘利用以观德，德不容已者也，致其不容已而人可相道。

道弗藉人，则物与人俱生，以俟天之流行，而人废道；人相道，则择阴阳之粹以审天地之经，而《易》统天。故乾取象之德而不取道之象，圣人所以扶人，而成其能也。盖历选于阴阳，审其起人之大用者，而通三才之用也。天者象也，乾者德也，是故不言天而言乾也。

且夫天不偏阳，地不偏阴；男不偏阳，女不偏阴；君子不偏阳，小人不偏阴。天地其位也，阴阳其材也，乾坤其德也。材无定位，而有德，德善乎材，以奠位者也，故曰"天行健"。行则周乎地外，人乎地中，而皆行矣，岂有位哉！是故男德刚，而女德柔，君子德明，而小人德暗。男女各有魂魄，君子小人各有性情。男不无阴，而以刚奇施者，其致用阳；女不无阳，而以柔偶受者，其致用阴。是故《易》之云乾，云其致用者而已。

由此言之，君子有情，而小人有性，明矣。故小人之即于暗也，岂无颖光不昧、知惭思悔之时哉！此则乾之丽，于小人者未尝绝。惟恃其自然，忘其不容已，则乾不绝小人而小人绝乾。故《易》于小人，未尝不正告焉。穆姜筮占四德而惧，其验也。六阳之卦为乾，乾为天，《易》不云天而云乾，用此义也。

或曰："男不偏阳，女不偏阴，所以使然者天地。天不偏阳，地不偏阴，所以使然者谁也？"曰："道也。"曰："老氏之言曰：'有物混成，先天地生。'今曰'道使天地然'，是先天地而有道矣；'不偏而成'，是混成矣。然则老子之言信乎？"曰："非也。道者，天地精粹之用，与天地并行，而未有先后者也。使先天地以生，则有有道而无天地之日矣，彼何寓哉？而谁得字之曰道？天地之成男女者，日行于人之中，而以良能起变化，非碧霄黄垆，取给而来觊之，奚况于道之与天地，且先立而旋造之乎？若夫'混成'之云，见其合，而不知其合之妙也。故曰'无极而太极'，无极而必太极矣。太极动而生阳，静而生阴，动静各有其时，一动一静，各有其纪，如是者乃谓之道。今夫水谷之化为清浊之气，以育荣卫，其化也合同，其分也纤悉，不然则病。道有留滞于阴阳未判之先而混成者，则道病矣，而恶乎其生天地也！夫道之生天地者，则即天地之体道者是已。故天体道以为行，则健而乾，地体道以为势，则顺而坤，无有先之者矣。体道之全，而行与势各有其德，无始混而后分矣。语其分，则有太极而必有动静之殊矣；语其合，则形器之余，终无有偏焉者，而亦可谓之'混成'矣。夫老氏则恶足以语此哉！"

故圣人见道之有在于六阳者，而知其为乾之德。知为其德之乾，则择而执之以利用，故曰："君子行此四德者，故曰乾元亨利贞"也。

二

"贞"者，事之干也，信也。于时为冬，于化为藏，于行为土，于德为实，皆信也。

然则四德，何以不言智乎？《彖》曰"大明终始，六位时成"，则言智也，今夫水，火资之以能熟，木资之以能生，金资之以能莹，土资之以能浃，是故夫智，仁资以知爱之真，礼资以知敬之节，义资以知制之宜，信资以知诚之实；故行乎四德之中，而彻乎六位之终始。终非智则不知终，始非智，则不知始。故曰"智譬则巧也"，巧者圣之终也。曰："择不处仁，焉得智！"择者仁之始也。是智统四德，而遍历其位，故曰"时成"。各因其时而藉以成，智亦尊矣。虽然，尊者非用，用者非尊，其位则寄于四德，而非有专位也。

今夫水，非火则无以济，非木则无以屯，非金则无以节，非土则无以比。是故夫智，不丽乎仁，则察而刻，不丽乎礼，则慧而轻，不丽乎义，则巧而术，不丽乎信则变而谲，俱无所丽，则浮荡而炫其孤明。幻妄行则君子荒唐，机巧行则细人捭阖。故四德可德而智不可德；依于四德，效大明之用，而无专位。故曰"君子行此四德者"，知而后行之，行之为贵，而非但知也。

惟不知此，故老氏谓，上善之若水，而释氏以瓶水青天之月，为妙悟之宗。其下者则刑名之察，权谋之机，皆崇智以废德。然乃知《大易》之教，为法天正人之极则也。子曰："逝者如斯夫，不舍昼夜。"夫逝者逝矣，而将据之以为德乎？

三

先儒之言"元"曰："天下之物，原其所自，未有不善。成而后有败，败非先成者也；有得而后有失，非得而何以有失也？"请为之释曰："原其所自，未有不善"，则既推美于大始矣。抑据成败得失，以征其后先，则是形名器数之说，非以言德矣。

《文言》曰："元者，善之长也。"就善而言，元固为之长矣。比败以观成，立失以知得，则事之先而岂善之长乎！《象》曰："大哉乾元，万物资始。"元者，统大始之德，居物生之先者也。成必有造之者，得必有予之者，已臻于成与得矣，是人事之究竟，岂生生之大始乎！

有木而后有车，有土而后有器。车器生于木土，为所生者为之始。揉之斫之，埏之埴之，车器乃成，而后人乃得之。既成既得，物之利用者也，故曰"利物和义"。成得之未败失者，利物之义也。

夫一阴一阳之始，方继乎善，初成乎性，天人授受，往来之际，止此生理为之初始。故推善之所自生，而赞其德曰"元"。成性以还，凝命在躬，元德绍而仁之名乃立。天理日流，初终无间，亦且日生于人之心。

惟嗜欲薄而心牖开，则资始之元，亦日新而与心遇，非但在始生之俄顷。而程子"鸡雏观仁"之说，未为周遍。要其胥为所得所成之本源，而非从功名利赖之已然者，争败失之先，则一也。意者，立成败得失之衡，以破释氏之淫辞耶？则得之尔矣。

释氏之言，销总、别、同、异、成、坏之六相，使之相参相人，而曰"一念缘起无生"。盖欲齐成败得失于一致，以立真空之宗。而不知败者败其所成，失者失其所得，则失与败，因得与成而见，在事理之已然，有不容昧者。故奖成与得，以著天理流行之功效，使知败与失者，皆人情弱丧之积，而非事理之所固有，则双泯理事，捐弃伦物之邪说，不足以立。虽然，于以言资始之"元"，则未也。

是故合成败、齐得失以为宗，释氏"缘起"之旨也。执成败、据得失以为本，法家"名实"之论也。执其固然，忘其所以然，而天下之大本，不足以立；以成为始，以得为德，而生生之仁不著。吾惧夫执此说者之始于义而终于利矣。

夫功于天下，利于民物，亦仁者之所有事。而以为资始之大用，即此在焉，则"享其利者为有德"；亦且不知君子，正谊明道之志，未尝摈失与败而以为非道之存，况天之育万物，而非以为功者哉！"元"者仁也，"善之长"也，君子之以长人者也。成败得失，又奚足论之有！

四

《易》之有位也，有同异，而后有贵贱，有应感，而后有从违。若夫乾，则六阳均而成象者也。合六如一，不见其异，六均一致，不相为感，故曰"大明终始"。终始不殊，六龙皆御矣。

惟既已成乎卦也，则亦有其序也。不名之为贵贱，而名之曰先后。先后者时也，故曰"六位时成"。君子之安其序也，必因其时。先时不争，后时不失，尽道时中以俟命也。

乃均之为龙德，则固不可得，而贵贱之。初者，时之"潜"也；二者，时之"见"也；三者，时之"惕"也；四者，时之"跃"也；五者，时之"飞"也；上者，时之"亢"也。

一代之运，有建、有成、有守；一王之德，有遵养、有燮伐、有耆定；一德之修，有适道、有立、有权；推而大之天地之数，有子半、有午中、有向晦；近而取之夫人之身，有方刚、有既壮、有已衰；皆乾之六位也。故《象》曰"君子以自强不息"，勉以乘时也。

然则初之"潜龙"，其异于蛊之"高尚"、遁之"肥"明矣。太王翦商以前，公刘迁豳以后，周之潜也。十三年之侯服，武之潜也。而不特此，礼所自制，乐所自作，治所自敷，教所自立，未有事，而基命于宥密，终日有其潜焉。有其"潜"，所以效其"见"也。

若秦之王也，缪、康以来，献、武以降，汲汲于用，以速其飞，而早已自处于亢。当其潜而不能以潜养之，则非龙德矣。非龙德而尸其位，岂有幸哉！故初之"勿用"，天所以敦其化，人所以深其息。故曰"君子以成德为行，日可见之行"，此之谓也。

五

天以不远物为化，圣人以不远物为德，故天仁爱，而圣人忠恕。未有其德，不能无歉于物；有其德者，无所复歉于己。初之为潜，龙德成矣。龙德成，而有绝类于愚贱之忧，则大而化者二之功，迩而察者，将毋为二之所不屑也？虽然，彼龙者，岂离田以自伐其善哉！故曰"见龙在田"。

王道始于耕桑，君子慎于桔桴。尸愚贱之劳，文王所以服康田也。修愚贱之节，卫武所以勤洒扫也。故天下蒙其德施，言行详其辨聚，坦然宽以容物，温然仁以聚众，非君德，谁能当此哉！位正中而体居下，龙于其时，有此德矣。然则驰情于玄倪，傲物以高明者，天下岂"利见"有此"大人"乎！

六

九四之跃，时劝之也；九五之飞，时叶之也；上九之亢，时穷之也。若其德之为龙，则均也。夫乾尽于四月，而娠起焉，造化者，岂以阳之健行，而怙其终哉？时之穷，穷则灾矣。然而先天而勿违，则有以消其穷；后天而奉时者，则有以善其灾。故曰"择祸莫若轻"。知择祸者，悔而不失其正之谓也。

朱、均之不肖，尧、舜之穷也；桀、纣之丧师，禹、汤之穷也。尧、舜不待其穷，而先传之贤，以消其穷，灾不得而犯焉。禹、汤之持其穷也，建亲贤，崇忠质。不能使天下无汤、武，而非汤、武则夏、商不亡，终不丧于夷狄、盗贼之手。景亳之命，宗周之步，犹禹、汤晋诸廷，而授之矣。

三代以下，忌穷而悔，所以处"亢"者失其正也。而莫灾于秦、宋之季。秦祚短于再传，宋宝沦于非类。彼盖詹詹然，日丧亡之为忧，而罢诸侯，削兵柄，自弱其辅，以延夷狄盗贼，而使乘吾之短垣。逮其末也，欲悔而不得，则抑可为大哀也已！呜呼！龙德成矣，而不能不亢，亢而不能不灾。君子于乾之终，知垢之始，亦勿俾嬴豕之躅躅，交于中国哉！

七

天积日以为岁功，岁功相积，而德行乎其中。然期三百六旬之中，擅一日以为之始，则万物听命于此一日，德以有系而不富矣！且一日主之，余日畔之，一日勤之，余日逸之，其为旷德，可胜言哉！

夫"用九"者，天行之健，不得不极，故其策，二百一十有六，自冬至子初授一策，以极于大暑，后之四日，夏功成，火德伏，而后天之施乃讫焉。则前乎此者，虽夏至当上九之亢，而乾行固未息也。故坤不逮期之半，而乾行过之。其刚健粹精，自强不息者，六爻交任其劳，而不让，二百一十六策，合致其能而不相先。群龙皆有首出之能，而无专一之主，故曰"天德不可为首"，明非一爻一策之制命以相役也。

然则一元之化，一代之治，一人之生，一善之集，一日之修，一念之起，相续相积，何有非自强之时，可曰"得其要而不劳，择其胜而咸利"乎？故论必定于盖棺，德必驯于至极，治必逮于索仁。用九之吉，吉以此尔。

自老氏之学以居镝处后，玩物变而乘其衰，言《易》者惑焉。乃曰"阳刚不可为物先"。夫雷出而荂荣，气升而灰动，神龙不为首，而谁为首乎？德不先刚，则去欲不净；治不先刚，则远佞不速。妇乘夫，臣干君，夷凌夏，皆阳退听以让阴柔之害也。况足以语天德乎！

八

"知至至之，知终终之"。大哉！《易》不言中，而中可绎矣。夫离"田"而上即"天"也，离"天"而下即"田"也。出乎田，未人乎天，此何位乎？抑何时乎？析之不容毫发，而充之则肆其弥亘。保合之为太和，不保不合，则间气乘，而有余不足起矣。乘而下退，息于田而为不足；乘而上进，与于天而为有余。不足则不可与几，有余则不可与存义。勉其不足之谓文，裁其有余之谓节。节文著而礼乐行，礼乐行而中和之极建。

是故几者所必及也，义者所必制也。人为之必尽，一间未达而功较密也。天化之无方，出位以思，而反失其素也。舍愚不肖之偷，而绝贤智之妄，日夕焉于斯，择之执之，恶容不"乾乾""惕若"哉！

夫九三者功用之终，过此则行乎其位矣。功用者，我之所可知，而位者我之所不可知也。功用者太和必至之德，位者太和，必至之化也。德者人，化者天。人者我之所能，天者我之所不能也。君子亦日夕于所知能，而兢兢焉，有余不足之为忧，安能役心之察察，强数之冥冥者哉！此九三之德，以固执其中，尽人而俟天也。

若释氏之教，以现在为不町得，使与过去、未来同消，归于幻妄，则至者未至，而终者杳，不知其终矣。君子服膺于《易》，执中以白健，舍九三其孰与归！

䷁坤

一

太极动而生阳，静而生阴。动者至，静者不至。故乾二十四营，而皆得九，九者数之至也；坤二十四营，而皆得六，六者数之未至也。数至者德亦至，数未至者德有待矣。德已至，则不疾不速，而行固健；德有待，则待劝待勉而行乃无疆。固健者不戒而行，调其节而善之，御之事也。无疆者从所御而驰焉，马之功也。天以气而地以形，气流而不倦于施，形累而不捷于往矣。

阳以乐而阴以忧，乐可以忘其厉而进，忧足以迷其方而退矣。则坤且凝滞褁回，而几无以荷承天之职也。故《易》之赞坤，必赞其行焉。

夫坤何为而不健：于行也？流连其类，而为所系也。西南者，坤之都也，堕山峻巚之区也。据中国言之。君子之言，言其可知者而已。坤安其都而莫能迁矣。自然不能迁。且乾气之施左旋，自坎、艮、震以至于离，火化西流，以养子而土受其富，则坤又静处，而得陨天之福矣。其随天行以终八位，而与天合者，兑之一舍而已，又祇以养其子也。土生金。天下有仰给于彼，自保其朋，饮食恩育，不出门庭而享其宴安者，足以成配天之大业者哉？

是故君子之体坤也，乾化旋而左，则逆施而右以承之。其都不恋，其朋不私，其子不恤，反之于离以养其母，凡四舍而至于东北之艮。艮者，一阳上止，阂坤而不使遂者也。坤至是欲不弃其怀来而不得矣。

夫阳之左旋也，艮抑阴而止之，震袭阴而主之，离闲阴而窒之，将若不利于阴，而阴且苦其相遇，而不胜。然闲之使正，袭之使动，抑之使养其有余，则亦终大造于阴。故陨天之福为阴庆者，非阴所期也，而实甘苦倚伏之自然。使阴惮于行而怀土眷私，仅随天以西施于兑，亦安能承此庆于天哉？则坤之"利牝马"者，利其行也；君子之以"丧朋"为庆者，庆其行也。

夫地道右转，承天之施，以健为顺，盖亦坤德之固然。而《易》犹申之以戒者，为"君子攸行"言之也。六三之"或从王事"，义犹此尔。内卦体具而坤德成矣，犹乾德之成于"乾乾"，"至"至此而"终"终此也。四以上，坤之时位矣。

二

气数非有召而至，阴阳不偏废而成。然则《易》言"履霜"，而圣人曰"辨之不早"，使早辨之，可令无霜，而冰乃不坚乎？则可令大化之有阳，而无阴乎？

曰：霜者露之凝也，冰者水之凝也，皆出乎地上而天化之攸行也。涸阴沍寒，刑杀万物，而在地中者，水泉不改其流，草木之根不替其生，蛰虫不伤其性，亦可以验地之不成乎杀矣。天心十二爱，阳德施生，则将必于此有重拂其性情者。乃逊于空霄之上，潜于重渊之下，举其所以润洽百昌者听命于阴，而惟其所制，为霜为冰，以划品汇，则阳反代阴而尸刑害之怨。

使非假之冰以益其威，则开辟之草木，虽至今存可也。治乱相寻，虽曰气数之自然，亦孰非有以致之哉！故阴非有罪，而阳则已愆，圣人所以专其责于阳也。

先期不听于子羽，则钟巫不弑。爵禄不偏于宋公，则子罕不僭。宫中无"二圣"之称，则武曌不能移唐。燕、云无借师之约，则完颜、蒙古不能蚀宋。阴之干阳，何有不自阳假之哉！辨之早者，自明于夫妇、君臣、夷夏之分数，自尽焉而不相为假也。

三

乾之九五，乾之位也；坤之六五，坤之位也。坤五位正，而坤道盛、地化光，故乾言"造"而坤言"美"，皆极其盛而言之也。

何以效之？ "乾知大始，坤作成物。"因乎有者不名"始"，因乎无者不名成。因乎无而始之，事近武，非天下之至健，不能特有所造；因乎有而成之，事近文，非天下之至顺，不能利导其美。

夫坤之为美，利导之，而已矣。利导之而不糅杂乎阳以自饰，至于履位已正，而遂成乎章也，则蚑者、蝡者、芽者、苓者，五味具，五色宣，五音发，殊文辨采，陆离煹斓，以成万物之美。

虽然，凡此者，皆出乎地上，以归功于天矣。若其未出乎中，而天不得分其美者，坤自含其光以为黄。玄色冲而黄色实，玄色远，而黄色近。实者至足者也，近者利人者也，"含万物"者在此矣。若是者谓之至美。以其丽乎玄而无惭也，故言乎"黄"；以其不炫乎表，以充美也，故言乎"裳"。顺道也，实道也，阴位之正也。圣人体之，故述而不作，以兴礼乐，而成文章，则成以顺而美有实，亦可以承天，而履非位之位矣。六五阴不当位。

然则黄者言乎文也，裳者言乎中也。不在上而当人中。以黄为中，是地与青、赤、黑、白争文，而不足以配天。以裳为下，是五与初、二、三、四齐秩，而不足以居正。子服椒因事偶占，不足据为典要也。

䷂屯

一

夫有其性者，有其情，有其用者，有其变。极阴阳之情，尽九、六、七、八之变，则存乎其交矣。刚柔之始交，震也；再交，坎也。一再交而卦兴，阳生之序也，故屯次乾坤。于其始交，以刚交柔，不以柔交刚，何也？

阴阳之生万物，父为之化，母为之基。基立而化施，化至而基凝，基不求化而化无虚施。所以然者阴虚也，而致用实，形之精也；阳实也，而致用虚，性之神也。形之所成斯有性，情之所显惟其形。故曰"形色，天性也，惟圣人然后可以践形。"阳方来，而致功，阴受化而成用。故乾言"造"，坤言"正位"。造者动，正位者静。动继而善，静成而性。故曰"人生而静，天之性也。"

由此言之，动而虚者必凝于形器之静实。阳方来而交阴，为天地之初几，万物之始兆，而屯绍乾坤以始建，信矣。

乃为玄之言者，谓阴不尽不生；为释之言者，谓之六阴区宇，而欲转之。则浮寄其孤阳之明，销归其已成之实，殄人物之所生，而别有其生。玄谓之"刀圭人口"，释谓之"意生身"。抟阳为基，使阴人而受化，逆天甚矣。

夫阳主性，阴主形。理自性生，欲以形开。其或冀夫欲尽，而理乃孤行，亦似矣。然而天理人欲同行异情。异情者异以变化之几，同行者同于形色之实，则非彼所能知也。在天为理，而理之未丽于实，则为神，理之已返于虚则为鬼。阳无时而不在，阴有时而消。居阳以致阴，则鬼神而已矣，既已为人而得乎哉？故屯者人道也，二氏之说鬼道也。以屯绍乾坤之生，《易》之以立人道也。

二

当屯之世，欲达其屯，则阴之听命乎阳必矣。而谁与命之？将以其位则五处天位，而初者其所建之侯也。将以其才，则震之一阳，威任起物，而五处险中，藏固而不足，以有为也。然则为之阴者，虽欲不"乘马班如"而不得矣。

呜呼！圣人之以"得民"予初也，岂得已哉！五之刚健中正者，其位是也，其德是也，而时则非也。处泥中，而犯宵露，酌名义以为去留，二虽正，而违时，四虽吉，而近利矣。违时者以难告，近利者以智闻。挟震主之威者，乃引天时，征人事，曰"识时务者在乎俊杰"，"从吾游者，吾能尊显之"，则二安得不以顽民，独处其后耶？此子家羁，所以消心于返国，司空图，所以仅托于岩栖也。

三

畜之极，"亨"也；否之极，"倾"也；贲之极，"白"也；剥之极，"不食"也；睽之极，"遇雨"也。然则屯极，而雷雨盈，雷雨盈，而草昧启。上六曰"乘马班如，泣血涟如"，屯将无出难之望乎？曰：时可以长者，上也；不可长者，上六之自为之也。

且夫屯虽交，而难生，然物生之始，则其固有，而不得辞者矣。一阳动于下，地中之阳也。自是而出震入坎之交，物且冒土而求达。乃离乎地中。出乎地上者无几也。水体阳而用阴，以包地外，物之出也必涉焉。出而畅也，则千章之由条，无所禁其长矣。出而犹豫裵回以自阻也，则夭折而不可长。故方春之旦，雷发声，蛰虫启，百昌将出，必有迅风疾雨骤寒，以抑勒之，物之摧折消阻者亦不可胜道。非资乎刚健，见险而不朒者，固不足以堪此。

上六与坎为体，与五为比，借五之尊，资阳之力，谁足以禁其长者？而柔不知决，其"乘马班如"，犹二、四也，于是而不能出，则竟不出矣。犹乎发土而遇寒雨，乃更反，而就映于地中之阳，首鼠狐疑，楚囚对泣，将欲谁怨而可哉！

呜呼！二、四之马首，不决于所从者，在坎中而畏险，人情之常也。上出乎险而远乎初矣，然且栖迟迷留，顿策于歧路，夫何为者？甚哉，初九淫威，孔福之动人也！震主而疑天下之心，五虽欲光其施，岂可得哉！唐文、周墀所为洒涕于一堂也。周衰而苌弘诛，汉亡而北海死。虽壮马难拯，而弱泪不挥，非所望于懦夫之激已。

蒙

一

震、坎、艮皆因乎地以，起阳者也。初阳动乎地下，五阳次进，而入乎地中，故乾坤始交而屯。综而为蒙之象：阳自初而进二，自五而进上，则屯进而为蒙，天造之草昧成矣。天包地外，地在水中。离平地，未即乎天，故屯止于坎；沐乎水，遂跻乎山，故蒙成于艮也。

当其为屯，不能自保其必生，故忧生方亟，求于阳者，草昧之造也；而有生以后，坚脆良楛，有不暇计者焉。逮其为蒙能自保其生矣，则所忧者，成材致用之美恶，求于阳者，养正之功也；姑息之爱，响沫之恩，非所望矣。

夫以生求益者，待命于人，而得膏粱焉。以养正求益者，待命于人，面得药石焉。其待命于人，均也，而所得则别。求膏粱者，于生为急，而急则或隳其廉耻；求药石者，于生若缓，而缓则自深其疢疾。圣人以愚贱之廉耻为忧，而深恤其疢疾，故屯以慎，于所求为贞，而蒙以远，于所求为困。

且以膏粱养人者，市恩之事；以药石正物者，司教之尊。恩出自下，则上失其位；教行于下，必上假其权。惧屯五人，险而失位，故授之以建侯之柄；幸蒙五顺阳，而假权，故告之以尊师之宜。圣人之于《易》，操之纵之、节之宣之，以平阴阳之权，善人物之生者，至矣哉！

二

六阴六阳备，而天地之变乃尽；六位具而卦之体已成。故卦中有阴阳，爻外有吉凶，而卦与爻受之。蒙之上九，象为"击蒙"，岂俯而击下乎？方蒙而击之，是"为寇"，非"御寇"也。四阴为蒙，二阳，为养蒙之主，上将何所击哉？

物之用阴阳也，有过、不及。不及于阴，则过于阳；不及于阳，则过于阴。所过者不载，而伤其不及者，如是者寇生于内。阴阳之行，不为一物而设于，德于此者刑于彼，故荠麦喜霜，而靡草忌夏，况其数之有盈虚，乘乎气之有乖沴，如是者寇生于外。寇生于内者，恤其蒙，而调之，道在于养，二之以"包"为德也。寇生于外者，捍其贼蒙者而保蒙，道在于御，上之以"击"为功也。

夫阴阳之刑害，日与恩德并行于天壤，而物之壮者，或遇之而不伤，物之蒙者，乍婴之而即折矣。是故难起于鼎革之初宁，寒酷于春和之始复，欲盛于血气之未定，则非击不能御，非御不能包。二之中，上之亢，亦相资以利用矣。不知击者，索寇于内，而诛求之迫，斯嬴政之以猜忍速亡，而人笠之招，激而使之复归于邪也，蒙何赖焉！

䷄需

需之为体，六来居四，自大壮来。以尼乾行，三阳聚升，欲遂不果，虽有积刚至健之才，遇险而不能不有，以待之也。顾待之以"往涉大川"乎？行险阻之中，而行之未顺也；将待之以"饮食宴乐"乎？介将雨之际，而几恐或失也。

以往涉为功者，需而不需，束湿苟且以求其成可，为申、商之术。以宴乐为务者，需以为需，守雌处镉而俟其徐清，为老、庄之旨矣。《彖》、《象》义殊而适从无定，异端互托而学术以歧。君子之于需，将何所取哉？则为之释曰：险易者事也，劳逸者势为之也。险有以为险，易有以为易，劳有所为劳，逸有所为逸。

其能顺行而弗失者，恃有为之主者存也，无为之主，则进以逢咎，退以失几。主之者存，则犯波涛而不惊，坐鸣琴而不废。

需所恃者何也？自大壮而往，九进处乎天位也。三阳之兴也，浡然莫御，其上行之势，遇四而非其类，则乍骇而阻矣。骤而视之，则阴也，遍而察之，则险也。故三以仓卒而人泥，初以逡巡而远难。然阴虽来成其险，而不觉自失其尊；阳虽往离其朋，而遂以诞登其位。夫方以类聚，气以同求。五即与四、上为体乎？然其所永好以同功者，三阳其凤侣也。人其中，履其位，操彼之生死而招我之俦伍，则孚可任而贞可恒，五之足恃以为主，决矣。

故二"有言"而"终吉"，三"寇至"而"不败"，得主而行乎险，犹不险也。可以劳，劳则收涉川之功；可以逸，逸则遂宴乐之好。舟附水而利，云依天以游，此所为"光亨"而"贞吉"者尔。彼贸然无主而以需道行之，夫不日需者事之贼乎？而以之饮食宴乐，则丛台、阿房所以速亡其国，刘伶、阮籍所以疾人于狂也。

䷅讼

天之位乎上者，大正之位也，然而未尝不下济也。雷、火、风、泽之气丽乎地，而时跻，以应乎天。惟水不然，以下为性，比地而必于不升，处天地之中以与天争权，则天将施于地，而水竞其功，天即欲不与俱"违行"而不得。是讼之自成，水实致之，而二何以得为"有孚"哉！

尝论之：以无情而诬上者，逆也，非讼也，讼则有可言之情矣。气数自然之争，岂犹夫告密投匦之小人，得已而不已者与？二之所执，以为言者，阴长而已窒其中也。劳而自矜，已而怨曰："我之有功于天也，天其德我哉？我不来自遁来，三来居二。而天且偕以遁。我来而抑不我应，五不应二，则是我'窒惕'之劳，漠不相知，而不平之鸣，恶容已耶？"怨自此兴，而讼亦自此长，元咀之所以终于逋亡而不恤也。由是言之，直在坎而屈在乾，明矣。

君子则曰：与其为讼也，不如其为遁也。干我者吾避之，劳于我者，吾所应得。诎于不知己，而伸于知己，越石父且以告绝于晏婴，况其在君臣父子之间乎！故五正中位，不挠于讼而得"元吉"，所谓"大居正而不惭"也。惟夫上九也者，可以致胜于坎者力尽，而不止，故卫郑再归而见绝于《春秋》，讼上锡带而三褫于《大易》。

呜呼！人事之险阻，出于怨望，怨望出于恩德。知恩德为时位之当，然而无功名之可恃，则险阻平于心，而恩怨消于世。六三舍中位以消遁，柔以承天，善世而不伐也，斯足尚乎！

䷆ 师

自轩辕用兵，以征不服，迄乎有扈之役，帅师者皆君也。迨夫太康失御，而胤侯徂征，则弗躬弗亲，而兵柄移下。《易》，衰世之事也，故二以阳为群阴之主，而特为师修命将之典。因王伯之命讨，以治尧、禹之天下，盖弗能违已。然授三锡之命，行开国之赏，令行于师中，功论于宗庙，上为宗庙。威福之权自一也。

乃夫一阳受钺，所帅者皆阴也。捐坟墓，弃妻子，争生死，于原野，以贸金钱、牛酒之颁，其非孝子顺孙，而为贪欲惨忍之细人，亦明矣。故不律有戒焉，无功有戒焉，弟子有戒焉，小人有戒焉。凡凶者，皆以阴柔而戒也。阴之为道，蕴毒而不泄，耽欲而不厌，投危地而不前，处成功而善妒。此四者，皆不利于师，而其害相因。溺于利，则义不奋矣。竞于私争，则公战怯矣。娟以居功，则掩败不耻矣。兵刚事，而用柔，则吉一而凶三，岂不危哉！

虽然，又岂能舍此，而别募君子之军邪？然则如之何？其惟"容畜"于居平而致果于临敌乎！以其容畜，奖其致果，则小人之勇可使也。以其致果，用其容畜，则君子之怒已乱也。班仲升曰"水至清则无鱼，人至察则无徒"，可谓知容畜矣。以三十六人，攻匈奴之使，何其果也！此千古行师之要，授受在心。盖参阴阳之用，酌健险顺之宜，而不至学古兵法之区区也。

俗儒之言兵也，贵其"左次"，则"无咎"而已。常仅不失，而变无以御。宋以之亡，而不悟，乃曰"君无失德，民不知兵"，以乞命于天下，而辞其咎，则岂不哀哉！

䷇比

当比之时，群方咸附。五之得众，盖莫盛焉。水润以下，因地奠居，在浍成浍，因川成川，清者与为化光，浊者与为流恶，地皆受之，未尝有所择，而致其宠矣。乃群阴之比于五也，岂无所效哉！小人乐得其欲，报以奔走；君子乐得其道，报以忠贞。而二以柔得位，与五为应，则五所怀集，莫有先焉。是大海之有江、汉也，太山之有云、亭也，夹辅之有周、召，列侯之有晋、郑也。

若其失一德之咸，而但依末光，挹余润，以拟于思媚之细人，则将何以酬"显比"之知乎？

夫上之我昵，非可恃者也。我之可亲，可恃者也。以恃我往者，亲而无惭；以恃彼往者，昵而逢厌。上不厌我，于报施，而天下厌我，于容悦，则适以成五量之大，而又适以累五德之偏。然则二以正应，为责备之归，岂不甚与，而六二固无忧也。宠至而惊，继之以骄，二与群阴，同其柔以上附，而无自诧殊异之心，则承宠虽盛，不丧其故吾。若夫位与五相为好仇，德与五相为唱和，亦其分尔。五无私，则二亦不有私人之嫌。无嫌，而又何嫌之有乎！

呜呼！宠禄之于人甚矣，况渥之以恩礼哉！贤者自失于功名之际，中人自失于福泽之加，非当位中正，和于群而不矜独遇如六二者，能勿波靡而风披，盖亦鲜矣。光武无猜，而严光且以要领之绝戒侯霸也，又况在不宁初来之世也哉！

䷈ 小畜

小畜，巽畜也。大畜，艮畜也。巽体阴而用多阳，艮体阳而用多附：体者其情也，用者其名也。以名召我，而情固止之，甚矣哉，巽之柔，而阴鸷也！

夫畜有养道焉。阳任治，阴任养。天下不以养始者，终不能止。饫以所需，则情留而息。自有人事以来，壮夫危行，而却步于阴柔者，皆养为之胶饴，而孰能轶此以径行哉！夫养阳者阴之职，虽蹈其机，难辞其奉，圣人亦且因而成之。阳固已却步焉，而犹安之以时数者，亦曰其职也。

虽然，其养之也，则又有厚薄之不齐矣。山之养也，出云升雾以应天者，且合天于蒸歊之气。若夫风之为体，旁行解散，致养已薄，而徒用其柔，密为之止，则"密云不雨"之势已成，而五、上之阳，方且从彼党，而助其用。五矜富力，上载德色。孰知夫周旋不舍者，因长塞其人求三阳之迳径，且受转于阴而为之役，则五、上亦愚矣。甚矣哉，六四之坐取群情而柔之于衽席也！

夫薄养而固止之，巽无礼，而乾亦不光矣。则夫受止者，失得吉凶之数亦有辨。三，争其止者也。二，静于止者也。初，受其止者也。三进故争，二中故静，初应故受。以争往者人其机，而巽始以机鸣得意，月望之凶，"反目"之激矣。以静俟者保其健，而初、三各效其功，彼以邻为富，我以牵为援矣。以受退者，老其敌，而四亦以不测自危，"血惕"之防，四仅免焉。咎责之来，初自信不疑而任之矣。"何其咎"，言负何其咎也。俗以"负何"字加草作荷,遂训此作谁何之义。其惟初乎!阳受其止,而密制其机。任讥非于当世,而移易其阴鸷之心,故出入于危疑而光明不咎,其吉也,义固许之矣。

夫如是,将斗阴阳,而相制以机乎?曰:非然也。小畜之时,不数遇也。止则穷,穷则变,故君子以变行权,而厚用其"密云"之势。非小畜之世,无尚往之才,而触物之止,即用其机,则细人之术也,而又何足以云!

䷉ 履

一

为卦之体,惟一阴,而失位以间乎阳,则天下忧危之都,莫履若也。君子以涉于忧危,而用为德基,犯难而不失其常,亦反求其本而已矣。

本者何也?阳因乎阴为艮,阴因乎阳为兑。因者为功,所因者为地。兑以阳为地,以阴为功。爻任其功,卦敦其地。任其功者,功在阴,阳与阴争,相争则哩。敦其地者敦于阳,内为外主,有主则亨。二阳之基,兑之本也。

险阻生于言笑,德怨报以怀来。厚其怀来之积,消其言笑之机,则物之所不惊矣。初之与二,无求者也,无求而情必以实。在心为素,在道为坦,故无求于物者,物亦不得而惊之。

行乎不得已,而有履焉,时为之也。逮乎履之既成,而溯其所由以不蹶,非初、二之刚实而无冀乎物情之应者,以为之基,则亦恶从致此?故曰"其旋元吉"。上序致祥之绩,固不在所应之六三,而必策勋于初、二矣;若徒以三也,恃言笑之柔,往试于群刚之林,外柔中狠,鬼神瞯之,而况于虎之以咥人为道者乎?

二

"履虎尾，不咥人"，以数驭之乎？以道消之乎？以数驭之者，机变之士，投试不测，而售其术，君子羞称之矣。而世所谓以道消之者，非道也，为"婴儿"也，为"醉者"也。虎过其侧，而不伤，曰"天和"存焉。天和者，无心以为营，"缘督以为经"，"浮游"于二气之间，而"行不跟地"。若土之北游也，御寇之御风也，绝地而离乎人，与之漠不相与，而自逃其难，则亦恶在其为能履虎尾哉！

夫履虎尾者，则既履之矣。虽虎尾，亦素位也。时穷于天，事贞于变，贤者固有不能及之理，圣人亦有不得尽之功。不能及者，勉强及之，不得尽者，无或忘之，而不相悖害。然且虎兴于前，而且将咥我，尤返而自考曰，"我过矣，我过矣"，益退而考其近行焉。天乃佑之，而物之悍戾者亦恻怛而消其险矣。故其不咥者，实自求之祥，非偶然也。

鱼朝恩发郭子仪之墓，以激其怨望，而子仪泣对代宗曰："臣之部曲发人坟墓多矣，能勿自及乎！"子仪之言而虚也，则鬼神啁之矣，惟其实也，斯自反之诚也，其旋之考也。若子仪者，合于君子之道矣，而又奚疑！

䷊泰

一

天位乎上，地位乎下，谁为为之？道奠之，故曰："一阴一阳之谓道。"先阴后阳者，数自下生。降其浊者，清者自升，故曰："天地定位。"终古而奠者如斯，则道者一成而不可易也。今以乾下坤上而目之曰"交"，坤下乾上而目之曰"不交"，则将易其所奠而别立道以推荡之乎？曰："非也。"道行于乾坤之全，而其用必以人为依。

不依乎人者，人不得而用之，则耳目所穷，功效所废，其道可知而不必知。圣人之所以依人而建极也。

今夫七曜之推移，人之所见者半，其所不见者半。就其所见，则固以东为生，以西为没。而道无却行，方其西没，即所不见者之西生矣。没者往也，生者来也。往者往于所来之舍，来者来于所往之墟。其可见者，则以昏、旦为期；兼其不可见者，则以子半、午中为界。阴阳之成化，于升降也亦然。著候于寒暑，成用于生杀。碧虚之与黄垆，其经维相通也，其运行相次也，而人之所知者半，所不知者亦半。就其所知，则春为我春，秋为我秋，而道无错序。

不秋于此，则不可以春于彼；有所凝滞，财亦有所空虚。其可知者，则以孟春为始，兼其不可知者，则以日至为始。

是故泰之下乾，而上坤也，坤返其舍，而乾即其位也。坤之阴，有一未离乎下，则乾之阳，且迟一舍而不得以来。乾之阳有一尚滞乎上，则坤之阴且间一舍而不得以往。往者往而之下，来者来而之上，则天地之位，仍高卑秩然，而无所杂也。

若是则天地之方交，其象动而未宁，何以谓之泰乎？则释之曰：苟欲求其不动者以为泰，是终古而无一日也。且道行于乾坤之全，而其用必以人为依。夫阴阳各六，圞转出入以为上下，而可见者六，不可见者六。可见之上，与不可见之下而相际；可见之下，与不可见之上而相际。

当泰之世，其可见者，乾下坤上也；不可见者，坤下乾上也。前乎此者为损，后乎此者为恒。损先难而恒杂。其可见之炳然，显往来之极盛者，莫若泰焉。故曰"小往大来，亨"。此其所以通于昼夜寒暑，而建寅以为人纪，首摄提以为天始，皆莫有易焉。何也？以人为依，则人极建而天地之位定也。

二

今欲求天地之际，岂不微哉！有鳞町人皆天也，有尘可积皆地也。其依附之朕，相亲相比，而不可以毫发闲者，密莫密于此际矣。然不能无所承而悬土于空，无其隙而纳空于地。其分别之限，必清必宁，而不可以毫发杂者，辨莫辨于此际矣。夫凡有际者，其将分也必渐。治之绍乱。寒之承暑，今昔可期而不可期也。大辨体其至密，昔之今为后之昔；无往而不复者，亦无复而不往；平有陂，陂亦有平也。则终古此天地，终古此天地之际矣。

然圣人岂以此悠悠者为固然而莫为之主哉？大辨体其至密，而至密成其大辨。终不可使其际离焉，抑终不可使其际合焉。故晴雨淫则虹霓炫，列星陨则顽石成。孰使比邻而无瓜李之嫌？孰使晏寝而无桦椛之乱？危乎！危乎！辨不易昭而密难相洽也。则终古此天地之际，亦终古此"艰贞"矣。

所以然者，上者天之行也，下者地之势也。坤之欲下，岂后于乾之欲亡哉？且乾欲坤之下，岂后于坤之自欲哉？然初者，四他日之位也；三者，非四他日之位也。使四乘其居高极重之势，骤下而逼阳之都，则纷拏互击，而阳且败，归妹所以"无攸利"矣。何也？气轻而不能敌形之重也。居此际也，正其体，不息其行，积其至轻，荡其至重；则三阴不能不迂回其径，率类以往，仍归乎其域，而效"牝马之贞"矣。凡此者，艰贞之功，三阳共之，而三则首启戎行以犯难焉，故于食，而有福以报之也。

然则圣人之赞天地以奠其位而远其嫌，岂不严哉！是故知其至密，而后见运化之精；知其大辨，而后见功用之极。彼以为乾坤之气，迭上下而相人以致功者，为天地之交，将强纳地于天中，而际亦毁矣。

䷋ 否

一

乾坤胥行者也。使不诊其行之往来，则坤下而乾上，久矣其为天地之定位，而恶得谓否？

乾行健运，坤势顺承。承者，承命也。命有治命焉，有乱命焉。乾自四，以放于上，位綦乎尊，而行且不息，治将何所拟以为归乎？自其可见者言之，其上无余位也；自其不可见者言之，将偕人地之三阳，逆下而逼阴之都。上无余位，既穷极而遁于虚；逼阴之都，又下侵而旷其应；皆命之乱者也。

坤于此而顺之，以随行而蹑其迹，于是乎干上之势成而无可止。是故阴阳有十二位焉，其向背相值也。泰，让所背之三，以处阴者也；否，侵所背之三以逼阴者也。得所处则退而自安，逼其迁则进而乘敝。否之成，非乾自贻而孰贻之哉！

嗟乎！来者往之反也，而来之极则成往。欲其不往，则莫如止其方来。故志不可满，欲不可纵。一志一欲，交生于动。天地且不能免，而况于人乎？故曰"吉凶悔吝生乎动"。则裁成辅相夫天地，亦慎用其动而已矣。

老子曰："反者道之动。"魏伯阳曰："任畜微稚，老枯复荣；荠麦芽蘖，因冒以生。"则是已动而巧乘其间，覆稻舟于彭蠡，而求余粒子蚌蟹之腹也，岂不慎乎！

然则乾之健行而君子法之以不息者，何也？彼自乾德之已成者言之也。以六位言之，纯乎阳矣。以十二位言之，阴处乎背，亦自得其居，而可使安也。若夫霜冰中蹢躅之方来，不可见而无容逆亿之也。于所见不昧其几，于所不见不忧其变。故曰"知者不惑，仁者不忧"，此之谓也。

二

人与人而相于，则未有可以漠然者矣。故上而不谄，所以交上也；下而不渎，所以交下也。不丧其节，不昵其情，止矣。绝己于天下则失义，绝天下于己则失仁。故否之道，无施而可。

虽然，亦视所以用之者。天地且否，而君子岂尤其否乎？夫君子之通天下者有二：所以授天下者德也，所受于天下者禄也。舍此，则固由己而不由人，无事拒物而自不与物通矣。德不流行，则绝天下于己；禄不屑以，则绝己于天下。故于田而怀纳沟之耻，出疆而勤雉脂之载。不丧其节，不昵其情，亦未有不如是者也。

乃不有其避难之时乎？避难者，全身者也；全身者，全道者也。道为公，德为私。君子之于道，甚乎其为德，而况禄乎？且夫禄以荣道，非荣身也；荣以辱身，斯辱道也。故俭德而固其一，禄不可荣而塞其情。固其一，他非吾德也；塞其情，道在不荣也。虽有不忍万物之志，亦听其自为生死而吝吾仁；虽耻以百亩不易为己忧，亦安于降志辱身而屈吾义。故伊尹之有莘，避桀难也。伯夷之北海，避纣难也。桀、纣者，敷天率土之共主，神禹、成汤之胄胤。当其不可为龙逢，不可为鄂侯，则勿宁塞仁锢义以全道。况乎其不但为桀、纣者乎？

而或为之说曰："恶不可与同，而德胡不富？吾有其不忍，则遇可闵，而且仁。吾知其所宜，则遇可为而且义。吾有所不屈，则伸吾直。吾有其不昧，则施吾智。"是王猛之于苻氏也，崔浩之于拓拔也。启其窦，发其机，渐牖其情，不知其人于利赖而以荣禄终焉。

呜呼！是将以为泰乎？如不以为泰也，则恶得而不用否也？吝吾仁义，如吝色笑焉。选择于德之中，而执其一，天地不能为吾欣，兄弟友朋不能为吾戚，如是而难犹不我违，而后安之若命。彼妹妹然以其德，与其荣为避难之善术，曰："人于鸟兽之群而不乱，大浸稽天而不溺。"亦恶知与羽俱翔，与玄俱蹠，与流俱靡，其下游之必然乎？故君子有否，不但任天地之否也。

三

阳之摈阴，先之以怒；阴之干阳，先之以喜。喜者气升，怒者气沈；升者亲上，沈者亲下；各从其类以相际，而反其气，以为用者，性之贞也。阳非期于摈阴，而当其行，不得不摈。怒者，摈之先见者也。阴非期于干阳，而当其遇，必承以喜。干者，喜之必至者也。既已有其性情，遂以有其功效。故阴之害，莫害于其喜也。

六三阴进不已，而与阳遇矣。遇而得其配，则喜；遇而幸其往而必虚，则又喜。喜沓至而不戢，遂不恤其身之失也。故极性情之婉媚，而不以为羞，不以为羞，则物羞之矣。彼往而不我争，利之以为功；彼往而不我狎，奔之以为好；不倡而和，承虚而入。凡此者，皆阴之怀惠，而善靡者也。惟其怀惠，是以善靡。故曰"名生于有余，利生于不足"。

或曰："阴之为德，乃顺承天。踵阳而继之，以相阳之不逮，奚为其不可乎？"曰：否之乾老矣，其坤则壮也。以壮遇老，而先之以喜，其心不可问已。且阴阳之善动者，动于情，贞于性。先之以刚克，其后不忧其不合；先之以柔进，则后反忧其必离矣。故君子不尽人之欢，而大正始。是以许阳之际阴而戒之曰"勿恤其孚"；不许阴之际阳，而丑之曰"包羞"；所为主持其中，以分剂阴阳而故反其性情者也。反也者，行法以俟命者也。阳刚而奖之交，阴柔而戒其交，则性情归于法矣。《诗》云"君子如怒，乱庶遄沮"，其"艰贞"之谓与！《书》云"巧言令色，孔壬"，其"包羞"之谓与！

第二章　周易外传卷二

同人

　　阴阳相敌，则各求其配，而无争。其数之不敌也，阴甘而阳苦，阴与而阳求，与者一而求者众，望甘以为利之壑，则争自此始矣。惟夫居尊，以司与者，众诎于势，而俟其施，则大有是已。过此者，不足以任之。故同者，异之门也；同人者，争战之府也。

　　孤阴以同五阳，处中而韬其美，则纷纷者不能给其所求。不给所求，则相寻以构而怨不释。抑恶知理之宜配者在彼乎？而恶知分之不可干者在彼乎？则臣主交兵，而上下乱，故君子甚危其同也。能远其咎悔者，惟初、上乎！近而不比，远而不乖，无位故也。

　　呜呼！系群情之望，启忮求之门，知我者不希，而我亦不贵矣。保其齐，而不失其宗，夫亦各行其志焉尔。然则以一柔，而遇众刚，继之以争而不惑，如同人之二者，岂易得哉！"虽速我讼，亦不汝从。"于野之亨，不足以为同人喜；于宗之吝，不足以为同人悲。道所宜吝，不得而亨也。里克之忠，不如荀息之信；徐庶之出，不如庞公之隐。而况其显应以卒协于大同也哉！

䷍大有

一

丽大有者，既为五之所有矣。为五之有，则五下交，而群阳承之。初，犹同人之上也，孤立而不亲，为德所不及，而君子不受其享。"无交"之害，岂有幸哉！然而可免于咎，则何也？无托而固，不亲而免谪者，其为阳乎！处散地而自保，履危地而自存，遁迹于思膏之外，傲立于奔走之交，自有其有者，义不得而咎也。

虽然，其亦艰矣。消心于荣宠者，移意于功名；消心于功名者，移意于分义。大人以分义尽伦，曲士以幽忧捐物，古有之矣。道之所不废，则君子亦为存其人焉。然而礼者自履也，行者自型也。合天德之潜龙，行可见之成德，其庶几焉。

若夫土木其形，灰槁其心，放言洗涤，而托于曳龟，逃牺之术，以淫乐于琴酒林泉，匪艰而自诧其无交，披衣、啮缺所以不见称于圣人。

二

天下之用，皆其有者也。吾从其用，而知其体之有，岂待疑哉！用有以为功效，体有以为性情，体用胥有而，相胥以实，故盈天下，而皆持循之道，故曰："诚者物之终始，不诚无物。"

何以效之？有者信也，无者疑也。防我之生，洎我之亡，祖祢而上，子孙而下，观变于天地，而见其生，有何一之可疑者哉！桐非梓，梓非桐；狐非狸，狸非狐。天地以为数，圣人以为名。冬不可使炎，夏不可使寒，参不可使杀，砒不可使活。

此春之芽絮彼春之苗，而不见其或贸。据器而道存，离器而道毁，其他光怪影响，妖祥倏忽者，则既不与生为体矣。不与生为体者，无体者也。夫无体者，惟死为近之。不观天地之生而观其死，岂不悖与！

圣人之于祭祀，于无而萃之以有，以遇其忾息。异端之于水火，于有而游之以无，以变其濡熟，则何其言之河汉也！

《象》曰："大车以载，积中不败。"盖言有也。阴阳之理，建之者中，中故不竭；行之者和，和故不爽。不爽不竭，以灌输于有生。阳行不息，阴顺无疆，始以为始，中以为中，迭相灌输，日息其肌肤而日增其识力。故稚之与壮，壮之与老，形三变而神三就。由其并生，知其互载，则群有之器，皆与道为体者矣。故形非神不运，神非形不凭。形失所运，死者之所以有耳目，而无视听；神失所凭，妖异之所以有景响而无性情。车者形也，所载者神也。

形载神游而无所积，则虚车以骋于荒野，御者无所为而废其事，然而不败者鲜矣。故天地之贞化，凝聚者为魂魄，充满者为性情。日与其性情，使充其魂魄者，天之事也。日理其魂魄以贮其性情者，人之事也。然后其中积而不可败矣。

老子曰："三十辐共一毂，当其无，有车之用。"夫所谓无者，未有积之谓也。未有积，则车之无即器之无，器之无即车之无，几可使器载货，而车注浆？游移数迁，尸弱而弃强。游移数迁，则人人于鬼；尸弱而弃强，则世丧于身。息吾性之存存，断天地之生生，则人极毁而天地不足以立矣。

故善言道者，由用以得体；不善言道者，妄立一体，而消用以从之。"人生而静"以上，既非彼所得见矣，偶乘其聪明之变，施丹垩于空虚，而强命之曰体。聪明给于所求，测万物而得其景响，则亦可以消归其用而无余，其邪说自此逞矣。则何如求之"感而遂通"者，日观化而渐得其原也哉！故执孙子而问其祖考，则本支不乱。

过宗庙墟墓而求孙子之名氏，其有能亿中之者哉！此亦言道者之大辨也。

然则其义何以见之于大有之二也？大有者，有也。所有者阳，有所有者阴。阳实阴虚，天生有而火化无。二为五应，为群有之主，率所有以实五之虚，二之任也，乃以实载虚，以生载化，则有群有者疑于无，而与天地之藏不相肖。故推其任于二，而责之备焉，曰非其积中也，败故乘之，而亦乌能免于咎哉？

"无咎"者，有咎之辞。二以五之咎为咎，斯不咎矣，故五以"交如"发志，因二以为功也；以"无备"须威，内反而不足也。《象传》之以败为戒，岂为二本位言之乎！

谦

拳石，山也，而极乎泰华，高下磊珂，盖尽乎象之不平者矣。地之属也，而违其直方，以不平成象，地之憾也。故圣人于艮下坤上之谦，示平道焉，以消其不平，忧患之卦也。

夫山之不平也，惟其有多，是以有寡。地加其上，则地形成而山形隐，故平不平者，惟概施之而无择，将不期平而自平。削其多者以授寡者，平道也，而怨起矣。寡者益焉，多者亦衰焉，有余之所增，与不足之所补，齐等而并厚，乐施之而不敢任酌量之权。故高极乔岳，卑至培楼，地总冒其上，以自居于厚，而无择于所施。

至于多者不能承受而所受寡，寡者可以取盈而所受多，听其自取，而无所生其恩怨。其究也，施亦平矣。

呜呼！此君子所以待小人之道也。小人者，不足于人，故"物"之，不足与言交，故"施"之。施者货贿之事，衰益者厌足之道也。小人之欲，尽于货利，而碾磊虺虺，率以此端。地者阴也，利也，养也，柔也；其动为情，其效为财，其德为膏粱，其性为将顺，皆小人之所取给者也。鹿台之赍，所谓"善人"者，亦沫土之翩翩者尔，故受衰多之锡，而鸣其富。岂可施之首阳之二士乎？

然而求定之天下，亦聊以适其聚散之平矣。君子盖不得已而用谦，以调物情之险阻也。故居之也"劳"，而终之以"侵伐"。极小人之欲，而终不能歉，则兵刑继之，而天下乃不以我为暴。

呜呼！是岂君子之乐为哉！

夫君子之相于也，此无所快，彼无所憾，寡无所求，多无所益，岳岳焉，侃侃焉，论道而无所苟同，当仁而无所复让，序爵以贤，受功以等，上违下弼，匡以道而行以直，而亦奚用谦为？故曰："谦，德之柄也"，所以持物之长短而操其生死也。谦于是而有阴用焉，而以迎人之好，邀鬼之福，则有余矣，故爻多"吉"而无"无咎"。其吉也，尚未能免于咎矣。呜呼！君子一而小人万，以身涉于乱世之末流，不得已而以谦为亨，君子之心戚矣。

 豫

阳求阴与。一阳之卦，众阴争与焉。惟比为得天位，而允协其归，外此者各有疑也。在谦与三，在豫与四。受物之与而固处于内，则自见其不足；因物之与而往出于外，则自乐其志行。乃见不足者，长二阴之上，而自立其垒；乐志行者，近六五之尊而藉以立功。故谦三尸号曰"民"，豫四正名曰"朋"。"民"云者，各君其国；"朋"云者，众分其权。各君其国，五之所不得统也，侵伐之所由必起；众分其权，五之所得统也，中道之所以不亡。缘此故也：势逼而动，未能为敌；位远而静，艮，止，静也。反以起戎；则猜庸之主，维系英杰于肘腋之下，以掣制其权，而几幸乎宴安者，是或一道矣

夫谦三之卑职以分民，吾不保其亡他；豫四之奋出以任事，或亦幸其易制。乃众建于疏远之地，利在不倾，害在不掉，而廉级既定，卒有不复率天下以征一夫，功易就而势不可弱。若因疑忮之情，拘维之于耳目易及之地，削其威灵，降其等列，四不能，以民礼使众，众亦不以民礼事四，取苟且之安，席终年之乐，而豫五之疾，亦自此而深矣。

恒疾者不见疾，不死者重其死。寄生烟食，于天位之上，

中華藏書

第四部 船山说易

而孤零弱仆，夷狄盗贼起而乘之，则不死者待然遽尽，而亦孰与救之哉！故安、史不足以亡天宝，而岳、韩不足以起炎、兴，侵伐利而贞疾危，亦千秋之永鉴已。

䷐随

随者，否阳来初以从阴，而消否者也。蛊者，泰阳往上以召阴，而坏泰者也。随者从也，故于其世，下皆随上以进。蛊者待治者也，故于其世，上临下而治之。随，初、五阳随阴，三阴随阳，又内卦一阳随二阴，外卦二阳随一阴。蛊，上、二阳治阴，四阴治阳；又内卦二阳治一阴，外卦一阳治二阴。谓之蛊者，阴入阳内而惑乱之，故待治。

然二与五皆相应焉，则随虽相蹑，蛊虽相压，未尝废其所为唱和者也。故随二之"失"，随五之"孚"，贞淫之情别；蛊二"干母"，蛊五"干父"，刚柔之克审焉。乃由是思之，随之有功，孰有盛于初者哉？

阳之所以亢而成乎否者，自惜其群而不屑从阴焉耳矣。孰为之阃阈丽若或尼之？所难者，奋然一出而已。震于否者，天下之所大惊者也；随于阴者，天下之所大疑者也。冒天下之惊疑，而以行其不测之勇，将勿为轻试矣乎？曰：非也。否固必倾矣，是天下相渝之日也。天下未渝，而投其身于非类之中，则志未足以白而先失乎己；天下将渝，而无嫌于非类之比附，则犯天下之惊疑，而固不自失也。故曰"随时之义大矣哉"。非其时，即其人，未可也。非其人，即其时，未可也。

况所与从者柔中之六二，专心壹好，以与我相缠绵而不舍，斯岂非堂堂鼎鼎，释万物于阴霾闭塞之中，发萌蘖，启蛰伏，以向昭苏之时哉？而又何待焉！

呜呼！自初阳之倜然，绝其类以居下，而天下遂成乎随时矣。初不吝出门之交，则二不恤丈夫之失；三乃决策于丈夫之系，而不恋小子之朋；五亦嘉与上，而上弗能不为维系也。然则昔之否塞晦蒙，绝天地之通理者，亦岂非阳之恝于弃世，而可仅咎阴之方长也乎？

孔甲之抱器以归陈涉，有苦心焉，而无其德；鲁两生之谢汉高，而需百年，抑恃其德而失其时。轻出者为天下笑，而绝物者抱尺寸之义以蔑天人。然后知随初之贞，备四德而未尝有咎。君子之托身于否极之世者，非流俗之所能测，而体天为德，则知我者其天乎！

 蛊

蛊之上，亦随之初也，综象。而情与事交殊焉。蛊之上，亦随之上也，随阴往，蛊阳往。而德与时交异焉。如蛊上者，乃可以"不事王侯，高尚其事"矣。

故随初反其道，而有功，随上同其往而必穷。随上，柔也，穷而五犹维系之也，五相随而孚者也。蛊上，刚也，五阴而不受治于上，无孚也。因泰而变，上下交而不固，王侯以礼相虚拘焉。贪下贤之誉，而无其实，则去之而非其所急；无下贤之实而徒贪其誉，则去之而终不我尤。于此而裴回顾恋，以冀功名于蛊坏之日，其将能乎？

申屠蟠之辞召也，陶弘景之挂冠也，庶几以之。而范希文以谓严光也，则非其类矣。如光者，交不待出门而固合，意可以承考而无疑，奚其傲文叔以相臣，而致惜于君房之要领哉！

故释氏以生死为大事，君子以出处为生死。钟鼎、林泉，皆命也，而有性焉。性尽而命以贞，君子不谓命也。若其不然，画所见以为门，放其情而无则，则且有伪周已革，而张说之涕犹零；蒙古已亡，而王逢之悲不已。官已渝矣，志抑无可尚者。迷留于否塞晦蒙，而溺以槁死，小人之志节，亦恶足纪哉！

䷒临

一

以临为道，故阴可得而治也。

夫生杀者，万物之命，刚柔者万物之性。必欲治之，异端所以訾圣人之强与于阴阳，而非然也。圣人者人之徒，人者生之徒。既以有是人矣，则不得不珍其生。生者，所以舒天地之气，而不病于盈也。生，于人为息，而于天地为消。消其所亢，息其所仅，三才胥受成于圣人，而理以流行。阴性柔而德杀，则既反乎其所以生，虽欲弗治，其将能乎？而何云其"强与"邪！

彼固曰："萧条者形之君，寂寞者气之母。"宜其奖夜行，而守雌黑矣。夫萧条之馆，寂寞之宫，虽天地同消之墟，而所由以致其敢杀之功名，则阴独任之。阴既日蓄其惨心，以俟阳之衰，觊无与治之，以立功名于萧条寂寞之日，而犹听之而无与折也，则历万物而皆逢其耗。彼且曰："行不言之教，尸不为之德。"教者无教，德者不德。不德者刑尔，无教者乱尔。非夜行之雄，孰敢然哉！

且夫君者群之主也，母者子之养也。匪刚，弗克为主矣；匪生，蔑用其养矣。故变蕃者形之君，纲组者气之母。萧条而寂寞者，何归乎？归乎形之离，而气之萎焉尔。反终以为始，任仇以为恩，而后可以不治。不治者乱也。夷狄也，女主也，师狱吏也，任盗贼也，皆自此兴，夫恶得不临治之哉？

然则复何以不治也？植未固也。泰何以不治也？功已成也。不自我先，不自我后，临独劳而不可辞矣。大亨以正，刚浸长而天体立矣，备乾之四德以予之，作《易》者之所以宠临也。

二

临，治也。咸，感也。治之用威，感之用恩。咸以为临，道固有异建，而同功者乎？临刚浸长，来以消往，初、二秉阳质为兑体，贞悔殊地，上下异位，性情相近，母女合功，以卑治尊，以义制恩，势固有不得，而竞者也。而终用此以底临之绩也，则何居？

阴疑而战，而况其得数多，而处位尊者哉？阴之性贼，而势便于后起，操生死于己，而授兵端于人。藉不揣而急犯之，则胜败之数恒存乎彼，而我失其权。"咸临"者，名正而不居，力强而不尚，循其素位，报以应得，无机无形，祸不自己，彼且相忘而示我以所怀矣。因其所示，发其所藏，替其所淫，缓其所害，深入而致功，移风革化，而怨不起。如是乃可以临，而无有不顺命之忧矣。故以咸为临，临之道也。

抑此术也，阴善用之消阳，临且尤而效之，则又何居？曰：不因其情者不足以制，不循其迹者，不足以反。今夫兑，外柔而中狠者也。以柔因之，以狠反之。以之消阳则为贼，以之临阴则为正；小人用之则为机，君子用之则为智。不愧于天，不怍于人，其动有功，其静不失。如是者，可以大亨而正矣。而岂若恃名实之有据，硁硁悻悻，继以优游之自丧其功者哉！

韩退之之辟佛也，不测其藏，而驳之也粗，故不足以胜缁流之淫词。景延广之拒契丹也，未酬其惠，而怒之也轻，故适足以激胡马之狂逞。使知感之，乃以治之，而无损于贞吉，邪之不胜正也，自可徐收其效矣。

然则贾捐之用机，而身名俱陨，岂其贤于孔融乎？夫捐之知感，而不知贞者也。当好遁之时，行"咸临"之事，德薄而望轻，位卑而权不固，其败宜矣。自非乘浸长之刚，膺治人之责，初、二同心而无间者，固未易由此道也。

阴阳之际，存亡之大，非天下之至几者，其孰能与于斯！

䷓观

积治之世，富有者，不易居也；积乱之几，仅留者，不易存也。观承否之后，固已乱积，而不可掩矣。而位未去，而中未亡。位未去，圣人为正其名；中未亡，圣人为善其救。

正其名者何也？来者既主，往者既宾。主者挟朋类，以收厚实，宾者拥天步而仅虚名。百姓改心，君臣贸势，然而其名存焉。名者天之经也，人之纪也，谊夫志士所生死争焉者也，庶几望之曰：群阴之来，非以相凌，而以相观，平声。我之为"大观去在上"，固终古而不易也。然而圣人之所以善救已往之阳者，亦即在此矣。

夫阴逼阳迁，而虚拥天位，救之也不容不夙，而尤惧其不善也。善其救者，因其时也。观之为时，阴富而阳贫，生衰而杀王，上陵而下固，邪盈而正虚，人耗而鬼灵。凡此者，威无可用，用之而床，且见剥；恩无可感，感之而膏每逢屯。然且亵试其恩威，以与力争其胜败，败乃速亡，胜亦自敝，此既其明验矣。且阴不先动，乘阳之虚；阳不遽虚，因动而敝；机兴鬼瞰，妖自人兴。然则非通消息之藏，存性命之正者，亦恶能以大观去声。而保天位哉！

是故观去声。者我也，观声。者彼也，忘彼得我，以我治彼，有不言之教焉，有无用之德焉。故麋鹿兴前，而不视，疾雷破柱，而不惊。虽然，又岂若屏主赢国之怀晏安，而遗存亡也哉！以言起名，以用起功，大人所以开治也；言以不言，用以不用，君子所以持危也。

今夫荐而后孚见焉，盥者且未荐也。神来无期，神动无景，抱斋戒之身，往求之于阴暗宵冥之际，盖有降格无端，而杳难自据者矣。而不曰"仁孝之心，鬼神之宅"也乎？以此推之，类幽而不可度，势绝而不相与，凡以眇躬际不测之几者，胥视此矣。而君子于此，乃以不荐为孚。

其不荐之孚者何也？阴之感阳也以与，阳之制于阴也以欲。不受其与者，先净其欲。以利中我，而利不入清明之志；以势荡我，而势不惊强固之躬。宫庭者盥之地，夙夜者盥之期也。恪守典型，而喜怒不妄者，盥其垚起之尘也。养其尊高而金车勿乞者，盥其沾濡之垢也。履天位而无惭，畜神威于不试。

彼固曰"庶几伺其荐而与之狎"耶！而终日无荐之事，则终日有荐之形。故道盛而不可吐，力全而不可茹，彼骏骏然，起而干我者，亦且前且却，欲迎欲随，而两无端，乃以奠濒危之鼎而俟气数之定。"君子无咎"，良以是与！

故因其不可荐而戒其渎，则地天之通已绝；尽其必盥而治其素，则阴凝之冰不坚；于是下观化而天下治。高宗承乱，而恭默不言，所由异于仲康之胤征、宣王之南伐矣。故曰"圣人以神道设教"。阴以鬼来，我以神往，设之不妄，教之不勤，功无俄顷而萌消积害。

圣人固不得已，而用观，然彼得已而不已者，其后竟如之何也？可以鉴矣。故歌舞于堂则魅媚于室；磔禳于户，则厉啸于庭。极于鬼神，通于治乱，道一而已。然且有承极重难反之势，亵用其明威而不戒其瞻听，使偾败起于一旦，而莫之救，徒令衔恤于后者悲愤填膺而无所控泄，哀哉！

䷔噬嗑

噬嗑，用狱敕法者也，而初、上何以被刑耶？

阴阳之合离也有数，而其由离以合也有道。物之相协，感之以正，则配偶宜矣；时之已乖，强之以合，则怨慝生矣。九四之阳，非其位也；隅得朋以居中，然且强人，而与其上下之际，则不可谓之知时，而大其辨矣。为初、上者，乃挟颇心以平物，含甘颐而和怨，其能必彼之无吐哉？以理止争，狂戾为之销心；以饵劝竞，猜疑所由增妒也。初、上颐之体，二、五颐之虚，业投实于虚中以使相离，而又合之，初、上之自以为功，而不知其罪之积也。此苏秦之所以车裂，而李严之所以谪死也。

且初、上之欲噬以嗑之者，将何为耶？欲强阴以从阳，则屈众以就寡；欲强阳以顺阴，则堕党以崇仇。屈众就寡，武断而不智；堕党崇仇，背本而不仁。施劳于疑战之世，取利于壶飧之间，小人所以甘钳钛而如饴也；岂足恤哉！

然则初之恶浅，而上之恶积者，何也？初者震之主，任奔走之劳，而下颔以嗑坚致力；上者离之终，炫微明之慧，而上龈以贪味为荣。震求合离，而所噬在他，故二、三可以忘怨；离求合震，而所噬在我，故九四早已伤心；则上之恶积，而不可掩，五其能掩之哉？夫虚己而不争，履中而不昵，游于强合，不亲之世，厉而不失其贞者，惟五其能免夫！

贲

一

噬嗑，非所合也；贲，非所饰也。

颐外实而中虚，外实以成形，中虚以待养。虚中以静，物养自至。饮食男女，无师而感，因应而受，则伦类不戒而孚，礼乐因之以起。其合也为仁，其饰也为礼。太和之原，至文之撰，咸在斯也。故曰"无欲故静"。无欲者，不先动，动而不杂者也。自阳人四以逼阴，而阴始疑，人三以间阴，而阴始驳。疑，乃不得已而听合于初、上；驳，乃姑相与用，而交饰于二、四。皆已增实于虚，既疑既驳而理之，故曰：噬嗑，非所合也；贲，非所饰也。

夫颐以含虚为德，而阳人焉。其能效品节之用者，惟损乎！二与初连类，以生而未杂，故"二簋可用享"，犹未伤其静虚之道也。若乃以损为约，而更思动焉，则分上文柔，柔来文刚之事起，而遂成乎贲。处损约之余，犹因而致饰，此夫子所以筮得贲而惧也。

夫子之世，贲之世也，夫子之文，非贲之文也。履其世，成其象，君子犹自反焉，不谓世也，是以惧。若夫贲，则恶足以当天人之大文，善四时之变，成天下之化哉！

礼者，仁之实也，而成乎虚。无欲也，故用天下之物，而不以为泰；无私也，故建独制之极，而不以为专。其静也正，则其动也成章而不杂。增之于颐之所不受，则杂矣；动之于损而相为文，则不成乎章矣。分而上，来而文，何汲汲也！以此为文，则忠信有涯，而音容外贷，故老子得以讥之曰："礼者忠信之薄而乱之首也。"彼恶知礼！知贲而山矣，则以礼为贲而已矣。

夫情无所豫而自生，则礼乐不容阙也。文自外起而以成乎情，则忠信不足与存也。故哀乐生其歌哭，歌哭亦生其哀乐。然而有辨矣。哀乐生歌哭，则歌哭止而哀乐有余；歌哭生哀乐，则歌哭已而哀乐无据。然则当其方生之日，早已倘至无根，而徇物之动矣。此所谓"物至知知，而与俱化"者矣。故曰：《贲者》，非所饰也。非所饰也，其可以为文乎！

天虚于上，日星自明；地静于下，百昌自荣；水无质而流漪，火无体而章景；寒暑不相侵，玄黄不相间；丹垩丽素而发采，箫管处寂以起声。文未出，而忠信不见多，文已成，而忠信不见少。何分何来！何文何饰！老氏固未之知，而得摘之曰"乱之首"与？

至实者大虚者也，善动者至静者也，颐以之矣。无思而感，因应而受，情相得，而和则乐兴，理不可违，而节具则礼行。故礼乐皆生于虚静之中。而记《礼》者曰"礼自外来"，是贲之九三，一阳蝎至者也。乃以启蒙裂者之器讼，夷人道于马牛，疾礼法如仇怨，皆其有以激之也。故夫子之惧，非徒以其世也，甚惧乎贲之疑于文，而大文不足，以昭于天下也。贲者，非所饰也，而岂文之谓哉！

二

及情者文，不及情者饰，不及情而强致之，于是乎支离漫漶，设不然之理以给一时之辩慧者有之矣。是故礼者文也，著理之常，人治之大者也，而非天子则不议，庶人则不下。政者饰也，通理之变，人治之小者也，愚者可由，贱者可知，张之不嫌于急，弛之不嫌于缓。故子贡之观蜡，而疑其若狂。礼以统治，而政以因俗，况其在庶焉者乎！是以贲不可与制礼，而可与明庶政，所饰者小也。

若夫刑，则大矣。五礼之属三千，五刑之属三千，出彼人此，错综乎生杀以为用。先王之慎之，犹其慎礼也。而增之损之，不因乎虚静之好恶，强以刚人而缘饰之，则刀锯之僭，资其雕刻之才，韩婴所谓"文士之笔端，壮士之锋端"，良可畏也。故曰"文致"，曰"深文"，曰"文亡害"。致者，非所至，而致之，贲之阳来，而无端者有焉；深者，人其藏而察之，贲之阳人阴中，而间其虚者有焉；亡害者，求其过而不得，贲之柔来文刚者有焉。戒之曰"无敢折狱"。"无敢"者，不忍之心所悚肌而震魄者也。

操刀笔以嬉笑，临铁锧而扬眉，民之泪尽血穷，骸霜骷露者不可胜道，然且乐用其贲而不恤；则"敢"之为祸，亦烈矣哉！

三

居贲之世，无与为缘，含虚而不与于物，其惟初上乎！颐道未丧，可与守身，可与阅世，礼乐以俟君子，已无尤焉矣。三为贲主，二因与为贲，四附近，而分饰，五渐远，而含贞。故功莫尚于三，而愚莫甚于二。居贲以为功，劳极而功小就；功成而矜美，志得而气已盈，三之自处亦危矣。其吉也，非贞莫致，而岂有袭美之孔昭哉？

愚哉！二之承三而相与贲也。颐之为用，利以为养，而养非其任；损之为用，所致者一，而一非其堪；因人成事，与物俱靡，然且诩其小文，矜其令色，附唇辅而如旒，随谈笑以取泽，则有识者岂不笑其细之已甚乎？

夫近阳者亨，远刚者吝，爻之大凡，荣辱之主也。而贲以远阳为喜，近阳为疑者何也？阳不足为主也。未迎而至，易动以兴，饰邻右之须眉，以干戈为燕好。如是以为饰，而人莫我陵，则君子，惟恐其远之不夙矣。当刚柔之方杂，而乐见其功名，三代以下，绵蕞之徒，何"贲其须"者之繁有也！此大文之所以终丧于天下也。

䷖ 剥

卦者，爻之积也。爻者，卦之有也。非爻无卦，于卦得爻。性情有总别，而无殊，功效以相因而互见，岂有异哉！剥之为占，"不利攸往"。五逼孤阳，上临群阴，消长之门，咎之府也。而五以"贯鱼"承宠，上以"硕果"得舆，吉凶善败，大异《彖》占，何也？

夫阳一阴二，一翕二辟。翕者极于变，而所致恒一；辟则自二以往，支分派别，累万而终不可得合。是故立一以应众，阳之德也；众至而不齐，阳之遇也。遇有丰歉，德无盈虚。时值其不丰，天所不容已，而况于万物乎？若其德，则岂有丰歉之疑哉！而以一应众者，高而无亲，亦屡顾，而恐失其址。恐失其址，道在安止以固居焉。剥之一阳，艮之所由成也。贞位而不迁，则可谓安止以固居者矣。

物性之感，一危而二安，一实而二虚。危者资物而俯，安者喜感而仰；实者有余而与，虚者不足而求。始感而妄从，既求而无节者，阴之性也。以喜往，以求干，不给于与而生其厌，则抱怨以返，而召其陵削，阳之穷也。惟阳德之善者，于其来感，绝其往来，不歆其迎，不拒其至，尽彼之用，而不以我殉之，若是者，艮固优有其德矣。尽彼之用，知其可以为"舆"也；不以我殉，授以"贯鱼"之制，而不就与为耦也；则民载君之分定，男统女之势顺矣。民载君，则眇躬立于万姓之上而不孤；男统女，则情欲节于礼义之防，而乱自息。故五、上之交，阴阳之制，治乱之门，而卒以自利其所不利，惟不往也。故《彖》曰："不利有攸往。"不往，则利矣。盖往者，止之反也。而物之往者，必先之以来。其能不往者，必其无来者也。当剥之世，不能以止道制其来以绝其往，则不可谓之知时矣。

危者求安，情迫而其求恒速；虚者求实，情隐而其求恒缓。以速交缓，故阳方求，而屡求之；以缓持速，故阴实求而名不求。往求之数，阳得之多，阴得之少。而其继也，阴虚往而实归，阳实往而虚归，则阳剥矣。不善处剥者，孤孑而惧，惧阴之盛而遰心我也；既而彼以喜动，则歆然忘己而殉之。忘己者丧己，殉阴者力尽而不给于殉，虽欲不愈，其将能乎！如是，则往而必来，来而必往，利在室而害在门矣。

惟反其道而用艮之止，以阴为舆，载己以动，而己固静，则阴亦自安其壸范，则终不敢相凌。则《象》之"不利有攸往"者，正利其止。而五、上之承宠以得舆也，惟不往之得利。卦与爻，其旨一矣。

呜呼！阴阳多少之数，俯仰求与之情，见于人事之大者，莫君民、男女之间若也。君一而民众，男一而女众，虚实安危，数莫之过也。婿之下女，亲迎而授绥；君之下民，先悦而后劳；以宜室家，以怀万国，固其效矣。然非夫剥之时也。不幸而剥矣，而不以艮止之道，安宅于上，惑男不已，犹徇其恩；人满无政，犹沽其誉；耽燕寝之私，行媚众之术，则未有不愈者也。不逐逐于声色者，女不足以为戒；不汲汲于天位者，民无挟以相叛。韦后要房州之誓，李密散敖仓之粟，攸往之不利，其大者也。而岂但此哉！

䷗复

说圣人者曰："与太虚同体"。夫所谓"太虚"者，有象乎？无象乎？其无象也，耳目心思之所穷，是非得失之所废，明暗枉直之所不施，亲疏厚薄之所不设，将毋其为圣人者，无形无色，无仁无义，无礼无学，流散澌灭，而别有以为"涤除玄览"乎？若夫其有象者，气成而天，形成而地，火有其藕，水有其濡，草木有其根茎，人物有其父子，所统者为之君，所合者为之类，有是故有非，有欲斯有理，仁有其泽，义有其制，礼有其经，学有其效，则固不可以"太虚"名之者也。

故夫乾之六阳，乾之位也；坤之六阴，坤之位也；乾始交坤，而得复，人之位也。天地之生，以人为始。故其吊灵而聚美，首物以克家，明聪睿哲，流动以人物之藏，而显天地之妙用，人实任之。人者，天地之心也。故曰："复，其见天地之心乎尸圣人者，亦人也；反本自立，而体天地之生，则全乎人矣；何事堕其已生，沦于未有，以求肖于所谓"太虚"也哉？

今夫人之有生，天事惟父，地事惟母。天地之际，间不容发，而阴阳无畔者谓之冲；其清浊异用，多少分剂之不齐，而同功无忤者，谓之和。冲和者，行乎天地而天地俱有之，相会以广所生，非离天地而别为一物也。故保合则为冲和，奠位则为乾坤。

乾任为父，父施者少；坤任为母，母养者多；以少化多，而人生焉。少者翕而致一，多者辟而赅众；少者藏而给有，多者散而之无；少者清而司贵，多者浊而司贱。冲和既凝，相涵相持，无有疆畔。而清者恒深处以成性，浊者恒周廓以成形。形外而著，性内而隐。著者轮廓实，而得阴之辟，动与物交；隐者退藏虚，而得阳之翕，专与道应。交物因动，无为之主，则内逼而危。应道能专，其致不用，则孤守而微。阴阳均有其冲和，而逮其各致于人，因性情而分贵贱者，亦甚不容已于区别矣。

然若此者，非阴阳之咎也。阴阳者，初不授人以危微，而使失天地之心者也。圣人曙乎此，存人道以配天地，保天心以立人极者，科以为教，则有同功而异用者焉。

其异用者奈何？人自未生以有生，自有生以尽乎生，其得阳少而内，得阴多而外，翕专辟动以为生始，盖相若也，复道也。阴气善感，感阳而变，既变而分阳之功，交起其用，则多少齐量，而功效无殊者，亦相若也，泰道也。此两者，动异时，静异体，而要以求致成能于继善，则同焉。故仲尼之教，颜、曾之受，于此别焉。

子之许颜子曰："颜氏之子，其庶几乎，尸庶几于复也。复者，阳一而阴五之卦也。阳一故微，阴五故危。一阳居内，而为性，在性而具天则，而性为"礼"。五阴居外而为形，由形以交物状，而形为"己"。取少以治多，贵内而贱外，于是乎于阴之繁多尊宠，得中位。厚利吾生，皆戒心以临之，而惟恐其相犯。故六二以上，由礼言之，则见为己；由己言之，则见为人。对礼之己，虑随物化，则尚"克己"；对己之人，虑以性迁，则戒"由人"。精以择之，一以服膺，乃以妙用专翕之孤阳，平其畸重畸轻之数，而斟酌损益以立权衡，则冲和凝而道体定矣。此其教，尊之以有生之始。舜勖之，孔子述之，颜子承之。邵子犹将见之，故曰"玄酒味方淡，大音声正希"，贵其少也。

若其授曾子也，则有别矣。曰"一贯"，则己与礼不可得，而多少也，曰"忠恕"，则人与己不可得而多少也。不殊己者，于形见性；不殊人者，于动见静。则己不事克，而人无不可由矣。此非以奖阴，而敌阳也。人之初生，与天俱生，以天具人之理也。人之方生，因天而生，以人资天之气也。凝其方生之理而为"复礼"，善其方生之气而为"养气"。理者天之贞常也，气者天地之均用也。故曰"天开于子"而"人生于寅"。开子者复，生寅者泰。为主于复者，阳少阴多，养阳治阴以保太和，故复曰"至日闭关，后不省方"，大养阳也。为用于泰者，阴感阳变，阴阳齐致以建大中，故泰曰"裁成天地之道，辅相天地之宜"，善用阴也。复以养阳，故己不可以为礼；泰以用阴，故形色而即为天性。然其为裁成，而辅相者，先立己而广及物，大端本而辨内外者，秩序井然。抑非若释氏之以作用为性，而谓佛身充满于法界也。泰之《传》曰"内君子而外小人"，则其洁静精微，主阳宾阴者，盖慎之至矣。是故守身以为体，正物以为用。

此其教，谨之于方生之成。孔子防之，曾子述之，孟子著之。程子固将守之，故曰"万物静观皆自得，四时佳兴与人同"，泰其交也。

自未生以有生，自有生以尽于生，灵一而蠢万，性一而情万，非迎其始，后不易裁，复以"见天地之心"与化俱而体天道者也。阴感阳而变，变而与阳同功，性情互藏其宅，理气交善其用，泰以"相天地之宜"，因化盛，而尽人道者也。而要以为功于天地，以不息其生，故曰"同功"也。生者实，不生者虚。而曰"心如太虚"，则智如舜而戒其危，保其微，允执以为不匮其藏，又何为耶？

呜呼！天地之生亦大矣。未生之天地，今日是也；已生之天地，今日是也。惟其日生，故前无不生，后无不生。冬至子之半，历之元也，天之开也；"七日来复"，冬至子之半也。如其曰"天昔者而开于子，有数可得而纪，而前此者无有"焉，则复宜立一阳于冲寂无画之际，而何为列五阴于上，而一阳以出也哉？

然则天之未开，将毋无在而非坤地之体，充仞障塞，无有间隙，天乃徐穴其下以舒光而成象也乎！不识天之未出者，以何为次舍，地之所穴者，以何为归余也。

初九日"不远复"，"不远"之为言，较"七日"而更密矣。阳一不交，则阴过而生息。生不可息，复不远矣。自然者天地，主持者人，人者天地之心。不息之诚，生于一念之复，其所赖于贤人君子者大矣。"有过未尝不知，知而未尝复为"，"过"者阴，"知"者阳。存阳于阴中，天地之生永于颜氏之知，此"丧予"叹而"好学"穷，绝学无传，夫子之所以深其忧患与！

䷘无妄

天上地下，清宁即位，震之一阳生于地中，来无所期，造始群有，以应乎天，寻常之见所疑为妄至，而不诚者也。夫以为妄，则莫妄于阴阳矣。阴阳体道，道无从来，则莫妄于道矣。道有阴阳，阴阳生群有，相生之妙，求其实而不可覼见，则又莫妄于生矣。不生而无，生而始有，则又莫妄于有矣。

索真不得，据妄为宗，妄无可依，别求真主。故彼为之说曰"非因非缘，非和非合，非自非然，如梦如幻，如石女儿，如龟毛兔角；捏目成花，闻梅生液；而真人五位，浮寄肉团，三寸离钩，金鳞别觅。"率其所见，以真为妄，以妄为真。故其至也：厌弃此身，以拣净垢；有之既妄，趣死为乐；生之既妄，灭伦为净。何怪其裂天彝而毁人纪哉！

若夫以有为迹，以无为常，背阴抱阳，中虚成实，斥真不仁，游妄自得，故抑为之说曰："吾有大患，为吾有身；反以为用，弱以为动；糠秕仁义，刍狗万物。"究其所归，以得为妄，以丧为真，器外求道，性外求命，阳不任化，阴不任凝。故其至也：绝弃圣智，颠倒生死；以有为妄，斗衡可折；以生为妄，哀乐俱舍，又何怪其规避昼夜之常，以冀长生之陋说哉！

请得而析之。为释言者，亦知妄之不可依也；为老言者，亦知妄之不可常也。然则可依，而有常者之无妄，虽有尺喙，其能破此以自怙哉！王鲔水如露人腹而死，水可依而鲔迷所依；粤犬见雪而吠，雪本常而犬见不常。彼固骄语"大千""八极"者，乃巧测一端，因自缲棘，而同鲔、犬之知，岂不哀哉！鲔迷所依，则水即其毒，故释曰"三毒"；犬目无常，则雪即其患，故老曰"大患"。夫以为毒患，而有不急舍之者乎？则其惧之甚，愈之甚，速捐其生理而不恤，亦畏溺者之迫，自投于渊也。

夫可依者有也，至常者生也，皆无妄而不可谓之妄也。奚以明其然也？

既已为人矣，非蚁之仰行，则依地住；非蜣之穴壤，则依空住；非蜀山之雪蛆不求暖，则依火住；非火山之鼠不求润，则依水住；以至依粟已饥，依浆已渴。其不然而已于饥渴者，则非人矣。粟依土长，浆依水成。依种而生，依器而挹。以莫种粟粟不生，以块取水水不挹。相待而有，无待而无。若夫以粟种粟，以器挹水，枫无柳枝，粟无枣实，成功之退，以生将来，取用不爽，物物相依，所依者之足依，无毫发疑似之或欺。而曰此妄也，然则彼之所谓"真空"者，将有一成不易之型，何不取两间灵、蠢、姣、丑之生，如一印之文，均无差别也哉？

是故阴阳奠位，一阳内动，情不容吝，机不容止，破块启蒙，灿然皆有。静者治地，动者起功。治地者有而富有，起功者有而日新。殊形别质，利用安身，其不得以有为不可依者，其亦明矣。

又既已为之人矣，生死者昼夜也，昼夜者古今也。祖弥之日月，昔有来也；子孙之日月，后有往也。由其同生，知其同死；由其同死，知其同生。同死者退，同生者进，进退相禅，无不生之日月。春暄夏炎，秋清冬凛，寅明申晦。非芽不蕊，非蕊不花，非花不实，非实不芽。

进而求之，非阴阳定裁，不有荄茎；非阳动阴感，不相拊蕣。今岁之牛，昔岁之生，虽有巧历，不能分其形埒。物情非妄，皆以生征，征于人者，情为尤显。跽折必喜，箕踞必怒，墟墓必哀，琴尊必乐。性静非无，形动必合。可不谓天下之至常者乎！若夫其未尝生者，一亩之土，可粟可荑；一罂之水，可沐可灌。型范未受于天，化裁未待于人也，乃人亦不得而利用之矣。

不动之常，惟以动验。既动之常，不待反推。是静因动而得常，动不因静而载一。故动而生者，一岁之生，一日之生，一念之生，放于无穷，范围不过，非得有参差傀异，或作或辍之情形也。其不得以生为不可常者而谓之妄，抑又明矣。

夫然，其常而可依者，皆其生而有；其生而有者，非妄而必真。故雷承天以动，起物之生，造物之有，而物与无妄，于以对时，于以育物，岂有他哉！

因是论之，凡生而有者，有为胚胎，有为流荡，有为灌注，有为衰减，有为散灭，固因缘和合自然之妙合，万物之所出入，仁义之所张弛也。胚胎者，阴阳充，积聚定，其基也；流荡者，静躁往来，阴在而阳感也；灌注者，有形有情，本所自生，同类牖纳，阴阳之施予，而不倦者也。其既则衰减矣，基量有穷，予之而不能多受也。又其既则散灭矣，衰减之穷，子而不茹，则推故而别致其新也。

由致新而言之，则死亦生之大造矣。然而合事近喜，离事近忧，乍往必惊，徐来非故。则哀戚哭踊，所以留阴阳之生，靳其离而惜其合，则人所以绍天地之生理，而依依不舍于其常者也。然而以之为哀，而不以之为患，何也？哀者必真，而患者必妄也。

且天地之生也，则以人为贵。草木任生，而不恤其死，禽兽患死，而不知哀死，人知哀死，而不必患死。哀以延天地之生，患以废天地之化。故哀与患，人禽之大别也。而庸夫恒致其患，则禽心长而人理短。愚者不知死之必生，故患死；巧者知生之必死，则且患生。所患者必思离之。离而闪烁规避其中者，老之以反为用也；离而超忽游逸其外者，释之以离钩为金鳞也。其为患也均，而致死其情以求生也亦均。"乃若其情，则可以为善矣"。情者，阴阳之几，凝于性而效其能者也，其可死哉？故无妄之象，刚上柔下，情所不交，是谓否塞；阳因情动，无期而来，为阴之主，因昔之哀，生今之乐，则天下之生，日就于繁富矣。

夫生理之运行，极情为量；迨其灌注，因量为增。情不尽于一生，故生有所限；量本受于至正，故生不容乖。则既生以后，百年之中，阅物之万，应事之赜，因物事而得理，推理而必合于生，因生而得仁，因仁而得义，因仁义而得礼乐刑政，极至于死，而哀之以存生理于延衺者，亦盛矣哉！终日劳劳，而恐不逮矣，何暇患焉！授之尧名而喜，授之桀号而戚。喜事近生，戚事近死。近生者可依而有常。然则仁义之藏，礼乐刑政之府，亦孰有所妄也哉！故贱形必贱情，贱情必贱生，贱生必贱仁义，贱仁义必离生，离生必谓无为真，而谓生为妄，而二氏之邪说昌矣。

若夫有为胚胎，有为流荡，有为灌注，有为衰减，有为散灭者，情之量也。则生不可苟荣，而死不可致贱。不可致贱，则疾不可强，而为药。强为药者，忘其所当尽之量，而求之于无益，岂不悖与！单豹药之于外，张毅药之于内，老氏药之于腠理之推移，释氏药之于无形之罔两。故始于爱生，中于患生，卒于无生。呜呼！以是药而试之，吾未见其愈于禽鹿之骛走也。

中华藏书

第四部 船山说易

中国书房

二七八三

夫治妄以真，则治无妄者，必以妄矣。治真以妄，据妄为真；窃据为真，愈诡于妄。逮其末流，于是而有彼家炉火之事，而有呗咒观想之术，则硝礜杂投，不可复诘。彼始为其说者，亦恶知患死相沿，患生作俑，其邪妄之一至于此哉！

是故圣人尽人道，而合天德。合天德者，健以存生之理；尽人道者，动以顺生之几。百年一心，战战栗栗，践其真而未逮，又何敢以此为妄，而轻试之药也哉！故曰先王以茂对时育万物，盖言生而有也。

䷙大畜

畜，止也，养也。以养止之，小畜也；以止养之，大畜也。小畜，阴之弱者，其畜也微；大畜，阴盛而中，其畜也厚。而不仅然也。小畜，巽畜之也；大畜，艮畜之也。艮体刚，而以止为德，异乎巽之柔，而以养为止之术也。

夫乾奠位于方来，而无如其性之健行也。行则舍其方来之位，而且之于往，往则失基，失基则命不凝。不止其来，必成乎往，故止之者，所以为功于乾也。

凡欲为功于刚健之才者，其道有二；彼方刚也，而我以柔治之，姑予之养，以调其蹰躇之气，微用其阴，厚予以阳，一若规之，一若承之。得此道者，以为讽谏。是其为术，倡于庄周《人间世》之篇，而东方朔、司马相如之流，以劝百而讽一。识者固将贱之曰，此优俳之技也。昔者优旃以畜秦之暴主，朔、相如以畜汉之骜君，谓将承我而规寓焉，无能大改其德，而只以自辱。流俗不审，犹乐称说之曰："谏有五，讽为上。"

呜呼！苏轼、李贽之以惑人心者，庸夫喜之，而道丧久矣。彼方刚也，而患在行而不知反，我亟止之，而实以养之，闲邪者敦笃其诚而不舍其中。得此道者，格君心之非。人有不适，政有不闲，伊尹以之放桐而不疑，傅说以之昌言而不讳，孔孟以之老于行而不悔。而流俗或讥之曰："此迂而寡效也。"

昔者程子以谏折柳枝而致怪于母后，朱子以"惟此四字"而见忌于党人。

呜呼！合则行，不合则去耳。又其谊不可去者，从龙、比于九京已耳。藉其劝百而讽一，不从所讽而乐其劝，将如之何？马融《广成》之颂，亦效朔、相如，而终之以谄矣。

故大畜者，畜道之正者也。牛牿故任载，豕故故任饲，初不谋彼之我喜，而庆固自来。至于刚正道孚，在彼受舆卫之闲，在我得大行之志，然后吾养之之心，昭示上下，质告鬼神而无歉。

大川之涉，其理楫占风，郑重于津泊者，非一日矣。故君子弗言事君也，自靖而已矣；弗言交友也，自正而已矣。学博而德厚，德厚而志伸，志伸而威望不诎。可否一准于道，进退一秉于诚。故曰"惟大人为能格君心之非"。正己无求，端凝不妄，然后可以"不家食"而吉矣。

淫行逞，邪说兴，以怀禄固宠之邪心，矜饲虎探鳞之巧技，进以取容悦之实，退以谢寒蝉之咎，施施然曰："谏有五，讽为上。""月望"而太阳亏，"舆说"，而"征凶"终，将谁尤哉！将谁尤哉！

䷚ 颐

一

颐，象也，象其为颐，而未象其为养。然则设颐于此，养不期，而自至乎？圣人何以劳天下于耕稼渔猎？抑设象于此，而复邀养于他，则养固外待，"观朵颐"者又何以凶邪？

夫颐之成象，固阴阳之即位，而为形体；而颐之成用，养资之具，亦阴阳互致而为精腴。故二气构形，形以成；二气辅形，形以养。能任其养，所给其养，终百年而无非取足于阴阳。是大造者即以生万物之理气，为人成形质之撰，交用其实而资以不匮。则老子所谓"冲，而用之或不盈"，其亦诬矣。

夫颐，中虚者也。中虚似冲，所受不盈，而有生之养资焉。则老子之言疑乎肖。而抑又不然。其将以颐之用，以虚邀实者为冲乎？则颐之或动或止，在辅车唇颔之各效者，用实也，非用虚也。假令以物投于非颐之虚，其虚均也，而与人漠不相与。则颐中之虚，资辅车唇颔动止之实以为用，明矣。将以颐之体，外实中虚者为冲乎？则死者之颐，未尝有所窒塞，而何以殊耶？外实而灵，中虚而动，屈伸翕辟之气行焉，则颐中之虚，自有其不虚者，而特不可以睹闻测也，明矣。彼其说，精专于养生，而不知养抑不知生也有如此，故曰诬也。

夫圣人深察于阴阳，以辨养道之正，则有道矣。养万物者阴阳也，养阴者阳也。阳在天而成象，阴在地而成形。天包地外，而人于地中，无形而成用；地处天中而受天之持，有形而结体。无形无涯，有形有涯。无涯生有涯，有涯息无涯。无形人有形，有形止无形。阴静善取，阳动善变。取盈不积，资所厚继；阳动不停，推陈致新。分为荣卫，畅于四末，四末以强，九官以灵，一皆动而能变者以象运之。故曰养阴者阳也。

若其养万物者，阳不专功，取材于阴，然而大化之行，启不言之利，则亦终归于阳也。阳任春夏，阴任秋冬。春夏华荣，秋冬成实。以迹言之，阴为阳具。然而阳德阴刑，德生刑杀。秋冬成物而止息，春夏物稚而方来。凝实自终，阴无利物之志。是故阳之为言养也，阴之为言幽也。然则观其所养，物养于阳，观其自养，阴养于阳。顺天之道，知人之生，而养正之道不迷矣。

圣人之"养万民"，法阳之富；君子之"节饮食"，法阳之清。有养大而舍小，法阳贵而阴贱；有捐养以成仁，法阳刚而阴柔。如是，则阳听养于阴，道固宜尔。而四阴致养，何以云"颠"云"拂"也？

阳君阴民，阴多阳少。民义奉君，少不给多，其义悖矣。乃养之为道，顺则流，逆则节，故无有不颠不拂而可用养者也。故曰"以人从欲实难"，"经"不可恃也。

乃初、上胥阳，皆养阴者也。而上为"由颐"，初为"观颐"，何也？颐之所以能动而咀物者，下也，而上则静。凡刳割之用，皆自上而下，而颐之咀物也反是。动者以欲兴而尸劳，止者以静俟而自得。

以欲兴者虽劳而贱，以静俟者虽得而不贪，此亦君子小人之别也。均之为养，而初见可欲而即动焉，不劝；恚乎？功名之会，迫启者阳鲼之羞也，而况饮食哉！故君子"慎言语，节饮食"，皆戒之于其动也。

呜呼！鄙夫之动于欲者，不足道已。霸者以养道市民，而挟刑心，异端以冲用养生而逆生理，皆阴教也。知阴之无成，阳之任养，于虚而得实，贱顺欲而乐静正，尚其庶乎！

二

均为颠、拂，而二、三何以凶耶？君子之于养也，别嫌而安所遇。二、三与初为体，今以初贪，而不戢，乃非分，而需养于上。上为艮止，恩有所裁，不特拂经，欲亦不遂。故二逢"于邱"之凶，三蔑"十年"之利。"邱"者高位，"十年"远期，位疏而期远，望其相给，不亦难乎！震临卯位，"十年"而至丑。艮居丑寅之交，即有所施，必待"十年"之后。晨烟不续，越陌相求，涸鲋难留，河清谁俟，不复能永年矣。虽托贞廉，凶还自致，则何似别嫌，而安遇，以早自决于十年之前乎！

上者，三之位也，而不与三以养，何也？贵而无位，所处亦危矣，惟奉大公以养物，斯德施光，而自他有庆。系私以酬酢，上义之所不出也。四为艮体，同气先施，挹之不劳，受之不怍，"眈眈""逐逐"，其何咎焉！使于陵仲子知此义，可无洁口腹于母兄之侧矣。呜呼！取舍之间，盖可忽乎哉！

䷛大过

有位者，物之贵也；同类者，气之求也。择位而得中，聚族而无处，摈斥异己，远居裔末，甘言不为之动，害机不为之伤，斯不亦天下之至愉快者哉！大过以之。聚四阳于同席，宅四位之奥区，彼初之与上，若欲窥其藩棘，而不可得。其择利而蹈，绝拒异己者，可谓峻矣。呜呼！峻者所以为甚，甚者所以为过。天下有待小人，不以其道如此，而能免其谪于君子乎？

夫阴阳之始，非有善恶之垠鄂，邈如河汉也。翕辟者一气也，情各有其几，功各有其效；生者道之生，杀者亦道之杀。有情则各有其愿，有功则各有其时，虽严防而力拒之，不能平其愿，而抑其得志之时矣。故怨开于阳而成于阴，势极于阳而反于阴，则亦无宁戒此而持其平。又况性情功效之相需，而不相舍乎！

是故君以民为基，生以杀为辅。无民而君不立，无杀而生不继。资其力，合其用，则阳有时舍位，而不吝，阴有时即位，而不惭。而独使之浮游散地，失据离群，开相怨之门，激相倾之势，则大之过也，亦自桡而自弱矣。故高居荣观者，鳞甍翼阁，示雄壮之观，而栋则托址于卑下。桡其卑下，则危其崇高，未有能安者也。

且夫阳之过也，以保一时之往也。乃其援引固结，相与以明得意者，其去小人之嘋呰背憎，志虽异，而情不殊。情不殊，则物或啎之，物或啎之，则势难孤立。有所欲为，而缺阴之用，则有所必求，而偷合乎阴矣。故年不谋老少，士吉不卜从违，自首无惭，弱龄无待，相邻而靡，苟得而欢。将昔之怙党居中，绝阴于五位之初志，亦茫然而不可复问。而三、四之倚二、五以睽离于所应者，且沮丧孤危，或凶或吝，而不可保。故始为攻击，继为调停，快志须臾，坚壁难久。古今覆败之林，何有不酿成于此哉？而君子早已辨其无辅而不能久矣。

然则大过无取乎？以取之"独立不惧，遁世无闷"者，则得矣。故夷、齐兵之而不畏，巢、许招之而不来，自位其位，而不位人所争之位，孤保深幽，敦土求仁，虽金刑居上，得势下戕，"灭顶"之凶，不足以咎。此所谓无可奈何，而安命以立命者也。过此以往，则吾不知之矣。

䷜坎

夫得貌，而遗其心，天地阴阳之撰，足以导邪说，启淫思者，繁有之矣，而况其他乎？是故天一生水，地六成之，内生为心，外成为貌；心肖所生，貌肖所成；然则水其以天为心耶？生事近先，成事近后。而方其生之，旋与为生；方其成之，犹与为生。中不先立，成不后建；抟造共功，道行无间，又坎之不仅以天为心也。

顾其已成，效动而性静；方其初生，效静而性动。静者阴也，动者阳也。动者效生，则万物之生，皆以阳为心。而水之生也，亦乘乎性之动，几以为生主，则坎固壹以阳为心矣。故其为象，刚以为中。刚以为中，而刚不见于貌，心之退藏于密而不著者也。心藏于密，而肖所成以为貌，水之所以险与！

然则"流而不盈"，阴之用也，行之险也。阴虚善随，阳实不屈。实以为体，虚以为用，给万物以柔靡，佯退而自怙其坚悍，则天下之机变刻深者，水不得而辞。而老氏犹宗之以为教父，曰"上善若水"，则亦乐用其貌而师之，以蕴险于衷。是故天下之至险者，莫老氏若焉。

试与论之。终归于不盈者，岂徒水哉！火、木、土、金，相与终古而不见其积。则消归抗运者，皆不盈以为功。而水特出其不盈者，以与人相见，则其险也，亦水之儇薄，而未能深几者也。不足与深几，而水亦忧其易毁。乃终古而无易水之忧者，圣人极其退藏而表章之，曰"不盈"而"行险"者，何恃乎？恃其不失信而已。

何以知其信之不失也？生之建也，知以为始，能以为成。

乾知，坤能；知刚，能柔。知先自知，能必及物。及物则中出，而即物，自知则引物以实中。引物实中，而晶耀含光，无之有改。故乾道之以刚为明者惟此，而水始得之，以为内景。物过而纳之以取照，照而不迁其形，水固有主而不乱矣。

生之积也，初生而盛，继生而减，减则因嬗以相济。故木、火与金，皆有所凭藉以生。而水无所藉，无所藉者，藉于天之始化也。有藉而生者，有时而杀。故木时萎，火时灭，金时蚀，而水不时穷。升降相资，波流相续，所藉者真，所生者常，不藉彼以盛，不嬗彼而减，则水居恒丽不问矣。不乱不间，水之以信为体也。

乃若其用，坎居正北，时在冬至，阳动阴中，德室刑野，为乾长子，代天润生，物以为昌，人以为荣。乾德任生，致用在水，故肾为命枢子父之府，黄钟为律纪十二宫之准。终古给生，运至不爽，润而可依，给用而不匮，水之以信为用也。

由是观之，合体用而皆信，乃捷取其貌者，不易见焉，故坎有孚，而孚亦维心。坎之心，天之心也，"亨"以此尔。

虽然，心貌异致，信在中而未孚于外，则固险矣。物之险，以信平之；己之险，以信守之；则其为信也，亦介于危疑，而孤保于一心也，故曰"不失"。"不失"者，岂不靳靳乎其恐失之也哉！

故信，土德也，而水与土相依，而不暂舍。以土制水，水乐受其制，以自存。制而信存，不制而信失。未审乎此，而欲不凝滞，而与物推移，顾别求"甚真"之信于"窈冥"之中，其居德不亦险乎！故君子于德行则常之，于教事则习之，而终不法其不盈，斯亦不惑于水之貌，而取其柔，而无质者以为上善也。

䷝离

圣人者，与万物同其忧患者也，生而得其利，死而畏其神，亡而用其教，故阖棺而情未息。若夫任达以怡生，恣情而亡恤，诞曼波流，捐心去虑，忧之不存，明之衰矣。《易》曰"不鼓缶而歌，则大耋之嗟，凶。"岂以奖忘忧，而废同患也哉！

尝论之：定大器者，非以为利，成大功者非以为名。圣人之生，以其为颛蒙之耳目也，则以为天地之日月也。故物忧与忧，物患与患，胥天下以明而离于暗，而圣人释矣。生而身致之，圣人之力；没而人继之，圣人之心。力尽心周而忧患释，岂其沾沾然以为己之功名，而利赖之！是故抚大器，成大功，特详于付托之得人。付之暗，其忧也；付之明，则喜也。幸其以明继明矣，在人无异于在己，其何吝焉，而足劳其嗟哉！

菁华既竭，古人以褰裳异姓而不伤；遂为闲人，后世以妒媚其子，而不广。然则歌嗟异意，付托之际难言之矣，而莫陋乎其有吝心。有吝心者；近而吝留于身，远而吝留于子孙，握固天下，如死生之与共。藉有贤智，编棘树藩，以左掣而右曳之。气馁援孤，卒陨获于老妇孤儿之手，以授之夷狄、盗贼而不恤。陆机之哀魏武，岂徒在稚妻少子之依依者哉！才相均，德相若，情相合，时相嬗，先后异体而同明。此而嗟焉，则气萎暮年，而情长敝屣，不已陋与！

惟其然也，故九四之来，亦物理之恒，而成"突如"之势矣。帆低浪涌，扃固盗窥，刚以相乘，返而见迫，悲欢异室，宾主交疑，前薪炮尽，而后焰无根，以我之吝，成彼之攘，欺天绝人，无所容而不忌。三、四之际，诚今古寒心之至矣。

呜呼！无不失之天步，无不毁之宗祧，而无可晦昧之人心，无可阴幽之日月。夏、商之授于圣人，贤于周之强国；周之授于强国，贤于汉之奸臣；汉之授于奸臣，贤于唐之盗贼；唐之授于盗贼，贤于宋之夷狄。不能必继我者之重明也，则择祸莫于轻，毋亦早留余地，以揖延俦伍而进之。操暗昧之情，于可继者而吝予之，则不可继者进矣。

子曰："大道之公，三代之英，丘未之逮也。"忧比周之失所继也。惟圣人为能忧其所忧，而乐其所乐，则圣人终以忧治天下之患，而岂曰苟可以乐而且自乐哉！

第三章　周易外传卷三

䷞咸

卦以利用，则皆亲乎人之事，而惟咸，则近取诸身，何也？义莫重乎亲始，道莫备乎观成。以始为亲，故寂光镜影，量乍现而性无体者，不足以为本也；以成为观，故滑淖纤靡，视则希，而听则夷者，不可得而用也。此圣人之本天道、观物理、起人事以利用，而非异端之所得而乱也久矣。

天、地、人，三始者也，无有天而无地，无有天地而无人，无有道，而五天地。故道以阴阳为体，阴阳以道为体，交与为体，终无有虚悬孤致之道。故曰"无极而太极"，则亦太极而无极矣。

人之所自始者，其混沌而开辟也。而其现以为量、体以为性者，则惟阴阳之感。故溯乎父，而天下之阳尽此，溯乎母，而天下之阴尽此。父母之阴阳有定质，而性情俱不容已于感以生，则天下之大始尽此矣。由身以上，父、祖、高、曾，以及乎绵邈不可知之祖，而皆感之以为终；由身以下，子、孙、曾、玄，以及乎绵邈不可知之裔，而皆感之以为始。故感者，终始之无穷，而要居其最始者也。

无有男而无女，无有女而无男，无有男女而无形气。形气充而情具，情具而感生，取诸怀来，阴阳固有，情定性凝，则莫不笃实，而生其光辉矣。故今日卓然固有之身，立乎现前而形色不爽者，即咸之所以为咸，岂待别求之含藏种子之先，以为立命之区哉！

若其身之既有，则人之于天地，又其大成者也。乾一索而震，再索而坎，三索而艮，则乾道成矣。坤一索而巽，再索而离，三索而兑，则坤道成矣。故曰"乾道成男，坤道成女"。然则坎、离而上，亦阴阳之方经方纶，而未即于成者与！

故坤立而乾斯交，乾立而坤斯交。一交而成命，基乃立焉；再交而成性，藏乃固焉；三交而成形，道乃显焉。性、命、形，三始同原而渐即于实。故乾、坤之道，抵乎艮、兑，而后为之性命者，凝聚坚固，保和充实于人之有身。

济，由既济而咸，皆有致一之感，必抵咸，而后臻其极。臻其极，而外护性情，欣畅凝定，以固其阴阳之郭廓者，道乃盛而不可加。阳不外护，则阴流流而不知所止，阴不外护，则阳焰起，而不烊其和。自我有身，而后护情归质，护性归虚，而人道乃正。藉其不然，亦流荡往来于两间，而无所效其知能矣。

是故以我为子而乃有父，以我为臣而乃有君，以我为己而乃有人，以我为人，而乃有物，则亦以我为人而乃有天地。器道相须，而大成焉。未生以前，既死以后，则其未成而已不成者也。故形色与道，互相为体，而未有离矣。是何也？以其成也。故因其已成，观其大备，断然近取而见为吾身，岂有妄哉！

然则艮之亦取于身者，何也？艮者，乾道之成男也。阴无成而有终，故兑不足以象身；阳函阴而知始，故艮足以象身。禽狄知母，而不知父，细人养小而不养大，惟能尽人道以立极者，尊阳而贱阴。虽然，艮非无阴者也，不如兑之尚之也。咸兼所始，艮专所成，圣人实见天性于形色之中，拟之而后言，岂虚加之也哉！

䷟ 恒

以居则"亨"，以行则"利有攸往"，而值恒之时，无乎不凶，何也？恒者咎之徒也。非恒之致咎，其时咎也。故"亨"而可"无咎"，亦斩斩乎，其仅免于咎矣。

阴阳之相与，各从其类，以为匹合，其道皆出乎泰、否。雷风相际，或恒或益；水火相合，或济或未；山泽相偶，或咸或损。泰通而否塞，咸感而损伤，既济往，而未济来，恒息而益生。以泽注山，则润而生滋；以山临泽，则涸而物敝。以水承火，则蕴而养和；以火炀水，则沸而就竭。以雷起风，则兴而及远；以风从雷，则止而向穷。

恒者，既然之卦也。阳老阴壮，为日夙矣。昔之日月不可追，而阳离平地以且散于碧虚，阴反其居，以旋归于穴壑。苟非体天地贞常之道，敦圣人不息之诚，未见其久，而不衰者也。故恒者，凶咎之府，而当位者，为尤甚焉，三、上之所以大逢其疚也。

在外而不得人，则周旋不舍而为风；降乎雷之下，且人矣，阴情慰矣。风末雷收，非亢旱乘之，则噎霾斯起。故阴常散而缓，受交于阳，而风雨时、寒暑正者，此益四"告公"之从，非恒初"求深"之获也。

故之六卦者，皆与泰否同情，而以阳下阴上为正。情不可极，势不可因，位不可怙。怙其位以保其固然，故恒四跃马关弓，而禽终不获，恒初陆沈隐蔽，而贞以孤危。当斯时也，自谓可以永年，而不知桑榆之且迫，何施而可哉？故地贵留其有余，情贵形其未顺。挟其宜上宜下之常，求而得焉，后此者将何继乎？是以君子甚危乎其成之已夙而无所拂也。

阳奋乎上，亢而穷则为灾；阴散乎下，抑而相疑则战。天地也，雷风也，水火也，山泽也，无之而不以阳升而阴降为，凶咎之门也。体道者安其故常，而不能调其静躁之气，曰"吾率吾性情之恒"也，其能"恒其德"而无羞者鲜矣。非恒也而后可以恒，恒者且不恒矣。天地之久照久成，圣人之久道，岂立不易之方，遂恃之以终古乎？故曰：大匠能与人以规矩，不能使人巧。"规矩者恒也；巧者天地圣人之所以恒也。而仅恃乎天尊地卑、雷出风人之规矩乎！

䷠ 遁

阴长之卦，由剥而下，莫盛于观；由垢而往，莫稚于遁。观逼处，而无嫌，遁先时，而早去者，何也？乘时者莫大乎位，正位者莫尚乎中。乍得所尚，虽小喜而志行；犹靳乎尊，虽将盈而意歉。故观四之视五，邈若天帝，而不可陵；遁二之视三，易若振落，而无所忌。阳虽欲恃积刚，以弗逝，其可得哉！然则阳之所以遁者，以二也。

二为小主，而"小利贞"。当吾世，而迫阳刚以不处，陆沈而不可拯，则小亦何"贞"之有哉？曰：阴之逼阳以遁者，时也；六之居二者，正也。正而思柔，与艮为体，而受止于三。此其为情，岂常有阴贼刑害，幸其去以遂僭侈之心乎？而当其时，则固授人以疑。无其心，而授疑于人，二亦所遇之不辰矣。

则将告之曰：疑在人，而自信者志，志不僭，而疑非所嫌矣。虽然，阳终疑而逝，则二欲达其志，而不可得。其位正，其势亲，可以挽将驾之辕而意，则且欲挽之，而终不可得。是何也？阳之决成乎，必遁之世者，无可前可却之几也，而又孰与谅二相挽之心耶！故《白驹》之诗似之矣：其可留也，则絷维之；其不可留也，尤怀音于退心之后。"莫之胜说"而犹且说与，抑亦可以谢咎于天人矣。虽然，二岂以苟谢其咎者，自谓终留阳之志哉！

鱼石之止华元也，吕夷简之荐富、范也，其情似也，而其德则非。殷之将亡，纣无遁德，而殷先王之庙社，则遘遁之时也。率汝坟之子弟，勤如毁之王家，以维系成汤之坠绪，如文王者，而后可谓"固志"焉。呜呼！难言之矣。

䷡大壮

一

大壮之世，阴留中位，阳之长也，虽视泰为盛，而与复同机。复三阴不应阴，而频复且厉；大壮之三阳应阴，而同其"触藩"之志，岂不惫与！阳之施壮于阴也，非四不为功。震主而不嫌，犯类而不恤，四方劳劳于壮，而未有宁，其俯而呼将伯之助，毋亦比邻之是求，乃舍其同气以甘阴之昵，甚矣，三之迷也！

壮者，阳之用也。阳化阴，则阴效阳为；阴化阳，则阳从阴志。物至知知，偕与俱化，而后阳德之壮，反为阴用；阴亦且乘须臾之权，恃内应而争一触，曰"我亦壮也"。是三本君子，特以荏苒私昵，投足于网罗之中而成乎厉复，谁得而援之曰，此非"小人之壮"也哉？甚矣，上六挟不逞以犯难，而三为其所罔也！

呜呼！处壮之世，盖亦难矣。以德则阳消阴也；以位则臣干君也。汤放桀于南巢，而曰"后世以台为口实"，则圣人惭矣。公羊奖赵鞅之叛，而王敦、萧道成尸祝之，曰"清君侧之恶"。尚往不止，乱臣借焉。为三不可，为四极难。大壮之吉，非贞何利哉！

故曰："有伊尹之志则可，无伊尹之志则篡也。""正大而天地之情见"，非以其情絜于天地者，鬻拳之自刖，不如屈子之放逐也。

二

处非所据之位，能因势之不留，而去之，其犹足以补过乎！

纪侯大去其国，传曰"与其不争而去"，非也。纪侯之国，纪侯之据也，非大壮之五也。其犹称纪侯，犹晋执虞公，著其位，闵其亡之易，而甚其无悔之劣也。齐湣蹶然侈衣带之肥，晋恭欣然操禅诏之笔，有人之心者，亦何以处斯哉？惟壮之五乎！则触藩之羊，蒙虎皮，而仅立于天步，其亡也忽焉，其势也与哉？其理也。

天迟回，于久厌之心，而需期已届；人愤懑，于无君之憾，而待旦方兴。藩决矣，舆壮矣，是积霭欲澄，东光初起之候也。丧之易，非羊之不幸也。知其易，不惊其丧，则可以自保，可以保其子孙，可以不贻惨毒于牛民，可以不羁天诛于旦暮。闰有归而朔旦正，蛙已静而雅乐闻，则以谢前者妄窃之享，而又何悔之有焉！

故妥欢帖睦尔之浩然于沙漠也，君子谓之曰"顺"，嘉其"无悔"之情也。完颜氏不遑而糜人膏，析人骨，争死亡于蔡州，角之赢，亦心之僭矣。金源绝胤，而蒙古之族至今存。"祸福无不自己求之者"，岂不谅夫！

䷢ 晋

晋，进之也，延阴而进之也。夫物以同类为朋，类以相从为协。晋自观来，阴舍四而上处五，是殆绝其类矣，而恶知绝其类者为即尊，而开其进之逄径乎！

晋五之于阳，需五之于阴，深入而据其尊，操彼之从违，而招我之俦伍，有同情焉。需需阳以主阴。晋晋阴以篡阳。情相若，道相反，晋非君子之卦也，则何取于"康侯"之绩乎？

离，丽也。丽乎阳者，非求以消阳也。阳明而阴暗，阴不能自明，故往丽焉。阳禽而专，阴辟而化。阳处阴中，不随阴暗，故水内景；阴处阳中，随阳而明，故火外景。阴丽乎阳，依阳外著，延照三阴，俾不迷于所往，故离位在午，德任向明。然则五之晋其类，以升者，将欲被濯昭苏，革其夙滞，以登于清朗。在观之四，且观光于自他之耀，而今自有之，则可不谓人己互荣者与！

夫然，而九四之阂于其中以塞阴之进也，亦鄙矣，宜初之傲不受命而不失其"裕"也。

是故阴阳有定质，而无定情，君子小人有定品，而无定性，则亦乐观其自处者何若也。五惟自昭而昭物，故福锡其类，可以履天位而无惭焉。虽然，四且疑之，上且伐之，阳失位而志不平，亦其宜也。《春秋》序五伯之绩，而《易》许晋之"康侯"，其圣人之不得已者与！

䷣明夷

阳进而上三，阴退而下二。进而上者，志在外，退而下者，志在内，皆绝群之爻也。明夷之象，二顺服事，而三用逆取，五贞自靖，而四出迎师，则君臣内外之势，其亦变矣。

夫四与坤为体，而上晦而不见知；与初为应，而初高而不可继。则乘时之士，弃晦从明，反思自效于"南狩"者，在纣其为商容，而不为祖伊与？

坤、离殊分，臣主异势。上虽暗极，积厚居尊，四国为朋，同恶相依。六四身与同俦，地与同国，其虚实前却之故，知之深矣，故阳与共事，而密观其衅，"获心"而尽彼情形，"出门"而输于新主。则甲子之朝，倒戈北向者，非无有以为之内应也。

故暗主淫朋离心离德之隐微，久已听大邑之区画，五虽婉恋以昵于宗邦，麦秀之渐渐，不能谋狡童于秘地矣。故鸣条之誓辞，靳靳其未宣也。武王暴纣之罪，宫壶游观，老夫孕妇之毫毛纤芥而无不悉，士女玄黄、震动臣附之合离早暮而壹不爽其所料，谁令传之？谁与验之？我知"获心""出门"者之夙输为"南狩"之资也。

然则圣人将以崇阴谋，而奖乱乎？曰：上之暗也，失其位也。失其位，则天下之攘臂而觊之者，岂但我哉！授之人也，则不如在我。内揆己德，丽天而明，可以征矣，然且孤注寡谋以召败。彼昏不知，终不足，以延登天之势，则盗窃纷纭，晦以承晦者，天下终无昭苏之一旦，岂但十五王之令绪坠地，以为忧乎？絜大公之情，求同患之志，"上帝临汝，勿贰汝心"，则功名谋略之士，亦乐晋焉，而不复望以松筠之节矣。

宋襄之愚也，却子鱼之谋，而荆蛮气盛。固不如鄢陵之役，贲皇在侧，而一矢壮中原之势矣。成则配天，败则陨祚，岌岌然得失在俄顷之间，而敢以天命民生浪掷，而不恤也哉？是故西周之灭也，犬戎蹂乎镐京，幽王死于贼手。秦于是时，

中華藏書

第四部　船山说易

进不能匡王国，以靖臣谊，退不能殪豺狼，以请天命，苟安窃取，偃卧西陲。数十世之后，乃始诈给毒刘，争帝于戈铤之下。失正统者三十余年，际杀运者四百余岁，机失事非，混一而名终不正，再传而天下瓦解，岂徒在攻守异势之末流乎！故谋之周，行之决，进乘时之士而与共功名，未可以贰于所事，而厌薄之也。

虽然，极明夷之变，序"南狩"之绩者，周公也。文王之当此，则曰"利艰贞"而已。故周德之至，必推本于文王。而武、周之事，仲尼勿详焉。武、周之功，王之终，而霸几见矣。当其世，而有君子者，"于飞""不食"，而勿恤"主人"之言，岂非正哉？商容之间虽式，洛邑之顽民，公亦不得视飞廉之罚以殪除之。

初九之义，公之所不得废也。"南狩"之世，无"于飞"之君子，君臣之义息矣。义者，制事以裁理也。王逢处晋之世，而效明夷之飞，人之称此以"不食"也，何义乎！

䷤家人

居尊则喜，处卑则忮，情之常也，虽阴阳，而吾知其且然。家人之体，九正位乎五，二不敢干，四不敢逼，以分正情，而忮消乎下，则阴固自处以贞矣。阳居中得正，大正以率物，何患乎阴之不从！而家人之申训，惟在"女贞"者，何也？

阳刚有余，阴柔不足。有余者盛，不足者争。同处而争，阳尊不保。故阴乘阳，女亢男，天下亦繁有之矣。家人之体，巽与离皆阴也，阴主阳宾，而阴能自守其位，其犹女道之本正，而无颇者与！虽然各处其位，未有歉也；使之止而不泆，静而不竞，刚明外护，以成女之贞而不过者，为"闲"、为"威"，初、上之功亦大矣哉！

故阴阳得位之卦四：曰渐，曰既济，曰蹇，曰家人。彼三卦者，皆增阴而启其竞泆：渐疑于下靡，则初厉于"小子"；既济嫌于上滥，则上厉于濡首；蹇辟户以四达，而终以陷阳而几不得出。

其惟家人乎！闲之于下，许子以制母；威之于上，尊主以治从；而后阴虽忮忌柔曼，以为情，终以保贞，而勿失矣。

或曰：德以绥顺，威以莅逆，二中而为离明之内主，四退而成巽顺之令德，是物本正，而过用其刚，不已甚乎？

则将释之曰：以言乎天地之间，其初岂有不正哉！虽有哲妇，始必从夫；虽有嚣子，生必依父；是位本正也。闺闼之内，绝爱则夫妇恬；庭闱之下，寡恩则父子离；是情本正也。因其正位，用其正情，习以相沿，而倒施戾出之几，成于至微，而终于不可掩。故君子不强裁，以分之所无，而不忽于名之本正，然后正者终正而不渝。故曰："发乎情，止乎理，和乐而不淫，怨诽而不伤。"逮其既淫既伤而治之，则戕恩害性之事起矣。

言前有性以为物，行余有道以为恒，初、上所以立位外，而治位中也。涉于位则情已发，情已发则变必生。三人二阴之中，赪色危颜，以争得失，"妇子嘻嘻"，终不免矣。

颜之推曰："梁元帝之世，有中书舍人严刻失度，妻妾货刺客伺醉而杀之。"以身试于女子小人之间，授以不正而开之怨，又非徒吝而已也。

䷥睽

一

阴阳失位，而至于睽矣，则猜忮乖离，固有出于情理之外，而值其世者，恬不知怪也。阳屈处于二、四，其睽也何尤焉！阴进宅于三、五，可以无睽矣，而燥湿异其性情，非分生其矜忌，傲不恤群，成乎离泮。甚哉，小人之不可使乘时，而得驾也！

虽然，其犹有差等焉。五履天步而明，三处争地而秽，其使宁谧之世，戈铤横流者，三其为戎首与！才均相逼，激以寡恩，故蔡攸不得全其毛里之仁，张、陈不能保其刎颈之谊。虽然，天下将视其凶终，而莫之平与？曰：初、上，其平之者也。

初、上之于家人也，闲之于本合则易为功；于睽也，合之于已离，则难为力。逮位之已失也，初、上以柔道散之，而奉阳为主，则解免于险；初、上以刚道固之，而反为阴用，则睽终以孤。孤而且难，初、上之技亦穷矣。然而平其不平而治其乖者，天之道也，阳之任也。初、上亦何道，以当此而无伤乎？

夫情，称乎时者也；事，因乎位者也。刻桅不可以得剑，尸祝不可以佐馔。均为阳刚，而位异则异所向，时殊则殊所施。处乎睽之初、上，道各以相反相成，而后术以不穷。

上居尊，而俯临以治下，初处卑，而出门以合交。治下用刑，合交用礼。初与三为同体，上与三为君臣。小人之忿争，而不洽也，责望其党以连类之戈矛，犹惧其君，有正己之铁钺。同体而相规，则激而颓怒室之色；居高而不我治，则狃而尽攻击之力。初而"张弧"，则救斗而搏撠；上而"勿逐"，则救焚拯溺，而用《采齐》、《肆夏》之周旋。

是故朋党相倾之世，殆亦非无所忌也。其上养祸端，而不辨，其下操清议而不戢。建安遗谕而绍、瓒益争，天福讲和而邻、岐愈搏，唐文拟之于河北，而见为难，宋徽持之以"建中"而"国"卒不得"靖"。谁实非臣，仰给于我之膏雨，而不能其斧袞，则何惮而不任气以竞雄也？乃为之下者，处士浮议于道涂，小吏亟持其长短，以引去为孤高，以蒙祸为荣誉。而阴邪狠鸷者，假柔主之权，俯而排击，俄月威张，风波狱起，燎原益逴，四海分崩。若令辨之于早，上秉典刑而下敦礼让，则岂有此患哉！

呜呼！能以此道，而治睽者寡矣。自汉以来，败亡之轨若一辙也。夫天下不能无睽，而有以处之，则天地、男女、万物，"以同而异"者，于异以能同，"辟咎""亡疑"，岂忧其散之不可收哉！

然则二与四其无责乎？失位而处乎卑，居争世，而争不自己，二守中而四居退，间关勤困，求所偶而托以诚，自固之道也。久矣其不复能他及矣。故以恕待之，而不施以悔吝之辞。

二

阴阳之用，君子，恒用其壮，异端，恒用其稚。用其壮，故直养无害，而塞乎天地之间；用其稚，故处锌致柔，而苟善其全躯保妻子之术。盖阴阳之功效，各自其性情而生：阳动而躁，躁则忧其终穷；阴静而缓，缓则乐其后裕。故震奋而巽弱，坎险而离附，艮衰止而兑欣说。用阳之壮，则迅起而有功；用阴之壮，则披拂而易制。其稚者，阳替其功；阴难于制，异端顾利用之，以其弱之动、反之用，为形君气母，而宝之焉。甚矣，其逆唱和之经，而无以克天地之家也！

故《易》之顺用于阴阳者四：雷水而解也，风火而家人也，皆用其壮者也；水山而蹇也，火泽而睽也，皆用其稚者也。雷水而解，解则辟，辟则阳得以交阴而成其广生；风火而家人，家人则翕，翕则阴得，以交阳而相其大生。故句萌甲坼生于解，夫妇父子生于家人。生因壮而成形，形因壮而凝性也。性凝气盛，乃以塞天地之间而无惭。

若夫阴稚而睽，阳稚而蹇，则异是矣。阳衰止，而不足以生，阴熟尝，而果于杀。故见险而止者，彼所谓虎兕无所施其攫也；柔进而上行者，彼所谓万物之生脆弱也。亦聊以自固其生，而卒不知其滨于杀矣。蹇以险为主，故其流，而为申、韩，纳天下于艰难，而苟居其功；睽以争为道，故其流而为阴符，斗天下于机械，而密用其盗。此阳稚而弱、阴稚而荡者，必然之数也。择阴阳而论者，其尚辨诸！

䷦ 蹇

一

困刚掩也，蹇亦刚掩也，而蹇为甚。困外困之，蹇自不能前也。困阳盛而愤盈，蹇阳孤，而自保。故以吉凶言之，蹇优于困矣。志盛者，怨时命之不夙；情孤者，抱惴志，以临渊。然则困且求伸，蹇终自围矣乎？乃君子之欲伸困，而勉蹇于不自围，其情同焉。

有小喜者，必有大愁；有深疑者，必有定虑。许其止也，不许其终止也。三进而五中，况其位之未亡者乎！为五慰曰："大蹇"则必有"朋来"，何所忧疑于层波危岸之下，而谓出险之无其期乎？

夫五之所望者朋也，而朋亦未易致矣。水居高，而不给于流，其利薄矣；山载水，而不足以厚，其势夷矣。夫欲有为者之效死于功名，利劝之耳，势动之耳，舍此而其术穷矣。况其相顾，而不前，名亦不损，居亦有归，同来亦有群，仳仳之屋，尚庐尔庐，薮薮之谷，尚田尔田，何为舍乐土之优游，迁王都之多故者哉？故一念以为往，一念以为来，往之名实未丧，而来则其蹇均也。将以止乱，而无定乱之期；疑于怀土；而亦有安土之义。则忠孝之情，裴回未决，时实为之，道不得而咎吝之也。成乎大蹇之势，不息其大蹇之心，然后可以激天下之愤心，而踯躅者，亦为之扶杖而起。人也，抑天也。天亦自处于蹇，以激气机之复，而况于人乎！

是以石室既囚，而后种、蠡奋，三户已徙而后陈、项起，渐台既改，而后诸刘兴。夫椒未败之前，寿春未灭之日，孺子之名尚在，元后之玺未投，忠志之士未尝无悲闵之心，而时在难争，名犹未正，则以"中节"之大人，不能必天下于往来，况其浸衰浸微，无求伸之志者乎！

二

夫情遇乍矜，则投兔或先；感因同类，则代马必悲；准谊推情，曾悠悠者之无终斩。矧况乎类同刚正，分系君臣，呼号相闻，泥中不恤，而乃牵情小喜，遇险倦归，斯不亦刻薄寡恩，孱庸不振者乎！

三为艮主，五之所求，"来反"偷安，实兼斯吝，而圣人

中华藏书

周易全书·最新整理珍藏版

奖其"能止"，许以"智"名，则何以服夫二越险，以忘身，居高而下应者哉？三为智，则二、亡为愚。抑相率以乖离，而后得免于违时之诮耶？

曰：以智处蹇，是或一道，而岂许臣子之奉为典要与！夫三非无能往之志，而非有可往之时也。水流山峙，既终古而不相知；彼德我才，亦欲谐，而非其事。且拯患者有不拯，而自固者无不固。今使三攘袂而起，越疆图远，而进即于非次之居，则抑为萃之九四，疑不释，而道愈孤，又奚益哉！身安而后动，交定而后求，毋亦自固于敦止之地，合初、二之交，以示声援之有在也乎！大智者无智色，用愚者有智功。况均在刚掩之中，未见其力之独优于五也！而抑养其力以需时可矣！若夫顾妻子，以萦怀，畏遣回而却步，鄙夫情短于饲猪，壮夫魂移于高会，庸流以为智，君子以为愚矣。

虽然，三之先己后公，恤利害，以图万全者，抑絮于二，而有惭也。何也？以五之终不免于"大蹇"也。故以智处蹇，期于功立而蹇释；以蹇终蹇，道在诎智而伸愚。蘧瑗之保身，宁俞之卫主，道不同，亦各因其时也已矣。

䷧ 解

一

夫动而滨于险者，在我与在物，同有沦胥之忧；其能免也，物免而我亦免。而矜独任之劳，据功名之盛，则德量损，而令业不终，其亦有捐此，而昭大信于天下者乎？则岂不贤乎！

是故解四之以解为己任，而奋击以解之也：二则其朋也，而不相应；五、上则其长也，而不相协；阴阳异。初、三则其敌也，而固不相谋。不谅于也，朋友以为疏己矣；不合于五、上，君长以为逼己矣；不格于初、三，异类以为伤己矣。惊百里而破群幽，得免而喜，乍免而疑，将驱除之绩未终，戈矛之衅内起，我将为四危之矣。而四得以"孚"者，何也？

夫不自信者召疑，处甚高者寡与，期有功者来忌。是故当位，而利行者，功之所归，望之所集，有为而为，有获而返。凡此四者，同类且忮媚之，况异己之蒙其惩创者乎！若夫解四之不当位，则终古，而无当位之日矣。

先之非物所望，后之非功所归，无所为而为，不获居尊而退。四退爻。故其解也，适见沦陷之难平，而为之不产；弗待同志之先要而引为己任。亦但曰险不可终而物不可终险也。拊手挥散，孤掌独鸣，天位无苟觊之心，将伯无助予之望。是故三阴之"狐"，六五之"黄矢"，以归"获"于二；居尊而"有解"，因人而成功，以归"吉"于五；震功成而"隼获"，坎道夷而"悖解"，以归"利"于上；而后远二之处险，而二不以为疏，临五、上之阴柔而五、上不以为逼。无不自信则疑去矣，处不綦高则忌忘矣，功不期有则谤消矣。

此"朋至"之"孚"，不疾而速，所由异于蹇五之"朋"，需之或然或不然而幸其"来"也。

二

能得其情者，必与同才者也；能治其妄者，必于乘时者也。才不相肖，言而不亲；时不乘权，威之未服。是以叔鲋说，而季孙归，城濮胜，而卫侯聋。故卞璧暗投，而见疑，虚舟偶触，而无怨。虽有盛心，与以那福，而才不相如，时方未集，固未足以消危疑于当世矣。

今以解四之震动不宁，而释天下于险阻，非徒四享之，非徒赠二而分享之，亦所以作主于群阴而调天下之怨也。然而阴阳异才，刚健失位，岂特负乘之六三，即初亦不必其孚矣。是何也？彼方锢一阳而坚持其险也。

迨于六五，而时乘天位，才共阴柔，小人之跛足，以望者冀与同情，而五则藉解于四，以成其君子，欢然相得，纳其昭苏，于是晋同类而与谋，诏出险之攸利。则非特际刚之初六乐与同功，即三方窃君子之器，亦失援消归，继之以孚而不贰矣。是何也？群心已喻，物难已夷，不退何待？不孚何求？无所用险，则有所用解，亦世之自然也。而后捐狙诈，罢戈矛，泮涣销融于雷雨之余。倘其不孚，上抑可关弓注矢，而非无名之师矣。

雷之兴也，气动于地中，功出于地上，彻于至高，而后解凝阴，以既雨，则是五为震功之盛，而上乃震变之通也。处盛功者不劳，极通变者无吝，故于上有待时之辞焉。然则四其时之未至乎！时未至，而援剑叱车，濯冯生之忧患，故终叹四德之盛，非圣人不足以当之。

䷨ 损

泰者，天地之正也。惟至正者，为能大通，故曰"一阴一阳之谓道"。建立于自然，而不忧品物之不亨矣。乃性静而止，情动而流；止以为畜，畜厚则流。迨其既流，不需其长，随应而变，往而得损者，亦固然之势矣。

虽然，其往也亦有差焉。恒初往而变四，舍无位以就有位，为致用也；既济二往而变五，中未失而得其尊，为居正也。皆未有损也。损三往而变上，高而无位，极而不返，为宾于阴，而疏远于阳，则往而损矣。

是故损之，将损下以益上也：初有损之心，而势远难致，则谦让，而用"酌"；二有损之责，而怙中不舍，则自保以居"贞"。居贞者既以损委于三之遇，用酌者亦以损任夫三之才，地近易迁，怀刚处进，故毁家纡上，绸缪胶固以合少男少女之交，为三之独任而无所辞。道在忧时，心无惮往，虽交失其位而不恤，荐蘋藻而永纲组，损之所以为"有孚"。然而君子之用损也，亦止于此而已矣。仅此则专，而过此则疑矣。

夫阴阳之未用，先正体以定位；阴阳之既用，尤立体以达权。立体达权，则志贞而不靡；任权堕体，则游惰而忘归。乃阳之载阴，喜浮而亟往；阴之乘阳，喜沈而便来。来者日安，往者日危。阳丧其居以助阴之来返，则损极而伤矣。故酌之而不嫌其过慎，薄享而不责其已凉，所以立阳体于不穷，而节阴情，以各正也。

过此，固不得免于疑矣。任阳之浮，往而不止；徇阴之便，来而无嫌。受污垢以为量，乐虚旷以为高，极不知裁，不变否而不已。于是地绝天，而柔制刚，亏减之归，人道以息。善保泰者，能勿戒心于此乎！

故君子之用损也，用之于"惩忿"，而忿非暴发，不可得而惩也；用之于"窒欲"，而欲非已滥，不可得而窒也。此"二篡"之不必其丰，而盈虚之必僧于时者也。是何也？处已泰之余，畜厚而流，性甫正而情兴，则抑酌其遇，称其才，而因授之以节已耳。若夫性情之本正者，固不可得而迁，不可禩而替也。

性主阳以用壮，大勇浩然，亢王侯，而非忿；情宾阴，而善感，好乐无荒，思辗转而非欲。而尽用其惩，益摧其壮；竞加以窒，终绝其感。一自以为马，一自以为牛，废才而处于镝；一以为寒岩，一以为枯木，灭情而息其生，彼佛、老者，皆托损以鸣其修。而岂知所谓损者，因三人之行，而酌损之，惟其才之可任，而遇难辞也。岂并其清明之嗜欲，强固之气质，概衰替之，以游惰为否塞之归也哉！

故尊性者必录其才，达情者以养其性。故未变，则泰而必亨，已变，则损而有时。既登才情以辅性，抑凝性以存才情。损者，衰世之卦也。处其变矣，而后惩、窒之事起焉。若夫未变而亿其或变，早自贬损，以防意外之迁流，是惩羹而吹齑，畏金鼓之声，而自投车下，不亦愚乎！

䷩ 益

一

受命者，期肖其所生，报生者，务推其所利。今夫天地以生为德者，水、火、木、金，与人物而同生于天地。迨其已生，水、火、木、金不自养，天地养之；天地无以养人物，水、火、木、金相化以养之。生者所受也，养者所利也。水、火、木、金相效以化，推养而施于人物，其以续天地之生而效法其恩育，以为报称者也。

是故五行相养，以养群有。受养为壮，施养为老。震位乎寅卯，近水而受滋，木之壮者也。巽位乎巳，近火而施熟，木之老者也。由震而阳上行乎巽，木渐乎老。故无见于此者曰："木王于卯，衰于辰，病于巳。"其然，将估养吝施，苟全其形质，以居繁富，而沮丧于功用，以避菁华之竭，其亦鄙矣。故《彖》曰："利涉大川，木道乃行。"

董子曰："圣人以仁爱人，以义制我。"震生巽而不忧其穷，则以义制我，而不保己，以贪其利也。巽达震，以普散其材，则以仁爱人，而不靳恩，以怙其私也。迨其极也，火受木生，而木因火息。薪而焰，焰而炧，木且不足以存。萌而荣，荣而实，岁云落矣，黄陨而资人物之养，木抑仅有存者。大哉！终不私靳其滋荣。木之道，体仁之全，而抑自裁以义矣。是何也？：肖其所生，推其所利。木长四时，首为天地之功臣，道在必行，而无容已者，不及是，而道未足以行也。故曰："木道乃行。"道之益，岂问器之损哉！

或曰："圣人立本，以亲用，厚生，以厚物之生。使损己，而往益，则何以异于墨、释耶？"

曰：拟圣人于阴阳之器数，则各有道矣。圣人者，非必于阴阳，而刻肖之也。阴阳与万物为功而不与同忧，圣人与万物同忧而因以为功。故匮而不给之患，阴阳不患，而圣人患之。推移往来，阴阳以无涯而递出；博施忘己，圣人以有涯而或病。圣人节宣五行，而斟酌用之，同之以有功，异之以有忧，权其施于仁义，止其事于知能，"长裕而不设"，因以兴利，亦可尽才，以配阴阳矣。故益者，圣人忧患之卦也。

二

阳清而亢，轻利而任气；阴浊而幽，取实而后名。益初之阴，迁而居四，贸四之阳，为主于下，居得为之地，行消否之权，则阴益，而阳非损矣。

四之《象》曰"告公从"。往告而几其从，有喜词焉，则惟恐其不从，而幸其从也。用是见阴阳否塞之代，阴非无向化之心，特其情柔，而用幽，虽愿依阳以为益，而无先求于阳之事。乃阳据尊高，而相拒，时过而恝于必去，则观望于下者，始于惭，中于忍，终于忮害而与为敌，曰："彼亦一乘时也，我亦一乘时也，时方在我，彼且孤高峭洁，终绝我于酬酢之途，则我亦可拔茅汇进，建垒以相拒矣。"今阳先下降以施，阴遂上迁以报。退谐得主之欢，进获宾王之利。

于是睨天位之方尊，恐刚情之难格，飘摇异土，沐浴新泽，顾瞻俦侣，各畛殊疆，乃始婉娩殷勤，通词而若不逮矣。幸其从而"利用为依"，周旋不舍，以消宿否之气，故曰："损益，盛衰之始也。"藉非阳上损以施于阴，亦何以起积衰而向盛哉？

故小人革面之难，非君子之忧，而君子过亢之终，亦小人之无可如何者也。迨其相得无嫌，此以德来，彼以情往，巽户既开，雷鸣斯豫，成施生之益，合天地之交，即以絜之太和之沂合，亦蔑以加矣。而上九之亢，不知制，犹从而"击"焉，将何为乎？故观于四，而后知初德之盛也。大易于此，岂但致仰阴之词，使之必告，而诱以所利也哉！

䷪ 夬

善致功者，用独而不用众；慎修德者，谨始而尤谨终。众力之散，不如独之壹也；终事之康，不如始之敏也。

《夬》以孤阴寄积阳之上，而五位，振蒙吹槁，阳势已成，其于决也，何有哉？然而女稚善媚，位穷辞哀，以请苟延之命，于群阳者，阴固未尝忘卷土，以重来也。乃阳之往决也，必有所任。将任之于五，则五与之昵；将任之于四，则四与为体；将任之于三，则三与为应。连鸡形成，而踟蹰相顾，吾惧其如六国之叩函关，九节度之临相州也。其惟任之初、二乎！而初不足与为功，则二专其事矣。

夫二非专央者，而不得不专。寝处其上者，已怀外靡之心。二为夜戒，戒起于近，难伏肘腋，宵旦不宁。不敢告劳，而远攻碍于近掣；成功五日，而同室且有异心。若是乎任事之难，一箦之劳，烈于九仞矣。故上六之凶，必待之"无号"之后。而方其众寡相持之顷，则以号敌号，而未有逊志。夫非阳之处盛而众疑者，授之辗转以得有其辞哉？非然，则穷散消归，久无复然之望矣。故"终有凶"者，央以后之事，非央世之遽然也。

五阳在位，而一阳之待生于下者，犹蛰伏以需将来。逮乎需者必起，渐次相临，然后五不得洽比其邻，四不得纠连其党，三不得阿私其配，上亦无所容其无情之词。盖亦难矣。藏众于独，养终以始，藏者发，而养者全，然后乾德成而性命正，岂能卒得之"遇雨""次且"之世乎？故君子积慎以思永，恒豫治其未至之日月；端士纳正以消邪，必多得之继起之后贤。养勇静谧，而怀情延揽，用斯道也。《象》所谓"利有攸往"者也。"刚长乃终"，刚不长，则无以保其终矣。央之众，不如复之独也。

䷫ 姤

君子之道，美不私诸己，恶不播于人，故善长而恶短。善长者，长于所扬，恶短者，短于所遏，则善虽微而必溥，恶在著而不宣。盖君子者，以扶天之清刚，消物之害气，长人道而引于无穷。故奖善止恶，以凝正命，于彼于此，无所畛限，无穷之生，一念延之，而人类遂绝乎禽兽矣。而苟私善于己，散恶于众，则杀害日进，清刚日微，无穷之生，一人尼之，而人类亦渐，以沦亡焉。

剥之六五，上承一阳，柔不私美，"以宫人宠"，则善虽微而长；姤之九二，下近一阴，刚不播恶，"义不及宾"，则恶在著而短。有者，不有者也；不及者，所可及也。凡斯二爻，位虽未当，而中正不偏，以其广心，成其义概，大哉，其善于因变者乎！

姤、剥之世，均为阴长。媚初遇而剥滨尽，则剥五难，而姤二易。公善于同类，为众誉之归；引咎于一身，居积毁之地，则剥五易而姤二难。剥以劝阴，姤以责阳，劝易从而责难副。"以宫人宠"，道固然矣，而曰"无不利"，其以奖掖小人而君子；"包有鱼"可以"无咎"矣，而且曰"不利宾"，其以责备君子而圣人与！

呜呼！处非望之咎，逢蹢躅之豕，五阳所同也。然而远近之差，遇不遇之际，幸不幸存焉。乃小人之遇此也，与相狎呢，而波流者，不知恶也。其天性之近善者，知恶之矣；恶之弗能远之，而妒能远者之洁不受染，于是己之溺，惟恐人之不胥溺也，蔓而延之，多方以陷之，不尽天下以同污而意不释。至于非意之风波，无情之滂毁，总以分其独近小人之耻。则九五陨天之休命，亦蒙其累而不足以承。

夫始之知恶而耻之也，亦天理之犹留于清旦。而逢命不犹，周章失据，吹扬凶德，辱逮清流，则小人之恶始剧。而当乱世，遇淫朋，其欲自好以免于羞者，盖亦危矣。时命无恒，躬丁不造，不履其机，不知其苦。庆历飞云骙之书，柴市传黄冠之请，虽千秋之昭晰难欺，而一时之波涛亦沸矣。然后知九二长者之德为不可及也。

虽然，当斯世者，幸得二以为主而己宾焉，则群阳之福已。借其不然，君子遂无以自处乎？婷修益实，过洁而远去，履美而不炫其名，生死与共，而无已甚之色，苍天指正，有陨不诬，彼媚而欲分恶，以相赠者，终亦弗能如天何也。故无望人者五之志，"不及宾"者二之义。志、义各尽，以处于浊世，祸福皆贞，生死如寄，人之不沦于禽兽，尚赖此夫！

䷬萃

"无咎"者，有咎者也，故曰："震无咎者存乎悔。"悔而得无咎，抑可许之'无咎'矣。萃，咎之府也。而爻动以其时，仅然而免，故六爻而皆起"无咎'之辞焉。

曷言之？阴阳之用以和，而相互为功。奠之于所各得，则秩叙以成；纳之于所不安，而经纶斯起。中外无一成之位，则疑忮之情消；出入有必均之劳，则节宣之化洽。夫安有各纪其党，保其居，而恃以长年者乎？故曰："萃，咎之府也。"

升、小过亦聚矣，而位非其尊也。大过亦聚矣，而应非其正也。非其尊，无可席之势；无其应，无可恃之情；则其聚也不坚，而不召咎，以生其戒心。萃刚居五而四辅之，履天步之安，得心膂之寄，人情翕然，进相倡和，俯仰顾瞻，无有能散我之交者。虽然，而势亦危矣。"不虞"之害，知者灼见于未然，则祷祀终而兵戎起，非过计矣。何也？天下固无有挟同志以居尊，闭户握手，而投异己者于局外，持之以必不我违之势，可以远怨而图安者也。

故二之应五，未必其孚也，"孚乃利用禴"，有不孚，而姑禴者矣。初之应四，孚且"不终"也，弗获已而求合，有笑之者矣。三与上则既不我合，而抑不成应，弱植散处于淫威孔福之旁，漠然无所于交，载涕载嗟，畜怨于傍窥也，亦将何以平之哉？故怒者可抑也，竞者可释也，积悲叹而不敢言，"不虞"之戒，勿谓三与上之柔不足忧矣。

夫泽亦水矣。乃泽者，有心之化也，水者，无心之运也。比以一阳坦然，履五阴之中而无忧，无心焉耳。萃得四而群居，积泽而无流行之望，则心怙于所私。以私而聚，以私聚而不孚，以不孚而咎。沾沾然，恃其位之存，党之合，物之不容已而与我应，以斯免咎，亦靳靳乎其免之哉！

其惟庙中乎！神与人无相杂也，能感之而已足矣。观时失而无可为，则以神道荵人，而权留天位；萃位定而有可孚，则以鬼道绝物，而怨恫交兴。保匿潜之流，绝往来之益，君子之道而细人之昵，难免于咎，能勿虞乎！

䷭升

圣人之动，必因其时。然终古之时，皆圣人之时也。时因其盈，而盈用之，因其虚而虚用之。下此者，则有所怵矣。有所怵者，有所疑也。疑于道之非与时宜，则贬志，以几功名；疑于道之将与物忤，则远物，以保生死。故一为功利，一为玄虚，而道为天下裂。如是者，皆始于疑时，终于疑己。

夫己亦何疑之有哉？审己之才，度己之量，皆无所待于物，而为物之待。天命之体，煌然其不欺也。无待于物，则至正矣。故小功乍集，而失道，小名外溢而失德。为物之待，则大公矣。故天下死而己不独生，天下生而己不忧死。而才不审乎正，量不致其公；骛于才，则惊功惊名，而以为物即己也；歉于量，则惊生惊死，而以为物非己也。疑于己，而失本；疑于物，则争末。之二术者，分歧以起，而国终无人。此无他，疑不释，而怵然于所升也。故于时有疑焉，于位有疑焉。

疑于时者曰"五帝不袭礼，三王不沿乐，虽驱世而笑我，我必有其功名"，而卓然自信，立己以为时之干者，昧不察也。疑于位者曰"庖人虽不治庖，尸祝不越樽俎，而代之"，而坦然自信，推己以济位之穷者，昧不察也。则是盈可用，而虚不可用也。且使之用盈，而诡随之术、荡泆之智，抑习用而不贞之冥升，则疑之害，亦烈矣哉！

故升之世，非刚之时矣，升三刚而不中，非升之位矣。上窥天位，阒其无人，洰阴上凝，旷无适主，时之不盈甚矣。乃疑者，疑以为畏途，无疑者，信以为坦道。秉其至健，进而不忧；涉彼方虚，旷而不慑。子曰："大道之行，三代之英，丘未之逮也，而有志焉。"其为圣人之时，岂必尧君舜相，民诚物阜，而后足以当圣人之升哉！

然则不系以吉凶者，何也？不可得，而吉者时也，不可得而凶者道也。欲尽其道，而以吉凶为断，则疑将从此而起矣。呜呼！圣人之才，圣人之量，圣人之自信，圣人之信天下，"升虚邑，无所疑也"，岂易言哉！岂易言哉！

䷮困

一

人之有生，天命之也。生者，德之成也，而亦福之事也。其莫之为，而有为之者，阴阳之良，各以其知能为生之主，而太和之理建立，而充袭之，则皆所谓命也。

阳主知，而固有能，阴主能而固有知。太和因阴阳，以为体，流行而相嬗以化，则初无垠鄂之画绝矣。以其知建人而充之，使其虚者得以有聪明，而征于实；以其能建人而充之，使其实者得以受利养，而行于虚。征于实，故老耄而忆童年之闻见；行于虚，故旦起，而失夙夜之饱饫。谁使之虚实相仍，而知能交益者，则岂非命哉！

然天之以知能流行于未有之地，非有期于生也。大德在生，而时乘其福，则因而建立之，因而充袭之矣。以知命之，而为五事，为九德；以能命之，而为五福，为六极。凝聚而均授之，非有后先轻重于其间，故曰：皆所谓命也。

而二气之方锡，人之方受，以器为承，而器有大小，以时为遇，而时有盈虚。器有大小，犹疾雨条风之，或生或杀也；时有盈虚，犹旦日夜露之，或暖或清也。则受命之有余、不足存焉矣。有余、不足之数，或在德，或在福，则抑以其器与其时。或胜于德而不胜于福，或胜于福，而不胜于德，犹蝉、蛸之于饮食也；有时俭于德而侈于福，有时俭于福而侈于德，犹西飚之稼不成穟，而寒暑之疾能失性也。如是者，有余、不足，皆非人所能强。非人所能强，听命之自然，是以其所至者为所致。则君子之于困也，因之而已，而何有于"致命"

也哉？

夫致者，其有未至，而推致之以必至也。尝与观于虚实之数量，则知：致德命者，有可及乎上之理；致福命者，当穷极乎下之势；而无庸曰自然。自然无为以观化，则是二气之粗者能困人，而人不能知其精者，以自亨也。

请终论之。以知命者以虚，虚者此虚同于彼虚，故太空不可画以齐、楚；以能命者以实，实者此实异于彼实，故种类不可杂以稻粱。

惟其同，故一亦善，万亦一善，乍见之心，圣人之效也，而从同以致同，由野人而上，万不齐以至于圣人，可相因以日进，犹循虚以行，白齐全楚而无所碍。惟其异；故人差以位，位差以时，同事而殊功，同谋而殊败也，而从异以致异，自舆台以至于天子，各如量而不溢，犹敷种以牛，为稻为粱，而不可移。故虚者不足而非不足，天命之性也；"善恶三品"之说，不知其同而叮极于上也。实者不足则不足矣，吉凶之命也。"圣人尤命"之说，不知其异而或极于下也。

抑太和之流行无息，时可以生，器可以生，而各得其盈缩者以建生也，则福德俱而多少差焉。迨其日生而充其生，则德可充也，福不可充也。非有侈德而无侈福之谓也，非堪于德者众，而堪于福者寡也，非德贵而福贱，天以珍人而酌其丰俭也。则奚以知其充不充之殊也。

德肖于知，知虚而征于实；福有其能，能实而行于虚。实可以载虚，虚不可以载实。实可载虚：一坏之土，上负苍莽，而极于无垠，阙而下之，入于重渊，虚随以至而不竭。虚不载实：容升之器，加勺而溢，掷一九之泥于空，随手而坠矣。故思之所极，梦寐通而鬼神告；鬼神者，命之日生者也。养之所饫，膏粱过而疢疾生：疢疾者，命之不充者也。戴渊盗也而才，华督贼也而义，德之灌注者不中已于小人。强者不可强以廉颇之善饭；赢者不可望以筴铿之多男，福之悬绝者必原本于始生。故致而上者实任之，致而下者虚靡之也。

由此言之，与俱生者，足不足，而上致与下致别矣。日生者，充不充，而上致与下致又别矣。故君子致德之命，致而上极于无已，而穷皎白以高明，肖其知也；致福之命，致而下极于不堪，而穷拂乱以死亡，称其能也。故曰"君子以致命遂志。"

命致而后志可遂。君子之志，审其多寡建立充袭之数，而组之以不迁，岂旦夕之偶激于意气也哉？

困，刚之为柔掩者，福之致下者也，不胜于器而俭于时。二、五皆以刚中者，德之致上者也，器胜之，时侈之。与生而建，日生而充，极盛而不衰，斯以致于上而无难矣。致德于高明以自旌，致福于凶危以自广，又奚志之不遂哉！若曰"以命授人"，则勇偾而为刺客之雄，非爱身全道者之所尚，困而已矣，非必忠孝之大节，而又何死焉！

二

刚以柔掩，则是柔困刚矣。乃刚困而柔与俱困，何也？

刚任求，柔任与。柔之欲与，不缓于刚之欲求，特刚以性动，而情速，遂先蒙夫求之实。蒙其实，不得辞其名。而柔之一若前，一若却，悬与以召刚之求，其应刚者以是，其困刚者，亦以是而已矣。故未得而见可欲，既得而予以利，间户而致悦，虚往而实归，皆柔才之所优也。因才为用，乃以网罗生死乎刚于胶饴之中。"酒食"也，"金车"也，"赤绂"也，不待操戈矛、固塞树垒以绝阳之去来，而刚以困矣。然而揆诸得失名实之间，而阴已先困。

夫隆人者，先自隆也，污人者先自污也，逸人者先自逸也，劳人者先自劳也。阴之德专，其性则静。专且静，贞随乾行，而顺代天工，则以配阳而利往。德之不专，散处以相感；性不能静，畜机以相制；乘其上而萦蔽之，纠葛频蹙，以迷阳于所不及知。夫然，则抑劳心污下而无舒畅之一日矣。非其金车，即其酒食，非其酒食，即其赤绂，而趋日下，而术日上，苟以售其冒缚高明之技，是妇寺之情，宵人之道也，而岂不陋与！幸而阳不之觉也，藉其不然，岂复有阴之余地哉！

抑不觉者，非阳之过也。须养于小人，退息于向晦，亦君子道之所应享。而当困世而不觉，则阳或过也。守其道之所应享，知而处之以愚，光大而济之以诚，索诸明，索诸幽，洋洋乎有对天质祖之诚，则阳不觉，而非不觉也，而阴之术亦穷矣。

于是乎阴终失据，而先丧其贞。然后反事，而谋之心，反心而谋之道，"动悔有悔"以为吉，则何其吉之不夙耶！而阳祇守其诚，而无所待悔。由是言之，器覆而无遁鼠，国亡而无不死之小人。均丧其实，独陨其名，阳失数寡而阴失数多，则柔先自困而亦终困，岂或爽哉！

故阳，困于人者也，阴，自困者也。困于人者生：越王幸夫椒之功，而困于会稽，平原贪上党之利而困于长平，虽中阴之饵，而贞不亡。自困者死：怀险致媚，不悔而能保其终者，终古而未之有也。故君子终不困人，而自困亦免焉。其不得已而困于人也，积精诚，以保其所不及知，如二、五之享祀，以承庆而受福，又孰得而困之！

䷯ 井

一

困，刚掩也，井亦刚掩也。二卦之体，综之而柔皆覆刚，困独蒙其掩，而井利赖其养者，何居？

天下之能加于我者，皆其同类者也；天下之与我异类者，皆其不能加我者也。同类而同情，则性正而情交；异类而异情，则先难而后易；同类而异情，则貌德而衷刑。水之于泽，阴阳非类，而与同类。类同而貌同，类非而情异。利其酒食、金绂之可以相养，而不知支流之没于大浸，水有泽，而泽且无水，柔且以加刚而莫能自出。若夫水之与风，凝散异情，判然其不谋矣。巽德虽顺，水终浮溢以出，其不能加我者，犹钟鼓之不足，以宴爱居也。不足以宴，不足以饵，则亦不足以掩。

故上六虽柔，其能幕阳而杜其"用汲"之功与？

若四之于三，乘刚也，而不为乘刚。三，巽之成也，则固非刚也。疑于刚而乘之，察其非刚，而退自保焉，而自饰之不遑，而何乘邪？乘非乘，掩非掩，巽开户以旁行，道不登于上，则巽心恻矣。坎履中以自用，情不合于下，则巽心又恻矣。不能掩之，将自求之。是木以载水，收功于本绝之交，尽瘁于可以有为之日，巽免于侧之为福，而岂得与刚为难哉！此井之通历以异于因之穷也。

故君子之于世也，不数数然于物之类己，而虞其有僭心；其漠不相即者，则徐收之以为利用。是故小名不慕，小善不歆，甘言不迻，淡交不绝，则成功于望外，而朋聚于不谋。

虽然，其于此也，则已劳矣。巽劳，而坎非不劳者也。巽劳于人，坎劳于出。故挹江河者施桔槔，其不穷者，则果不穷矣；抱瓮而汲之，重绠而升之，所食者十室之邑，而养将穷。不穷其将穷，恃有劳而已矣。故井亦忧患之门，衰世之卦也。

二

夫人之有情，岂相远哉！怀干糇之贻者，享壶飧，而不惭。诗云"投我以木瓜，报之以琼琚。"珍有事也。今以贪僮庸菲废弃之子，苟给利养，授圈牢之秣饲，而鄙为木石，无使有自致之薄长，则沦没渐萎，卒以抑菀，而不永其生。

故先王之于乐也，非无都人士女，敏手蹑步，可以娱神，而教肄之，然而伛者击磬，疴者击钟，矇者审音，聩者眠度，合天下尫废天刑之子，晋之于和豫之地，则何也？

乐者和以养也。和而及于不和之尤，使之消散其一日之哀郁，而后细类劣生不虚养，而有生之情效焉，则亦且荣生，而无甘死之心，所以调阴阳之渗，而溥生理于无方也。是故别无收恤拯贷之典，而一登之有事以荣其养。故曰："圣人辅天地之穷。"

且夫愚柔辱贱之士，其视儇巧便给者，所得于天之短长，吾未得而知也。礼失而求之野，十室而有忠信。疏逖微末，而莫由自拔，则皆消沮，而忍于长捐。虽有侥愿一得之长，迨其堙没，且以求慰其生而不遂，况望其引伸而奋迅邪？故弃人之世，世多弃人，彼诚无以自振也。

井之初曰："井泥不食，旧井无禽。"盖哀之也。既已为之井矣，食则其荣，而不食其辱，犹夫人之情也。巽而人，人而下，亦非有潢潦沸溢、不可向迩之污垢也。其不幸而泥者，时为之，犹之乎为井也，亦各有施焉，因而浚之，薄取而小用之，岂无所望于上哉？

置之不食，而井旧矣，井旧而无以自新矣。长捐于时，而无汲之时，灰心于涓滴之再润者，亦势莫如何，终自废以无禽矣。使遇《洞酌》挹注之主，功施废疾，而才登菅蒯，则居然井也，而岂逮此与？

甚矣！五之至清，而无徒也。三功之成，进而相比，洁而自荐，使非数数于求，明以受福，且终年抱恻而国莫我知。而况初之疏贱，而羸弱者乎！弃其致养则不足以自润，不足以自润，则生理瘠而生气穷。君子固已哀初之时命，而不得与于先王之劝相矣。出险而有德色，绝物而自著其功，寒俭自洁，以涸和平之气，井五之"中正"，衰世之德也。衰世之德，惨于盛世之刑。与其为水，不如其为火，子产之得为君子，有劝劳之道也夫！

第四章　周易外传卷四

䷰革

阳可以久道，阴不可以厚事，刚柔之材异也。火之极，炎蒸而成润；风之末，吹弱而成坚。其既则润以息火，而坚以止风。盖阴不厚事，则其极盛而迁，每于位亢势终之余，谢故以生新，非若阳之可久者，履盛而志不衰也。

是故离两作，而上明为下明之所迫；巽重申，而后风踵前，风以相荡。迫之甚，则郁鹿销灼，而火道替；荡之不已，则消散凋零而风位不安。故息之者以豫防其替，止之者以早授其安。物将替而为故，乍得安而见新。此离五之阴，避重明以迁于上，革之所以虎变也。巽四之阴，息绪风以迁于五，鼎之所以中实也。其阴过盛以迁，迁而阴先往以倡之变者，均也。

虽然，其于革也则尤难矣。过乎时，而返以乘时，阳革而来五，其势难；履天位，而巽乎无位，阴革而往上，其情难。此二者，皆非鼎之所有也。势难者，时相强以为主，二喜于得配，而信之，始于迟回，而终于光大。情难者，不获已而远去，阳积于其下而迫之，君子以忍难而昭质，小人以外悦而中忧。如是，而上之变也，较之五而尤难矣。而九三不恤其难，犹恃其赫赫之明，屡起而趣其行，不亦甚乎！故《易》之于上，奖之无遗词焉。

其为君子也，虽"蔚"而予之以"文"。蔚，入声，不舒也。文其所固有，失位而菀，菀而不失其盛，而后君子之志光。其为小人也，虽"革面"而许之以"顺"，中未顺而外悦，悦而不问其心，而后小人之志平。犹且戒之以勿"征"焉。使其征也，阴之凶，而阳之幸也。乃既委以难，而犹使之消散以失归，则抑不足，以奖天下之能革者矣。

或曰："离之从革也，势处不厚，同类相逼，内争而息肩于外，革而未离其类，革面而未洗其心，则圣人何奖乎？"

夫离之盛也，其性则阴也，其才则明也。以慧察之姿，行柔媚之德，相助以熔然。虽有蒸逼之患，而非其近忧，然且引身早去，召阳来主，以协于下，此非所易得，于离者也。而不见"突如其来"而不忌，"出涕沱若"而不舍，为重离之固然者乎！知难而往，辞尊而让，而遄拒其面，而遄过求其心！此圣人所以道大德弘，而乐与人为善也。

䷱ 鼎

鼎柔上而居中，则风力聚，而火道登矣。天下未定，先以驱除；天下已定，纳以文明。风以荡之，日以暄之，有其荡而日以升，有其暄而风不散，故离位正而巽命凝也。

然五位之正，以柔正也。纳天下于虚，而自安其位，凝其方散，而未离其类，其于命之至也，位之康也，受命以施命于物也，非能大创而予以维新也。故"中以为实"，则所据以为实者，位而已矣。据位以为实，夫且有擎固其位之心。乘驱除之余，合万方之散，擎固其位，以柔之道，将无思媚愚贱，抑法而崇惠与！

夫报虐以威者，非圣人之弘；因俗而安者，非圣人之正。何也？皆以其有位之心而据之为实也。则上九之以"玉铉"相节，举重器以刚廉之干，其可已与？

且夫天位之去来，率非有心者，所得利也。鼎五之履位，以息驱除，而顾使四"折足"而莫如何者，岂固有也哉！以其号召于始者，长保于终，则日有姑息乎邱民之事。诎礼而伸情，惩强而安弱，于是天下亦有以窥其擎固之志，而倒持逆顺于垄首。即不然，而长冥愚之非，漏吞舟之桀，亦与于"覆𫗧"，而否之出也无期。故悬刚于上，以节而举之，道以裁恩，刑以佐礼，而后辅五，而授以贞。授五以贞，则可调气之偏，而计民治于久远。数百年之恒，一日之新也，而后"吉无不利"矣。

汉之新秦也，非其固有也。嘉劳父老，约法三章，柔效登，而位正矣。萧、曹定法于上，画一而不可干，而又众建诸侯，以强其辅。故刚以节柔，其后一篡再篡而不可猝亡。

宋之新五代也，非其固有也，窃窃然其怀宝，沾沾然其弄饴。赵普之徒，早作夜思，以进擘固之术，解刑网，释兵权，率欲媚天一下而弱其骨。故以柔济柔而无节，沦散厄仆，一夺于女直，再夺于鞑靼，而亡亦熸矣。

呜呼！柔之为道，止驱除而新命，得则为周，失则为宋。刚之为道，纳之柔世而卒难合也，而节则为商，不节亦不失为汉。后之正位而维新者，抑务有以举斯重器，无利天位之实，而沾沾然，惟擘固之为图也哉！

䷲ 震

天下亦变矣。变而非能改其常，则必有以为之主。无主则不足与始，无主则不足与继，岂惟家之有宗庙，国之有社稷哉！离乎阴阳未交之始，以为主，别建乎杳冥恍惚之影，物外之散士，不足以君中国也。乘乎阴阳微动之际以择主，巧迓之轻重静躁之机，小宗之支子，不足以承祧也。故天下亦变矣，所以变者亦常矣。相生相息而皆其常，相延相代，而无有非变。故纯乾纯坤，无时有也。有纯乾之时，则形何以复凝？有纯坤之时，则象何以复昭？且其时之空洞而晦塞矣，复何从而纪之哉？夏至之纯阳非无阴，冬至之纯阴非无阳。黄垆青天，用隐而体不隐。贾生欲以至前一日当之，其亦陋矣。

纯乾纯坤，终无其时，则即有杳冥、恍惚之精，亦因乎至变，相保以固其贞，而终不可谓之"杳冥"、"恍惚"也。且轻重、静躁，迭相为君，亦无不倡而先和，而终不可谓"静为躁君"也。

尝近取而验之。人之有心，昼夜用而不息。虽人欲杂动，而所资，以见天理者，舍此心而奚主！其不用而静且轻，则瘴寐之顷是也。且昼之所为，其非瘴寐之所得主，明矣。瘴而有梦，则皆其荒唐辟谬，而不可据。今有人焉，据所梦者以为适从，则岂不慎乎！

彼徒曰"言出于不言，行出于不行"，而以是为言行之主。夫不言者，在方言，不行者，在方行之际，则口与足之以意为主者也。故"意诚而后心正"，居动以治静也。而苟以不言不行为所自出也，则所出者待之矣。是人之将言，必默然良久，而后有音；其将行也，必巍立经时，而后能步矣。此人也，必断续安排之久，如痎虐之间日而发也，岂天地之正，而人之纯粹以精者哉！

夫理以充气，而气以充理。理气交充而互相持，和而相守以为之精，则所以为主者在焉。而抑气之躁，求理之静，如越人熏王子，而强之为君，曰不言不行，言行之所出也。今暗者非无不言，而终不能言；痿者非无不行，而终不能行；彼理著而气不至也。由是观之，动者不藉于静，不亦谂乎！

夫才以用而日生，思以引而不竭。江河无积水，而百川相因以注之。止水之洼，九夏之方燠而已涸也。今曰其始立，则杳冥恍惚，以为真也，其方感也，则静且轻者，以为根也，是禹之抑洪水，周公之兼夷驱兽，孔子之作《春秋》，曰动以负重，将且纷胶督乱，而言行交诎；而饱食终日之徒，使之穷物理，应事机，抑将智力沛发，而不衰。是圈豕贤于人，而顽石、飞虫贤于圈豕也，则可不谓至诬也乎！故不行者，亦出于行，不言者，亦出于言，互相为出，均不可执之为主。

自其为之主以始者帝也，其充而相持、和而相守者是也；非离阴阳，而异乎梦寐。自其为之主以继者震也，其气动以充理，而使重者是也；非以阴为体以听阳之来去，而异乎暗痿。帝者始，震者继，故曰："帝出乎震。"又曰："出可以守宗庙社稷，以为祭主。"

尸长子之责，承宗社之大，盖其体则承帝，而不偏承乎阴阳，其用则承乾，而不承坤。何也？坤已凝而阳生，则复是已，是人事之往来也。未成乎坤而阳先起，则震是已，是天机之生息也。复为人事之改图，故屡进而益长；震为天机之先动，故再"震"而遂泥。

帝不容已于出，而出即可以为帝，故言不言，行不行，动静互涵，以为万变之宗。帝不容已于出，故君在而太子建，出即可以为帝，故君终而嗣子立。受命于帝，而承祚于乾，故子继父而不继母；理气互充于始而气以辅理于继，故动可以为君而出可以为守。借曰坤立而阳始生以为震，因推坤以先震，立静以君躁，则果有纯坤之一时也。有纯坤之一时，抑有纯乾之一时，则将有未有乾、未有坤之一时，而异端之说，由此其昌矣。

是故以序，则震为乾之长子，而不生于阴；以位则居，寅卯之交，春不继冬，木不承水，阳以建春，春以肇岁，震承乾，而乾生于震。震之出于帝，旦与乾互建其功，而无待于乾，奚况于坤之非统，而何所待哉！是故始之为体，则理气均；继之为用，则气倍为功而出即为守。气倍为功，则动贵；出即为守，则静不足以自坚矣。建主以应变者，尚无自丧其匕鬯夫！

䷳ 艮

一

因才而授之，以处之谓位，得处而即于安之谓所。有定性，无定位；有定位，无定所。定所也者，先立一道以便性而不迁也。处高拒卑，制物以己，而制遇以心也；或物起相干，而绝忧患以自镇也；抑物至利交，而杜情好于往来也；如是而后得以有其定所。故有定所则已成，已成则物亦莫乱之，而物成。各擅其成，己与物有不相保，皆所不谋，而惟终恃其成，而后其为定所也，长建而不易。于其定所见其定位，于其定位，行其定性，此绝忧患，杜情好，不介通，不立功，而自成乎己者也，则艮是已。

夫无定所以为定位，则出入皆非其疾，位以安安而能迁，曰素位。无定位以为定性，则尊卑皆非可逾，性以下济而光明，曰尽性。素者，位之博也；尽者，性之充也。迁以安者，有事以为功于位也；下济而光者，情交以尽性而至于命也。

功立则去危即安，身有可序之绩；情交则先疑后信，人有相见之荣。绩著于身，而非以私，不得訾之以为功名之侈；荣被于人，而非以徇世，不得薄之以为情欲之迁。是身非不可获，而人非不可见也。

夫功名之与情欲，毋亦去其不正者而止，岂必蔓然高蹈，并其得正者，而拒之哉！拒其正者，则位不博而性不充。不博，则逼侧而位无余；不充，则孤畸而性有缺。于以谢事绝交，恃物之自成，而小成于己，而毁居成后者，以非其时而不谋，斯岂非与咎同道者哉？然且艮终不以咎为恤。

高在上者，阳之位也；亢不与者，阳之情也。保其位，任其情，二、五得位，而曰"我终处其上"；四阴同体，而曰："不可与为缘"。尊位在彼，则处其上者直寓也，位寓则身废；同体不容相舍，则靳其交者已隘也，性隘则庭虚。乃艮终不以此，为恤者，彼诚有所大恤，而视天下皆咎徒也；谓承乾三索之余，而处阴方长之世也。

气处余者才弱，忧患不在世，而在己。欲忘忧患，则先忘其召忧召患之功名。敌方长者意滥，情好虽以正而或淫于邪。欲正情好，则先正其无情无好之崖字。功不可强立，情不可偶合。归于无归而情不固，徒然侈其性、离其位以自丧，艮亦惟此咎之为恤，而遑有其身以与人相见乎？

故其成也，无得于身，而身亦不失；无缘于人，而人终不得，而干之。阴且惮以思止，阳因止而犹存。立纲正极，保其性，固其位。是天下之恃有艮者，功无可建，即无功以止忧患；情有不施，即无情以讫嗜欲。拯衰者德弘，而道大，砥俗者严气，而危行。量其世，量其才，君子长保艮以自守，而不敢浮慕于圣人，斯其所以无咎也与！

二

　　夫乘消长之会，保亢极之刚，止功不试，止情不交，以专己之成者，奚可不择地以自处哉！

　　夫地有远迩，有险夷，有同别，有彼己。危哉！九三之处地，参于四阴之中，密迩而蹈险，同异类，而失己援，犹且以为所而止焉。越人之睹章甫也，则怪之，群鹗之睨一鹏也，则笑之。匪直怪之，将起而敌之；匪直笑之，念有以污之。横绝其类而使不得合，则戈矛起于夙夜；岳立其侧而形其所短，则簧鼓彻于听闻。四阴之限，岂阳所宜寝处而无嫌者乎？

　　我不敢知戈矛之不伤我躬也，则亦不敢知簧鼓之不移我志也。不幸而躬伤，君子犹可安于义命；尤不幸而志移，贞士将尽丧其生平。是故火之薰也，日蒸月化，而物且变莹白为黯黝矣。其受变而改其素，人惜遁之未远。其不受变而蒙其难，亦何必以察察际汶汶，而竞大辂柴车之余勇乎？

　　抑投躬于非类之炎灼，而仅保自免之危情，则不变者十三，而变者十七，亦人情难易之大都矣。箕子之于纣，孔子之于季斯，操其屈伸，用其权度，义重而道弘，则同污而自靖。且彼之功侔天地，而情贞日月者，志不存于用艮也。

　　若夫抱独立之素者，则无闷以自安。必将远，而不与之迩，别而不与之同，离乎险，以全乎己，而后闷不足，以加之。闷不足以加，则离人珍独，亦足以伸正气而为流俗之砥柱。若其情固违之，身且即之，温峤之幸成，撩病虎而盗睡骊，盖亦危矣。贾捐之介恭，显以行其志，身死而名辱，盖自贻也，将谁咎之可哉！谢朏扁舟造都，薰以得染，不足道已。孔北海之于曹操，嵇中散之于司马，施止于属目，其尚逊管宁，而愧孙登与！

　　"厉薰心"矣，而不系之以凶悔者，何也？身伤则凶，而仅免于咎；志移则悔，而苟免于凶。不能保二者之何居，所以危三者愈甚矣。名可闻，身不可得而见，所谓"不获其身"、"不见其人"者，用此道以自存也。

三

或曰："万物之化，始于阳，卒于阴。"此据相嬗之迹，而非其甚深之藏也。盈万物，而皆卒乎阴，则其末且虔刘陨折，而莫与之为继。然则始以为生，终以为成，皆阳与为功矣。何以知之？以"敦艮"之"厚终"者知之。

夫万物"成言乎艮"而以厚终，则岂有不厚终者哉？益以知亥、子之交，非果有混沌，而未开辟之日。天地之始，天地之终，一而已矣。特其阴中阳外，无初中乘权之盛，而阳之凝止于亢极，以保万物之命者，正深藏以需后此之起。故曰"天地之大德曰生。"天地生于道，物必肖其所生。是道无有不生之德，亦无有，卒于阴之理矣。

夫艮则有否之象焉。上九阳寄无位，升而不可复，止而不足以行。阴之浸盛，则汰于否之相敌。以貌取者，鲜不疑阳之薄荡无期，而减替以为之终。乃阳之坚植于外者，不惊其逼，不决于去，泰然安居，处漫落，而自息其生理，以养天地之化，而报道之生，则可不谓极厚者与！万物方以此终，即以此始。终于厚者始于厚。厚者，义之至，仁之尽也。故曰"始终于艮"。艮可以终，而可以始，化万物者，无不厚之日。旧谷之登，新谷之母也。而何疑其有卒乎阴之一日哉！

故剥消而复长，人事之休咎也；艮止而震起，天理之存存也。商、周尽人以合天：继剥而观息于静，其《归藏》首坤；由复而备致其盛，故《周易》首乾。夏后本天以治人，先震以立始于终，故《连山》首艮。首艮者，首其厚终以成始也。

人事之利害百变乎后，而天道立于其上，恒止而不迁。阴众而阳不伤，乱极而治有主，皆天所治人之事，而不屑屑然从既生既盛以致功，乃可以历百变而不拔。

禹之治水也，以为治其流不如治其源，故先条山，而后析水，则夏道固详于山矣。其建治教之宗，则存乎《洪范》。《洪范》之畴，建用皇极。极，在上者也；建者，则其止也。《洛书》之数，戴九履一。一为皇极，则艮之一阳是已。于以成终，故极建在上；于以成始，故一履于下。乃其数则尽乎九而不及十。天德之存存，以阳始，以阳终，不使阴得为之卒焉。

其制治之道则尚忠。忠者，心之自尽。自尽而不恤物交之利害，存诚以治情欲之迁流。圣人而修下士之祗敬，天子而躬匹夫之劳苦。功配天地而不矜，名满万世而不争。盖处于盛而以治衰之道居之，则极乎衰，而盛者非不可复用也。

是故继揖让之终而持其流，创世及之统，而贞其始。自敦其厚，化不得而薄之。其兴也，有畛行之天，有圮族之父。其衰也，有洛汭之奔，有有穷之篡；而兴无所待，衰不沦亡。非犹夫商、周之兴，世德开先以用其盛，而逮及陵夷，一解而不可复张也。何也？非以终道治始，则变故猝起，于不谋，怀来固薄，必无以裕之于终矣。"敦艮"之"吉"，非大禹其孰能当之！有王者起，建永终之图，其尚审于择师哉！

☴☶ 渐

性情以有节而正，功效以易地而施。不授以节，逢欲，非遂志之利；苟据其地，虚名丧实用之资。故阴不以升为嫌，阳不以降为损。

夫阴阳数敌，各据其地，以顺其所欲，性情无介以通，功效以小成，而不建，夫乃以为否道之成。二、五者，否之主也，或据"磐"以图安，或登"陵"以自尊，安者戒其危而不往，尊者耻于下而不来。三、四位非其任，鉴两君之重迁，奋于事外，因乎密迩，易位以合少长之欢，抑可谓节性，而不丧其功矣。

而或则疑之。疑之者，匪直疑阳之来三，而甚疑阴之往四也。图远以逼尊，则疑其志逊而行宄；就迩以谋合，则疑其情正，而礼愆。其何以保之子之贞乎？

夫阴阳之合，男先下女，泽山之所以通气也。阳极而无所往，用其衰以来主于内，则咸处其盛；阳稚而滨于交，用其新以来主于内，则渐顾处其衰。或散地而得应，或邻畛而失应。

是且以盛衰，而分离合之多少矣。乃多所合者，近取之身，而手足心口，交营以交感；少所合者，远取之物，而且前且却，暂处以图安；则咸易而渐抑难矣。阳有见御之心，阴无必得之梏，于此而能舍其党以上宾，召失位之阳，以来主，则阴亦贤矣哉！

故下女者男之常，而女归者女之变也。变而之正以得正，恃正而滋不正之虞；变而之不正，以得正，既正而可望大正之终；则有间矣。故咸亨，而专期女以贞，渐利贞，而早决女归之吉。

由是言之，四之往也，矫拂恒经，以听命于不相求之阳，大功允归，恒性未乱，固不得以就近而迁、逼尊而处，为之疑矣。

今夫鸿之来宾，而往遰也，与寒暑恒相为反，以逃其亢。而且往且来，日密移于栉比之南北，非有速于往来也，而日渐进以就阴阳之和，是不亦恒劳，而仅保也乎？则因几以变，消否诊而节阴阳者视此矣。

或曰："寒暑者，阴阳之正，不可避也，而避之，是'躁胜寒，静胜热'之说也，岂以受性命之正哉！则于鸿奚取焉？"曰：阴之必寒，阳之必暑，正也。怙于下以有祈寒，亢于上以有盛暑，亦其过也。过在阴阳，而物或因之以为否。否有定数，而无定气。密迁以就其和，则寒暑非有不可变之势。亦足见阴阳之与冲和，夹辅流行，非必于卯酉之仲，春秋之分，刻限以求和于定时矣。

善事天者，避其过，就其和。臣得匡君，子得干父，而密用转移，于无迹之檃括，则情理交协，允合于君子之用心矣。不逢其欲，不丧其实，则虽否塞之世，而冲和之气固未尝亡。

欲为功于天地者，自有密运之权，斯以变，而不失其正。不然，无所违之，无所就之，以恝于往来，则乘秋而击，为鸷鸟而已矣；当春而振，为昆虫而已矣。其将以鸷鸟、昆虫为性命之正哉？

中华藏书　第四部　船山说易　中国书局

䷵归妹

物之始盛也，性足而效有待。性足则必感，而发诸情，效有待，则必动而致其功。其感而不容已于动者，变也。立功以时，而定情以节，则变而不失其正也。变而不失其正，物亦取正焉。

虽然，自有变正，而不正亦由此而兴矣。故功兴而妄，情兴而淫。天地不能保其贞，而况于人乎？雨日交而虹霓现，昏姻通，而奔乱生，其始皆非有不正以为之阶也。

故天地通而泰交，亦既盛矣。抑阴阳各自为体，而化未运，则其交也，性足而情未畅，效著而功犹未起。因而保泰，必需其动以有为；因而固交，必需其感以相人。不然者，亦非可恃泰以长年。斯岂非天地之大义，而人之终始与！

而天地之际，亦密迩矣。因其密迩，功易就，而情易谐。三与四，不揳而兴，奏最者不待劳力于经时，得朋者勿俟裹粮，以远适。阳动而上，曰我以致功；阴感而下，曰我以合情；所归妹矣。阳亏其实，阴失其贞，为妄为淫，岂得免于"征凶"而"无利"也乎？

夫其变而不正也，岂有他哉？利其易而已矣。是故时险而用易，则坦而易亲，渐之所以得贞也。时夷而用难，则勤而不匮，随之所以成德也。蛊消否，而用难，归妹保泰而用易，则各失其道矣。然而以难处险，则量未裕而功自成；以易处夷，则情乱于苟从而功堕于无待。蛊无悔而归妹凶，固有别矣。

是以君子终用其难，而小人每歆其易。见利而托义，四与有愆焉！顺感而终淫，三之贱其可离乎？正其义不谋其利，慎其始以正其终。礼乐必百年而兴，征伐、刑政视此矣。婚姻必六礼而合，君臣、朋友视此矣。君子终不肖阴阳之苟合，以贪利而娆情，归妹之凶，可以免夫。

䷶丰

日中则昃，阳消而阴也；月盈则食，阴消而阳也。阳消则阴息，阴消则阳息，消乘盈而息起虚。人由盈以虚，而不得不消于鬼神；鬼神寓虚于盈，而不得不息于人。不知人之必鬼神，则将爱生而恶死；不知鬼神之必人，则将忻死而厌生。爱生者贪生者也，忻死者，绝其生者也。

贪生一，而为苟免，为淫祀，或诡其说为熊经鸟伸、吐故纳新，推而之于悬解以逍遥，缘督以养生，穷极于虚玄，而贪生之情一也。绝其生者一，而为任侠，为兼爱，或诡其说为蔑弃彝伦、残毁肤发，推而之于无生以为缘起，无余以为涅槃，穷极于深幽，而绝其生之见一也。

夫贪非其生而以为贵生，不知人者也。绝其生非可以死，而以为达死，不知鬼神者也。是故圣人尽人之性，而知鬼神之情。尽人之性，时盈则持满，时虚则保和，达才而正情，故其死也，昭明煮蒿，可以配天而作祖。知鬼神之情，始乎虚者无妄，终乎盈者无妄，立命以养和，故其生也，反本亲始，可以体仁而合天。

所以然者，何也？惟圣人为能戒丰，而彼惟不丰之为忧也。忧其不丰，或羡生之丰，而巧争其衰槁，或计生之不足以丰而别觊其出离，则所以窃窃焉，欲致于丰者，私生死而昧于时，有不恤矣。圣人惟不私其丰而恃之，故勿忧于丰，而尤以为戒。则人有其丰焉者，鬼神亦有其丰焉者；戒人之丰，虚乘于盈，终不恃生以可久；戒鬼神之丰，虚以起盈，终不趣灭以为乐。惟日孳孳，而不给于死，而可惧非死，豫谋其必息，而任今日以无穷之生。其通鬼神之变以贞久者，亦无假于别求，而可贱非生。

故为人谋之，为鬼神谋之，一因天地日月之理以慎用其明动，则性尽而息也不妄，情周知而消也不亡。其不然者，人之必消，听之气数，而非己之任；鬼神之必息，亦何依以责既屈之知能而致其戒哉！而《易》何以曰："而况于人乎，而况于鬼神乎！"

䷷旅

圣人仁不求功，智不求名，仁智非以有所期而成。然功名者，亦非圣人之所废。非功非名，无与于万物，而万物亦无恃以立也。

虽然，亦因其时，而已矣。时之盛也，则圣人主时，仁成而功溥，智成而名彰，谷应川流，万物繁然，以显其荣泽，功名捷得而不爽，圣人亦终不爽，其无求功名之志。时之衰也，则时宾圣人，仁无托以成功，智无丽以成名，圣人为物忧患，将爽其志，以利用夫功名，然且暗然掩其仁智之荣泽，故勋业寓于文章，文章存乎忧患。此则圣人之难也。

夫上有君，下有民，皆时会之所趋也。君民期圣人以为主，则圣人始无欲而终无为，而在己仁智，在物功名，非有与也。君民胥，无待于圣人，而圣人宾，乃圣人固不能恝置天下，而靳其仁智，无所欲而欲，知不可为而为。貌取而不相知者，几疑圣人之亵仁而丧智，故曰圣人之难也。

是故旅之变否也，阳逊天位而止乎下，阴非尊贵而丽乎中。六五德中而权藉不足，若强起代权以主其世，是五主天下而天下且宾五矣。且阳之集于三也，刚来而穷，浮寄于上下之间而成乎止，与上相配偶而不相应，不相应则情不及所当感，而况于五！浮寄以止，则苟于求安，而无志于求明；穷，则天命将舍而不足与谋。五为离主，道在施明，而三障之以不延于下。栖栖汲汲，世莫我知，质柔而为宾，亦孰与听之乎！

是故雉者，五之固有也，而代物忧患，不得已，而大欲存焉，知不可为，而为焉。固有而不见推于世，若非所固有而往有之。非所固有，是雉外而起射之矣。射者，不可必得之词也。固有而射，射而得雉之非难，射而不得雉之难也；不得雉而矢在之非难，不得雉而矢亡之尤难也。雉所获也，矢所用也。功名相左则所获者虚，仁智徒劳则所用者亦丧矣。

夫五岂果有亡矢之患哉？后世见之为文章，当时见之为忧患。而仁无可施之福泽，智无即格之幽明，则貌取而不相知者，固笑其一矢之仅亡也，而圣人亦怃然深思，谓吾矢之未尝不亡也。射而亡，不射而亦亡。

不亡因于不射，不射乃同于亡。矢在而射，亡不亡非其所恤，所射在雉，获不获非其所期，而后圣人乃真有其矢而固有其雉；《礼》、《乐》正，《诗》、《书》定，志在《孝经》，行在《春秋》，当时之功名阙然，万年之誉命鼎鼎矣。

彼惮牺曳尾之流，自以为保矢于不亡，而矢非以射，器不称名，名不称德，彼亦保非其矢，而焉用保为！故曰以仲尼为旅人，非仲尼其孰足以当之！

周公东征而赞《易》，成王卒悟，而公归，斧虽破而矢不亡，时为之也。时为之，亦存其义以俟后此之圣人而已矣。

䷸巽

进者巽之才也，退者巽之德也。才乘其时，德敦其位。以时则阴且消阳，而才可任，以位则下以承上，而德不淫。故巽之于初，疑进疑退。元信志也。志不信，无以信天下矣。才若可信，而非可信者也，因以用才则乱；德若不可信，而固可信者也，果于修德则治。

是以君子望初之深，而因示以所利；利在"贞"而不在"武"，贞既利而武亦无疑矣。裁其窥侵之技、责以负戴之忧，则武用登而天下之疑可释矣。

夫君子以其德教为天下裁其进退，念虽孔挚，而不能施责望，于不自信者之心。彼且不自信矣，而恶乎望之！督之以威而益其忮也，奖之以福而增其骄也。然而终以保武人之"志治"，则何也？

世虽阳壮，化不能废阴；治虽崇文，人不能废武。然或以成僭逼之萌，或以效只承之命，则存乎其位矣。时者天也，位者人也。争时而乘之，徼天而已非可恃；素位而安之，尽人而世莫我尤。故巽阴之下起也，亦阴阳之会，疑战之府也。而位固处于卑散，情自系乎仰给。

位可居也，情可谐也，其不欲骤起以逼阳，志亦明矣。故才德争其诎伸，而机括堪为敛戢，则俯思退听，抑惨杀以从阳治者，君子可终保其志已。

及乎六四，重申以阴杀，而有功矣。有功之可恃，不如无位之能贞也。故二纷"史巫"之求，以起初于侧陋；五秉"先庚"之令，以警四于居功。甚哉！择位而居，能消时之险阻，而平之，阳有所自全，阴有所自正。故曰"利见大人"，以荣阴之善下也。

䷹兑

一

巽以近阴为美，兑以远阴为正。均于正中，而"孚剥？之"厉"，非"有终"之"吉"也；均于无位，而"和兑"之"吉"，无"资斧"之"丧"也。且夫远之将以正志，而情相间则无功；近之将以合交，而势相昵则失己。俯恤其内，仰承其外，二者亦无悬绝之贞淫，而何以得失之径庭耶？

尝谂之。阴阳之有长少，则有余、不足之数因之。阳躁而乐施，阴静而吝与，故阳始于有余，终于不足；阴始于不足，终于有余；盖静躁之效也。故阳一索而虩虩以动，再而险以不盈，三而翕然止矣；阴一索，而习习以和，再而相附以炎，三而发气满容，肆然以得意于物矣。

然则兑者，阴之有余也。用阴之有余，饰己之方少，欣然行志意于天下，其情狠矣。悦以相诱，狠以相制，则阳之宜与远而不宜与相近，岂顾问哉？

且夫巽之得中而近柔者，将以正阴，而成其顺也。顺者巽固有之，而因以正之，则因以成之。在外不入而周旋不舍，荡涤其柔蒙以使物受其洁齐。巽之二、五为功于初、四者，要非能争阴之垒而强以所不听也。阴之初人，才不胜德。因不足之才，登固有之德，行权之功侔于保合矣。

若其在兑也，阴德穷而才见者也。德穷而怙尊高，才见而饰言笑，而抑相与为缘，则且孰与正之！毋亦仅与成之乎！仅与成之，渐染其柔曼，而隐助其刚狠，亦内顾而可为寒心矣。

借曰"履中之位固在也"，夫位者仅以临下，而有其权，夫岂仰欢而犹足恃乎？故赫赫之威，销于婉笑；堂堂之势，屈于甘言；狎以相忘，习而益弛。彼阴中之方稚者，尽用其有余以淫逞其上，始则"孚于兑"，继则"孚于剥"，尚得谓刚中之足据哉！策马近关而逾垣空谷，毋亦悔其远之不早与？

然则二何以免于厉耶？三失据而相就，上居亢以相牵，失据则以得说为幸，居亢则以取必相持，强弱势殊，而上之剥切矣。二位不当而危，五则正当而安，危则处乐，而有戒心，安则遇欢，而无固节，敬肆殊情，而上之厉甚矣。故夫时乘盛满，而物感丰盈者，其尤为忧患之归，愈知所戒也夫！

二

物有宜疾，君子疾之。虽有好音与其令色，遥望之如潞垢，必芟之如荆棘。"商兑未宁"而后疾焉，不已晚乎？吾惧其商之迟回，而疾之荏苒也。乃以恕待人而乐其成者不然。以其时量其心，略其心序其绩，断然以"有喜"归之。盖审知其处此之难，而终能贞恶以自全者之未易也。

夫耳目不纷，嗜好不起，崭然以绝非正之感者，类有余地，以自息。其息于余地矣，耳目无所交，嗜好无所授，山之椒，水之涣，可以乐饥而忘年，而天下且荣之曰"不淄"。四非无愿于此，乃求所息，而固不得也。将息于所与为邻，则"来兑"者狎之矣。将息于所与为体，则"引兑"者招之矣。人欲逃其刑戮，我欲逃其荣泽，俯仰而皆导我以淫豫。避世不可，避人不能，拊心自谋，而盈目无托，谁为余地，以听其崭然？其商也，诚不容已于商也。而四尤且安其位以自退，与三殊体，与上隔援，厌彼劳劳，全其皓皓，斯不亦斟酌无迷，而怀来有素者乎？然而神听和平，物亦莫能伤之矣。其庆也，非其所期也。则君子亦乐道其"有喜"，而无容訾其初心之不决也。

六朝之季，处未宁之地者，或内绝强臣之欢，而外投戎羯，或外脱异域之网，而内附篡攘。商之未详，迟回以丧其守者众矣。晏子不从昏淫，不与崔庆，商之已详，而不知退之为愈也。况里克之中立祈免者乎？耳目交而不乱，嗜好投而不疑，非贞生死以遗荣利者，其孰能之！

或曰："兑阴外说而中狠，商而不与，忮害随之，而何庆之有？"夫莫寿于殇生，而膏兰非夭，莫富于首阳，而薇蕨非饥。君子道其常，则四之于庆，诚多有之，而又何让焉！

䷺ 涣

阳保聚以上亢，阴护党以下凝。虽然，亦各安其位，而利之矣。乃欲亏其所党，解其所聚，毋亦非其所欲迁？惟不乐已成，而挠之使败，然后功可得而起。

涣之时亦难矣。阳往而不复，安于上以奠其居，亢不以为恤，否不以为忧。使越疆而迁焉，是始犹夫奔也。况乎奔，而人于险中，虽终得所愿，始固非其愿焉者也。然则成涣之功者，四之绩亦烈矣哉！故曰："挠万物者，莫善于风。"始则挠而破其塞，终则挠而散其险，解悖吹郁，疾于影响。呜呼！可不谓盛与！

夫涣四之得此也，惟无私而已矣。阴奋出以就四，虚其所处之位，以召阳来处，则二是已。夫其居二也，于己为安，于物为主。于己安，则重迁；为主于物，则物归而不能相舍。逮乎既去之后，所与为等夷者，犹昕夕引领，庶几抚我以慰其思也，此亦物情之最难决者矣。平居相保，断去于一朝；余慕未忘，牵留而不顾；岂果轻去其群，而忝于情也哉？以义裁情，捷往赴义。昭质益彰，不蔽于私昵；大劳不倦，不安于小成。
"光大"之怀，所町告于天人而无愧也。

呜呼！安小成，而蔽私昵者，非直利赖存焉；为物所牵，
而不能制义者，多有之矣。彼刚正者或且不能自割，而况于柔
之善牵者乎？戴之为邱，推之挽之以为宗；思之不忘，萦之维
之以为好；利之所集也，势之所趋也，小义之不可裁，私恩之
不可负也，而易望其解悖吹郁之一日哉？因物之戴，聊与为
主，迟回未决，而骑虎之势成，宋祖不能自免于陈桥。况曹操
之仅还四县，而欲孙权之不踞炉著火邪？

舍中正，即散也，升邱而观天位之光，受命以还，开户以
荡物之险，其惟大人乎！则天下为功，而神可格。刘虞有其
德，而无其才，陶侃有其才而无其德，固未足以几此也。圣人
以正待人，而不疑于忧患，挠之乃以通之，危之乃以拯之，光
大无惭，而鬼神可假，曾何险阻之足云！

䷻ 节

阴阳分而数均，阳皆内，阴皆外，二阳上二阴，一阳上一
阴。则德正。夫如是，节且侔功于天地矣。而抑有不然者。文
质，相承者也；恩威，相倚者也；男女，相谐者也；君子小
人，相养者也。故泰之道盛矣，不惜五位，以居阴也；享其
实，不并取其名也。既济之道得矣，授阴以二，使白遂也；正
其分，不更替其权也。故质宾文而文亦有尚，恩宾威而威亦有
功，男宾女而女亦有位，君子宾小人而小人亦有居。既均其
数，又宾其德，犹复两宅其中，以制柔于散地，节于是而
苦矣。

可以惟吾意之所欲为，施之物而不敢违，传之天下后世，
而不得议，吾自甘之，能俾天下之不苦之乎？孤行自尚，苦不
可贞，亦危矣哉！履正位而不惭，制万有而为之主，五可行
也，二则何居？

察闺门之细过，则衅起于萧墙；尸百执之小事，则人离其

心德。虔矫逮于用恩之地，则和气戾于周亲；坚忍去其不容已之文，则至情因而齐傻。规规然以宰制天下之大纲，为门庭之细目，蔑论人也，抑自顾其身心，亦荼檗终年而不见道之可乐矣。乃苟以谢于人曰："我与彼之数均而非有余也，我自宜为主，而宾之乃以安之也。又谁信之！

呜呼！古今之不相若，厚薄之差也。三代不可复矣，刑赏皆其忠厚，清议亦尚含弘。至于汉而德意犹有存者，故史迁、班固之传酷吏也，皆有砺节亢行，损物而先自损者也。至于宋而公论移矣。包拯之酷也，而天下颂之。然在当时，犹有忧其乱天下者。流及于海瑞，而合廷野之人心，蔑不翕然焉。夫拯与瑞，则"不出门庭"之智计而已。管仲匡天下，而犹曰"器小"，况拯与瑞之区区者乎！泰逊天位以永安，既济予榆祭以锡福，君子之道固如此。

"不可贞"者，自鸣其贞，而天下之害烈矣。始于相苦也，终于相激也，故天下之害烈也。

䷼中孚

夫欲施信，于天下，则内不失己，外不废物，以作之量。废物，则己无所载，大过挠阴，栋之桡也；失己，则物无与依，小过去中，飞鸟之凶也。称情以为本末，而末无废位；要礼以为重轻而重无失权。阳中而阴内，夫乃以情理尽而疑贰消，则中孚是已。

且夫阳，主阴者也。主阴者，统阴而交之也。统之而与为交，而先授之以必疑必贰之势，推衅端者必以咎阳心之不固焉。将往主之，必先有以宅之；摈之而疑生，则亦纳之而疑释矣。将欲交之，必固有以予之；居约而予之者俭，则意不厌而贰；如其处实，而予之者丰，则欲可给而壹矣。

是故三、四位散，二、五位正，中孚之奠阴阳于所丽者，既截然以分其贵贱之区。然兑、巽皆阴，二、五得中而非其世，则权终不盛；三、四为兑、巽之主，宅散而不得正，则位非所安。而中孚之交、尽于情理者，二、五积阳于初、上，固得辅以自强；三、四连阴于异体，乐处内以益亲。得辅以强，阳可留中而不替；处内益亲，阴且外比而不忧。揆之理，絜之情，存大正而授物以安，疑贰之消，不待合于介绍矣。

夫阴阳非类也，其相与非应也，时与位其尤不齐也，而且孚以无间，由是天下岂有不可施之信哉！

执己之坚而摈物，然后物起而疑之；随物以谐而丧己，然后物得，而贰之。况夫阴之柔弱而仅相保者，亦深愿树阳以为藩屏，而冥处于奥区乎！

故就暖以息肩，深藏以保富，授之乐土，而无吝，贞其疆域而不干，则始于悦以消怼，终于顺以革亢，"豚鱼"可格，无往不孚，阳之所受，亦弘矣哉！枢机在我，而"好爵"无私，孚乃"化邦"，岂有爽与！

若夫贬己徇物以效其恳恳，拒物全己，以守其轻轻，而徇物则贼己，拒物则绝好，信之蔽也贼，末之免矣。上亢而不亲，初"有他"而不定，己与人之间，情理未尽，则仅为二、五之辅而不足也。

䷽ 小过

中孚，阳之盛也，而卦皆阴；小过，阴之盛也，而卦皆阳。德不乘时，才不胜势，故以中孚之阳履乎中，且保阴，而结以信，况小过之阴柔，而能怙过以终乎？虽然，乘有余，而取赢，不量德而求胜，则阴恒有之而未肯戢也。

今夫鱼，阴也，故中孚以之；鸟，阳也，故小过以之。鱼火属而性沉，鸟水属而性浮。中孚象离，小过象坎。火必丽木，依于实也，故鱼投之空则死；水流于不盈之地，托于虚也，故鸟蹠乎实则擒。然阳躁而和，和者无必得之势；阴静而狠，狠者无思徙之心；故鸟可下而鱼不可使上。火丽实而利于虚，水流虚而载于实，则情与德有相贸之殊致，以各成其利赖。而要之，上野而下室，上往而下来，上威而下恩，上施而下受，莫不以下为吉焉。

是以鸟可下，而鱼必不可使上也。下者进，上者退，进者伸，退者屈，故阴阳亦莫不争下以为吉。

中孚之阴，小过之阳，皆在中而未有上下之势。未上未下，可上可下。于是中孚之阴，小过之阳，各有欲下之情，其理势然也。

阳无必得之势，阴无思徙之心。在中孚，而阴之欲沈，阳和而不争，虽处极盛，仅与敦信以遂其志。幸而阴安其未上未下者，则阳坦然矣。在小过，则阳为震艮之主，可决阴以必下而遂其志；然阴且怙其盛满宅中之势，挟阳以破樊而游于虚。虚者阴之乡，下者阳之利，背利以适非其乡，而阳犹靡然以听其以，以者不以者也，靡然听其以而莫能自主。

呜呼！妇乘夫，子胁父，臣制君，挟以翱翔而不适有居。甚矣，阴之狠也！惟然，而阳之或"戕"或"厉"，终不能免于悲鸣矣。而乃以激天下忠臣孝子之心，懑菀愤起，而争之以下。故极重而返，乱极而复，挟主周旋而能长保其飞扬跋扈之雄，有是理哉！逆弥甚，失弥速，见睍消，密云散，君子有以预知其"大吉"矣。

夫阴阳之往复，物理诚有之，而人之于性情，也亦然。性处情中，而情盛乘权，则挟性，以浮游于无实之地，逐物迁流，丧其起元之贞，性亦无如之何矣。逮乎吝而失，失而悔，退忧戕败，进处危机，则情发于中，而生怨艾之音，亦中人以上之必然者。然后矫所挟以来复，性情各安其所，而终返乎其根。故曰"人恒过，然后能改"。

惟然，而"弋取"之劳亦甚矣。非不惮其"在穴"之难，获者不能得也。故震之绩伟矣。治乱之数，止不胜止，动则兴也。理欲之数，遏不胜遏，求乃得也。九三之"防"，所由不及，九四之"遇"也。夫"密云"无久冱之阴，"在穴"有得禽之理，情不敌性，邪不胜正，虽"或戕之"，大有为者之资也。以为无可奈何，而安之若命，"飞鸟以闪"，尚谁疚乎！

䷾既济

一阴一阳之谓道，无偏胜也。然当其一一而建之，定中和之交，亦秩然，顺承其大纪，非屑屑焉，逐位授才而一一之也。此天地之所以大，虽交不密、叙不察，而无损于道，则泰是已。若屑屑焉一一建之，因一一和以交之，此人事之有造，终不及天地之无忧矣。故济者人事也。舟之方之，榜之帆之，以通旁午，以越险阻，亦劳矣哉！

天地之可大，天地之可久也。久以持大，大以成久。若其让天地之大，则终不及天地之久。有"初"有"终"，有"吉"有"乱"，功成一曲，日月无穷。方其既而不能保，亦不足，以配天地之终始循环，无与测，其垠鄂者焉。

岂惟其衰，盛亦有之。阳内进而长，阴外退而穷，各就其位，互致其交，此得不谓人事之最盛者与？而君子鳃鳃然思而防之，方自此始，则何也？

天下之方兴也，国是无大辨于廷，清议无成言于野，非有楚楚然必定之清浊也。承经纶之方起，上下各尽其能，而如不逮，固无余力以及此焉。而万物之相与各趋其用也，用之既趋，功必求当，人心有余，而规模日起。择位争时，以大剖阴阳之界，经制明，而公论彰，区别建立之繁，无遗地而亲疏分，势乃由此而定。则尽人事者，固已极盛而无所加。一以为阳，确然而授之以位；一以为阴，确然而授之以位。

安不惩之素，合不憎之交，竭往来之情，历正变之久，相与争于繁芜杂互之地，乃以得此一日，则中流鼓柑，而津岸已登矣。夫此一日者，岂可久之日哉！自屯之始交，而方遇此一日也，顾未济之且乱而仅有此一日也，则其为几，亦岌岌矣。

且夫阳来下以致功，阴往上以受感，阳安而阴恒危。阳躁而乐，阴静而忧，乐者忘而忧者思。以其忘危，敌其思安。鼓瑟于宫中，而聚谋于沙上，是阳固授阴以且惧且谋之药石而激之兴也。又况夫迭建迭交，琐琐焉以夹持之也！如是，则小固未亨而亨自此而起。小之亨，大之乱，如衡首尾之低昂而无爽矣。是故乱终自此而生。

二处誉，则七日勿逐以老敌；四处惧，则终日疑戒，以求安。非上六之五位，以穷者，皆未有须臾忘也。清浊太别，而疑战承之，岂或爽哉！甘、傅申训之后，尹、仲作诵以还，汝南月旦之方明，洛、蜀是非之既定，商、周、汉、宋，此四代者，亦由是而不延，故君子诚患之也，诚防之也。

老子曰："大道废，有仁义；智慧出，有大伪；六亲不和，有孝慈；国家衰乱，有忠臣。"其感此，而激为言，似之矣。虽然，存亡者天也，得失者人也。三年伐鬼方而既惫，抑不克鬼方，而抑何以为高宗？时会迁流，因而自弛，则亦终无此既济之一日，又岂可哉！不能使河无波，亦不能使无渡河也。

人事之所争，屑屑而不能及，天地之大者，命也。学焉而必致其精微，以肖天地之正者，性也。知其不能及天地，故君子乐天；知不能及，而肖其正，以自奠其位，故君子尽人。穷理尽性而至于命，亦曰防之，而岂早计以吹齑之幸免与！

秦燔《诗》、《书》，仁义废矣；晋尚玄虚，智慧隐矣；平王忘犬戎之仇，孝慈薄矣；谯周、冯道受卖国之赏，忠臣寝矣。曾不足以防患，而终于沈溺。老氏将谁欺哉！

君子之慎微明辨，争位于纷杂之余，正交于肆应之地者，不敢惮劳，非曰永固，亦以延天地之盛于一日，则后起者，弗以渐灭而不可继。固勿庸，以既济为戒涂，而倒行于雌雄、黑白之间，依"不盈"、"不足"以自保也。

䷿ 未济

一

水火之为功，不及天地之盛，因是而为害，亦不如阴阳亢战之穷。逊其可大，故其成也小；让其可久，故其毁也不长。

故天地，而无毁也。藉有毁天地之一日，岂复望其亥闭，而子开，如邵子之说也哉！成之小者不早以始，故《易》首乾坤而不首坎离。据"天一生水"，则当首坎矣。毁之长者，不可以终，故《易》终未济，而不终坤。

且夫火，阴也，而以阳为郛；水，阳也，而以阴为舆。非郛不守，非舆不载，凭之以为固，含之以为光。既不能显出，其神明，以备阴阳之盛；抑不欲孤恃，其锋棱，以致穷亢之灾。得数少，而气承其伸，则物不能长盛，而不终，亦非有久终而不返。水火之撰，固有然矣。

若夫天地之所为大始者，则道也，道固不容于缺也。不容于缺，必用其全。健全而乾，顺全而坤。因是而山、泽、雷、风、水、火，皆繁然取给于至足之乾坤，以极宇宙之盛，而非有渐次，以向于备。何也？道无思而无为。渐次以向于备，则有为吝留，有为增益，是且有思而有为，其不足以建天地之大也久矣。

震、巽、坎、离、艮、兑，男女之辨，长少之差，因气之盈缩，而分老壮：非长先而少后也。终古也，一岁也，一日也，一息也，道之流动而周给者，动上、散润、暄说皆备于两间，万物各以其材量为受，遂因之，以有终始。始无待以渐生，中无序以徐给，则终无耗以向消也。其耗以向消者或亦有之，则阴阳之纷错偶失其居，而气近于毁。此亦终日有之，终岁有之，终古有之，要非竟有否塞晦冥、倾坏不立之一日矣。

尝试验之。天地之生，亦繁矣，保介、羽毛、动植、灵冥，类以相续为蕃衍。由父得子，由小向大，由一致万，固宜今日之人物充足两间而无所容。而土足以居，毛足以养，邃古无旷地，今日无余物，其消谢生育，相值而偿其登耗者，适相均也。是人之兵疫饥馑，率历年而一遇，则既有传闻以纪之。若鸟兽草木登耗之数，特微远而莫察，乃鸷攫、冻喝、野烧、淫涨之所耗者，亦可亿，而知其不盈。则亦与夏昼冬夜长短之暗移，无有殊焉。要其至足之健顺，与为广生，与为大生，日可以作万物之始。有所缺，则亦无有一物而不备矣。无物不备，亦无物而或盈。夫惟大盈者得大虚。

今日之不盈，岂虑将来之或虚哉！故《易》成于既济而终未济，未济之世，亦乾坤之世，而非先后之始终也。

未济与乾坤同世，而未济之足以一终者，何也？阴阳之未交也，则为乾坤。由其未交，可以得交。乃既交而风雷、山泽亦变矣。其尤变者，则莫若水火。一阳而上生一阴，一阴而上生一阳以为离。一阴而上生一阳，一阳而上生一阴以为坎，互人相交，三位相错，间而不纯。

既或以为坎，或以为离矣，因而重之：离与坎遇，离三之阳，上生一阴，因以成坎，而为既济；坎与离遇，坎三之阴，上生一阳，因以成离，而为未济。互交以交，六位相错，间而不纯。阴阳之交，极乎是而甚。故此二卦者，乾坤之至变者也。由其尽交，非有未交，交极乎杂，无可复变，是故有终道焉。

既济得居，未济失居，杂而失居，伤之者至矣。水胎阳而利降，火胎阴而利升。既济水升火降，升者有余位以降，降者有余位以升。未济水降火升，降极而无可复降，升极而无可复升。性流于情，情挈于生，交极位终，则既济成而未济终。

固一日之间，一物之生，皆有此必终之理行乎阴阳，听万物材量之自受，则未济亦可以一终矣。

然而交则极也，阴阳则未极。阴阳之极者，未交则乾坤也，已交而得居，则泰也，已交而失居则否也。乾坤之极，既已为始；否之极，又不可终。非乾则坤，非坤则乾。十二位之间，向背而阴阳各足，既不容毁乾，而无坤，毁坤而无乾，又不得绝否之往来，以终于晦塞。惟夫往来皆杂，十二位相错，而未有绝者，则未济遂足以一终。

乃一阴立而旋阳，一阳立而旋阴，阴阳皆死生于俄顷，非得有所谓"地毁于戌，天毁于亥"也。盖阴孤，而不可毁阳，阳孤而不可毁阴。未济之象，亦一阴一阳之道，而特际其乱者尔。

先天之位，未济居申，申者日之所人也。日绕于大圜之墟，而出入因地以渐移，则申有定位，而无定时。无定时，则亦且无定位。是终日可寅，终日可申，终日终而终日始，拘于所见者莫之察尔。且申为秋始，秋司刑杀。百谷落而函活藏于甲核，昆虫熊燕蛰，而生理息于膻宫，则亦貌杀非杀，而特就于替也。未济亦替而已矣，岂有杀哉！非杀不成乎永终，天地无永终之日矣。

且雷、风、山、泽之代天以主物也，非暄润不为功。故人物非水火不生，而其终也亦非水火不杀。雷、风、山、泽，不能杀物者也。因其任杀，故亦可以一终。而水火之杀，则亦惟水火之不盛也。阳亢而阴凝则盛，故雷风之用著，水火之用微；山泽之体实，水火之体虚。

阴间乎阳而为离，阳不得亢；阳间乎阴而为坎，阴不得凝。其在未济也，离火南上而且息乎金，失木之养；坎水北下而注乎木，失金之滋；尤非有炎烁泛澜之势也。特以交之已杂，成乎一时之衰，而物遂受其凋敝。故盛为生，衰为杀。盛衰者偶也，生杀者，互相养者也。岂有极重难返之势，以讫于大终，而待其更始乎！

释氏之言曰："劫之将坏，有水灾焉，有火灾焉。"以未济观之，火上散而水下漏，水火不给于暄润，则于人物为死，于天地为消。其无有焯焯之焰，滔滔之波，以灭万物、毁二仪而坏之，亦明矣。

天地之终，不可得而测也。以理求之，天地始者今日也，天地终者今日也。其始也，人不见其始；其终也，人不见其终；其不见也，遂以为邃古之前，有一物初生之始；将来之日，有万物，皆尽之终；亦愚矣哉！

是故穷理尽性以至于命者，原始要终，修其实有之规，以尽循环无穷之理，则可以知生死之情状而不惑，合天地之运行而不惭，集义养心，充塞两间而不馁。呜呼！尽之矣。

二

凡夫万有之化，流行而成用。同此一日之内，同此天地之间，未有殊才异情，能相安而不毁者也。

情以御才，才以给情。情才同原于性，性原于道，道则一而已矣。一者，保合和同而秩然相节者也。始于道，成于性，动于情，变于才。才以就功，功以致效，功效散著于多而协于一，则又终合于道而以始，是故始于一，中于万，终于一。始于一，故曰"一本而万殊"；终于一而以始，故曰"同归而殊途"。

夫惟其一也，故殊形绝质，而不可离也，强刑弱害而不可舍也。舍之以为远害，离之以为保质，万化遂有不相济之情才。不相济曰未济，则何以登情才而成流行之用乎？

舍之离之，因万化之繁然者，见其殊绝之刑德，而分以为二。既已分之，则披纷解散，而又忧其不合，乃抑矫揉销归以强之同，则将始于二，成于一。故曰"异端二本而五分"。

老氏析负抱阴负阳之旨，而欲复归于一；释氏建八还之义，而欲通之以圆。盖率以道之中于万者以为大始，而昧其本。则情才之各致，或有相为悖害者，固变化之不齐，而以此疑为不足据，乃从而归并于无有，不亦宜乎！

夫同者所以统异也，异者所以贞同也，是以君子善其交，而不畏其争。今夫天地，则阴阳判矣；雷风、水火、山泽，则刚柔分矣。是皆其异焉者也。而君子必乐其同，此岂有所强哉？迅雷之朝，疾风以作；名山之上，大泽以流；震巽、艮兑之同而无所强者固然矣，而抑又不足以相害。若夫水火，吾未见其可共而处也，抑又未见其处而不争也。

处而不争，则必各顺其性，利其情，相舍相离，而后可同域而安。火炎上，因而上之；水润下，因而下之；则已异矣。炎不媒水，润不灭火，则又以为同矣。呜呼！此未济之世，远害而"亨"，而卒以"无攸利"于天下，而《易》且以一终者也，可不慎与！

今夫物之未生，方之未立，一而已矣。成材而为物，则翼以翔空，跖以蹈实，而辨立；准情而建方，则耳目知左，手足知右，而居奠。虽有父母师保，而不能强之以不异。虽然，其异焉者中固有同然者，特忘本者未之察耳。

故极乎阴阳之必异，莫甚于水火。火以熯水，所蟆之水何往？水以灭火，所灭之火何归？水凝而不化，熯之者所以荡而善其化；火燥而易穷，灭之者所以息而养其穷；则莫不相需以致其功矣。

需以互交，先难而后易，情德而貌刑，故忘本者，尤惄然而畏其争。将以为本异而不可同也，于是析兄弟之居，察情欲之辨，解而散之，因而仍之。因而仍之以为自然，解而散之以为解脱。之说也，其于道也，犹洴澼絖之于渊鱼也。万化之终协于一以藏大始者，固不因之以匮。

彼益傲然曰："其成也固然，而欲互交以致功者，亦拂阴阳之性而无当于成败。"其迷也，亦可谓大哀也矣。

天地之正，不听彼之乱之。圣人之教，辅相以合之者，又维系之。彼既任其相离相舍，则亦徒有其说，而无其事，故无能大损于道也。藉其不然，胥古今上下以未济，则一终者将以永终，且亦不可以得一终也，则可不谓大哀者与！

呜呼！君子之慎未济也，亦为其难，而已矣。情异则利用其才，情才俱异，则胥匡以道。沈潜刚克，高明柔克，以自治也；礼以齐之，刑以成之，以治人也。然后凝者不以寒沉而泄，燥者不以浮焰而衰。斟酌融通，虑始难而图成易。则天地之间，昭明流动，保合而无背驰瓦解之忧，元化且恃之以成矣。是故未济之慎，则其可以济之秋也。

夫水沉而舟浮，舟静而楫动，而理之相因一也。从其情才之迹，而任之，以舟撑舟，以水运水，人且望洋而退，岂有赖哉！故卦凶，而爻或免，亦以其应，而已矣。火之刑水，其害薄；水之刑火，其害酷。离可以引退，不恤其害，犹与交应，则离贤矣。明者下烛而有孚，险者怙终，而自曳。六三位进而才退，弃余光而保险，未济之害，独多有之，则凶亦至矣。离贤于坎，坎利于离，得害多者，君子之常；避祸速者，小人之智。成未济者坎也，而老子曰"上善若水"，其为术可知矣。

第五章　周易外传卷五

系辞上传第一

章句依朱子《本义》

一

夫《易》，天人之合用也。天成乎天，地成乎地，人成乎人，不相易者也。天之所以天，地之所以地，人之所以人，不相离者也。易之则无体，离之则无用。用此以为体，体此以为用。所以然者，彻乎天地与人，惟此而已矣。故《易》显其用焉。

夫天下之大用二，知、能是也；而成乎体，则德业相因而一。知者天事也，能者地事也，知能者人事也。今夫天，知之所白开，而天不可以知名也。今夫地，能之所已著，而不见其所以能也。清虚者无思，一大者无虑，自有其理，非知他者也，而恶得以知名之！块然者已实，而不可变，委然者已静而不可兴，出于地上者，功归于天，无从而见其能为也。虽然，此则天成乎天，地成乎地。人既离之以有其生，而成乎人，则不相为用者矣。此之谓"不易"也。

乃天则有其德，地则有其业，是之谓乾坤，知、能者，乾坤之所效也。夫知之所废者多矣，而莫大乎其忘之。忘之者，中有间也。万变之理，相类相续而后成乎其章，于其始统其终，于其终如其始。非天下之至健者，其孰能弥亘以通理而不忘？故以知：知者惟其健，健者知之实也。能之所穷，不穷于其不专，而莫穷乎室中而执一。执一而室其中，一事之变而不能成，而奚况其赜！至善之极，随事随物而分其用，虚其中，析其理，理之所至，而咸至之。非天下之至顺者，其孰能尽眚眚之施而不执乎一？故以知：能者惟其顺，顺者能之实也。

夫太极○之生元气，阴阳者，元气之阖辟也。直而展之，极乎数之盛而为九。九者数之极，十则仍归乎一矣。因坤之二而一盈其中为三，统九三而一贯之，其象奇──。始末相类，条贯相续，贞常而不屈，是可彻万里于一致矣。而三位纯焉；因而重之，六位纯焉。斯以为天下之至健者也。元气以敛而成形，形则有所不逮矣。地体小于天。均而置之，三分九，而虚其一为六，三分三而虚其一为二，其象偶── ──。天之所至，效法必至，宁中不足而外必及。中不足者，以受天之化也。虚其中以受益，勉其所至以尽功，是可悉物理而因之，而三位纯焉；因而重之，六位纯焉。斯以为天下之至顺者也。

故曰"乾知大始，坤作成物"。无思无虑而思虑之所自彻，块然委然而不逆以资物之生，则不可以知名而固为知，不见其能而能著矣。而夫人者，合知、能而载之一心也。故曰"天人之合用"，人合天地之用也。

夫弥亘初终而持之一贯，亦至难矣。虚中忘我，以随顺乎万变，勉其所至而行乎无疆，亦至繁矣。则奚以言乎"易简"也？曰：惟其纯也。乾者纯乎奇矣，坤者纯乎偶矣。当其为乾，信之笃而用之恒，不惊万物之变，而随之以生识，则历乎至难，而居天下之至易。当其为坤，己不尸功，而物自著其则，受物之取而咸仍其故，则历乎至繁，而行天下之至简。乾则以位乎天者此，以达乎人者此，以施乎地者此；六爻三才也。坤则以应乎天者此，以运乎人者此，以成乎地者此。因而重之，罔不皆然，此之谓纯。

夫天秉乾德，自然其纯以健，知矣；地含坤理，自然其纯以顺，能矣。故时有所鼓，时有所润，时互用，而相为运，时分用而各有成。震、巽、坎、离、艮、兑之大用，而在六子之各益者，天地初未尝有损，杂者自杂，不害其纯，则终古而无不易也，无不简也，皆自然也，吉凶其所不讳也。圣人所忧患者，人而已矣。故显其用于《大易》，使知欲得夫天下之理者，合天地之用，必其分体天地之撰，而不杂者也。

夫知，用奇也则难而易，用偶也则易而难；能，用偶也则繁而简，用奇也则简而繁。然而天下之辨此者鲜矣。

知者未尝忘也。甫有其知，即思能之，起而有作，而知固未全也。因事变而随之以迁，幸而有功焉，则将据其能以为知，而知遂爽其始。故知，至健者也，而成乎弱。弱而不能胜天下，则难矣。

能固未欲执一也。方务能之，而恃所能以为知，成乎意见，以武断乎天下，乃其能亦已仅矣。物具两端，而我参之以为三，非倚于一偏，而不至也，则并违其两，但用其独。故能，至顺者也，而成乎逆。逆而欲与物相亲，则繁矣。

是何也？人受天地之中以生，而不能分秩乎乾坤，则知能固以相淆，健顺固以相困矣。夫人亦有其动焉，亦有其人焉，亦有其幽明之察焉，亦有其止焉，亦有其说焉。然而惟能以健归知，以顺归能，知不杂能，能不杂知者，为善用其心之机，善用其性之力，以全体而摩荡之，乃能成乎德业而得天下之理。藉其不然，天之明固在也，地之力固在也，莫知所秩，乘志气之发而遂用之，故德二三非其德，业将成而或败之矣。

是以《周易》并建乾坤以为首，而显其相错之妙。天事因乎天，地事因乎地。因乎天而坤乃有所仿，因乎地而乾乃有所成。故《易》者，圣人之以治天下之繁难而善其德业者也。

虽然，亡他焉，全体之而得矣。全体之，则可以合，可以分。诚积而必感，自摩之以其几；道备而可给，自荡之以其时。乾坤定则贵贱位，刚柔断，聚以其类，分以其群，象不眚，形不枵，皆定之者不杂也。是故可鼓可润，可寒可暑，可男可女，沴合而不乱。

贤人以之为劝为威，为行为藏，为内治为外图，成震、巽、坎、离、艮、兑之大用。故曰"《易》，天人之大用也"，盖纯备之、分秩之之谓也。

二

"鼓之以雷霆"，震也。"润之以风雨"，巽也。"日月运行，一寒一暑"，坎、离也。离秉阳以函阴，为日；坎秉阴以承阳，为月。日运行乎阳中，为昼；月运行乎阴中，为夜。日运行乎离南，赤道之南。月运行乎坎北，二至月道极乎南北，则寒；日运行乎坎北，赤道之北。月运行乎离南，则暑也。"乾道成男"，艮也；"坤道成女"，兑也。乾坤怒气之生，为草木禽兽，其大成者为人。天地慎重以生人，人之形开神发，亦迟久而始成。乾坤之德，至三索而乃成也。于此而见阴阳致一之专，于此而见，阴阳互交之化，然皆其迹，而已矣。盖学《易》者于此而见阴阳皆备之全焉。

雷霆、风雨，相偕以并作，则震、巽合矣。日月、寒暑，相资而流行，则坎、离合矣。男女相偶，以正位而衍其生，则艮、兑合矣。震之一阳，自巽迁者也。巽之一阴，自震迁者也。坎、艮之阳，自离、兑迁也。离、兑之阴，自坎、艮迁也。迁以相摩，则相荡而为六子；未摩而不迁，则固为乾、坤。故震、巽一乾坤也，坎、离一乾坤也，艮、兑一乾坤也。

惟其无往，而非纯乾纯坤，故乾坤成卦，而三位各足，以全乎乾之三阳、坤之三阴，而六位备；因而重之，而六位各足，以全乎乾之六阳、坤之六阴而十二位备。《周易》之全体，六阳六阴而已矣。其为刚柔之相摩，荡为八卦者，无往而不得，夫乾坤二纯之数也。其为八卦之相摩，荡为六十四卦者，错之综之，而十二位之阴阳亦无不备也。无不备，无不纯矣。

故非天下之至纯者，不能行乎天下之至杂。不足以纯而欲试以杂，则不贤人之知能而已矣。故曰"所恶于执一者，为其贼道也，举一而废百也。"霸者之术，亦王者之所知，而王道规其全，则时出为事功，而无损于王者之业。异端之悟，亦君子之所能，而君子体其全，则或穷乎孤至，而无伤于君子之德。

故天下无有余也，不足而已矣；无过也，不及而已矣。撰之全斯体之纯；体之纯，斯用之可杂。几不能不摩，时不能不荡。以不摩不荡者为之宗，以可摩可荡者，因乎势，以摩之荡之者，尽其变。故可鼓也，可润也，可运也，可成也。而未鼓、未润、未运、未成，乾坤自若也。方鼓、方润、方运、方成，乾坤自若也。统六子而为乾坤，六子之性情咸具，而但俟其生。与六子而并为八卦，父母之功能固著，而不倚于子。故致一者其机也，互交者其情也，皆备者其诚也。诚者亡他，皆备而已尔。

呜呼！使君子而为小人之为，则久矣其利矣；使圣人而为异端之教，则久矣其述矣；使王者而为桓、文之功：则久矣其成矣。小人之利，君子亦谋之，以育小人；异端之教，圣人亦察之以辨异端；桓、文之功，王者亦录之以命牧伯。而特更有大焉，彻乎万汇之情才，而以昭其德；更有久焉，周乎古今之事理而以竟其业。

刚极乎健，而非介然之怒生与惰归之余勇。柔极乎顺，而非偶用之委蛇与不获已之屈从。天下之德固然，贤人之相肖，以成位乎中者，其能歉乎哉？

未至于此者，学之博，行之笃，弗能弗措，以致曲于全，尚庶几焉。老氏仅有其一端之知，而曰"曲则全"，其劣著矣。雷风不相薄，水火不相射，男女不相配，自有天地以来，未有能为尔者也。执一废百，毁乾坤之盛，而骄为之语曰"先天地生"，夫孰欺？

三

大哉《周易》乎！乾坤并建，以为大始，以为永成，以统六子，以函五十六卦之变，道大而功高，德盛而与众，故未有盛于《周易》者也。

《连山》首艮，以阳自上，而徐降以下也；《归藏》首坤，以阴具其体，以为基而起阳之化也。夏道尚止，以遏阴私而闲其情。然其流也，墨者托之，过俭以损其生理。商道拨乱，以物方晦而明乃可施。然其流也，霸者托之，攻昧侮亡以伤其大公。

呜呼！道盛而不可复加者，其惟《周易》乎！周道尚纯，体天地之全以备于己。纯者至矣，故《诗》曰："呜乎不显，文王之德之纯"，文王之所以配天也。

乾坤并建于上，时无先后，权无主辅，犹呼吸也，犹雷电也，犹两目视、两耳听，见闻同觉也。故无有天而无地，无有天地而无人，而曰"天开于子，地辟于丑，人生于寅"，其说诎矣。无有道，而无天地，而曰"一生三，道生天地"，其说诎矣。无有天而无地，况可有地而无天，而何首乎艮坤？无有道而五天地，谁建坤艮以开之先？

然则独乾尚，不足以始，而必并建，以立其大宗，知、能同功而成德业。先知而后能，先能而后知，又何足以窥道阃乎？异端者于此争先后焉，而儒者效之，劝；未见其有得也。夫能有迹，知无迹，故知可诡，能不可诡。异端者于此，以知为首，尊知而贱能，则能废。知无迹，能者知之迹也。废其能，则知非其知，而知亦废。于是异端者，欲并废之。故老氏曰"善行无辙迹"，则能废矣；曰"涤除玄览"，则知废矣。释氏曰"应无所住而生其心"，则能废矣；曰"知见立知即无明本"，则知废矣。知能废，则乾坤毁。故曰："乾坤毁则无以见《易》。"

不见《易》者，必其毁乾坤者也。毁乾坤，犹其毁父母也矣。故乾坤并建，以统六子，以函五十六卦之大业，惟《周易》其至矣乎！

抑邵子之图《易》，谓自伏羲来者，亦有异焉。太极立而渐分，因渐变，而成乾坤，则疑夫乾坤之先有太极矣。如实言之，则太极者乾坤之合撰，健则极健，顺则极顺，无不极而无专极者也。无极，则太极未有位矣。未有位，而孰者为乾坤之所资以生乎？

且其为说也，有背驰而无合理。夫乾坤之大用，洵乎其必分，以为清宁之极，知能之量也。然方分而方合，方合而方分，背驰焉，则不可得而合矣。

其为说也，抑有渐生，而无变化。夫人事之渐而后成，势也，非理也。天理之足，无其渐也，理盛而势亦莫之御也。《易》参天人而尽其理，变化不测，而固有本矣。奚待于渐以为本末也？如其渐，则泽渐变为火，山渐变为水乎？

其曰"乾坤为大父母"者，不能不然之说也；其曰"复姤小父母"，则其立说之本也。宋郑夬、秦蚡亦有此说。不然，则父母而二之，且不能解二本之邪说，而彼岂其云然！

自复而左，左生乎颐，明夷左生乎贲，临左生乎损，泰左生乎大畜。自姤而右，右生乎大过，讼右生乎困，遁右生乎咸，否右生乎萃。而无妄无以生明夷，升无以生讼，则复姤义不任为小父母。

乾右生夬，履右生兑，同人右生革，无妄右生随。坤左生剥，谦左生艮，师左生蒙，升左生蛊。而泰无以生履，否无以生谦，则乾坤又不任，为大父母。

如其以泰生临，履生同人，明夷生复，否生遁，谦生师，讼生姤，为往来之交错，则姤复为云仍之委绪。以无妄生同人，明夷生临，履生乾，升生师，讼生遁，谦生坤，为中外之之绕，则乾坤为奕叶之苗裔。

凡此者，既不能以自通，抑不足以自固。而但曲致其巧心，相为组织，遂有此相因，而成乎渐者以为之序，相背而分其疆者，以为之位，而其说遂以立。

夫乾尽子中，何以为乾？坤尽午中，何以为坤？子中无乾，何以为子？午中无坤，何以为午？抑与其"天开于子，地辟于丑"之说相叛，而率之何以为道？修之何以为教？则亦谈天之艳技而已。

夫天，吾不知其，何以终也？地，吾不知其何以始也？天地始者，其今日乎！天地终者，其今日乎！观之法象，有乾坤焉，则其始矣；察之物理，有既济未济焉，则其终矣。故天可以生六子，而必不能生地；天地可以成六子，而六子必不能成天地。天地且不相待，以交生，而况姤复乎？乃且谓剥之生坤，夬之生乾，则其说适足以嬉焉尔矣。

考邵子之说，创于导引之黄冠，陈图南。传于雕虫之文士，穆伯长。固宜其熵乱阴阳，拘牵迹象之琐琐也。而以为伏羲之始制，旷万年而何以忽出？此又不待智者，而知其不然矣。

"乾知大始，坤作成物。" "是故刚柔相摩，八卦相荡。"夫子之学《易》，学此者也。非仲尼之徒者，惟其言而莫之违，而孰与听之？

系辞上传第二

阴阳与道为体，道建阴阳以居。相融相结，而象生，相参相耦，而数立。融结者称其质而无为，参耦者有其为而不乱。象有融结，故以大天下之生；数有参耦，故以成天下之务。象者生而日生，阴阳生人之撰也；数者既生而有，阴阳治人之化也。

阴阳生人，而能任人之生；阴阳治人，而不能代人以治。既生以后，人以所受之性情为其性情，道既与之，不能复代治之。象日生，而为载道之器，数成务而因行道之时。器有小大，时有往来，载者有量，行者有程，亦恒龃龉，而不相值。春霖之灌注，池沼溢而不为之止也；秋潦之消落，江河涸而不为之增也。若是者，天将无以佑人而成之务务。

圣人与人为徒，与天通理。与人为徒，仁不遗遐；与天通理，知不昧初。将延天以佑人于既生之余，而《易》由此其兴焉。

夫时固不可徼也，器固不可扩也。徼时而时违，扩器而器败。则抑何以佑之？器有小大，斟酌之以为载；时有往来，消息之以为受。载者行，不载者止；受者趋，不受者避。前使知之，安遇而知其无妄也；中使忧之，尽道而抵于无忧也；终使善之，凝道而消其不测也。此圣人之延天以佑人也。

虽然，亦待其人矣。器不足以承佑，圣人之于人犹天也，不能保诸既佑之余。然则能承圣人之佑者，其惟君子也。

且夫兴鬼神以前民用者，龟筮之事，是不一类，而恒不能壹因于道。象而不数，数而不象，有遗焉者矣。器与时既不相值，而又使之判然无以相济也。若夫象肖其生，数乘其务，吉凶之外有悔吝焉，昼夜之中有进退焉，则于以承佑也甚易矣。

然而舍君子则固不胜者，愚不肖不与其深，贤智恒反其序也。故君子之器鲜矣。

何也？《易》之有象也，有辞也，因象而立者也；有变也，

中华藏书

周易全书·最新整理珍藏版

有占也，因数而生者也。象者气之始，居乎未有务之先；数者时之会，居乎方有务之际。其未有务，则居也；其方有务，则动也。居因其常；象，至常者也。动因乎变；数，至变者也。

君子常其所常，变其所变，则位安矣。常以治变，变以贞常，则功起矣。象至常而无穷，数极变而有定。无穷，故变可治；有定，故常可贞。

无穷者，何也？阴阳形器之盛，放乎天地，而察乎臣妾、鼠豕，不胜繁也；始乎风雷，而极乎劓刖、号笑，不胜迁也。有定者，何也？非其七九，则其六八也；非其七八，则其九六也。

君子无穷，其无穷，而有定其有定。所观者，统乎设卦之全象；所玩者，因乎变动之一爻。居不以苟安为土，纤芥毫毛之得失，皆信其必至；动不以非常为怪，仓卒倒逆之祸福，一听其自然。信其必至，故度务之智深；听其自然，故敦止之仁壹。

智深而必无少见多怪之惊，仁壹而必无周旋却顾之私，则可安可危，而志不可惑也；可生可死，而气不可夺也。是以能于《易》而承天之佑也。

其非君子也，则恒反其序。反其序者，执象以常，常其常，而昧其无穷；乘数以变，变其变而瞀其有定。是故耳穷于隔垣，笙簧奏而不闻；心穷于诘旦，晴雨变而无备。偷窥于今日之暇，局促于咫尺之安，专之以为利，保之以为欢，而天下则固然其将变矣。此亦一端矣，彼亦一端矣，则又迎之而笑，距之而啼，因杌而疑鬼，因牛羊而梦王公。

吉不胜喜，喜至而吉尽；凶不胜惧，凶去而惧未忘。仆乱伥皇以邀福而逃祸者，卒不知祸福之已移于前也，而况能先祸福以择名义之正也哉？蒙瞽塞目于黼黻，稚子掩耳于雷霆，象非其象而数非其数，乃以怨天之不佑也，天且莫如之何，而况于圣人乎？

呜呼！圣人之承天，以佑民者至矣。《诗》、《书》、《礼》、《乐》之教，博象以治其常；龟筮之设，穷数以测其变。合其象数，贞其常变，而《易》以兴焉。智之深，仁之壹，代阴阳，以率人于治，至矣，蔑以尚矣。而非君子之器，则失序而不能承。故天之待圣人，圣人之待君子，望之深，祈之凤。而学《易》之君子，将何以报圣人耶？

系辞上传第三

得数之体，多者为大，少者为小。阴阳动静乎太极，阳倡而阴和，倡者捷得而廉，和者徐收而贪。故阳一而阴二，则阴多也；阳数一、三、五、七、九，积二十五，阴数二、四、六、八、十，积三十，是阴犹多也；大衍之数五十五，去中五以用五十，阳未用，而早挂其五，是阴又多也。三百八十四位之象，阴阳各半，阴抑不处其少也。然而阴卒，以少为小，岂其才之不给，盖情之不逮矣。

夫数将以用之也。有数而不用，均于无数；用而苟恤其私，均于不用。故能用者少而有余，不用者多而不足。纣之亿万，不寡于周之十人也？唐高之一旅，非富于子孙之天下也？阴阳均受数于太极，逮其既用，阳之揲四，凡七凡九，而余者或十三，或二十一。阴之揲四，凡六凡八，而余者或十七，或二十五。阴之所余，恒多于阳之一揲。不以揲而以余，阴非不足，而吝于用，于是阴遂成乎小焉。

夫崇己以替天下，则笾豆见色；利天下，而节于己，则膏泽不屯。人莫窥其所藏，而窥其所建，于是乎阳任大，而无惭，阴欲辞小而不得。

何也？廉于取者其施必轻，贪于求者其与必吝。受数少，则富不足以自矜，而与物若借；受数多，则情常怙于取赢，而保己恒深。鹿台、钜桥之发，卦桩之世不能也，而必见于开创之日；酒浆、干糇之愆，薇蕨之士亡有也，而多得之千金之子。薰风之吹，不能如朔风之久，及其怒号披拂，荣百昌之生也，昼夜而有九春之势，惟其用之大也。

夫俭其身，以利天下者，宜天下多以利报之，则大易而小险，情相称也。然而数则有不然者。莫大于龙，而亢或有悔；莫小于鱼，而贯或承宠。且不但此也。阳一索而震，动物者先自惧也；再索而坎，固物者先自劳也；三索而艮，止物者先自戢也。则皆险也。阴一索而巽，入物者己自遂也；再索而离，丽物者己自明也；三索而兑，说物者己自和也。则皆易也。是故卦小而易，卦大而险。天下替而己崇，天下利而己损，物之不齐，亦莫能得其施报之平矣。

然而《易》之有辞，恒消息其险易以剂之平。称阳而险之，或以阻其乐施之气；称阴而易之，或以奖其畜厚之私。是故因其所之，以指吉凶，而存介以忧，存悔以无咎，则奖阳而沮阴，权行乎其间焉。

大壮之"尚往"，夬之"中行"，泰然足以大施于物，然且劝之以必进；大过之"灭顶"，节之"贞凶"，荼然不保其小于己，然且慰之以非罪。终不戒阳奢，而忧阴以凉也。且夫险者平之基，易者危之府。忧于其介，悔于其震，阴阳之险易，亦岂有恒哉！

若夫异端之窃《易》也，亦知贵阳而贱阴也，而恒矫阴阳之性情，以为小大。保阳于己，数盈而不勤于用；外阴于物，数歉而乘之以游。其精者以为贵生，曰"不凝滞于物，而与物推移"。

其粗者以为养生，曰"进阳火而退阴符"。与物推移，则无贵于大矣。阴符必退，则有受其小者矣。凭险而弃易，以自得其易。易在己，则险在两间。始于贵阳，而究与阴同功，是逆数以斗阴阳之胜矣。

呜呼！阳之大也，惟其用之天下而大也；其险也，则忧悔之所由，以致功也。己不足以死者，物不足以生。不靳生以死天下，是为大人而已矣。

系辞上传第四

引阴阳之灵爽，以前民用者，莫不以象数，为其大司。夫象数者，天理也，与道为体，道之成而可见者也。道非无定则以为物依，非有成心以为期于物。予物有则，象数非因其适然；授物无心，象数亦非有其必然矣。适然者尊鬼，必然者任运。则知有吉凶，而人不能与谋于得失。

神祠之莛卜也，何承天之棋卜也，《火珠林》之钱卜也，皆听其适然而非有则也，尊鬼之灵以治人，而无需于人谋。或为之说曰："齐戒之诚，神明之通也。"夫自以其诚为神明，则谒不断之心，而又推之于不可知也乎？以诚迓神，诚者人之心，神者天地之道，有往来焉，而岂神之无道以但听于心耶！

此其说猥陋，而不足以眩知者，则又有进焉者：或凭宿舍，或凭日月，或凭候气，皆取其必然而非无心也。取其必然，则固以所凭者为体，故禽壬、奇门、太乙之类，其说充塞，而皆依仿历法之一端，以为体。体循于化迹，而不知其所由；变因其已成，而非有神，以司其动；则亦任运而无需于鬼谋。即使先知之以为趋避，则亦登祸福，而废善恶，乘捷以争阴阳之胜也。

乃彼自成乎技，而未敢窃《易》，以与圣人争鸣，则又有托于《易》以鸣者：纳甲以月为体，卦气以辰为体，滥而及于五行之生克，占日之孤虚。缩天地之大德，而观之于一隙，既已乱矣。

然乱之于数，而未敢乱其理也。又有进焉者：京房之律也，魏伯阳之《契》也，扬雄之《玄》也，关朗之《包》也，司马公之《虚》也，蔡氏之《畴》也，则要理以为体矣，因要理以置之于其方矣。

夫律者上生下生，诚肖乎七八九六之往来，而黄钟之数十一，则天五地六之一数也。数全而仅用其二，以之建方，以之立体，是拘守其一，而欲蔽其全矣。故《易》可以该律，律不可以尽《易》，犹《易》可以衍历，历不可以限《易》。盖历者象数已然之迹，而非阴阳往来之神也。故一行智而京房迷矣。

伯阳之以十二时火符进退为复媚，以子寅为屯蒙，执而不可易。故交变错综之捷于往来者，不能与知，而画阴阳之墟，使相敌战，因摈自媚以往，为必退之符，则将使天地之气断而不续，有小智之观时，而无大仁之安土也。

卦言乎象，爻言乎变。故四千九十六，从人事之类，以取决于阴阳，《元包》、《潜虚》，录卦而废爻，方有涯，体有定，则将使人事之理有静而无动，守不流之仁，而无旁行之智也。

《畴》演《洛书》，而七十二之位，不能摩荡于风雷水火之变，是冬无燠日而夏无阴雨也，尧、汤不异治而政教不合施也。建一极以准福极，则无知命之变迁，而亦无敦土之繁备也。

乃其尤倍者，则莫剧于《玄》焉。其所仰观，四分历粗率之天文也；其所俯察，王莽所置方州部家之地理也。进退以为鬼神，而不知神短，而鬼长；寒暑以为生死，而不知冬生而夏杀。方有定，而定神于其方；体有限，而限《易》以其体。则亦王莽学周公之故智，新美雄而雄美新，固其宜矣。

要而言之，之数者皆索神于方而疑数于体，其于《易》也，犹爝火之于日月。何也？"神无方而《易》无体"，《易》与神合，而非因物以测神。神司变而物蔽物，《易》弥纶天地，而彼袭天地之绪余，则得失之相去，岂特寻丈哉！

夫数之有七八九六也，乾坤之有奇偶也，分二、挂一、揲四、归奇之各有当也，四营之积一三二二，十有八变之乘三六，以备阴阳也，三百六十、万一千五百二十之各有当也，六变而七、九化而八之以往来，为昼夜也，象数昭垂，鬼不得私，而任谋于人。五十而用四十有九也，分而为二，用其偶然而非有多寡之成数也，幽明互用，人不得测，而听谋于鬼。待谋于人而有则，则非适然之无端；听谋于鬼而无心，则非必然之有畛。是故推之律而在，推之历而在，推之符火而在，推之候气而在。凡彼所推者，皆待生于神。待者一隅，所待者大全。大全，则固未可以方方矣。

若夫五十六卦之综也，捷往捷来，而不期以早暮。乾、坤、坎、离大过、颐、中孚、小过之错也，捷反捷复，而不期以渐次。始交而屯，不以复、泰，一终而未济，不以剥、否。一奇一偶而六，六而四十八，四十八而三百八十四，三百八十四，而四千九十六，四千九十六，而出入于三百八十四之中。推之律而无定，推之历而无定，推之符火而无定，推之候气而无定。凡彼所推者，皆因生得体。因生者非可因，所因者无不可因，无不可因，则固未可以体体矣。

是何也？方者方而非众方，体者体而非众体；东西纬，而不可伸以为经，南北经而不可展以为纬。耳目法天以虚，使举实而无力；手足法地以实，使察虚而无权。故将以智取方，而智不能守；以仁守方，而仁不能取；以智用体，而智不能举；以仁举体，而仁不能用。方体有限，而仁智偏诎也。

若夫道之于阴阳也，则心之于人也。方者其所字也，体者其所使也。俄而立于此，则此为东南，此为西北；俄而移于彼，则彼为西东，彼为南北。方其使耳目以视听，而手足不以实为扞格；方其使手足，以持行，而耳目不以虚相游荡。方惟其所字，而皆非乱也；体惟其所使，而皆不废也。一彼一此，则知可取；一彼一此而不乱，则仁可守；使之必任，则仁可举；使在此，而彼不废，则智可用。是以智仁并用于心，而人鬼交谋于道。

盖无方者，无方之不在；无体者，无体而不充；惟其有则，惟其无心而已矣。待谋于人者其有则，听谋于鬼者其无心，《易》之所以合神，而与天地准也。由是而守其则，则可以安土敦仁而能爱；信其无心，则可以乐天知命，而不忧；而弥纶天地之道建矣。

夫有则者，因气而无定则；无心者，万物皆见其心；则是惝恍者不足以遇之，希夷者尤不足以君之也。岂彼一技一理，足以与其大哉！然而乐广之言，犹曰"《易》以无为体"，是益求虚而陷于滞矣。

有所谓为体者，既困《易》于体之中；有所谓无者，又立无于《易》之外。无不给有，天下无需于《易》，而《易》废；体非其用，圣人用《易》而与《易》相违乎？夫不见七八九六之成于无心以分二，而无心所分之二，受则于七八九六而不过也乎？故托玄、老以窃《易》，覆使《易》有体而滞焉。善言《易》者，合天地以皆备，穷幽明物理，以见心，其得辄立一体以拟之哉！

系辞上传第五

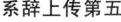

一

"书不尽言，言不尽意"，是故有微言，以明道。微言绝，而大道隐。托之者，将乱之，乱之者，将叛之，而大道终隐于天下。《易》曰："一阴一阳之谓道。"或曰，抟聚而合一之也；或曰，分析而各一之也。呜呼！此微言之所以绝也。

以为分析而各一之者，谓阴阳不可稍有所畸胜，阴归于阴，阳归于阳，而道在其中。则于阴于阳，而皆非道，而道且游于其虚，于是而老氏之说起矣。观阴之徼，观阳之妙，则阴阳瓦解，而道有余地矣。

以为抟聚，而合一之者，谓阴阳皆偶合者也。同即异，总即别，成即毁，而道函其外。则以阴以阳而皆非道，而道统为摄，于是而释氏之说起矣。阴还于阴，阳还于阳，则阴阳退处，而道为大圆矣。

于是或忌阴阳而巧避之，或贱阴阳，而欲转之，而阴阳之外有道。阴也，阳也，道也，相与为三而一其三，其说充塞，而且嚣嚣然曰："儒者言道，阴阳而已矣。是可道之道，而非常道也；是沤合之尘，而非真如也"。乱之者叛之，学士不能体其微言，启户而召之攻，亦烈矣哉！

尝论之曰：道者，物所众著，而共由者也。物之所著，惟其有可见之实也；物之所由，惟其有可循之恒也。既盈两间，而无不可见，盈两间而无不可循，故盈两间皆道也。可见者其象也，可循者其形也。出乎象，入乎形；出乎形，入乎象。两间皆形象，则两间皆阴阳也。两间皆阴阳，两间皆道。夫谁留余地以授之虚而使游，谁复为大圆者以函之，而转之乎？其际无间，不可以游；其外无涯，不可以函。虽然，此阴阳者，恶乎其著而由之？以皆备而各得耶？《易》固曰："一阴一阳之谓道。"一之一之云者，盖以言夫主持而分剂之也。

中華藏書

第四部 船山说易

中国书房

二八六三

阴阳之生，一太极之动静也。动者灵以生明，以晰天下而不塞；静者保而处重，以凝天下而不浮；则其为实，既可为道之体矣。动者乘变以为常，锐而处先，故从一得九；静者居安，以待化，辟以任受，故从二得十；则其数，既可备道之用矣。夫天下能治其所可堪，不能强其所不受，固矣。是以道得一之一之而为之分剂也。

乃其必有为之分剂者：阳躁以廉，往有余而来不足；阴重以啬，来恒疾而往恒迟；则任数之固然，而各有竭。阳易迁，而奠之使居，阴喜滞而运之使化，迁于其地，而抑弗能良。故道也者，有时而任其性，有时而弼其情，有时而尽其才，有时而节其气，有所宜阳，则登阳，有所宜阴，则进阴。故建一纯阳于此，建一纯阴于此，建一阴老而阳稚者于此，建一阳老而阴稚者于此，建一阴阳相均者于此，建一阴阳相差者于此，建一阴阳畸倍者于此，建一阴少，而化阳者于此，建一阳少而主阴者于此，建一相杂以统同者于此，建一相聚以析异者于此。全有所任，而非刚柔之过也；全有所废，而非刚柔之害也。两相为酌，而非无主以浑其和也。

如是，则皆有分剂之者。子得母多而得父少，不奖其多，子必继父以立统。德逸于知而劳于能，不奖其逸，德要于能以成章。故数有多少而恒均，位有亢疑而恒定，极乎杂乱而百九十二之数不损。

耳目长而手足短，长以利远而短以利近；手足强而耳目弱，强以载大而弱以入微。孰为为之而莫不为，则道相阴阳；孰令听之而莫不听，则阴阳亦固有夫道矣。

动因道以动，静因道以静，任其性而有功，弼其情而非不乐也。尽其才而不倦，节其气而不菀也。人之生也固然。溯而上之，有天有地，以有山泽、水火、雷风，亦岂有不然者哉？

惟然，非有自外函之以合其离也，非有白虚游之以离其合也。其一之一之者，即与为体，挟与流行，而持之以不过者也。无与主持，而何以情异数畸之阴阳，和以不争而随器皆备乎？

和以不争，则善也，其有物之生者此也，非有先后而续其

中华藏书

周易全书·最新整理珍藏版

介以为继矣。随器皆备，则性也，非待思为而立其则以为成矣。

是故于阴而道在，于阳而道在，于阴阳之乘时，而道在，于阴阳之定位，而道在，天方命人、和而无差以为善而道在，人已承天、随器不亏以为性而道在，持之者固无在而不主之也。一之一之而与共焉，即行其中而即为之主。道不行而阴阳废，阴阳不具而道亦亡。言道者亦要于是而已。

是故有象可见，而众皆可著也；有数可循，而无不共由也。未有之先此以生，已有之后此以成。往古来今，则今日也。不闻不见，则视听也。斡运变化而不穷，充足清宁而不乱。

道之组，尽此而已。如曰抟聚，而合之也，分析而置之也，以是谓之曰一，道恶乎而不隐，《易》恶乎而不废哉！

二

人物有性，天地非有性。阴阳之相继也善，其未相继也不可谓之善。故成之而后性存焉，继之而后善著焉。言道者统而同之，不以其序，故知道者鲜矣。

性存而后仁、义、礼、知之实章焉，以仁、义、礼、知而言天，不可也。成乎其为体，斯成乎其为灵。灵聚于体之中，而体皆含灵。若夫天，则未有体矣。

相继者善，善而后，习知其善，以善而言道，不可也。道之用，不僭、不吝，以不偏而相调。故其用之所生，无僭、无吝，以无偏，而调之有适然之妙。妙相衍而不穷，相安而各得，于事善也，于物善也。若夫道，则多少阴阳，无所不可矣。

故成之者人也，继之者，天人之际也，天则道而已矣。道大而善小，善大而性小。道生善，善生性。道无时不有，无动无静之不然，无可无否之，不任受。善则天人相续之际，有其时矣。善具其体，而非能用之，抑具其用而无与为体，万汇各有其善，不相为知，而亦不相为一。性则敛于一物之中，有其量矣。有其时，非浩然无极之时；有其量，非融然流动之量。故曰"道大而善小，善大而性小"也。

小者专而致精，大者博而不亲。然则以善说道，以性说善，恢恢乎，其欲大之，而不知其未得其精也。恢恢乎大之，则曰"人之性犹牛之性，牛之性犹犬之性"，亦可矣。当其继善之时，有相犹者也，而不可概之已成乎人之性也，则曰"天地与我同根，万物与我共命"亦可矣。当其为道之时，同也共也，而不可概之相继以相授，而善焉者也。惟其有道，是以继之，而得善焉，道者善之所从出也。惟其有善，是以成之为性焉，善者性之所资也。方其为善，而后道有善矣。方其为性，而后善凝于性矣。

故孟子之言性善，推本而言其所资也，犹子孙因祖父而得姓，则可以姓系之。而善不于性而始有，犹子孙之不可但以姓称，而必系之以名也。然则先言性而系之以善，则性有善而疑不仅有善。不如先言善而纪之以性，则善为性，而信善外之无性也。观于《系传》，而天人之次序乃审矣。

甚哉，继之为功于天人乎！天以此显其成能，人以此绍其生理者也。性则因乎成矣，成则因乎继矣。不成未有性，不继不能成。天人相绍之际，存乎天者莫妙于继。然则人以达天之几，存乎人者，亦孰有要于继乎！

夫繁然有生，粹然而生人，秩焉纪焉，精焉至焉，而成乎人之性，惟其继而已矣。道之不息于既生之后，生之不绝于大道之中，绵密相因，始终相洽，节宣相允，无他，如其继而已矣。

以阳继阳，而刚不馁；以阴继阴，而柔不孤；以阳继阴，而柔不靡；以阴继阳，而刚不暴。滋之无穷之谓恒，充之不歉之谓诚，持之不忘之谓信，敦之不薄之谓仁，承之不昧之谓明。凡此者，所以善也。则君子之所以为功于性者，亦此而已矣。

继之则善矣，不继则不善矣。天无所不继，故善不穷；人有所不继，则恶兴焉。利者，傥得桅失者也；欲者，偶触偶兴者也。仁者，存存者也；义者，井井者也。利不乘乎傥得，安

中
华
藏
书

周
易
全
书
·
最
新
整
理
珍
藏
版

身利用不损乎义，惟其可贞也；欲不动于偶触，饮食男女不违乎仁，惟其有常也。乍见之怵惕，延之不息，则群族托命矣；介然之可否，持之不迁，则万变不惊矣。

学成于聚，新故相资而新其故；思得于永，微显相次而显察于微。其不然者，禽兽母子之恩，嗷嗷麇麌，稍长而无以相识；夷狄君臣之分，炎炎赫赫，移时而旋以相戕；则惟其念与念之，不相继也，事与事之不相继也尔矣。从意欲之兴，继其所继，则不可以期月守；反大始之原，继其所自继，则终不以终食忘。何也？天命之性，有终始，而自继以善无绝续也。川流之不匮，不忧其逝也，有继之者尔；日月之相错，不忧其悖也，有继之者尔。知其性者知善，知其继者知天，斯古人之微言，而待于善学者与！

故专言性，则"三品"、"性恶"之说兴；溯言善，则天人合一之理得；概言道，则无善、无恶、无性之妄又熔矣。大者其道乎！妙者其善乎！善者其继乎！壹者其性乎！性者其成乎！性可存也，成可守也，善可用也，继可学也，道可合，而不可据也。至于继，而作圣之功蔑以加矣。

系辞上传第六

拟《易》以所配，其义精矣。非密审其理者，未易晰也。故天阳而地阴，天地亦阴阳也。春夏阳而秋冬阴，四时亦阴阳也。而仅配阴阳于日月者，谓夫阴阳之俪成而不易者也。

天道有阴，地道有刚，以言天地，不可矣。四时密相禅，而生杀各有其时，以言四时，不可矣。故日月而后其配确也。日行出为昼，而人为夜，月明生于夜而死于昼，相与含吐而各保其时，相与匹合而各贞其德。各保其时，则广有畛而大有涯；各贞其德，则有通理而无变化。斯以为阴阳之俪成，而不易者尔。

若夫广大者，阴阳之用也；变通者，阴阳之制也。

其为用也，日月、风雷、山泽，赅而存焉，非日月所能尽也。合一岁以成功，储其无穷以应气机，非四时之有待也。非天地，其孰有此不匮之神耶？

其为制也，四时均此一日月，而无分阴分阳之象；统此一天地，而流行于广大之中。当其移易也，微动而无垠；当其著效也，专致而不备。故冬之变春，老阴之上生一而七也；夏之变秋，老阳之下化一而八也；春之通夏，少阳之上生二而进九也；秋之通冬，少阴之下化二而退六也。

任生者奇，任成者偶。六而七，九而八，各用奇而生；七而九，八而六，各用偶面成。生者外生，成者内成。外生变而生彼，内成通而自成。故冬以生温于寒，夏以生凉于暑；夏以成温而暑，冬以成凉而寒。力有余而数未尽，则损益各二以尽之。数已终而力竭，功必以渐而不可骤，则损益各一以渐易之。酌其虚盈，变必通，穷必变；酌其多少，为度于数；故曰阴阳之制也。

七曜之或进或退，通也，而历以推；十二宫之上生下生，变也，而律以调。律历本于《易》之变通，而于阴阳之俪，而为质，广大之体而为用者，则未之有准也。故《易》可以推律历，律历不可以尽《易》。无所准于天地，则德行废；无所准于日月，则成质亏。久矣，卦气之说碍于一隅矣。

是故备乎两间者，莫大乎阴阳，故能载道而为之体。以用则无疆，以质则不易，以制则有则而善迁。天之运也，地之游也，日月之行也，寒暑候气之节也，莫不各因其情，以为量，出入相互，往来相遇，无一定之度数，杂然各致，而推荡以合符焉。

故圣人之于《易》也，各因其材以配之，形象各得，生成各遂，变化各致，而要不相为凌背，则吉凶著而化育成矣。若守其一隅，准诸一切，则天理不相掩，而人事相违，又恶足以经纬乎两间哉？故曰"神无方而《易》无体"，广大之谓也。

乃为《月令》之说者曰："春夏阳，秋冬阴。王者继天，而为之子，春夏用赏，秋冬用刑。"是春夏废阴，而秋冬废阳也。赏以法阳，刑以法阴，一如日月之悬象，俪一成而不易，昭垂于庶民，使其以昼夜之行为吉凶，则刑赏之法日月是已。变刑而先赏，变赏而先罚，通赏以五典，通刑以三刺，则变通以情理，犹冬无凄阴，夏无酷暑也。

赏以劝善而恶者愧，刑以惩恶，而善者安，非刑无阳而赏无阴，则上下进退之生积备矣。岂规规然画四时以生杀乎？如其画赏于春夏，画刑于秋冬，抑无以待人事之变，而顺天命天讨之宜。卒有肘腋之奸，待之数月而戎生于莽；大功既建，而印刷未与；倘其不逮期，而溘先晨露，将勿含憾于泉壤哉？故曰"赏不逾时，罚不旋踵"。无所待以昭大信也。

然则《月令》之书，战国先秦道丧，而托于技，盖非圣之书，而吕不韦、刘安以附会其邪说。戴氏杂之于《礼》，后儒登之于经，道愈烈矣。变复之术，王充哂之，亦知言者夫！

系辞上传第七

天地无心而成化，故其于阴阳也，泰然尽用之，而无所择：晶耀者极崇，而不忧其浮也；凝结者极卑，而不忧其滞也。圣人裁成天地，而相其化，则必有所择矣。故其于天地也，称其量以取其精，况以降之阴阳乎？

圣人赖天地以大，天地赖圣人以贞。择而肖之，合之而无间，圣人所以贞天地也。是故于天得德，于地得业。尊天之崇，不以居业；顺地之卑，不以择德。借不然者，违其量不测其精。务过高之佹行，不与百姓相亲；安不足之凉修，不与禽狄相别。

行过高，而业不称义之宜；修不足，而德不掩道之充。乃为之说曰："大德若不足。"或为之说曰："究竟如虚空。"恒得阴阳之过而倒循之，其邪说波行之成，有自来矣。

夫以崇法天，以卑效地，圣人以择之既精者判然而奠位。然非其判然奠位而遂足以贞天地也。

天终古而崇，无所留以为滞；地终古而卑，无所隙以为浮，其位是已。而一往一来，一动一静，其界也迥别而不相袭，其际也抑密迩而不容间。故天崇而以其健者下行，地卑而以其顺者上承，虚实相持，翕辟相容，则行乎中者是已。

"行乎其中"者，道也，义也。道以相天而不骄，义以勉地而不倍。健顺之德，自有然者，而道义行焉矣。

继善以后，人以有其生，因器以为成性，非徒资晶耀，以为聪明，凝结以为强力也。继其健，继其顺，继其行乎中者，继者乃善也。行乎其中者，则自然不过之分剂，而可用为会通者也。

知因虚以人实，其用下彻；礼因器以载道，其用上达。下彻者，要崇而纳之于不浮；上达者，致卑而升之于不滞。绍介以使之相见，密络以不使之相离。故知、礼者，行乎天地之中，以合其判然者也。

惟然，故圣人有门以上而遵道于天，有门以下而徙义于地。天不以处之尊，恝然舍人而养其高；地不以位之实，颓然舍人而保其广。于彼不舍者，于此得存。故存天存地，而行乎其中者，成性固存之矣。

奚以明其然也？天虚而明，地繁而理。礼法繁理，手足为容；知效虚明，耳目任用。下彻者虚明之垂也，上达者繁理之积也。虚明下彻，故日星风雨，足以析物之根菱而酌为授；繁理上达，故草木虫鸟，足以类化之精华，而登其荣。是故知无不察，所知者不遗于毫毛；礼无不备，所体者不舍乎仁孝。蓍龟感于无形，吉凶者居室之善否也；俎豆修于在列，昭明者上帝之陟降也。不然，异端浮其量以为知，崇而不来，觉识无以作则；祝史滞其文以为礼，卑而不往，歌哭无以发情。

知礼不相谋，崇卑不相即。笃实之性，去于异端；哀乐之性，去于祝史。去者不存，不存则离。天亢上而地沉下，匪特其中之离也，抑无以安其位矣。

大哉！圣人之用《易》也。择其精，因其中，合其妙，分以剂之，会以通之，人存而天地存，性存而位存，析乎其有条也，融乎其相得也，斯则以为"存存"也。玄者之窃《易》曰："存存者，长生久视之枢也。"释者之窃《易》曰："存存者，不生不灭之真也。"

夫百圣人存之，而如一圣人，一圣人存之而正万愚不肖，要以设人位而贞天地之生。彼之固命以自私，灭性以远害者，其得窃文句之似以文其邪哉！

系辞上传第八

大过之初，阴小处下，履乎五位，其所承者，大之积刚，而过者也。以初视大，亢乎其相距矣；以大视初，眇乎其尤微矣。以其眇者，视其亢者，人之于天，量之不相及也。阳虽亢而终以初为栋，阴虽眇而终成巽以人，人之事天，理之可相及者也。若此者，其象也。圣人因以制事，天之典礼，斟酌以立极，则非拟议不为功。《易》曰："藉用白茅，无咎。"非拟议之余，因象以制动，亦恶足以知其慎哉！

是故圣人之事天也，不欲其离之，弗与相及，则取诸理也；不欲其合之，骤与相及，则取诸量也。荐之为明德，制之为郊梗，不欲其简，以亲大始也；不欲其黩，以严一本也；则取诸慎也。

日至以月之，上辛以日之，骍白以腯之，三月以涤之，升歌以和之，天尊而人事事之，以登人而不离于天。陶匏以将之，三焖以献之，茧栗以进之，玄酒以求之，大裘以临之；天迓而神事事之，以远天，而不亵于人。不敢亵者量，不忍离者理。通理以敦始，故方泽，不敢亢于圜丘；称理以一本，故上帝不可齐于宗庙。

《传》曰"绝地天通"，"错诸地"之谓也，虽有几筵重席，不敢登矣。《诗》曰"上帝临女"，"藉之用茅"之谓也，视诸扫地无坛，则已加矣。扫地以质，藉茅以文。要求诸质，进求诸文，求诸文而藉之茅焉。虽然，亦止于此而已矣。不逮此者则已简，过此者则已黩，岂慎也哉！

且夫人之生也，莫不资始于天。逮其方生，而予以生，有恩勤之者而生气固焉，有君主之者而生理宁焉。则各有所本，而不敢忘其所递及，而骤亲于天。然而昧始者忘天，则亦有二本者主天矣。忘天者禽，主天者狄。羔乌之恩，知有亲而不知有天；蹄林之会，知有天，而不恤其亲。君子之异于禽也，岂徒以禋祀报始哉？巡守则类焉，民籍则献焉，钦承以通之，昭临女之毋贰也，故曰"乾称父，坤称母"。若其异于狄也，则用重，而物则薄也，天子之外未有干焉者。等人而专于天子，而抑又用之以薄，非能侈然骤跻于帝之左右矣。

狄之自署曰"天所置单于"，黩天不疑，既已妄矣。而又有进焉者，如近世洋夷利玛窦之称"天主"，敢于亵鬼倍亲而不恤也，虽以技巧文之，归于狄而已矣。

呜呼！郊祀之典礼至矣哉！不敢昧之以远于禽，不敢主之以远于狄。合之以理，差之以量。圣人之学《易》，于斯验矣。德业以为地，不敢亢人，以混于杳冥；知礼以为茅，不敢绝天以安于卑陋。故曰"惟仁人为能飨帝"。"知其说者之于天下，其如示诸掌乎！"慎之至而已矣。

大过之初六，克肖之矣。柔而安下，不敢或黩；成巽顺人，不敢或简。故曰"齐乎巽"。齐也者，齐也。侧皆切。被一其德以即于慎，岂有咎与！而不见乎上六乎？跻而升积阳之上，以致其说，无礼而黩，有巫道焉，则地天通而阴阳乱，"灭顶"之凶，亦可为不慎者之戒矣。

系辞上传第九

太极之在两间，无初无终，而不可间也，无彼无此，而不可破也，自大至细而象皆其象，自一至万而数皆其数。故空不流而实不窒，灵不私而顽不遗，亦静不先而动不后矣。夫惟从无至有者，先静后动而静非其静；从有益有，则无有先后而动要以先。若夫以数测者，人由既有以后测之而见者也。象可以测数，数亦可以测象。象视其已然，静之属；数乘其自有，动之属；故数亦可以测象焉。要此太极者，混沦皆备，不可析也，不可聚也。

以其成天下之聚，不可析也；以其人天下之析，不可聚也。虽然，人之所以为功于道者，则断因其已然，而益测之，以尽其无穷；而神而明之，分而剂之，哀而益之，则惟圣人为能显而神之。

其测以数者奈何？太极之一〇也，所以冒天下之数也，而恶乎测之？测之者因其所生。动者必先，静者必随，故一先二，二随一，相先相随，以臻于十。和者非有益于倡者，则无所事于和矣。一而二，二而三，三而四，由是而之于十，皆加一者，相对之数也。阴欲值阳，而与之对，必虚阳之所值而实其两端，以辟户而受施，不然则相距而龃龉，故一不可对三，二不可对四。一对三则中央相距，二对四则两端相距也。二一而二，二二而四i由是而二五而十，皆倍加者，阴承阳一，因其增益之性以为习，使可辟而有容也。一而三，三而五，由是而之九，皆增二者，阳感阴化，因其所辟而往充其虚也。

从一合六以得七，由是而从五合十以得十有五者，则生数之终，加其所进以为成，成不能成，功因乎生也。生数止五，成数尽十者，从太极测之而固有之也。

太极，〇之实有也。动者横以亘，无不至也，故为径；静者张以受，无不持也，故为交；动流而不滞，故为圆；静止而必齐，故为方；外齐者，其中径也，故为弦。于径测之，亘━而一矣；于交测之，✕而二于所径矣；于圆测之，〇流动中规，而三于所径矣；于方测之，□四距中矩，而四于所径矣；于弦测之，上弦⌒二有半，下弦⌣二有半，合以计之，而五于所径矣。五则中实，中实则可为主于外，而地效其充以相成。生始于阳而终于阳，成始于阴而终于阴，性情之起，功效之登，一也。

于方测阴，而得四，阴体定矣。以其交者而自实，以方函交，⊠而六于所径矣。交、方皆阴也，阴数纯备，而为老阴。阳函阴，动有静，以圆纳方，⊙而七于所径矣。阳外成，则体阳而为少阳。天包地外，而亦行乎地中。天行地中，施其亘化，以方纳圆，径一充之，⊖而八于所径矣。阴外成，则体阴而为少阴。天固包地，尽地之用，地道无成，竭其功化以奉天。以圆纳方，方有其交，⊠而九于所径矣。浑天之体，于斯而著，故为老阳。"阳知大始，阴作成物"，物数之成，于阴而讫，合径一、交二、圆三、方四，⊠而十于所径矣。至于十，而所以测太极之术尽矣。无以测之，而天地之数一终矣。

若夫有径━而无竖丨者，天地之际甚密，不可以卜下测。

测之以竖者，《太玄》、《元包》、《潜虚》之所以成乎其妄也。太极之有十，浑成者也。非积而聚之，剖而析之也，而何所容测焉？

乃数因于有象，象则可测矣，可测则可积矣。故积之以二十有五，积之以三十，而天地之数纪焉。积之者，天地以为功，而无穷，圣人既于其象而灼知之。虽然，固然之积引，于无穷者，尤存乎分剂而衰益之，则《易》兴焉。

天地之数五十有五，大衍之数五十。其差五者，以积计之，裁地之有余，同天之不足。健行者速，而得廉，顺承者迟而得奢，亦勉地而使配天行也。且静者无由以得数，因动而随，则虚中而重其两端，数斯立矣。两端建，而中皆虚一，所增者仅与天及，外密而反以中疏，是五位皆缺其一，而数亦二十有五矣。

以乘计之，北南东西者，阴阳老少之位，中无定位，以应四维。阴不适主，阳之珠聚者⧉，与太极同，而无所歉。故以天乘地，而为五十。天乘地而非地乘天者，一可以生十，二必不可以成九，数之固然也。裁而成之，称量而承之，而大衍之数登焉。

大衍五十，而一不用。一者，天之始数也，亦地之始数也。一一而二，二固始于一也。由是而十，由是而五十，皆以一为始。太极之有数生于动，《易》之变化，亦动也。动，君动，则一可不用，以君四十有九。故自此而七八九六，合符而不爽，岂非其固然者哉！

不用之一，以君动而不以君静，故大衍之数，常者五十，而乘乎变者四十有九。一因动以为君，未动则合五十而为一。合而为一者，太极混沦周遍之体，而非动而倚数，于五十之中立一以为一矣。立一以为一，而谓之太极，韩康伯之臆说也；立一于数外，与四十有九参立，乃自外来而为之君，此老氏之所谓一也。

《易》固不曰"挂一以象太极"，太极不可与阴阳析处而并列也。由是而变矣，则数以测象矣。自挂一象三以后，及于万一千五百二十之象，万物皆有成则之可法；分而为两，无成则而托于无心者，神之所为无心而成化也。有成则者，范围天地之成化，所以显道；无成数者，上迓太极之无心，所以神德行也。道显于有则，故恒而可由；德神而无心，故与时偕行。故曰："神无方而《易》无体。"非然，则吉凶仰成，于必至，谁与为"震无咎"之功，谁与为"忧悔吝"之几也哉？以天治人，而知者不忧，以人造天，而仁者能爱，而后为功于天地之事毕矣。

乃若四营、十八变之数，有则者亦与无心者相间，而后道无不显，而德无不神。象两象三，四时闰期，万物之数，象各有当，其有则焉固矣。

其揲四之数，六揲而二十四，七揲而二十八，八揲而三十二，九揲而三十六。六七八九，《河图》之成数，水火木金之化也。归奇之十三、十七、二十一、二十五，三四五六以乘四而加一，其一为余，余者奇之归，皆挂一不用以为一爻之君也。初变之余皆五九，再变、三变之余皆四八者，因其盈而多余之，因其虚而少余之，自然之樽节，而不滥也。三变之数，中分无心，其所变者初揲一、二揲二、三揲三、四不足于揲，自五以至四十四，凡百九十六变，奇九十，偶百有六。三变之偶多于奇者十六，积十八变，而多于奇者九十六。偶多而奇少者，称其固有之数，阳少而阴多也。而筮者之所得，未尝见偶多于奇，周流于六十四，各足于百九十二，阴虽多而无心之化必平也。

大衍之数，六积而三百；天地之数，六积而三百三十。裁地以相天，则诎其三十而为衍，相天以冒地，则伸其三·卜而为期。故乾坤之策，三百六十，天行之度，不息之健，虽少而恒速，亦固有之也。

四十有九，六积而二百九十有四，六十四积，而万八千八百十六，老阳之余七十八，少阳之余百二十六，少阴之余百有二，老阴之余百五十，乾坤之余二百二十八，二篇之余七千三百八十。其不逮四十有九之策万一千六百有四，较之二篇之策不相值者七十有四。

凡此皆无心而不期于肖也。铢铢而期之，节节而肖之，是阴阳无往来，而吉凶无险阻矣。揲者有则，天地之成理；余者无心，天地之化机。以化归余，而不以余归揲。君子贞其常以听变，非望之福不以宠，非望之祸不以惊，优游于变化之至，固不敢截然均析以为体，如邵子之四块八段，以归于无余也。

呜呼！道之大也，神之无方也，太极之动，奇"—"偶"- -,"而已。非可与神者，其孰能与于斯！然而圣人终尽之于乾坤，则奇"—"偶"- -"者，万变之取以为实而随化皆始者也。圣人约之于仁知，贤者充之以知能，"可与酬酢，可与佑神"，此物之志也夫！

系辞上传第十

天下非特有深也，累浅而积之，则深矣。天下非特有几也，析大而详之，则几矣。舍浅而浚之，略大而察之，谓有深且几者，立于天下之外，捷取焉，而以制天下，岂不悖哉！

然则天下非特有神也，行乎浅而已深，图乎大而已几，有所以至，而人莫测其即此而至，斯天下之至神者矣。是故至深者天下也，至几者天下也。莫深于天下之志，莫几于天下之务也，故足以相因而底于成与通也。

奚以明其然也？天下之志亦浅矣，而求其通，则深矣。天下之务亦大矣，而溯所成，则几也。中人以上极于圣，中人以下极于顽，或敝屣天下，或操刃锱铢，或愿尽闺堂，或图度荒裔，其不相通也，而欲通之，则杳乎其未易测矣。一事之本末，变之不胜其繁；一代之成毁，开之不俟其巨。质文之尚，达乎幽明；喜怒之情，动乎海岳。俟之后王，而万祀，逮之编珉而九州。其不易成也，而欲成之，则纤乎其无所遗矣。

夫未易测者以为通，无所遗者，以为成，圣人之于天下，鼎鼎焉，营营焉，爱而存之，敬而尽之，存其。志，尽其务，其不敢不忍于天下者，以是为极深而研几也。

是故不曰"我高以明，而天下之志不足知；我静以虚，而天下之务不足为"。极天下之固有，攘君诤母，皆志之所必悉；

极天下之大有，酒浆瓜枣，皆务之所必勤。固有者象也，大有者变也。

小大有象，往来有变。无小无大，无往无来，一阴一阳之间，有其至赜，而极详者。岂以增志之所本无，而强务以所不必也哉！

是故金夫之女，负乘之子，不食之飞，得敌之鼓，志无穷而象与之无穷；濡之衣枷，系之苞桑，前禽之失，得妾之子，务靡尽而变与之靡尽。未易测者，小大之生生不可测也。无所遗者，往来之塞塞不可遗也。

若此者，藏天下于爻，府天下于卦，贞天下于乾易坤简，以其易简，推之近远。抵之幽深，会其参伍，通其错综，然后深可极，而几可研。要岂立易简于事外，以忍于不知，而敢于不为也哉？

是故志下通于愚贱，而顽谖可格；务积成于典礼，而天鬼不违。《诗》曰"求民之莫"，极深之谓也；《书》曰"所其无逸"，研几之谓也。夫乃以大通而集成矣。

彼何晏、夏侯玄之流，麦菽不知，萧墙不戒，遁即荒薄，而窃其目，以相题，戕其身而祸人家国，盖有由矣。《春秋》之纪事也，篡君召王，无不志也；蛾蜚鹢石，无不详也。采物之覆亡，阴阳之慝伏，与《易》为表里。故曰："《易》言其理，《春秋》见诸行事。""守经事而知宜"，以极深也；"遭变事而知权"，以研几也；而固已早合于神矣。太子弘废商臣之篇，王安石恣"烂报"之诬，宜其与何晏、夏侯之徒异车，而同债也。

系辞上传第十一

是故性情相需者也，始终相成者也，体用相函者也。性以发情，情以充性。始以肇终，终以集始。体以致用，用以备体。阳动而喜，阴动而怒，故曰性以发情。喜以奖善，怒以止恶，故曰情以充性。

三时有待，春开必先，故曰始以肇终。四序所登，春功乃备，故曰终以集始。无车何乘？无器何贮？故曰体以致用。不贮非器，不乘非车，故曰用以备体。六者异撰，而同有，同有而无不至。至，则极，无不至，则太极矣。

"《易》有太极"，固有之也，同有之也。太极生两仪，两仪生四象，四象生八卦，固有之则生，同有之则俱生矣。故曰"是生"。"是生"者，立于此而生，非待推于彼而生之，则明魄同轮，而源流一水也。

是故乾纯阳，而非无阴，乾有太极也；坤纯阴，而非无阳，坤有太极也。剥不阳孤，夬不阴虚；姤不阴弱，复不阳寡，无所变而无太极也。卦成于八，往来于六十四，动于三百八十四，之于四千九十六，而皆有太极。

策备哥五十，用于四十九，揲于七八九六，变于十有八，各尽于百九十六，而皆有太极。故曰"《易》有太极"，不谓"太极有《易》"也。惟《易》有太极，故太极有《易》。

所自生者肇生，所已生者成所生。无子之叟，不名为父也。性情以动静异几，始终以循环异时，体用以德业异迹，浑沦皆备，不漏不劳，固合两仪、四象、八卦而为太极。其非别有一太极，以为仪、象、卦、爻之父明矣。

故太极之于《河图》，未有象也，于《易》未有数也，于筮未有策也，于卦未有占也。象皆其象，数皆其数，策皆其策，占皆其占。有于《易》以有《易》，莫得而先后之。

故吉凶，日流于物，大业，日兴于事，知礼，日行于两间，道义，日存于人心。性善而情善，情善而才善，反身而诚，不远而复，天下之道冒，而圣人之藏亦密矣。冒者于彼于此而无不被，密者于彼于此而无或疏也。是太极有于《易》以有《易》，《易》一太极也，又安得层累而上求之？

《乾凿度》曰"有太易，有太初，有太始，有太素"，危构四级于无形之先。哀哉！其日习于太极而不察也！故曰"阖户""辟户"。有户，则必有材以为户者，则必有地以置户者。阖，则必有阖之者；辟，则必有辟之者。为之置之，阖之辟之，彼遂以是为太极也，且以为太易、太初、太始、太素也。夫为之置之，必有材矣，大匠不能抟空以造枢根；阖之辟之，必有情矣，抱关不能无司以为启闭。

材则其阴阳也，情则其往来也。使阴阳未有之先而有太极，是材不夙庀，而情无适主；使仪象既有之后遂非太极，是材穷于一用，而情尽于一往矣。又何以云"乾坤毁则无以见《易》"也乎？

故不知其固有，则绌有以崇无；不知其同有，则奖无以治有。无不可崇，有不待治。故曰"太极有于《易》以有《易》"，不相为离之谓也。彼太易、太初、太始、太素之纷纭者，虚为之名而亡实，亦何为者耶？

彼且曰："有有者，有无者，有未始有夫有无者。"或且曰："七识以为种子，八识以为含藏，一念缘起无生。"呜呼！毁乾坤以蔑《易》者，必此言夫！

系辞上传第十二

一

夫缊者，其所著直略切也。著者其所归也。归者其所充也。充者其所调也。是故无以为之组，既郛立而不实，亦瓦合而不浃矣；既绝党而相叛，亦杂类以相越矣。而不见天地之间乎？则岂有坚郛外峙，而厖杂内塞者乎？

今夫阳以成男，阴以成女，其以达情，即以达性也。饮以养阳，食以养阴，其以辅形，即以充神也。然而牝、牡异质，姬、姜异宗，水、土异产，甘、咸异味。夫妇之合，非巧媒所能合也。荣卫之分，非良庖所能齐也。于此于彼，而各有宜，于此于彼，而互有成，宜以不乱，成以不过。则谁为为之，而有非其著焉者也？

以为即器而保器，器无情者也，而恶乎保之？以为离器，而用器，则器贱矣，贱者惟贵者之所使，则胡不惟其情之所便以相呢，惟其形之所可受以相取，而又恶乎相调，而各有司耶？且盈天地之间，则皆有归矣。有其表者，有其里者，则有其著者，著者之于表里，使其二而可以一用，非既已二而三之也。盈天地之间，何非其著者之充哉！

天位乎上，地位乎下，上下之际，密迩而无毫发之间，则又恶所容，其著者？而又非也。天下济而行，地上承而合。下行之极于重渊，而天恒人以施。上合之极于层霄，而地恒蒸以应。此必有情焉，而必有性焉，必有以辅形而有以充神焉。故乾曰"时乘六龙以御天"，乾者所以御天而下济也；坤曰"牝马地类，行地无疆"，坤者所以行地，而上承也。盈天地之间，皆器矣。器有其表者，有其里者，成表里之各用，以合用而底于成，则天德之乾，地德之坤，非其缊焉者乎？

是故调之，而流动以不滞，充之而凝实而不馁，而后器不死而道不虚生。器不死，则凡器皆虚也；道不虚生，则凡道皆实也。岂得有坚郛峙之以使中屡空耶？岂得有厖杂窒之而表里不亲耶？故合二以一者，既分一为二之所固有矣。

是故乾坤与《易》相为保合而不可破，破而毁，毁而息矣。极乎变通，而所组者常与周旋而不离，而《易》备。

故夫天下之赜，天下之动，事业之广，物宜之繁，典礼之别，分为阴，分为阳，表里相待而二，二异致而一存乎其人，存乎德行。德行者，所以一之也。在天地为乾坤，在人为德行。乾坤固以其德行，充两间而调之，而后器不死而道不虚生。

由此思之，七八九六之数，上生下生之变，吉凶悔吝之词，以实道而虚器，大哉，充满流通于天地之间，岂不一诚，而无妄哉！若夫悬道于器外，以用器，是组与表里异体；设器而以道，鼓动于中，是表里真而组者妄矣。先天之说，橐籥之喻，其于《易》之存入以要天地之归者，又恶足以知之！

二

"谓之"者，从其谓，而立之名也。"上下"者，初无定界，从乎所拟议，而施之谓也。然则上下无殊畛，而道器无异体，明矣。天下惟器而已矣。道者器之道，器者不可谓之道之器也。

无其道，则无其器，人类能言之。虽然，苟有其器矣，岂患无道哉！君子之所不知，而圣人知之；圣人之所不能，而匹夫匹妇能之。人或昧于其道者，其器不成，不成非无器也。

无其器则无其道，人鲜能言之，而固其诚然者也。洪荒无揖让之道，唐、虞无吊伐之道，汉、唐无今日之道，则今日无他年之道者多矣。未有弓矢而无射道，未有车马而无御道，未有牢醴璧币、钟磬管弦而无礼乐之道。则未有子而无父道，未有弟而无兄道，道之可有，而且无者多矣。故无其器则无其道，诚然之言也，而人特未之察耳。

故古之圣人，能治器而不能治道。治器者则谓之道，道得则谓之德，器成则谓之行，器用之广则谓之变通，器效之著则谓之事业。

故《易》有象，象者像器者也；卦有爻，爻者效器者也；爻有辞，辞者辨器者也。故圣人者，善治器而已矣。自其治而言之，而上之名立焉。上之名立，而下之名亦立焉。上下皆名也，非有涯量之可别者也。

形而上者，非无形之谓。既有形矣，有形而后有形而上。无形之上、亘古今，通万变，穷天穷地，穷人穷物，皆所未有者也。故曰："惟圣人然后可以践形。"践其下，非践其上也。

故聪明者，耳目也，睿知者，心思也，仁者，人也，义者，事也，中和者，礼乐也，大公至正者，刑赏也，利用者，水火金木也，厚生者，谷蔬丝麻也，正德者，君臣父子也。如其舍此而求诸未有器之先，亘古今，通万变，穷天穷地，穷人穷物，而不能为之名，而况得有其实乎？

老氏瞀于此，而曰道在虚，虚亦器之虚也。释氏瞀于此，而曰道在寂，寂亦器之寂也。淫词炙辏，而不能离乎器，然且标离器之名以自神，将谁欺乎？

器而后有形，形而后有上。无形无下，人所言也。无形无上，显然易见之理，而邪说者淫曼以衍之，而不知惭，则君子之所深鉴其愚，而恶其妄也。

故"作者之谓圣"，作器也；"述者之谓明"，述器也。

中华藏书

周易全书·最新整理珍藏版

中国书房

"神而明之，存乎其人"，神明其器也。识其品式，辨其条理，善其用，定其体，则默而成之，不言而信，成器之在心而据之为德也。

呜呼！君子之道，尽夫器而止矣。辞所以显器，而鼓天下之动，使勉于治器也。王弼曰："筌非鱼，蹄非兔。"愚哉，其言之乎！筌、蹄一器也，鱼、兔一器也，两器不相为通，故可以相致，而可以相舍。形而上者，谓之道，形而下者，谓之器，统之乎一形，非以相致，而何容相舍乎？"得言忘象，得意忘言"，以辨虞翻之固陋，则可矣，而于道，则愈远矣。

第六章　周易外传卷六

系辞下传第一

章句依朱子《本义》

一

为治水之术者，曰"堙其所自溢"，是伯鲧之术，而白圭袭之者也。则为安身利用之术者，曰"杜吉凶悔吝之所从生"，亦犹是而已矣。

天下固有此泽洞，浩瀚之流行于地中，中国自足以胜之。惊其无涯，而堙以徼幸，禁其必动，窒其方生，汩乱五行，而不祥莫大焉。知吉凶悔吝之生乎动也，则曰："不动不生，不生则不肇乎吉，不成乎凶，不贻可悔，不见其吝，而以逍遥乎苍莽，解脱乎火宅。"

呜呼！无以胜之，而欲其不生，则将谓"稻麦生夫饥，丝麻生夫寒，君师生夫乱，父母生乎死"，亦奚为而不可？其云"大盗生于圣人，无明生于知见"，犹有忌而不敢昌言。充其所操，惟乾坤父母，为古今之大害，而视之若仇仇。乃要其所挟，则亦避祸畏难之私，与禽兽均焉而已矣。

夫圣人亦既知之，曰"吉凶悔吝，生乎动"者矣。而吉者吾道也，凶者吾义也，悔者吾行之几也，吝者吾止之时也。道不可疑，义不可避，几不可逆，时不可违，恒有所奉以胜之。故袗衣、鼓琴而居之自得，夏台、羑里而处之不忧。怨艾以牖其聪明，而神智日益；退抑以守其坚忍，而魄骨日强。统此者，贞而已矣。惟其贞也，是以无不胜也。无不胜，则无不一矣。

且夫欲禁天下之动，则亦恶从而禁之？天地所贞者可观，而明晦荣凋弗能禁也。日月所贞者可明，而阴霾晕珥弗能禁也。天下所可贞者，君子之一，而得失忧虞弗能禁也。当其吉，不得不吉，而固非我荣；当其凶，不得不凶，而固非我辱。

如曰"无吉则无凶，无凶则无悔吝"，则莫如舍君子而野人。野人之吉凶，不出乎井庐者也，则莫如舍野人，而禽鱼。禽鱼无所吉，而凶亦不先觉也，则莫如舍禽鱼而块土。至于块土，而吉凶悔吝之端泯，终古而颓然自若也。乃天既不俾我为块土矣，有情则有动，且与禽鱼偕动焉；抑不俾我为禽鱼矣，有才则有动，且与野人偕动焉。抑彼自谓绌才去情，以偕乎野人，而抑以擅君子之实，思以易天下，有道则有动，必将与君子偕动焉。姑且曰："胡不如野人之贸贸？胡不如禽鱼之狂狂？胡不如块土之冥冥，广以摇天下，蒽畏偷安者，而自命为道。

呜呼！勿忧其无冥冥之日也。死则亦与块土同归，动不生而吉凶悔吝之终离，则虚极静笃，亦长年永日，而宴安矣。故其为道也，与禽为嬉，与鱼为泳，与土为委，与野人为偷，与死为灭，与鬼为幽。

乃其畏凶而惮悔吝也，畏死而已矣。畏凶者极于死，畏悔吝者，畏其焦肺怵心以迫乎死，然而与死为徒焉。此无藉之子逃桁杨，而自雄经之智计，亦恶足比数于人类哉！

其为心也，非无所利于吉也。畏不得吉，无可奈何，而宁勿吉也。夫君子则无所利于吉，而何畏乎非吉？故守贞而一之，而道乃无穷。其视天下，不可无吉也，无吉则道不行；不可无凶也，无凶则义不著；不可无悔也，无悔则仁不复；不可无吝也，无吝则志不恒。

故不知进退存亡，而龙德乃备；不惮玄黄之血，而天地以杂而成功。则天下日动，而君子日生，天下日生，而君子日动。动者，道之枢，德之牖也。《易》以之与天地均其观，与日月均其明，而君子以与《易》均其功业。故曰"天地之大德曰生"。离乎死之不动之谓也。

彼异端者，导翁妪瓮粟之欲，守稚子衽席之逸。虽尥琐曼延，而虑不出乎此；乃窥《大易》之言，曰："'吉凶悔吝生乎动'，吉一而凶三。天下皆羿之彀，不如窒其动，以绝其源。"洄湍汪溚，亦何从而测其所归哉！

二

乐行而不释其忧劳，忧违而不改其欣适，贞夫一矣。则得失皆贞也，吉凶悔吝可以俱忘，而奚有于卜筮，以审其疑耶？

夫天下之有所大疑者二，得之思保之，未得思致之，未失思存之，失而思安之。位也，财也。天下之得失尽于此而已矣。蔑君罔亲，而图之者，奸人也。诎节苶廉以利之者，庸人也。图功取誉，而终身以之者，当世之士也。如是，则圣人奖当世之士，而启庸愚奸宄以争疑信，于不必得之中，则何贞之有哉！

曰：非然也。位者仁之藏，"何以守位曰仁"，"仁"字当如字。财者义之具也。故天下无吉凶，而吉凶于财位；君子无吉凶，而财位有吉凶。此所谓与百姓同其忧患者也。察原观化，浑万变而一之，浑涵于仁义之大有，则位恶得而不宝，财恶得而不聚乎！

且位恶从，而设于伦类，财恶从，而流行于事物哉？愚者见位，知其贵而已也，而骄肆以丧其仁；愚者见财，矜其富而已也，而鄙吝以堕其义。故位非其位，而财非其财。若夫位则有所自设矣，若夫财则有所自殖矣。

天地之大德者生也，珍其德之生者人也。胥为生也，举妪行咮息，高骞深泳之生汇，而统之于人，人者天地之所以治万物也；举川涵石韫，男荣落实之生质而统之于人，人者天地之所以用万物也。胥为人矣，举强武智文，效功立能之生理而统之以位，位者天地之所以治人也；举赋质修事，劝能警惰之生机，而统之以财，财者天地之所以用人也。

不得其治，则叛散孤畸，而生气不翕，天地于此，有不忍焉；不任以用，则委弃腐萎，而生道不登，天地于此有不倦焉。故翕天下以位，而人统乎人，人乃以统乎物；登天下以财而人用乎人，人乃以用乎物。故天地于其所生，无所靳置于已生之余。莫之喻而喻，使之自相贵，而位以定；莫之劝而劝，使之交相需而财以庸。然则位者，天地不忍不治之仁，因以秩之；财者，天地不倦于用之义，因以给之。

圣人钦承于天，而于天步之去留，天物之登耗，单心于得失之林，弗容已矣。其得也，吉也；其失也，凶也；其悔也，欲其得也；其吝也，戒其失也。请命于天，与谋于鬼，大公于百姓，兴神物以使明于消息存亡之数，尚德而非以奖竞，崇功而非以导贪，而天地之德，亦待圣人而终显其功。

呜呼！彼骄语贫贱，何为也哉？"金夫不有躬"，非其财也；"负乘致寇至"，非其位也。"君子于行，三日不食"，以安位也；"困于赤绂，乃徐有说"，以节财也。非然者，贫其身以贫万物，巽于床，而丧资斧；贱其身，以贱天下，折其足以覆公悚。于陵仲子，以馁成其不义，延陵季子以让成其不仁，君子将厚责之，况乎创越人熏穴之言，拾食蛤遨游之说，桎梏宝命，尘垢天物，以绝仁弃义，而刌天地之生者哉！

故圣人之于《易》也，据位、财为得失，以得为吉，以失为凶，以命之不易、物之艰难为悔吝，与百姓同情，与天地同用，仁以昌，义以建，非褊心之子所可与其深也。故《洪范》以福极为向威，《春秋》以失地亡国为大恶，诚重之也。非徒与陶、猗争区区之廉，莽、操争硁硁之节也。

系辞下传第二

法象莫大乎乾坤，法皆其法，象皆其象，故曰大也。资始资生，而万物之数皆备；易知简能，而天下之理皆得。是尽天下之象，而无以当之。故佃渔耒耜以给养，交易以利用，弧矢门柝以御害，舟楫服乘以致远，宫室棺椁以卫生，而送死，书契以纪事而载道，民用之所以浃，王道之所以备，而皆不足以当乾坤。

衣裳之垂，其为生人之用，亦与数者均尔。且其始于毛革，继以丝枲，冬以温，夏以清，别嫌疑，厚廉耻，犹其切焉者也。若夫上衣下裳，施以绣，间以绘，采以五，章以十二，配以六冕，缀以钺佩，应平规矩，中乎准绳，炎非以适，寒非以温，为之也劳，服之也若赘。乃圣人独取乾坤之法象以当之，而以天下之治系之。呜呼！孰有知其为天地之大经，人禽之大别，治乱之大辨，以建人极，而不可毁者乎？

夫法象之于天地，亦非其功德之切，与于人物者也。悬日月星辰于上，而人有不可法之知；奠海岳丘原于下，而人有不可效之能。始有所以始，而可观者非能为美利；生有所以生，而昭著者非能为变蕃。

然而文之所著，变之所自察；理之所显，化之所白宜。无功之功，启群伦之觉；无用之用，安万汇之宜。天地不事以其德业詹詹与万物寡过，而治莫尚焉矣。故水、火、雷、风，不能越其广大；六子、五十六变，不能乱其崇卑。

大哉法象乎！而生人之事，圣人所以继天而致治者，孰足以当此乎？天位尊，地位卑，上下定矣；天成象，地成形，文章著矣。上下定，故万物戢然，而不敢干；文章著，故万物欣然而乐听其命。则天地可得而治万物，人可得而治物，君子可得而治野人。而非此者，则乱。

古之圣人，思有以治天下，而其心殚矣。久而乃得之于法象焉。人之所可受吾治者，惟其敬爱而已矣。怵然不敢干之心牛，则敬兴；欣然乐听其命之心生，则爱兴。触目而天地之法象在焉，莫或不敬也，莫或不爱也，人成位乎中，而君子者野人之耳目也。

人成位乎中，则可以效法天地而无惭；君子为野人之耳目，则利用其敬爱法象之心，以作其敬爱，而受治。

故衣裳之垂也，上下辨焉，物采昭焉，荣华盛焉。洁齐，以示无散乱也，宽博，以示无虔鹜也。天地方圜之仪则，天产地产之精华咸备焉，阴阳损益之数，律度规矩准绳自然之式，咸在焉，以示人极之全也。而天下悉观感，以牛其敬爱，于是而圣人者亦有其无功之功，以与天地相参。故惟衣裳可以配乾坤，而非他制器尚象所得而拟焉者也。

呜呼！衣裳之子人，大矣哉！可敬者义之府也，可爱者仁之组也；是善恶之枢也，生杀之机也，治乱之司也，君子野人之辨也，而尤莫大乎人禽之别焉。鹠鸠负叶以覆露，水鹳畜輿以御寒，欧蛋文身以辟蛟，涉貊重貂以履雪，食衣裳之利，而去其文，无以自殊于羽毛之族，而人道亡，则乾坤之法象亡矣。黄帝以前，未之备也，及其有之，而乾坤定；赵武灵以后，沦于替也，浸以乱之，而乾坤伤。妲己男冠以亡殷，何晏女服以覆晋，宋齐邱羽衣，而灾及其身，王旦披缁而辱逮于死。小变而流于妖，祸发于当年；大变而滥于禽，祸且移于运会矣。古之圣人，法象治之而有余；后之王者，干戈争之而不是。《易》曰："《易》不可见，乾坤或几乎息矣。"是殆《易》毁而乾坤将息之日也与！悲夫！

系辞下传第三

天下无象外之道。何也？有外，则相与为两，即甚亲，而亦如父之于子也；无外，则相与为一，虽有异名，而亦若耳目之于聪明也。父生子，而各自有形，父死而子继；不曰道生象，而各自为体，道逝而象留。然则象外无道，欲详道而略象，奚可哉？

今夫象，玄黄纯杂，因以得文；长短纵横，因以得度；坚脆动止，因以得质；大小同异，因以得情；日月星辰，因以得明；坟埴垆壤，因以得产；草木华实，因以得材；风雨散润，因以得节。其于耳启窍，以得聪，目含珠以得明，其致一也。象不胜多，而一之于《易》。

《易》聚象于奇偶，而散之于参伍错综之往来，相与开合，相与源流。开合有情，源流有理。故吉凶悔吝，舍象而无所征。乾非六阳，无以为龙；坤非六阴，无以为马。中实外虚，颐无以养；足欹铉断，鼎无以烹。推此而言，天下有象，而圣人有《易》，故神物兴而民用前矣。

汉儒泥象，多取附会。流及于虞翻，而约象互体，半象变爻，曲以象物者，繁杂琐屈，不可胜纪。王弼反其道，而概废之，曰"得象而忘言，得意而忘象"。乃《传》固曰："《易》

者，象也。"然则汇象以成《易》，举《易》而皆象，象即《易》也。何居乎以为兔之蹄、鱼之筌也？

夫蹄非兔也，筌非鱼也。鱼、兔、筌、蹄，物异而象殊，故可执蹄筌，以获鱼兔，亦可舍筌蹄，而别有得鱼兔之理。畋渔之具夥矣。乃盈天下，而皆象矣。《诗》之比兴，《书》之政事，《春秋》之名分，《礼》之仪，《乐》之律，莫非象也，而《易》统会其理。舍筌蹄而别有得鱼得兔之理，舍象而别有得《易》之涂耶？

若夫言以明象，相得以彰，以拟筌蹄，有相似者。而象所由得，言固未可忘已。鱼自游于水，兔自窟于山，筌不设，而鱼非其鱼，蹄不设，而兔非其兔。非其鱼兔，则道在天下，而不即人心，于己为长物，而何以云"得象"、"得意"哉？故言未可忘，而奚况于象？况乎言所自出，因体因气，因动因心，因物因理。道抑因言而生，则言、象、意、道，固合而无畛，而奚以忘耶？

盖王弼者，老、庄之支子，而假《易》以文之者也。老之言曰："言者不知。"庄之言曰："言隐于荣华。"而释氏亦托之以为教外别传之旨。弃民彝，绝物理，胥此焉耳。

呜呼！圣人之示人显矣。因像求象，因象成《易》。成而为材，动而为效。故天下无非《易》，而无非道，不待设此以掩彼。俱无所忘以皆备，斯为善言《易》者与！若彼泥象忘理，以支离附会者，亦观象以正之，而精意自显，亦何必忘之，而始免于"小言破道"之咎乎！

系辞下传第四

君用独以统群，民用众以从主。君制治，而民从法，故莫要于立君以主民，而民但受治焉。

君子恒顺，小人恒逆，而卦之阴阳肖之。奇一也，偶二也。阳卦以一阳统二阴，以奇为君，以偶为民，是一君而二民也，故曰顺。阴卦以二阳归一阴，以偶为君，以奇为民，是二君而一民也，故曰逆。

试论之。道之流行于人也，始于合，中于分，终于合，以始终为同时同撰者也。始者生也，终者死也，中者今日是也。

君子以人事天，小人以鬼治人。以人事天者，统乎大始，理一而已。理气一也，性命一也，其继也，合于一善而无与为偶。故君子奉一以为本，原始以建中，万目从纲，有条不紊，分之秩之，两端审而功满天下。

一念之诚，一心之健，推而准之于无穷，皆是物也。若其所终，则无事逆挽以求合。言满天下，行满天下，斯以为全归而已矣。故谨于知生，而略于知死，

若夫小人之道，则亦有一之说矣，而必先之以二。君二者，因中以归终也。"载营魄"以始，"抱一"以终；"万法"以始，"归一"以终。从多致寡，从寡致无，以鬼统人，而返人于鬼。是故期于知死，而忽于知生。先后制从之间，逆计而挽其末流，则志慑而气亦萎矣。

故圣人之与异端，均言一矣。彼曰"归一"，此曰"一贯"；彼曰"抱一"，此曰"一致"。抱以归者所终也，处后而从治之绩也；贯以致者所始也，处先而制法之主也。故君子君一，而小人民一。民一而未尝不一，小人乃无忌惮而以一傲君子矣。

是以异端必滥于鬼，而圣人必本于天。惟然，故习于小人之道，以应吉凶之务者，亦君子恒顺而小人恒逆。君子之动，荣辱贵贱、安危生死之殊绝，喜怒忧乐、浓赏重罚之洊用，敦土以旁行，安身以定交，皆本一诚以先，而洋溢敷施，万变而无必然之信果。

究其所归，尧、禹异治，姬、孔异教，天下见君子之大，而不见君子之一。君得所丽，民得所纪，亦犹深宫无亵见之天颜，而比屋有可书之间党矣。

小人之动也，一荣一辱而志移，一喜一怒而情变；持两端以揣势，分两念以图全；一以为祸福而瞿然恐，一以为善恶而厌然畏。早作夜思，双行于义利而庶几其可合。机深巧售，终以自得，曰吉凶之萬变于前，而终归于画一之算也。则小人亦利赖其一以安矣。先利而后义，先成败而后是非。要其所君，

则中庸模棱为固藏之宗主，拥戴而高居者也。

呜呼！以一为君，德主天而行主义。以二为君，德尚鬼而行尚利。鬼、利者，阴之性也。一乱其统，疾人于小人之道而不复。巽之"频"，兑之"来"，离之"沱若"，且不自保，而况其变焉者乎！

系辞下传第五

一

天地之间，流行不息，皆其生焉者也。故曰"天地之大德曰生"。自虚而实，来也；自实而虚，往也。来可见，往不可见。来实为今，往虚为古。来者生也，然而数来，而不节者，将一往而难来。一嘘一吸，自然之势也，故往来相乘而迭用。相乘迭用，彼异端固曰"死此生彼"，而轮回之说兴焉。死此生彼者，一往一来之谓也。

夫一往一来，而有同往同来者焉，有异往异来者焉，故一往一来而往来不一。化机之妙，大造之不可为心，岂彼异端之所得知哉！

尝论之：天地之大德则既在生矣。阳以生而为气，阴以生而为形。有气无形，则游魂荡而无即；有形无气，则骸骼具而无灵。乃形气具而尚未足以生邪！形盛于气则壅而萎，气胜于形则浮而枵，为夭、为厄、为不慧，其去不生也无几。

惟夫和以均之，主以持之，一阴一阳之道，善其生而成其性，而生乃伸。则其于生也，亦不数数矣。

男女构精而生，所以生者，诚有自来；形气离叛而死，所以死者，诚有自往。圣人之与异端，胥言此矣。乃欲知其所自来，请验之于其所自往。气往而合于杳冥，犹炊热之上为湿也；形往而合于土壤，犹薪炭之委为尘也。所以生者何往乎？形阴气阳，阴与阳合，则道得以均和，而主持之。分而各就所都，则无所施和，而莫适为主。杳冥有则，土壤有实，则往固可以复来。然则归其往者，所以给其来也。

顾既往之于且来，有同焉者，有异焉者。其异者，非但人物之生死然也。今日之日月，非用昨日之明也；今岁之寒暑，非用昔岁之气也。明用昨日，则如镫如镜，而有息有昏；气用昨岁，则如汤中之热，沟浍之水，而渐衰渐泯。而非然也。是以知其富有者，惟其日新，斯日月贞明而寒暑恒盛也。阳实而翕，故昼明者必聚而为日；阴虚而辟，故夜明者必凝而为月。

寒暑之发敛，而无穷，亦犹是也。不用其故，方尽而生，莫之分剂而自不乱，非有同也。

其同者，来以天地之生，往以天地之化，生化各乘其机，而从其类，天地非能有心而分别之。故人物之生化也，谁与判然使一人之识亘古而为一人？谁与判然使一物之命亘古，而为一物？且惟有质而有形者，可因其区宇，画以界限，使彼此亘古而不相杂。所以生者，虚明而善动，于彼于此，虽有类之可从，而无畛之可画，而何从执其识命以相报乎？

夫气升如炊湿，一山之云，不必其还雨一山；形降如炭尘，一薪之粪，不必其还滋一木。有形质者且然，奚况其虚明而善动者哉？则任运自然，而互听其化，非有异也。

是故天地之以德生人物也，必使之有养以益生，必使之有性以纪类。养资形气，而运之者非形气；性资善，而所成者丽于形气。运形者从阴而浊，运气者从阳而清。清浊互凝，以成既生以后之养性，浊为食色，清为仁义。其生也相运相资，其死也相离相返。离返于此，运资于彼。则既生以后，还以起夫方生。往来交动于太虚之中。太虚者，本动者也。

动以人动，不息不滞。其来也，因而合之；其往也，因往而听合。其往也，养与性仍弛乎人，以待命于理数；其来也，理数绍命，而使之不穷。其往也，浑沦而时合；其来也，因器而分施。'其往也，无形五色，而流以不迁；其来也，有受有充，而因之皆备。抟造无心，势不能各保其固然，亦无待其固然而后可以生也。

清多者明，清少者愚；清君浊者圣，浊君清者顽。既已弛人，而待命矣，听理数之分剂，而理数复以无心，则或一人之养性散，而为数人，或数人之养性聚而为一人。已散已聚，而多少倍蓰因之以不齐。故尧之既崩，不再生而为尧；桀之既亡，不再生而为桀。藉其再生，则代一尧而国一桀矣。

清聚者，积中人而贤，积贤而圣；清散者，分圣而数贤，分贤而数中人。浊散者，分顽而数中人，分中人而数贤；浊聚者，积贤而中人，积中人而顽。清本于阳，二十五而不足，故人极于圣，而不能无养。浊本于阴，三十而有余，故人极于顽，而不知其性。又极而下之，则狗马鹿豕、蚍蝎枭獍之类充矣。要其方往，而方来之际，或聚或散，固不可刻桅，以问遗剑也。

使此一人焉，必死于此而生于彼，魂魄既分于升降，又各寻其合，而营营往来，交午于道，亦纷诡而必迷矣。故往之或来，来之必往，可信其自然，以为天地之大德。而往来之冲，聚散多寡之际，听乎理数之无心，则所谓"过此以往"者也。有心可以亿以其心；无心无定以召亿。"未之或知"，岂复有知此者哉！

虽欲知之，而不能强无心者以听我，徒眩而忧。忧而召妄，固将悲其往而幸其不来，则生老病死皆苦，抑将灭情绝识，居长策于无生矣，则又何贵乎知之耶？不必知之，而圣人之利用以贞来，而善往者，固有道矣。

生化之理，一日月也，一寒暑也。今明非昨明，今岁非昔岁，固已异矣。而实而翕者，明必为日；虚而辟者，明必为月；温而生者，气必为暑；肃而杀者，气必为寒；相因以类，往来必贞。故人物之生，莫之壹而自如其恒。特其用也，阳数寡动，以喜来而大；阴数多静，以喜往而小。

养与性均，以有生。养数多，下逮乎虫鸟；性数少，递杀于中人。多者不恤其往，寡者重予以来，圣人之所以必尽性而利天下之生也。

性之数既寡，而人抑不能存之，且亏替之。大宝在位，而聪明强力之足任，则为功于往来，以节宣阴阳者，存乎其人矣。充性以节养，延于他日，延于他人，而要有余清；充养以替性，延于他日，延于他人，而要有余浊。故成周之刑措百年，衰晋之五胡云扰，善恶之积，亦有往来，率数百年而一复。然且圣人忧之者，化不可知而几甚危也。

是故必尽性，而利天下之生。自我尽之，生而存者，德存于我；自我尽之，化而往者，德归于天地。德归于天地，而清者既于我而扩充，则有所埤益，而无所吝留。他日之生，他人之生，或聚或散，常以扶清，而抑浊，则公诸来世与群生，圣人因以赞天地之德，而不曰"死此而生彼"，春播而秋获之，铢铢期报于往来之间也。

是故《诗》、《书》、《礼》、《乐》以敦其教，纲常秩叙，以峻其防，功不预拟于将来，事必先崇于今日。为埤益之，勿吝留之，正婚姻以厚男女之别，谨飧食以制饮食之度，犹日无朒跳，而月有盈虚也，犹寒暑相半，而和胜于寒以助温也，则圣人与天地之相斟酌深矣。

且今日之来，圣人之所珍也；他日之往，圣人之所慎也。因其来而善其往，安其往所以善其来。物之来与己之来，则何择焉！是则屈于此而伸于彼，屈于一人而伸于万世，长延清纪，以利用无穷。此蠖之屈而龙蛇之伸，其机大矣。故生践形色而没存政教，则德遍民物，而道崇天地。岂舍身以他求人神之效也乎？惟然，故不区画于必来，而待效于报身也；抑不愁苦于必往，而苟遁于不来也。

然则天下之淫思而过虑者，何为也哉？释守性以为己贞，老守命以为己宝，以同所异而异所同，立藩棘于荡平之宇，是亦共、驩朋党之私，屠酷固吝之情已耳。故曰："君子和而不同。"与天下万世和也，而不怙必同于己也。

然则何以见其义于咸之九四也？艮，男之成也；兑，女之成也。三、四之爻，男女相感之际，人道之终始、往来之冲，而取诸身者为心。心感而思，感思以止，秉贞而尽道之常，不安养之悦以叛性，不专己而绝物，故曰："圣人感人心而天下和平。"天下和平，则己之思虑释矣。

若夫迷于"往来"之恒理，惑其"憧憧"，而固守己私，以觊他生之善，谓死此生彼之不昧者，始未尝不劝进于无恶。而怙私崇利，离乎光大以即卑暗，导天下以迷，而不难叛其君亲。圣人有忧之，故于此三致戒焉。

呜呼！圣人之时，彼说未来也，而知人思虑之淫，必有疑于此者，故早为之剖析于千岁之上，可不谓"前知"者与！列御寇西方圣人之说，又何诬焉！虽然，圣人之于此，广矣大矣，《易》道备矣，岂独为咸四言之与？

二

"归"者其所自来也，"致"者其所自往也。天下有所往，非其所自来者乎？则是别有一壑，受万类之填委充积而消之，既归非其归，而来者抑数用而不给矣。由此言之，流动不息，要以敦本而亲用，恒以一'而得万，不强万以为一也，明矣。

异端之言曰："万法归一"，一归何处？信万法之归一，则一之所归，舍万法其奚适哉？是可截然命之曰"一归万法"，弗能于一之上索光怪泡影以为之归。然而非也。万法一致，而非归一也，致顺而归逆也。

夫彼之为此说也，亦有所测也。谓天下之动也必增，其静也必减；其牛也日以增而成，其死也日以减而灭。千章之木，不给于一捶之灰；市朝之人，不给于原阜之冢。初古之生，今日而无影迹之可举。因而疑天下之始巨，而终细也。独不曰前此之未有，今日之繁然，而皆备乎？

且以为由一而得万，如窍风之吹于巨壑，或疑其散而不归；浸以万而归一，如石粟之注于蠡瓢，不忧其沓而难容耶？强而归之，必杀其末以使之小，是以轻载重，以杪承干，而化亦弱丧以不立矣。

且夫"同"而"一"者非其少也，"殊"而"百"者非其多也。天下之生，无不可与道为体；天下之理，无不可与道为本。成熟扩充，以臻于光大，随所人德，而皆有其大备，而量有不齐，则难易差焉。故君子择其精粹，以为之统，则仁首四端而孝先百行，其大凡也。立本者，亲始者也。序立而量能相给也，亦非有一之可执，以臣妾乎万有，况得有一立于万有之余，以吸万而为之藏哉！

天地之间大矣，其始终亦不息矣。盈然皆备，而咸保其太和，则所谓"同归"而"一致"者矣。既非本大而末小，亦非本小而末大。故此往彼来，互相经纬而不碍。夫道，则必与天地相称也。彼之言曰"世界如腰鼓颡"矣，抑以道为两端小而中大，则是天地之两端有余，而道之中央无顿舍也，其亦不相掩以相称矣。

且其谓津液暖气之属，归乎地水火风，亦既粗测夫，即化之归，而要以致辨于知死。知死而不知生，是故地水火风之精粹，听往来以利天下之用，来归以为生者，顾略而不审。又恐其断灭而说不立也，则取乎既同既一之化，栉比而丝续之，曰"死此而生彼"。

乃"殊途"、"百虑"之不可齐者，横立此疆彼界于大同之中，思其无可思，虑其无可虑，乱终始之条理，而曰"芥子纳须弥"。"纳"者不受而强致之也，亦未知芥子须弥之同原而异理也。鹜天下于往来，而昧其生道，则其为害岂胜道哉！

子曰"天下同归，而殊途，一致而百虑"，一本万殊之谓也。借曰"殊途而同归，百虑而一致"，则二本而无分矣。同而一者，所以来也；殊而百者，所以往也。过此以往，为殊为同，为一为百，不容知也。子曰"未之或知"，岂复有知之者？而必推本以观其往来，岂强知之哉！

亦以明其不可知者而已。殊途百虑，不胜知矣。稍进而亲始不胜知者，亦可以止思虑之滥，而作"憧憧"之防。"书不尽言，言不尽意。"圣人之意，莫与绎之，将谁纪以别于异端？

三

下生者其本立，积之再三者，其本盛，故乾坤，其蓂以加矣。未至乎乾坤者，艮，阴之盛也；兑，阳之盛也；泰，阴阳之盛也。阴盛于艮，乾道乃致一，而成之；阳盛于兑，坤道乃致一而成之；阴阳盛于泰，损乃致一，而成之。三致一阳于上，上乃下交而为友。

未盛者，授之成而不能成，欲致之而未可致也。故曰：

"天地纲组，万物化醇。"时雨将至，炎气隆隆；宿霭欲消，寒清肃肃。炎之薄，而密云无以成其膏泽；寒之浅，而旭日无以成其涤清。天地且不能强致，而况于人乎？

三人行，则可损一人矣。三人损一以行，则友得矣。藉其惟一人之踽踽，欲往合而定交，非徒其损极，而无以自存，佻佻之子，物亦且疑之，而孰令听之乎？故曰"介于石，不终日"。匪介于石焉，终日而犹忧其速也。武王之所以养之于十三祀，而耆定于一朝也。故曰"安其身而后动"。其身不安焉，民不与而伤之者至矣。孔子之所以天下莫与，而莫能伤也。故曰"成器而动"，"动而不括"。器不成焉，弗能不括而遽释也。孟子之所以三见齐王而不言事也。

是故损之为德，俭人之所修；致之为功，惠人之所乐；友之为益，通人之所尚。而纲组者，莫之能逮。夫纲组者，而岂易言哉！旁薄以充阳之能，欲怒以发而不为震之"虩虩"，欲浒以至而不为坎之"不盈"；凝固以厚阴之藏，欲利其人而不为巽之"纷若"，欲丽其明而不为离之"突如"，动静交贞以奠阴阳之所，欲往合其孚而不为恒之"浚"以"振"也。

夫然后以之损而可损，钜桥之发，非李密敖仓之发也；以之致而可致，同、毕之命，非襄王河阳之命也；以之友而可友，庸、蜀、羌、髳之合，非苏秦洹水之合也。

故威不厚者不可以恩，恩不笃者不可以威；知不彻者不可以行，行不糙者不可以知。周公七年而定宗礼，非叔孙绵蕝，而创汉仪也；孔子五十而学《大易》，非扬雄溉笔而作《太玄》也。博学不教者，内而不出；多闻而阙者，必慎其余。道溢于事，神充于形。神充于形，则不谓之耳目，而谓之聪明；道溢于事，则不谓之功名而谓之学问。

故损其有余，以致诸天下之不足，雷雨之屯犹惜其不满，火风之鼎犹虑其不足以安。然后行者其三人也，非嬛嬛而呼将伯也；致者可一人也，非连鸡而相观望也。故曰"乾道成男，坤道成女"，震、巽、坎、离让其成以簨艮、兑久矣。偕行者众，而投之于可迁之地，求之不深，给之不捷，天地且然，而况于人手？

大哉！纲缊之为德乎！阳翕以固，景融所涵，极碧霄，达黄垆，而轮困不舍。阴辟以演，滋膏所沁，极碧霄，达黄垆，而洋溢无余。不息者其惟诚也，不问者其惟仁也，不穷者其惟知也。

故君子以之为学，耄勤而不倦；以之为数，循循而不竭；以之为治，彻百姓之场圃筐筥，而皆浃乎深宫之志；以之为功，体万方之壶浆歌舞，而毋贰其旄钺之心。而后道侔于天，而阳施于首出；德均于地，而阴畅于黄裳；天下见其致而乐其仁，天下见其损而服其义，天下见其一而感其诚。亦孰知损之而不匮，二阳仍定位于下。致之而不劳，三、上非用爻。白有其植本之盛乎？

"三"者，数之极也，天地人之合也；"行"者，动之效也，阴阳之和也；"损"者，有余之可损也；"致"者，致之所余，而能受也；"得其友"者，交无所歉而后无所疑也。皆纲组之所可给也。致其一焉，斯醇矣。故举天地之大德，万物之生化，而归之于损三，岂虚加之哉！

系辞下传第六

道之见于数者，奇偶而已矣。奇一偶二，奇偶合而三，故八卦之画三，而数之分合具矣。

然此者，数之自然，未能以其德及乎天下也。推德以及天下，因其自然，而复为之合。三亦奇也，偶其所奇而六，故六十四卦之画六，而天地之德合。合以成撰，撰备而体不缺，德乃流行焉。二其三，三其二，而奇偶之变具矣。

然此者，天地之德固然，人未有以与之也。迓天地之德，以人谋参之，因其固然而复为之合。六亦偶也，奇其所偶而十八，故四营之变十有八，则三极之往来尽矣，而奇偶之分合止矣，过此者皆统于此矣。

要而论之，奇偶合用以相乘，《易》与筮均是物也。筮者，人之迓天者也；三其六，以奇御偶，圆数也，圆而神者，以通神明之德。《易》者，天地固然之撰也；二其三，以偶御奇，易简之数也，易以贡者，以体阴阳之物。故筮用十八，而《易》尽于六。六则德以合矣，体以全矣，无有缺焉，抑岂有能缺者哉？

夫阳奇阴偶，相积而六。阳合于阴，阴体乃成；阴合于阳，阳体乃成。有体乃有撰。阳亦六也，阴亦六也。阴阳各六，而见于撰者半，居为德者半。

合德、撰而阴阳之数十二，故《易》有十二；而位定于六者，撰可见，德不可见也。阴六阳六，阴阳十二，往来用半而不穷。其相杂者，极于既济、未济；其相胜者，极于复、垢、夬、剥；而其俱见于撰以为至纯者，莫盛于乾坤。故曰："乾坤，其《易》之门邪！"

乾之见于撰者六阳，居以为德者六阴；坤之见于撰者六阴，居以为德者六阳。道有其六阳，乾俱见以为撰，故可确然，以其至健听天下之化；道有其六阴，坤俱见以为撰，故可颓然，以其至顺听天下之变。尽见其纯，以受变化之起，则天下之相杂相胜者生矣。

借非然而已杂已胜矣，天下亦且日以杂胜为忧，而务反之纯，安能复与之为相杂，而为相胜乎？故门立，而开阖任乎用。牖无阴，开而不能阖；墙无阳，阖而不能开。德不备，而撰不能以相通矣。

由此观之，阴阳各六，而数位必十有二，失半而无以成《易》。故因其撰，求其通；窥其体，备其德；而《易》可知已。于乾知六阴，于坤知六阳也，其杂胜也，能杂于六，而有能越于十二者哉？

何以明其然也？《易》以称天地之量，而不能为之增减。增者外附，而量不容；减者内馁，而量不充。乾无六阴，阴从何来？而坤为增矣。坤无六阳，阳从何来？而乾为增矣。相胜者，夬、媾一阴，而五阴何往？复、剥一阳，而五阳何归？

相杂者，阴阳之或少或多，已见者在，而未见者何亡？以为本无，则乾坤加于数外矣。以为本有，则余卦宿于象中矣。以为一有而一无，一多而一寡，则无本之藏，离合起灭于两间，亦妖眚之不数见，而痎疟之时去来矣。

夫由乾而知道之，必有六阳也，由坤而知道之，必有六阴也，乾坤必有，而知数位之十二皆备，居者德而见者撰也。是故有往来，而无死生。往者屈也，来者伸也，则有屈伸而无增减。屈者固有其屈以求伸，岂消灭而必无之谓哉？

阴阳各六以为体，十二相通以合德，而可见者六以为撰。既各备其六，以待变化，故不必其均，而杂胜起。要非可尽之于可见，而谓爻外无位，位外无数也。爻外有阴阳，杂者岂忧其越哉？由可以来，知其未来者之，必有数以储借；由可以往，知既往者之，必有位以居停；由相胜相杂而不越于乾坤，知未见之数位与已见者而相均。爻外有阴阳，而六外有位，审矣。

然可见者，所撰者也。有撰者可体，故未有撰者可通。圣人依人以为则，准见以为道，故曰："过此以往，未之或知也。"未过此者，可知以所见，形色之所以为天性，而道之所以不远人与！

今夫门有开阖，则近而比邻，远而胡、越，皆可用吾往来也。今有人焉，行不自门，驰魄飞形而以往以来，为怪而已矣。故用而可见者以为之门，乾坤各见其六以待变化之起，则亦民行济而得失明矣。若其实有夫十二者，则固不可昧也。故学《易》者设十二位于向背之间，立十二数于隐见之异，以微显阐幽，则思过半矣。

系辞下传第七

时有常变，数有吉凶。因常而常，因变而变，宅忧患者，每以因时为道，曰"此《易》之与时盈虚而行权"者也。夫因常而常，气盈而放逸；因变而变，情虚而诡随；则常必召变，而变无以复常。今夫月之有盈虚也，明之时为生死，而魄自贞其常度也。借明死而遂失其十有三度之节，则终古虚，而不足以盈矣。而何云"因变而变"耶？故圣人于常治变，于变有常，夫乃与时偕行，以待忧患。而其大用，则莫若以礼。

礼之兴也于中古，《易》之兴也亦于中古。《易》与礼相得以章，而因《易》以生礼。故周以礼立国，而道肇于《易》。韩宣子观《易》象与《春秋》，而曰"周礼尽在鲁矣"，殆有以见其然也。

《易》全用而无择，礼慎用而有则。礼合天经地纬，以备人事之吉凶，而于《易》则不敢泰然尽用之，于是而九卦之德著焉。《易》兼常变，礼惟贞常。《易》道大而无惭，礼数约而守正。故《易》极变而礼惟居常。

其以中古之天下已变矣，变不可与变，则莫若以常。是故谨于衣裳桴桧，慎于男女饮食，而定其志，则取诸履；哀其多以为节，益其寡以为文，执平施之柄，则取诸谦；别嫌明微，克己而辨于其细，则取诸复；失位而必应，涉于杂乱而酌情理以不拂于人心，则取诸恒；柔以惩忿，刚以窒欲，三自反以待横逆，则取诸损；因时制宜，如风雷之捷用，而条理不穷，则取诸益；君子为小人所掩，守礼自尽，不竞而辨，则取诸困；挹之于此，注之于彼，施敬于人，而不孤恃其洁清，则取诸井；情之难格，行之以顺，理之以正，出之以让，权度情理，以人乎险阻，则取诸巽。

夫九卦者，圣人以之实其情，酌其理，束其筋骸以强固，通其志气以清明，岩岩乎其正也，折折乎其安也，若不知有忧患之故，而卒以之涉忧患，而道莫尚焉。盖圣人反变以尽常，常立而变不出其范围，岂必惊心耀魄，于忧患之至，以与为波靡也哉？

故得舆如剥，中行如夬，在苦而甘如节，有积而必散如涣，乃至飞于天，而如乾，行于地而如坤，非无以大治其变者，而有所不敢用，则以智勇加物而己未敦，道义匡物而情未协，固不如礼之尽诸己而达于情，为能约阴阳之杂而使之整也。故晏子曰："惟礼可以已乱。"刘康公曰："威仪所以定命。"安危之理，生死之数，于此焉定矣。

夫礼，极情守经以用其盛，非与忧患谋，而若与患忧反。故世俗之言曰"救焚拯溺而用乡饮酒之礼"。诮其不相谋而相反也。而非然也。苟乡饮酒之礼行焉，君子以叙，小人以睦，间井相亲，患难相恤，于以救焚拯溺也，固优为之，岂必求焦头从井之功，于饮博椎埋之攘臂者乎？变者其时，常者其德。涉其迹者疑其迂，体其实者知其大。而奈何曰"因变而变，而奚礼为"也？

老子曰："礼者，忠信之薄而乱之首也。"因之以剖斗折衡，而驵侩乱于市；因之以甘食美居，而嗜欲乱于堂。诈伪方兴，而愚天下以乘其变，而天下亦起而愚之矣。文王因之，则无以事播恶之主；周公因之，则无以格淫酗之俗；孔子因之，则无以惧乱贼之党。故三圣人者，本《易》以制礼，本礼以作《春秋》，所谓以礼存心而不忧横逆之至者也。

且夫圣人之于礼，未尝不因变矣。数盈则忧患不生，乃盈则必溢，而变在常之中；数虚则忧患斯起，乃虚可以受，而常亦在变之中。故天地必有纪，阴阳必有序。数虽至变，无有天下地上、夏寒冬暑之日也。圣人敦其至常，而不忧，则忠信无往而不存，斯以厚其藏，而物咸受治，亦因乎理之有定者焉尔。

彼驰骋天下，而丧其天则者：一为聃、周之徒，游万物而自匿，则以礼为薄；一为权谋之士，随万物而斗智，则以礼为迂。此李斯之所以亡秦，而王衍诸人之所以祸晋也。而末世之忧患不瘳矣。

系辞下传第八

经文"其出入以度外内"句、"使知惧"句，详见《稗疏》。

今且设神物于前，而不能自运也，登爻象于书，而不能自诏也，立位于六而不能使数之即位也，该数于奇偶而不能使位之受数也，然则兴神物、合爻象、奠数于位、通位于数以用《易》者，岂非人哉？故曰："苟非其人，道不虚行。"

是故六位无常，刚柔相易，其变亦大矣。天地固有其至变，而存之于人以为常。尽天地之大变，要于所谋之一疑；因所谋之一疑，通天地之大变。变者非所谋，谋者不知所变。变在天地而常在人。

四营十八变之无心，人自循其常耳，非随疑以求称所谋，而酌用其多寡也。执常以迎变，要变以知常。故天地有《易》而人用之，用之则丽于人，而无不即人心之忧。故曰：变在天地，而常在人。

若夫世之言《易》者，居而不迁：居之以律，居之以气，居之以方，居之以时，则是《易》有常而人用之以变也。于变以得常，则人凝性正命，以定阴阳之则；取常以推变，则人因仍苟且，以幸吉凶之移。

故彼言《易》者，有吉凶而无忧患，历忧患而不知其故。盖外内有定形，不从其出人以致吾度，数伸而理屈，罔于其故，而莫知所惧，而何以云"洁静精微，《易》之教也"哉？

夫立法，以制之从，师保之职也；从无造有，以成其性命，父母之道也。父母无心以授之生，而必予以成；师保立法以导之从，而不保其往；故师保不足以配父母之大。《易》以无心之变为其生生，授人以变，而人得凝以为常，明其故以处忧患，而非但示以吉凶。则如所性之受于父母，而尽之在我，不仅趋其所趋，避其所避，规规然奉师保之诏，以为从违，而冀以去祸而就福。故《易》者，正谊明道之教，而非谋利计功之术也。

神道以教，而用终在人。典常在率辞之后，而无有典要立于象数之先。然则邵子且未之逮也，而况京房，管辂之徒乎！

系辞下传第九

夫彖者材也，爻者效也。效者，材之所效也。一木之生，枝茎叶花合，而成体者，互相滋也；一车之成，辐毂衡轴分，而效用者，功相倚也。其生也，不相滋则破而无体；其成也，不相倚则缺而废用。故爻倚象以利用，抑滋于彖，以生而成体。吉凶悔吝之效，未有离象，以别有指归者也。故曰："观其《象辞》，则思过半矣。"

有如曰："《易》者意也。意者，乘人心之偶动而无定则者也。"无定则以求吉凶之故，抑将率之位与应而止。比之初亦坤之初矣，履之五亦乾之五矣。位齐应均，而情殊道异，则位岂有定，而应岂有准哉！

夫筮以得象，则自初至上，而积为本末。《易》之有卦，则六位皆备，而一成始终。积以相滋，而合之为体，是故象静而爻动，动者动于所静，静者固存也。仅乘其感，以据所处之位而为得失，感之者无本，据之者滞，将任天下之意知，诡天则以为善败，恶能原始要终，以为通变之质乎？故君子以人合天，而不强天以从人，则奈何舍所效之材，以惟意是徇耶？

夫《易》，广矣，大矣。学《易》者或有所择矣，然亦择材而非择效。择材则专，择效则固也。故颜子用复，曾子用泰，以择德也。文王、箕子同事暗主则皆用明夷，既济、未济共临坎险，则胥伐鬼方，以择用也。择德者从其性之所近，择用者从其心之所安，咸必其材之具成，而后始成乎其章。故利用者，亦以静为主，而动于其静。故动亦大矣，非乘于一效之偶著，而舍所主，以从之，为能应天下之赜也。盖静者所生，动者其生。生于所生，则效固因材而起矣。

乾惟利贞，是以上过贞，而龙亢。坤惟先迷，是以初在迷，而履霜。师利丈人，是以三稚而舆尸。履阳不疚，是以阴孤而虎嘎。复期七日，是以上失期，而君凶。剥戒攸往，是以五承宠，而得利。遁小利贞，是以二能执革。壮宜大正，是以五必丧羊。夬无即戎之功，是以前趾而不胜。姤非取女之道，是以无鱼而起凶。萃亨于大人之见，是以三、上遇小而咨嗟。升志在南征之行，是以上六北辕而不富。兑道在贞．而乖于苟说，故三凶于上。巽命必申，而利于攸往，故四吉于初。

凡此者，或《彖》方致誉；而爻以凶；或《彖》有功，而爻无惧。然且即《彖》以推，存亡具在，况其相因以起义，《彖》爻道合，如无首之后夫，女贞之中馈者哉！然则《彖》外无爻，而效必因材也，不亦审与！

惟析《彖》爻以殊物，则抑谓三圣之异宗。多歧既以亡羊，后来弥多标指，故且曰"有文王后天之《易》，有庖羲先天之《易》尸。天且剖先后以异道，而况于圣人！则羲、文自为门户，周、孔各为朋党，亦奚恤哉！

彼将曰"《易》者意也，圣人各以其意遇之也。"圣人有其意，则后之为术数异端者，亦可有其意矣。私意行则小智登，小智登则小言起。故或以律为《易》，或以兵为《易》，或以节候为《易》，或以纳甲为《易》，或以星度为《易》，既偶测其偏，而纳全体于一隅；由是而王辅嗣以重玄为《易》，魏伯阳以炉火为《易》，李通玄以十玄六相为《易》，则滥淫于妄，而诬至道以邪辞，亦曰"意至则《易》存，意不禁则《易》无方"。故《易》讼于庭而道丧于室，非一晨一夕之故矣。

且夫《象》之效而为爻，犹爻之效而为变也。极四千九十六于三百八十四之中而无异占，极三百八十四于六十四之中，而岂有殊旨哉！焦延寿尝屑屑以分矣，卒无别研之几，故但有吉凶，而无忧患之故，则亦恶用此纷纷射覆者为也！

故君子之于《易》也博，用其简；细人之于《易》也锢，用其繁。用其简，则六十四《象》之中以备杂物撰德，而不遗；用其繁，则极延寿之四千九十六占，以讫于邵子万万有奇之策，以测其始终本末而不能该。故曰："观其《象辞》，则思过半矣。""易简而天下之理得。""日新"、"富有"，岂他求之哉！

或曰："元亨利贞，《象》与《文言》殊矣，则文王、孔子非异意与？"曰："四德者，合体用而言之也。体一成，而用有先有后，有生有成。仁生礼，义成信，故"元亨"，以元故亨，"利贞"，贞而得利。

二篇之辞，终无曰"元利"而"贞亨"者，体用相因之序也。《文言》四德之目，又岂邵子四块八方、瓜分瓦合之说邪？而又何疑焉！

系辞下传第十

"悉备"者，大全统乎一端，而一端领乎大全也。《易》之六位，有天道焉，有地道焉，有人道焉，为《易》所备，而非奉以为典要也。

道一成，而三才备，卦一成，而六位备。六位备而卦成，三才备而道成，天地有与来，而人有与往。都往来之通，凝天地之交，存乎其中，人乃以肖道，而主天地。凝而存之，成位乎中，故于德有中焉，于位有中焉。德有中，贞之以二为中也；位有中，悔之以五为中也。

然德位有定矣，神而明之，通人于天地，非有定也。时在退，初、四但为藏密之人事；时在进，三、上俱为尚往之人谋。故曰：三才之道，《易》所悉备，而非有典要之可奉也。

且夫天地之际，间不容发，人与万物，皆天地所沦肌浃髓，以相涵者也。道所必动，生生者资二气以蕃变之。乃物之生也，因地而形，因天而象，赅存乎天地，不能自有其道而位亦虚。人之有道也，成性存存，凝继善以妙阴阳之会，故其于天地也，数有盈虚，而自成乎其道。有其道者有其位，无异本者无异居。故可别可同，而与天地相往来焉。喜德者，阳之生；怒刑者，阴之发。情以盛之，性以主之。于天地之外而有道，亦人天地之中，而备其道，故人可乘六位以御天而行地。故天地之际甚密，而人道参焉。相容相受，而人终不自失。别而有其三，同而统乎人。《易》之所以悉备乎广大也。

今夫凡言位者，必有中焉，而《易》无中，三之上、四之下五位也；凡言中者，必一中焉，而《易》两中，贞之二、悔之五皆中也。无中者散以无纪，而《易》有纪；两中者歧而不纯，而《易》固纯。

何以明其然也？有中者奇，无中者偶，奇生偶成。聚而奇以生，散皆一也；分而偶以成，一皆散也。故曰："喜怒哀乐之未发谓之中。"未发者，四情合一，将盈天下皆一，无非中矣；已发者，各形为理，将盈天下皆道，不见中矣。朴满一室，终始内外，浑成一中，而无有主辅之别，当位皆实，中不可得而建焉。故《易》立于偶，以显无中之妙，以著一实之理，而践其皆备者也。一中者不易，两中者易。变而不失其常之谓常，变而失其常，非常矣。故曰："执中无权，犹执一也。"

中立于两，一无可执，于彼于此，道义之门。三年之哭无绝声，哀亦一中矣；燕射之终无算爵，乐亦一中矣。春补秋助而国不贫，恩亦一中矣；衅社埶戮而民不叛，威亦一中矣。父师奴，少师死，俱为仁人；伯夷饿，太公封，俱为大老。

同其时而异其用，生死进退而各一中矣。则极致其一而皆中也。

其不然者，移哀之半，节乐之全，损恩之多，补威之少，置身于可生可死之中，应世以若进若退之道，乃华士所以逃讦；而见一无两，可其可而不可其不可，畸所重而忘其交重，则径径之小人所以自棘其心也。

一事之极致，一物之情状，固有两途以合中，迹有异而功无殊。两中者，尽事物而贞其至变者也。故合体天地之撰而用其盈，则中之位不立，辨悉乾坤之德而各极其致，则中之位可并设而惟所择。

故曰：三才之道，大全统乎一端，而一端领乎大全也。非达乎天人之际者，无以喻其深矣。

若陋者之说《易》曰："初为士，二为大夫，三卿，四公，五天子，上宗庙。"或曰："三为臣，五为君，上为师。"以人之位，限天之理；以物之滞，锢道之灵。技术之鄙，训诂之愚，学《易》者斥而绝之久矣。

系辞下传第十一

夫以易心，而行危道者，汤、武是已。其行危，其时盛，故处危而不疑。处危不疑，道一而已矣。顺百姓之心，而无惭于后世；承非常之庆，而不背于先献。以德以福，一而已矣，故道不疑，而心恒易。其心易者，其辞易，故《书》简而直，《诗》至而和。

若夫以危心，而行危道者，其惟文王乎？其君明夷也，其世密云也，决于飞而非其小心，安于潜而无其余位，进则革命于崇朝，退则不保其囚戮。季历之事，势不能为；武王之举，心不忍发；迟回郑重，终守侯服。非仅末世难济之可忧，抑亦盛德难终之足恤矣。盛德欲终，惧以终始，则心不敢易，而疑生焉。心不易者词不易，故岐土无诗，崇征无誓，简直和至之言沮，而洁静精微之义著也。呜呼！此文王之所以为盛德也。

灵承者天，周知者人，昭对者心。以俯以仰，以外以内，以出以人，而皆有参差两不相承之数，则疑天疑人，而还白疑其心。于是精白齐被，疑其所疑，舍天人之信，而讫用其疑。是故《易》者，谋天卜之疑也。谋天下之疑，道恒不一。不一，故大。大，故百物备焉。阴阳之险阻，祥变之消长，悔吝之往来，可生可死，可危可安，可难町易，一皆象数之固然，为百物之自有。

阅百物而莫不自有其道，故进不必为武王，退不必为季历，以退让事天，以忧闵恤人，以战栗存心，无所从违而道乃定。故备百物以安于数，要危惧以养其德。安数者乐天，养德者敦仁，尽仁知于震动之介，而德终以不衰。

是故以德，则文王阳也，纣阴也；以位，则殷阳也，周阴也。有德不恃，故阳亢而戒其灾，阴中而幸其有庆；守位不革，故阳失当，而代为之忧，阴乘时而不欲其长。命与义争而命胜者，天也；理与命争而理胜者，文王也。

争则危，危则疑。疑以教天下之疑，而民用之，吉凶悔吝，咸得用其疑以存忧患而审几微。抑将曰天下之大疑，有甚于文工与纣之时者乎？而文王犹然其无咎矣，则危何不可使易？倾何不可使平？研几于百物不废之中，而载惧以终始，则亦何咎之有哉！是故文王以西伯终，《周易》以未济终，惧以终也。

自公羊高谓文王受命称王，而异说滋。董仲舒、何休、蔡邕附会，而为之征，而圣人之道隐。夫文王受理丽不受命。假使受命而不必受理，则道一而无疑，事不危而辞易，陈诗以歌先公之德，称誓以暴独夫之罪，当不俟武王而早为之矣。乃斤斤然仅托危辞于《易》象乎？

六国亡，秦欲亟自尊，以争衰周之统，九鼎、三川未亡，早计而捷得之，故为之说曰"先受命而后伐商"，以自文其僭诞也。汉儒因之，不亦愚乎！武王有《诗》、《书》，文王有《易》，圣人之情见乎辞矣。

中华藏书 第四部 船山说易 中国书店

系辞下传第十二

阳健阴顺，积阳以纯健，而乾成，积阴以纯顺，而坤成。积故能至，纯故至，而天下之至者莫至也。至健而易，至顺而简，易简而险阻知，惟其纯也。

若夫一变而六子，再变而五十六卦，阴阳多少之数畸而不积，杂而不纯，然且吉凶定，而覼覼塞成，以分功于乾坤，则何也？

曰：因此而知阴阳之数，凡卦而皆六，未有缺矣。阴阳各六而十二，其来也有位，其往也必有居。以其来知其往，亦因而知向背之位，凡卦皆十二位，而未有缺矣。

昨日谋之，今日行之，是行者来之位，谋者往之位也。今日行之，他日改之，是行者来之位，改者往之位也。不可见而有其理，方可见而有其事。理与事称，六位相准而必均。然而盈虚多寡之不齐，则谋与行舛错于物变，而行与改参差于事情也。理与事称，吉凶非妄，而事有理。事与理称，吉凶不虚，而理有事。事有合离，理有柔刚，理事各半。事在理之中，而居理之半；理在事之中，而居事之半。合离柔刚各分其所半，互相乘以成乎半。故阴阳之各六，与卜二位迭运于往来，而相若焉。

数与位之相若，则与六位相若也，与一位亦相若也。故一往一来，而健顺之至者，恒一成具在而无不足。往来相期，存发相需，多寡相倚，理事相符。有其至积，成其或畸，有其至纯，治其或杂。六子五十六卦，皆具六阴六阳于向背之六位，无不具者无不至，无不至者无不知，而又何疑耶？

老阳之积，老阴为冲，少阴为委。老阴之积，老阳为冲，少阳为委。其冲也，道以配而相制；其委也，道以渐而不穷。故用九用六之余于爻外，输其委也；八错五十六综，反其冲也。有所可输，有所必反。是阴阳本至，而一日、一事无或歉缩矣。一日无缩，一事无歉，故可尽无穷于一象，而皆其健顺之至。用其往者以待其来，居其来者以听其往，故阴阳无，极盛不复之理，恒用其半以运于无穷。而纯以必杂，杂而不失；积以必畸，畸面不亡。数赅而存，位留而有待。

故乾可以有坤，坤可以有乾，乾坤可以有六十二卦，六十二卦可以有乾坤。乾坤恒有，则健顺恒至，恒至而恒无不知，则六十二卦之效法听治于一存一发之乾坤，而又何疑乎？

且夫天下何以有险阻耶？健者过刚以峻岌，阴往遇之，坚峭而不能人，则阻生¨匝者过柔以滑弱，阳往茇之，沉没而不能出，则险生。是险阻者，阴阳德行之固有，而相交不偶之必然也。

健以成阻，顺以成险。当其至，则本天亲上，本地亲下，相与应求，而德位称所驰骋，故乾易而未有险，坤简而未有阻。其偶有者，亦初、上之即于冲委尔。及其积者可畸，而必畸，纯者可杂而必杂，畸杂以交相遇茇，阴行于阳而触于峻岌，阳行于阴而陷于滑弱。险阻者，六十二卦之固有也。

因其畸杂而险阻生，有其至足而险阻在。相敌则疑，偏孤则忧。以至生不至，则险阻起；以至治不至，则险阻消。消之者，即其起之者也。健顺本子天下以险阻，按其怀来，知其情伪，达其性情，辨其药石。使非至足者交乘乎向往以相往来，亦孰从于其不足，知其有余，于其有余知其不足，以备悉乎险阻之故，而通其消息哉？

夫不至而险阻生，至而易简得。不至者因于至，故险阻亦至者之必有，易简亦不至者之赅存。向背往来，蒸变参差而无所少，其数全也，其位全也，数全、位全，而时亦全也。故曰：无有乾，而无坤之一日，无有坤，而无乾之一日，无阴阳多少不足于至健至顺之一日。要所用者恒以其数位之半，相乘于错综而起化。故气数有衰王，而无成毁，蒸陶运动以莫与为终始，古今一至，而孰有不至者哉？

邵子曰："天开于子，消于亥；地辟于丑，消于戌。"不知至健之清以动者，何容施消？至顺之浊以静者，何所以受其消也？此殆陈抟狃侮阴阳之言，非君子之言理气之实也。

中華藏書

第四部 船山说易

中国书房

二九〇九

第七章　周易外传卷七

说卦传

一

天下有截然分析而必相对待之物乎？求之于天地，无有此也；求之于万物，无有此也；反而求之于心，抑未谂其必然也。故以此深疑邵子之言《易》也。

阴阳者二仪也，刚柔者分用也。八卦相错，五十六卦错综相值，若是者，可谓之截然，而分析矣乎？天尊地卑，义奠于位；进退存亡，义殊乎时；是非善恶，义判于几；立纲陈常，义辨于事；若是者，可谓之截然，而分析矣乎？

天尊于上，而天入地中，无深不察；地卑于下，而地升天际，无高不彻。其界不可得而剖也。进极于进，退者以进；退极于退，进者以退。存必于存，邃古之存，不留于今日；亡必于亡，今者所亡，不绝于将来。其局不可得而定也。天下有公是，而执是则非；天下有公非，而凡非可是。

善不可谓恶，盗蹠亦窃仁义；恶不可谓善，君子不废食色。其别不可得而拘也。君臣有义，用爱则私，而忠臣爱溢于羹墙；父子有恩，用敬则疏，而孝子礼严于配帝。其道不可得而歧也。

故麦秋于夏，萤旦其昏，一阴阳之无门也。金炀则液，水冻则坚，一刚柔之无畛也。齿发不知其暗衰，爪甲不知其渐长，一老少之无时也。云有时而不雨，虹有时而不晴，一往来之无法也。截然分析，而必相对待者，天地无有也，万物无有也，人心无有也。然而或见其然者，据理以为之铢两已尔。

夫言道者而不穷以理，非知道者矣；言道者而困其耳目思虑，以穷理于所穷，吾不敢以为知道者也。夫疏理其义而别之，有截然者矣；而未尽其性也，故反而求之于吾心无有也；而未至于命也，故求之于天地无有也，求之于万物无有也。天地以和顺，而为命，万物以和顺而为性。继之者善，和顺故善也。成之者性，和顺斯成矣。

夫阴阳者呼吸也，刚柔者燥湿也。呼之必有吸，吸之必有呼，统一气而互为息，相因而非反也。以燥合燥者，裂而不得刚，以湿合湿者，流而不得柔，统二用而听乎调，相承而无不可通也。呼而不吸，则不成乎呼；吸而不呼，则不成乎吸。燥之而刚，而非不可湿；湿之而柔，而非不可燥。合呼吸于一息，调燥湿于一宜，则既一也。分呼分吸，不分以气，分燥分湿，不分以体，亦未尝不一也。

是故《易》以阴阳为卦之仪，而观变者周流，而不可为典要；以刚柔为爻之撰，而发挥者相杂，而于以成文；皆和顺之谓也。和顺者性命也，性命者道德也。以道德徙义，而义非介然；以道德体理，而理非执一。大哉和顺之用乎！

故位无定也：坤位西南，而有东北之丧，小畜体乾巽，而象西郊之云，解体震坎而兆西南之利，升体坤巽，而得南征之吉；行六十四象于八方之中，无非其位矣。序无定也：继乾坤以屯蒙，而消长无端，继屯蒙以需讼，而往来无迹；运六十四数于万变之内，无非其序矣。

盖阴阳者，终不如斧之斯薪，已分而不可复合；沟之疏水，已去而不可复回；争豆区铢累之盈虚，辨方四圜三之围径，以使万物之性命分崩离析，而终无和顺之情。然而义已于此著矣。秩其秩，叙其叙，而不相凌越矣。则穷理者穷之于此而已矣。

今夫审声者，辨之于五音，而还相为宫，不相夺矣。成文者，辨之于五色，而相得益彰，不相掩矣。别味者，辨之于五味，而参调已和，不相乱矣。使必一宫一商，一徵一羽，序而间之，则音必暗；一赤一玄，一青一白，列而纬之，则色必黯；一苦一咸，一酸一辛，等而均之，则味必恶。

取人禽鱼兽之身，而判其血气魂魄以各归，则其生必死；取草木果谷之材，而齐其多少华实以均用，则其效不成。子曰："使回多财，吾为尔宰。"假令邵子，而为天地宰也，其成也毁，其生也死，又将奚赖哉？

故参天两地，一义也；兼三才而两之，一义也；分以两，挂以奇，变以十八，一义也；天地山泽雷风水火之相错，一义也；出乎震，成言乎艮，一义也；始以乾坤，历二十六卦，而继以坎离，历二十卦，而继以震艮，历四卦而继以巽兑，一义也。皆命之所受，性之所成，和顺因其自然，而不限以截然分析之位者也。

理数既然，则道德之藏，从可知矣。诚斯几，几斯神。几不可期，神不可测，故曰："神无方，而易无体。"故疑邵子者，非徒疑之于性命也，且疑邵子之于理也，执所见以伸缩乎物，方必矩而圜必规，匠石之理而已矣。京房分八宫为对待，不足于象，而又设游魂、归魂以凑合之，尤其不足言、者也。

故所恶于执中之无权者，惟其分仁义刚柔，为二而均之也。穷理而失其和顺，则贼道而有余。古今为异说不一家，归于此而已矣。

二

两间之有，孰知其所自昉乎？无已，则将自人而言之。今我所以知两间之有者，目之所遇，心之所觉，则固然广大者，先见之；其次则其固然可辨者也；其次则时与相遇，若异而实同者也；其次则盈缩有时，人可以与其事，而乃得以亲用之者也。

是故寥然虚清，确然凝立，无所不在，迎目而觉，游心而不能越，是天地也。故曰"天地定位"，谓人之始觉知有此，而位定也，非有所在有所不在者也。

有所不在者，平原斥碛之地，或穷年而不见山，或穷年而不见泽。有所在，故舟居而渔者，穷年见泽而不见山；岩栖而组者，穷年见山而不见泽。乃苟见之，则一如天地之固然，峙于前而不移也。

故曰"山泽通气"，陟山而知地之固不绝于天，临泽而知天之固不绝于地，非截然分疆而不相出入也，固终古恒然，无与为期者也。

抑有不可期，而自有期者，遇之而知其有，未遇不知其何所藏也。盖阴阳者恒通，而未必其相薄，薄者其不常矣。阳欿薄阴而雷作，阴欿薄阳而风动，通之变也。变则不数与之相遇，历时而知之，始若可惊，继乃知其亦固然也。故曰"雷风相薄"。惟其不可期也，而为两间之固有，其盈也人不得而缩之，其缩也人不得而盈之；为功于万物，而万物不得，执之以为用。若夫阳燧可致，钻木可取，方诸可聚，引渠可通，炀之瀹之而盛，扑之陻之而衰，虽阴阳之固然，而非但以目遇，以心觉也，于是而始知有水火，故终之曰"水火不相射"，合致其功于人，而人以合阴阳之感者也。

可亲者顺之德，有功者健之德。道定而德著，则曰"山泽通气，雷风相薄，水火不相射"；德至而道凝，则曰"水火相逮，雷风不相悖，山泽通气"。其理并行而不相拂矣。

夫动乎暄润之几，成乎动挠之用，底乎成以欣悦乎有生，此变化以成物有然者，然而非已所固然，而见其然矣。无已，则察乎他物以知之。固然而有天地，见其位定；固然而有山泽，见其气通；时而知有雷风，见其相薄；与其事而亲之以有功，则知有水火，疑其相射，而终不相射也。此人之所目遇而心觉，知其化有然者。

惟然，故"先天、后天"之说不可立也。以固然者，为先天，则以次，而有者其后矣。以所从变化者为先天，则已成者为后矣。两者皆不可据也。以实言之，彻乎古今，通乎死生，贯乎有无，亦恶有所谓先后者哉！

无先后者，天也，先后者，人之识力所据也。在我为先者，在物为后；在今日为后者，在他日为先。不贰则无端委之殊，不息则无作止之分，不测则无渐次之差。故曰："神无方而《易》无体。"

东西南北者，人识之以为向背也。今、昔、初、终者，人循之以次见闻也。物与目遇、目与心喻而固然者如斯，舍所见以思所自而能然者如斯，要非理气之但此为先，但此为后也。

理之御气，浑沦乎无门，即始即终，即所生即所自生，即所居即所行，即分即合，无所不肇，无所不成。彻首尾者诚也，妙变化者几也。故天之授我以命，今日始也；物之受性于天，今日始也；成形成色，成生成死，今日始今日终也。而君子以之为体天之道，不疑未有之先何以为端，不亿既有之后何以为变，不虑且无之余何以为归。

夭寿不贰而死生贞，学诲不倦而仁智定。乃以肖天地之无先无后，而纯乎其天。不得已而有言，则溯而上之，顺而下之，神明而随遇之，皆无不可。而何执一必然之序，概括大化于区区之格局乎？

"天地定位"至"八卦相错"为一章，"数往者顺"三句为一章。《本义》拘邵子之说，合为一章。其说牵强支离，出于陈抟仙家者流，本不足道，而邵子曰此伏羲八卦之位。伏羲至陈抟时，将近万年，中间并无授受，其诞可见。盖抟师吕嵩，或托云"伏羲不死而授之嵩"也。

三

象自上昭，数由下积。夫象数一成，咸备于两间，上下无别也，昭积无渐也，自然者无所谓顺逆也。而因已然以观自然，则存乎象；期必然，以符自然，则存乎数。人之仰观俯察，而欲数之，欲知之，则有事矣。有事则有时，有时则有渐故曰：象自上昭，数由下积。

象有大小，数有多寡。大在而分之以知小，寡立而合之以为多。象不待合小以知大，数不待分多以知寡。是犹掌与指也：立全掌之象于此，而拇、食、将、无名、季指之别，粲乎分之而皆可知。掌象不全，立一指焉，弗能知其为何指也。若以数计指也，则先拇以为一，次食以为二，次将以为三，次无名以为四，次季以为五，而后五数登焉。未有先五，而后得四三二一者也。

故象合以听分，数分以听合也。合以听分，必先上而后下；先下而后上，则上者且为下所蔽矣。分以听合，必先下而后上；先上而后下，则下者枵，而上无所载矣。象，阳也；数，阴也。日月之照，雨露之垂，自高而及下；人物之长，草木之茂，自卑以至高。

是故《畴》成象，以起数者也，《易》因数以得象者也，《畴》，人事也，而本乎天之自然；《易》，天道也，而行乎人之不容已。《畴》因《洛书》，起九宫而用阳；《易》因《河图》，以十位合八卦而用阴。《畴》以仿，《易》以谋。仿务知往，谋务知来。《畴》征而无兆，《易》兆而无征。

《畴》之始五行，以中五始也。《洛书》象见于龟。龟背隆起，中五在上。次五事，以戴九先也。次八政五纪，而后皇极，履一在下也。详具《思问录外篇》，蔡氏旧解非是。五行，天也，天所垂也。人法天。天垂象，人乃仰法之，故《畴》先上而后下。

若《易》之本于《河图》也，水一火二，水下火上，则先一而后二，先少而后多矣。先少而后多，故卦首初，次二，次三，次四，次五，以终于上。

十八变之策，由少而多；六爻之位，由下而上。下不先立，则上浮寄，而无所承。《易》因数以得象，自分以听合，积下以累上，所由异于《畴》之因象以起数也。

夫上下定分也。自上下者顺、自下上者逆，故曰“《易》逆数”也。夫数则岂有不逆者哉！逆以积，积以成，人迓天而后天牖人。其往也逆，则其来也顺。非数有顺者而《易》不用，顾用其逆者以巧为合也。

故乾一索而得震，再索而得坎，三索而得艮；坤一索而得巽，再索而得离；三索而得兑；无非逆也。其曰乾一、兑二、离三、震四，阴自上生，以次而下，乃生乎巽、坎、艮、坤，以抵乎纯阴，而阳尽无余，吾未知天地之果有此象焉否也？若夫数，则必无此悬虚建始于上，而后逮于下之理矣。

《易》之作也以蓍，蓍之成象也以数，故有数而后有象。数自下积，而后象自上昭。自有《易》以来，幽赞于神明，而倚数者，必无殊道。伏羲氏邈矣，见闻不逮，授受无人矣。以理度之，亦恶能外此哉？故言《易》者，先数而后象，先下而逆卜，万世不易之道也。

四

著其往，则人见其往，莫知其归矣；饰其归，则人见其归，莫知其往矣。故川流之速，其逝者可见，其返而生者不可见也。百昌之荣，其盛者可知，其所从消者不可知也。虽然，耳目之限，为幽明之隔，岂足以知大化之神乎？大化之神，不疾而速，不行而至者也。故曰："阖户之谓坤，辟户之谓乾，一阖一辟谓之变，往来不穷谓之通。"

阖有辟，辟有阖，故往不穷来，来不穷往。往不穷来，往乃不穷，川流之所以可屡迁，而不停也；来不穷往，来乃不穷，百昌之所以可日荣，而不匮也。故阖辟者疑相敌也，往来者疑相反也。

然而以阖故辟，无阖则何辟？以辟故阖，无辟则何阖？则谓阖辟以异情而相敌，往来以异势而相反，其不足以与大化之神，久矣。

是故动之使合，散之使分也，其势殊矣；润之使柔，暄之使劲也，其质殊矣；止之使息，说之使作也，其功殊矣；君之使动，藏之使静也，其德殊矣。则疑乎阴阳有各致之能，相与偶立而不相浃，而非然也。

统此大钧之中，雷游风申，晴薰雨蒸，川融山结，健行而顺受，充盈于一日，沦浃于一物，而莫之间矣。抑就其分用者言之：雷迅则风烈，风和则雷起；极暄而雨集，至清而日霁；山夹硐以成川，川环邱而成嶂；天包地外，而行地中，地处天中，而合天气。故方君方藏，其错也如响之应声；方动方散，方润方暄，方止方说，如影之随形。为耦合也，为比邻也。无有南北隔乎向背，东西四隅间乎方所，划然成位，而各止其所，以不迁也。

位乾健于南，而南气何以柔和？位坤顺于北，而北气何以刚劲？位离于东，而春何以滋膏雨？位坎于西，而秋何以降水潦？则震、巽、艮、兑之非定位于四隅，抑又明矣。顾不谓乾不可南，坤不可北，离不可东，坎不可西也。错综乘乎化，方所因乎时，则周流八方，惟其所适，而特不可以偶然所值者为之疆域尔。

故动散合势，暄润合质，说止合功，君藏合德；一错一综，而阖辟之道立，一错三综而阖辟之道神，八错二十八综，而阖辟之道备。故方言雷而即言风，方言雨而即言日，方言艮而即言兑，方言乾而即言坤。钧之所运，轴之所转，疾以相报，合以相成。一气之往来，成乎二卦，而刚柔之用全。则散止以著动说之往，君暄以饰藏润之归。君子之于《易》，无往而不得妙万物之神，曾何局于方，划于对，剖于两，析于四，淆于八之足云！

五

震东、兑西、离南、坎北，因《河图》之象，奠水、火、木、金之位，则莫之与易矣。若夫乾坤者，经乎四维者也。乾非隅处于西北也，位于西北，而交于东南，风者天之余气也，风莫烈于西北，而被乎东南。故巽为乾之余，而受位于乾之所经。坤非隅处于西南也，位于西南而交于东北；山者地之委形也，山莫高于西南，而迤于东北，故艮为坤之委，而受位于坤之所经。震、兑、坎、离之各有其位，受职于天地，居其所，而不相越。天地经水、火、金、木而运其化，故络贯乎其间，而与巽艮合其用。乾坤非隅也，行乎四维，而各适有正也。震、兑、坎、离非正也，受乾坤之化而各司其一偏也。谓之"正"，谓之"隅"者，人之辞也。大圜普运，无往而非正也。此八方配卦之大纲也。

夫八卦有位焉，虽天地不能，不与六子同乎其有位也，昭著乎两间者，有然也。乾坤有神焉，则以六子效其神而不自为功者也，体两间之撰则实然也。位者其体也，神者其用也。体者所以用，而必有其定体，虽无用而自立乎其位；用者用其体，而既成乎用，则无有定位，而效其神。神不测，则六子之用，相成相济而无其序。

乃丽乎万物而致功，则神且专有所主而为之帝，帝则周流于八方，以有序而为始终，故《易》不可以一理求者也。参观之而各有其理，故在帝言帝，于是而万物之生成有序，亦因之以为序焉。故曰"帝出乎震"，帝于震乎出，非谓震方之德为所出之帝也。

由是以行乎巽而"齐"，行乎离而"相见"，行乎坤而"致养"乎地，行乎兑而"说"，行乎乾而争功于天，行乎坎而"归"，行乎艮而一终以更始，历其地则致其功，逮其期则见其效，而果谁为之帝乎？

妙万物而丽乎物者也，或动或挠、或燥或说、或润或止者也。故六子之神，周流乎八卦，而天地则在位，而为午贯之经。在神则为统同之主。妙矣哉！浑沦经纬，无所拟而不与道宜。故"神无方"者不可为之方，"《易》无体"者不可为之体。同别合离，体用动静，罔不赅存于道，而《易》妙之。惟然，则岂滞于方所者之所与知哉！

夫《易》于象有征焉，于数有实焉，于化有权焉。拟之以其物，奠之以其位，象之征也。上生者积以生变，下生者节以成合，逆而积之，得乃知之，数之实也。彻乎数而与之为损益，行乎象而与之为盈虚，化之权也。

拟物者必当其物。以乾为金。以艮为土，则非其物也。奠位者必安其位，位乾于南，位坤于北，则非其位也。阳可变八，而所下生者七，阴可合七，而所上生者八；乾生兑，坤生艮，则非所生矣。逆而积之，而数非妄，得乃知之，而数无方，而变从，亡起，限以其序，则无实，而不可与尽变矣。彻乎数而皆在，往来无时也，而序之以天时人事之一定，则有不周矣。行乎象而皆通，帝之由出以成，阅八位而皆有功也，而限之以对待倚伏之一局，则不相通矣。

况夫位者，资数以为实，资化以为权，而尤未可据者也。大畜之"天衢"，在明夷而为"人地"；小过之"西郊"，在既济而为"东邻"；贲无水而"濡如"，随无山而"用亨"；暌火兑之极，而"遇雨"，巽东南之卦，而"先庚"。然则数淆，而起变，化运而因时，帝之所临，初无必然之衰工；神之所集，何有一定之险夷？故冀、代之士马，或以强，或以弱；三涂、四岳之形胜，或以兴，或以亡。天无拘方之生杀，人无据位之安危，其亦审矣。

盖乾坤之德具行于六子，六子各禀乾坤之撰，六子之用遍历乎八卦，乾坤亦载六子之施：《易》之所以妙万物而无典要，故六十四象、三百八十四变之大用显焉。典之要之，而《易》理限于所域，此后世术数之徒所以终迷于大化也。

不然，天无乎不覆，地无乎不载，健顺之德业无乎不行，且无有于西北、西南之二隅，又何乾南坤北之足言乎？今夫天圜运于上，浩乎其无定畛也；人测之以十二次，而天非有次也。配之以十二辰者，不得已而为之验也。局之以分野者，小道臆测之陋也。黄道密移，而皆其正，昏旦日改，而皆其中。《易》与天合者，可以悟矣。

六

天地府大用，而官之，震、巽、坎、离、艮、兑受材于乾坤，而思肖之，繁然各有其用。故天地之间，其富矣哉！圣人受材，以肖阴阳之德，阴阳之富有，皆其效法也。将繁然而尽用之乎？繁然尽用之，则纯者、驳者、正者、奇者弗择而求肖之，必将诡而趋于不经。故有所用，有所不用。有所用以兴利，而不以立教，有所用以立教，而不以兴利。惟圣人为能择于阴阳之粹精，故曰："赜而不可恶，动而不可乱。"

是故震雷、巽风、坎水、离火、艮山、兑泽，象之盛者也，他有象而不足以拟其盛也。然而大过、益、升、井、鼎、渐、涣、中孚，则退风之功，而升木于用者，乘木而观往来之通塞，贤于风之拂散，而无功也。故君子择于巽，而利用木也。

《传》曰："雨以润之，日以炬之。"舍水火，而用雨日，日不耦月，而配雨，择之尤严者也。雨性足于润，日性足于炬，乃以润以垣，岂徒以其性之足者哉！徒以性，则水丰于雨，火烈于日矣。以者，有所施也；润之炬之，有所丽也。施以为恩，丽以为效，则润炬之德，水火不及雨日之用矣。何也？水火之德不胜刑，雨日之刑不胜德。雨俭于水，故鲜沦没之害；日和于火，故无焚灼之灾也。

天地之生化消息，夫万物者，有以藏之，有以散之，有以止之，可以弗忧其盛，而难继矣。而尤授水火以刑害之权，则万物其伤矣乎！老氏之言曰"上善若水"，其有刑之心也夫！故言刑名者、言兵者皆祖之。然后知天地之生，圣人之德，用雨日而非用水火也。

乃若天地之最无以为功于万物者，莫若月焉。继日以明，而不能废夜作之炬；秉阴以清，而不能减暑夕之炎；照物若暴，而不能夔濡湿之气；漾物若流，而不能津既暖之草。一盈一虚，资日而自掩其魄，类无本者。疾行交午，以争道于阳，类不正者。特其炫洁涵空，微茫晃烁，以驰宕人之游情，而容与适一览之欢，见为可乐，故释氏，乐得而似之。非色非空，无能无所，仅有此空明梦幻之光影，则以为"法身"，则以为"大自在"，则以为"无住之住"，以天下为游戏之资，而纳群有于生化，两无之际。然则非游惰忘归之夜人，亦谁与奉月，以为性教之藏也哉？故其徒之覆舟、打地、烧庵、斩猫也，皆月教也。求其明且润者，而不可得，乃曰此亦一明也，亦一润也，岂不悲乎！

是故圣人知月非天地之用，而终不以月为用。中孚之四，小畜之五，阴中而"月望"，"月望"而阳疑，故"既雨"不能免小畜之凶，"匹亡"而后谢 中孚之咎。则斟酌其功过之实，以为扶抑，其亦审矣。

故天地之所可弗用者月也，其次则风也。佐阳以行令，而不能顺承以兴利，则可散而不可聚。乃释氏则又效之以为教矣，其言曰"愿风持世界。"无实于己，而但求动焉；萍末之起无端，怒号之吹自己。盖将以散之者持之，而破亡摧折之余，其得存于两间者能几也，而曾足以持之不毁乎？

是故《易》之于水火也，不用以教而用以利，用以利而尤不尽用之。敛其炎，取之于口；节其淫，取之于雨。其于风也，不用以利而用以教，用以教而尤不尽用之。或取之木，以使有实；或取之风，取其及远而已矣。其于月也，无所取之也。故《诗》曰："彼月而食，则维其常。"

天地之间，即无月也，而亦奚损？而或以侵阳，则害生焉。是故伐鼓责阴，而端冕请阳，贵日而贱月，则利存而教正。君子择阴阳之德，而慎用之，岂徒然哉！彼纳甲之例，以月为卦体，益陋而不足录矣。

七

阴阳不孤行于天地之间。其孤行者，欹危幻忽而无体，则灾眚是已。行不孤，则必丽物以为质。质有融结而有才，才有衰王而有时。为之质者常也；分以为才，乘之为时者变也。常一而变万，其一者善也，其万者善不善，俱焉者也。才纯则善，杂则善不善俱；时当其才则善，不当其才则善不善俱。才与时乘者万，其始之因阴阳之翕辟者一，善不善万，其始之继善，以成者一。故常一而变万，变万而常未改一。是故乾坤六子，取诸父母男女，取诸百十有二之象，无不备焉。

呜呼！象之受成于阴阳，岂但此哉。而略括其征，则有如此者。人为天地而尤惭，小为蟹蚌苇葳，而无损；贵为君父而非僭，贱为盗妾而非抑；美为文高而不夸，恶为臭眚毁折而不贬；利为众长而非有缺，害为寡发耳痛，而弗能瘳；皆阴阳之实有而无所疑也。

实有无疑，而昧者不测，其所自始，而惊其变。以为物始于善，则善不善之杂进，何以积也？必疑此不善之所从来矣。以为始一，而后不容有万，则且疑变于万者之始必非一也。故荀悦"三品"之说以立。其不然者，以不善之无所从来，抑且疑善所从来之无实，故释氏之言曰："三界惟心，万法惟识。"如束芦之相交，如蕉心之无实，触目皆非，游心无据，乃始别求心识消亡之地，亿为净境，而斥山林瓦砾之乡，以为浊土。则甚矣，愚于疑者之狂惑，以喙鸣也！

夫天下之善，因于所继者勿论矣。其不善者，则饮食男女以为之端，名利以为之缘。非独人有之，气机之吐茹匹合，万物之同异攻取皆是也。名虚而阳，利实而阴；饮资阳，食资阴；男体阳，女体阴。无利不养，无名不教；无饮食不生，无男女不化；若此者岂有不善者乎？才成于抟聚之无心；故融结偶偏而器驳；时行于推移之无忧，故衰王偶争而度舛。乃其承一善以为实，中未亡而复不远，是以圣人得以其有心有忧者，裁成而辅相之。

故瞽者非无目也，蹇者非无足也，盗之憎主非无辞也，子之诤母非无名也；枭逆而可羹，堇毒而可药；虽凶桀之子，不能白昼无词，而刃不相知之人于都市。有所必借于善，则必有所缘起于善矣。故曰常一而变万，变万而未改其一也。

是以君子于一得善焉，于万得善不善之俱焉，而皆信以为阴阳之必有。信而不疑，则即有不善者尘起泡生于不相谋之地，坦然不惊，其所从来，而因用之以尽物理。奚况山林瓦砾，一资生之利用，而忍斥之为浊乎！

是故圣人之教，有常有变。礼乐，道其常也，有善而无恶，矩度中和而俪成不易，而一准之于《书》；《书》者，礼乐之宗也。《诗》、《春秋》兼其变者，《诗》之正变，《春秋》之是非，善不善俱存，而一准之于《易》；《易》者，正变、是非之宗也。

《鹑之奔奔》、《桑中》诸篇，且有疑其录于《国风》者矣。况如唐太子弘者，废读于商臣之弑，其能免于前谄而后贼也哉？天下之情，万变而无非实者，《诗》、《春秋》志之。天下之理，万变而无非实者，《易》志之。

故曰：《易》言其理，《春秋》见诸行事。是以君子格物，而达变，而后可以择善，而执中。贞夫一者，所以异于执一也。

序卦传

《序卦》非圣人之书也。

乾坤并建而捷立，《周易》以始，盖阴阳之往来无淹待，而向背无吝留矣。故道生于有，备于大，繁有皆实，而速行不息，太极之函乎五行二殊，固然如斯也。

有所待非道也；续有时则断有际，续其断者，必他有主，阴阳之外无主也。有所留非道也；存诸无用则出之不力，出其存者必别有情，往来之外无情也。是故六阴六阳，十二皆备，统天行地，极盛而不缺，至纯而奠位，以之为始，则万物之生，万物之化，质必达情，情必成理，相与参差，相与夹辅，相与补过，相与进善，其情其才，其器其道，于乾坤而皆备。抑无不生，无不有，而后可以为乾坤，天地不先，万物不后。而《序传》曰："有天地，然后万物生焉。"则未有万物之前，先有天地，以留而以待也。

是以知《序卦》非圣人之书也。河内女子献于购书之时，传于专家之学，守文而困于理，昧大始而破大成，故曰非圣人之书也。

其为说也，有相因者，有相成者，有相反者。相因者，"物生必蒙"之类也；相成者，"物稚不可不养"之类也；相反者，"物不可以苟合"之类也。因之义穷，则托之成，成之义穷而托之反，惟其意之所拟，说之可立，而序生焉，未有以见其信然也。

天地之间，皆因于道。一阴一阳者，群所大因也。时势之所趋，而渐以相因，遂私受之，以为因亦无恒，而统纪乱矣。且因者之理，具于所因之卦，则屯有蒙，师有比，同人有大有，而后卦为赘余矣。

况如随之与蛊，渐之与归妹，错卦也，相反之卦也，本非相同，何以曰"以喜随人者必有事"，"进必有所归"耶？如是者，因义不立。

受成者器，所可成器者材，材先而器后。器已成乎象，无待材矣。前卦之体象已成，岂需待后卦乎？假无后卦，而前卦业已成矣，何以云"履而泰然后安"，"革物者莫如鼎"耶？若无妄之承复，萃之承媚，阴阳速反，而相报，非相成明矣。而曰"复则不妄"，"相遇而后聚"。如是者，成义不立。

阴阳各六，具足于乾坤，而往来以尽变。变之必尽，往来无期。无期者，惟其无心也。天地之既无心矣，淫佚孤虚，行乎冲委，而不辞其过。故六十四象有险有驳，而不废，一隆世之有顽谗，丰年之有莨稗也。险而险用以见功，驳而驳用以见德，胥此二气之亭毒。险易纯驳，于彼于此，不待相救，而过自寡。谓寡过者必待后起之救也，吾未见贲立，而噬嗑之合遂不苟，遁来而恒可舍其所而弗久居也。以此卦之长，补彼卦之短，因前卦之屈，激后卦之伸，然则南粤之暄，致北胡之冻，诘旦之风，解今日之喝乎？是以极重相争者与艰难之际，抑亦乱必安之土而强施檠括于阴阳矣。如是者，反义不立。

三义不立，而舞文句以相附合，故曰非圣人之书也。

然则《周易》何以为序耶？曰：《周易》者，顺太极之浑沦，而拟其动静之条理者也。故乾坤并建而捷立，以为大始，以为成物。资于天者，皆其所统；资于地者，皆其所行。有时阳成基以致阴，有时阴成基以致阳。材效其情，而情无期，情因于材而材有节。有节则化不溢于范围，无期则心不私于感应。

藉其不然，无期而复无节，下流且不足于往来；有节而复有期，一定之枢，一形之墊，将一终而天地之化竭矣。此京房八卦世应之术、邵子八八相乘之数所以执一以贼道，而《周易》之妙则固不然也。故阳节以六，阴节以六，十二为阴阳之大节而数皆备；见者半，不见者半，十二位隐见俱存，而用其见之六位，彼六位之隐者，亦犹是也。故乾坤有向背，六十二卦有错综，众变而不舍乾坤之大宗。阖于此阖，辟于此辟，节既不过，情不必复为之期。消长无渐，故不以无心待天佑之自至；往来无据，故不可以私意，邀物理之必然。岂必乾左生夬，下生姤，坤左生剥，下生复之区区也耶？

虽然博观之化机，通参之变合，则抑非无条理之可纪者也。故六十四卦之相次，其条理也，非其序也。夫一阖一辟而情动，则皆道之不容已。故其动也极而正，不极而亦正。因材以起万变，则无有不正者矣。乾坤极而正者也。六十二卦不极，而亦正者也。何也？皆以其全用而无留无待者并建而捷立者也。

坎离、小过中孚合其错，而阴阳各六，视乾坤矣。六十四卦向背颠倒，而象皆合错。象三十六，其不可综者八。凡综之象二十八，其可综者固可错也。合四卦而一纯，则六阴六阳之全再备矣。错者捷错，综者捷综，两卦合用，四卦合体，体有各见而用必同轴。故屯、蒙之不可离析，犹乾坤也；颐、大过之无所需待，犹乾坤也。非始生必蒙，不养则不可动也。化不停，智之所以周流；复不远，仁之所以安土也。乾坤并建以捷立，自然者各足矣。

天地自然，而人之用天地者；随其隐见以为之量。天地所以资人用之量者，广矣，大矣。伸于彼者诎于此，乃以无私；节其过者防其不及，乃以不测。故有长有消，有来有往，以运行于隐见之殊，而人觉其向背。

《易》以前民用，皆言其所向者也，则六位著而消长往来，无私而不测者行焉。消长有几，往来有迹，而条理亦可得而纪矣。

乾坤定位，而隐见轮周，其正相向者，值其纯阳，旋报以纯阴，则为乾坤；欹而侧也，则或隐而消，或见而长，为泰、否、临、观、剥、复、遁、大壮、夬、姤。故消长之几为变化之所自出，则之十二卦者以为之经。

乾坤合用，而乘乎不测，以迭相屈伸于彼此，其全用，而成广大之生者，则为乾坤；乾不孤施，阴不独与，则来以相感，往以相受，分应于隐见之间，而为坎、离、震、艮、巽、兑。故往来之迹，为错综之所自妙，则之八卦者以为之经。此二经者，并行而不悖者也。

自两卦而言之，错者捷错，综者捷综，乾坤通理皆在，而未尝有所缺于阴阳健顺之全。自八卦之所统、十二卦之所络而言之，往来不以均，消长不以渐。交无适交，变无定变，故化不滞，进退乘时之权也。

盛不益盛，衰不浸衰，故道不穷，阴阳弥纶之妙也。自六十四卦、三十六象兼二经，而并行者言之，于消长有往来焉，于往来有消长焉。消长不同时，往来不同域；则流形无畛，而各成其欣合。

盖以化为微著，以象为虚盈，以数为升降，太极之动静，固然如此以成其条理。条理成，则天下之理自此而出。人以天之理为理，而天非以人之理，为理者也。故曰相阅，曰相成，曰相反，皆人之理也。《易》本天以治人；而不强天以从人。观于六十二卦之相次，可以亡疑也。其图如下：

中華藏書

周易全书·最新整理珍藏版

因三画八卦而重之，往来交感，为天地、水火、雷山、风泽之定体，其卦八，其象六。

乾☰　坤☷　坎☵　离☲　震☳　巽☴

乾坤首建，位极于定，道极于纯，十二位阴阳具足，为六子五十六卦，阖辟显微之宗。乾见则坤隐。坤见则乾隐。隐者非无也，时之所乘，数之所用，其道在彼不在此也。以其隐而未著，疑乎其无，故方建乾而即建坤，以见阴阳之均备。故《周易》首乾坤，而非首乾也。

其次为坎离。卦以中位为正，坎得乾之中，离得坤之中也。乾坤、坎离有错而无综。天虽周行，而运行乎上，地虽四游，而运行乎下，而卑高不移，虚实不改。水火不变，不从不革，不曲不直，其性不易，其质不迁。

四卦为往来之定经，而震艮、巽兑以交为往来，一经一纬之道也。阴阳之动，一上一下，变之复也；阳先阴后，理之顺也：故震艮先，而巽兑后。震艮、巽兑有错有综，震错巽，艮错兑；用综而不用错，阴阳不宅其中，则以捷往捷来见运行之神。乾坤、坎离既已著阴阳十二之全有矣，于此而著气机流行之妙，经以设而静，纬以积而动也。凡综卦合四卦，而见阴阳之本数，非震艮之有八阴，巽兑之有八阳也。

因六爻而消长之，乾坤、泰否、临观、剥复、遁大壮、夬媚阴阳屈伸之数，其卦十二，其象七：

乾☰　坤☷　泰☷☰　临☷☱　剥☶☷　遁☰☶　夬☱☰

乾坤首建，极阴阳之至盛，以为变化之由，故曰："乾坤其《易》之门邪"消长之数，皆因此而生。惟极盛也，而后可以消，可以长，可以长，而有其消，可以消，而复能长。若谓自复而上，历临、泰、大壮、夬而至乾；自姤而上，历遁、否、观、剥而至坤；则是本五天地，因渐而成矣。无其理，无其实，无其象，无其数，徒为戏论而已。此京房候气之鄙说也。

乾坤立而必交，其交有多寡，多因谓之长，寡因谓之消，非消遽无，而长忽有。其交之数，参伍不容均齐，阴阳之妙也。继乾坤以泰否，不以复媚，则非渐长；不以夬剥，则非渐消。继之以泰否者，乾坤极盛，泰否次盛。其位实，其德均，其变纯。

六阴六阳隐见于向背，则为乾坤。凡二卦而阴阳全，错综于向背，六阴六阳，其位固纯，则为泰否。即一卦而阴阳全具，则泰否亦立于极盛以起变者也。

又次而临观，又次而剥复。消长之机，阳先倡之，长则必有消，用之广则必反之约，故次以二阳之卦二，次以一阳之卦二也。阳变则阴必合，故次以二阴之卦遁、大壮，次似一阴之卦夬、姤也。临阳长也，而先观，复阳生也，而次剥；遁阴长也而先大壮，媚阴生也而次夬，阴阳迭为主，一翕一辟，而先后因之也。

由乾坤而生泰否以下之十卦，十卦皆乾坤，所有之通变也。由乾坤泰否，而及临观以下之八卦，八卦皆天地，相交之变通也。以次而变合，不以次而消长，天地浑沦无畛之几固然也。乾坤定位以交感，而成六子，六子立而与乾坤分功，则乾坤亦自有其化矣。

凡乾坤之属，其卦二十六，其象十四：

屯　　　需　　　师　　　小畜
泰　　　同人　　谦　　　豫　随　蛊
临　　　噬嗑　　剥　　　无妄
颐　　　大过

坎离之属，其卦二十，其象十：

咸　　　遁　　　晋　　　家人
蹇　　　损　　　夬　　　萃
困　　　革

震艮之属，其卦四，其象二：

丰䷶䷶归妹　　　旅䷷䷡渐

巽兑之届，其卦六，其象四：

涣䷺　　　中孚䷼　　　小过䷽　　　既济䷾䷿未济

　　乾坤之德纯，其数九十而得中，乾坤之数，老阳则五十四，老阴则三十六；少阳则四十二，少阴则四十八，皆合为九十。故其卦多。坎离之位正，其数九十，与乾坤均。坎之数，老阳则十八，老阴则二十四，为四十二；离之数，老阳则三十六，老阴则十二，为四十八，合为九十。坎之数，少阳则十四，少阴则三十二，为四十六；离之数，少阳则二十八，少阴则十六，为四十四，亦合为九十。阴阳合德，水火相人，热入汤中，油升焰内，浑合无间。故其卦次多。震艮毗阳，巽兑毗阴，德既不合，用亦相违，其数非过，则不及，震艮老阳皆十八，老阴皆二十四，为四十二，合八十四。少阳皆十四，少阴皆三十二，为四十六，合九十二。巽兑老阳皆三十六，老阴皆十二，为四十八，合九十六、少阳皆二十八，步阴皆十六，为四十四，合八十八。故其卦少。巽兑之属虽六卦，而既济未济与乾坤相为终始。乾坤，纯之至者也；既济未济，杂之尤者也。一致而百虑，故始乎纯，终乎杂。则既济未济不系乎巽兑，而自为体，是巽兑之属四，与震艮均也。颐、大过，乾坤之用终；中孚、小过，六子之用终。颐、大过、中孚、小过，四隅之经，与乾坤坎离，相为维络者也。故既济未济绍合天地之初终，而错综同象，为卦变之尽神者，以成乎浑沦变合之全体焉。

　　天地之交感，以阳始，故一索得震，再索得坎，而为屯；再索得坎，三索得艮，而为蒙。阳倡其先，阴定其体，故为物始生，而蒙昧之象焉，此以继天地之生者也。自此而天以其神，生水者为需、讼，地以其化成水者为师、比，而皆以受天地之中者，成天地之化矣。天乃以其全体生巽生兑，而交交乎阴，为小畜、履。天既施阴，则合乎地而为泰、否，天于是乎成火而为同人、大有。地受天施而效其化，亦以其全体应乎阳，生艮生震，而为谦、豫。

中华藏书

周易全书·最新整理珍藏版

中国书房

二九二八

中华藏书

第四部 船山说易

中国书房

二九二九

天地屡交以施生，则其化且错，故随、蛊阴阳交杂而自相错。随、蛊者杂之始，少长相耦而不伦，而天地之纯将变矣。地于是乎生巽、兑而为临、观，以效天化之履、小畜也。而又杂变乎噬嗑、贲，震杂离，离杂艮，亦阴阳之不相伦，而尤杂者也。凡相杂者，以未定者为未离乎纯；已定其伦，则成乎杂矣。故随、蛊、噬嗑、贲未成乎杂，而地之生剥生复犹纯也。乃孤阳之仅存，而地之用亦讫矣。地之生也，极乎震、艮；天之生也亦因之，故无妄、大畜为天化之终也。

震艮者，帝之终始，故合而为颐，而天地之终始备；其错为大过，则泽风以备地化，而应乎颐者也。颐之有位者纯乎坤，大过之有位者纯乎乾，盖亦乾坤之变，而反常之象有如此者，而颐象离，大过象坎，则又以起坎离焉，此二卦者，天地水火之枢也。

坎、离者，阴阳相交之盛者也。阳得乾之中，而为坎，阴得坤之中，而为离，于是而备阴阳交感之德。故其为属也，始乎咸、恒：离中之阴升而上，坎中之阳升而三；离中之阴降而初，坎中之阳降而四；水火升降之始也。坎中之阳升而三以应乎天，则为遁；坎中之阳降，而四以聚乎阳，则为大壮；皆坎之合乎乾者也。而晋、明夷，离之丽乎地者也。离中之阴降而四，为家人；升而三，为睽；火之白化者也。坎中之阳升而三，为蹇；降而四，为解；水之自化者也。

离中之阴升而三，坎中之阳升而上，为损；坎中之阳降而初，离中之阴降而四，为益；水火之交化者也。离中之阴升而上，为夬；降而初，为姤；火之应乎天者也。离中之阴升而上，为萃；降而初，为升；火之应乎地者也。坎欲交离，而离中之阴升而上，为困；降而初，为井；火不与水应，而杂者也。于是水用不登，而火道亦替。离中之阴降而初，为鼎；升而上，为革；火白化而无水以济之，水火之道变矣。故曰"革去故"而"鼎取新"也。

凡水火之属，火之化多于水者，水生于天，行于地，与雷、风、山、泽为依，而火自生灭于两间，其为独用多也。若屯蒙、需讼、师比、同人大有，则义从天地，水火不得而私之；既济未济，水火之交不失其位，与泰否同其为经者，则阴阳终始之几，坎离固不得而属之。

震艮、巽兑，阴阳杂而不得中，故其卦仅有存者。巽道犹存，而震变；阳杂起而上于三，则为渐；震道犹存，而巽变，阴杂起，而上于三，则为归妹；交错之卦，象之杂者也。震存可以交巽，而巽阴升乎二，不与震应，为丰；艮存可以交兑，而兑阴降乎五，不与艮应，为旅；此震巽、艮兑之将交，而以杂不合，杂之尤者也。巽存可以交震，而震阳升乎二，不与巽应，为涣；兑存可以交艮，而艮阳降乎五，不与兑应，为节；此巽兑之变与丰旅其尤杂者也。故是四卦相错，杂出于震、艮、巽、兑之间，互为往复，其相比附也，密迩呼应。

杂不可久，将反贞也。反其贞，而巽、兑交而为中孚，震、艮交而为小过。于是而震艮、巽兑之体定，杂之必贞也。震艮、巽兑之体定，而有坎离之象，则六子之体咸于此定，故继以水火交合之定体焉。既济、未济，水火交定，而乾坤相交之极致，亦于是而成。一上一下，水火相交而成化；一阴一阳，乾坤相错而成章。其于震、艮、巽、兑也，则既济震阳上升于五，巽阴上升于二，艮阳下降于五，兑阴下降于二；未济则震阳上升于二，巽阴上升于五，艮阳下降于二，兑阴下降于五；皆升降相应，往来而得中者也。

自屯蒙以来，阴阳相交相错，迨是而始定，乃殊途之极则，百致之备理也。故列乾坤于首，以奠其经；要既济未济于终，以尽其纬；而浑沦无垠。一实万变之理皆具，此《周易》之所以合天也。

凡错而不综之卦八，即以错相从，见六阴六阳皆备之实：

乾☰ ☷坤　　　　　颐☲ ☳大过

坎☵ ☲离　　　　　中孚☴ ☶小过

乾、坤、中孚、小过，以为终始，颐、大过、坎、离以位乎中，天地水火之有定体也。颐、大过外象坎离，内备乾坤之德，其有位者，一乾坤之纯也。中孚、小过外象乾坤，中含坎离之理，其致用者，一坎离之交也。凡不综之卦，非不可综也，综之而其德，与象无以异。其志定，其守贞，其德凝，故可以始，可以终，可以中，而为变化之所自生也。

凡错综同象之卦，其卦八，其象四：

泰　随　渐　既济

否　蛊　归妹　未济

错综同象，其德成乎异之甚，虽变更来往，而亦不齐也。故泰通而否塞，随从而蛊改，渐贞而归妹淫，既济成而未济毁；非若屯、蒙相仍，师、比相协，同人、大有相资，损、益相剂之类也。泰、否者，乾坤之大机，随、蛊、渐、归妹者，雷风山泽之殊用；既济、未济者，坎离之极致。

随、蛊从乎乾坤，雷风山泽之承天地也；渐、归妹之际乎震、艮、巽、兑，从其类也。

凡综卦有错，用综不用错者，以大化方来方往，其机甚捷，而非必相为对待，如京氏邵子之说也。故曰"《易》圆而神"。"神"以言乎其捷也，"圆"以言乎，其不必相为对待也。其卦四十八，其象二十四：

屯　需　师　小畜

临　鼎　晋　同人

豫　遁　噬嗑　剥

无妄　咸　家人　井

夬　升　损　解

震　丰　兑　涣

卦相次而各成象，象立而有德，因德以为卦名，而义行焉。其综卦相次者，以捷往捷来，著化机之不滞，非因后起之名义，而为之次，明矣。故二卦相综，名义有相反者，如剥复、家人睽之类；有相合者，如屯蒙、咸恒之类；抑有以错而相反者，如需晋、剥夬之类；有因错而相合者，如蒙革、师同人之类；抑有于错于综，名义绝不相涉者，如小畜于履，谦于

中华藏书

周易全书·最新整理珍藏版

豫之类。盖卦次但因阴阳往来消长之象，天之所以成化也；名义后起于有象之余，人之所以承天，初非一致也。

乾坤为化之最盛，以该十卦之成，凡消长者，皆自此而出。凡乾坤之属，其卦八，其象四：

屯☲☷　　　需☲☵　　　师☷☵　　　小畜☴☰

泰否者，三阴三阳，适得其均，消长之不偏者也。分体乾坤之纯，故足以继乾坤之盛。凡泰、否之属，其卦六，其象三：

同人☰☲　　　谦☷☶　　　随☱☳

临观二阳之卦，泰否之阳渐消。凡临观之属，其卦二，其象一：

噬嗑☲☳

剥复阳再消，而为一阳，阳之消止矣，消则必长。泰、临皆先，而复独后剥，以起阳也。凡剥复之属，其卦八，其象六：

无妄☰☳　　颐☶☳　　大过☱☴　　坎☵☵　　离☲☲　　咸☱☶

遁大壮，阴之消以渐也。凡遁大壮之属，其卦八，其象四：

晋☲☷　　　家人☴☲　　　蹇☵☶　　　损☶☱

夬姤阴消之极，消亦且长，于是而阴阳交相，为进退，以极变化之繁。至于既济未济，而后复于泰否之交。凡夬姤之属，其卦二十，其象十一：

萃☱☷　　　困☱☵　　　革☱☲　　　震☳☳

渐☴☶　　　丰☳☲　　　巽☴☴　　　涣☴☵

中孚☴☱　　小过☳☶　　既济☵☲

凡二变而得阴消之卦三十二，二阴则四阳，二阳则四阴。乃消之卦多系之阴消阳长，而不系之临观、剥复者，阳不可久消，阴不可久长，《周易》扶抑之权也。

乾坤者众变之统宗，故其属卦八，酌其中也。泰否则减，而属卦六。临观，二而已。剥复而复八，消极则长也。遁大壮阴消之始，其卦八。夬姤阴消之极，阴消而阳大有功，故属卦最多。天化之昌昌于此，人事之赜赜于此也。

《彖》曰："刚柔始交而难生。"刚柔者，乾坤也。屯、蒙阳生阴中，以交阴而消之，消之故难生。一阳始交于二阴之下，继交于二阴之中，为屯；继交于二阴之中，遂交于二阴之上，为蒙；阳道不迫以渐升也。阳用其少，以丽于阴之多，变之始也。始交乎阴，不致一，而内外迭用二阳，变之未甚，其数犹丰也。需、讼二阴交阳之卦，阴之未长者也。乾以二阳交阴为屯、蒙，坤以二阴交阳为需、讼，阴阳盛，各致其交，于此四卦为始合。阳生得中，阴生不得中，阴之始化不足以中，柔道然也。

初长而即消，师、比，乾之消也；小畜、履，坤之消也。凡消长之理，不遽不渐，出入百变，旋往旋复，旋复旋往。验之于呼吸，而知阳消则阴长，阴消则阳长。阳长而小畜、履失中，阴长而师、比未失中，刚道然也。要所谓消长者，自其显而见者言之；若合其隐而藏者，则无有消长。故屯、蒙之错为鼎、革，屯、蒙生也，鼎、革化也，生化合而六阴六阳之用全矣。需、讼之错为晋、明夷，皆争卦也，消长渐盛，而争矣。师、比之错为同人；大有，皆和卦也，阴函阳而不使失中，阳亦养阴，而使得中也。小畜、履之错为谦、豫，阳安阴，阴亦不得危孤阳也。

凡错卦合四卦而道著，皆仿此。六十二卦皆乾坤之有，而独此八卦系之者，自其化之纯盛者而始动于微则如此。

否长二阳于初、三为同人，泰长二阳于四、上为大有。长必二者，大化无渐长之几，能长则必盛也。同人、大有阳长，而阴不失其中，阳之消阴，不遽夺其正位，君子道也。泰长二阴于初、二，为谦，否长二阴于五、上为豫，阴阳迭为消长，消长必二，阴阳之变同也。阴长而据阳之中位，小人道也。且消长所临必参差，亦于此而见化机无对待之理矣。前有师、比小畜、履，后有同人、大有、谦、豫，夹泰否于中，消长相互，天地之交乃定也。阳消不已，无即至于临观之理；阳长不已，无即至于遁大壮之理。

消长必乘乎大变，随蛊者，大变之卦也。泰仅留上一阴下一阳，而中位皆变，为随；否仅留上一阳下一阴，而中位皆变，为蛊，二卦错综同德，其变大矣。变之极而后临观乃来，阳非极变，不遽消也。

临观，泰否之消者也。消不可久，消盛则变。复长一阳而杂之阴，居中位得势而安。噬嗑阳迁于四，与所长之上九合而函五；贲阳迁于三，与所长之初九合而函二。盖临观、剥复之际，阳道已微，不能顺以受消，杂乱起而后阳乃不绝。故噬嗑为强合，贲为强饰。其错为井困。噬嗑、贲刚合柔，井、困柔掩刚，皆以迎其长，而息其消也。

剥复，阳消之极矣。消之极，则长之不容不速。其长也，必有所因。剥余艮上之一阳，复余震下之一阳，而震、艮皆阳体，故可以召阳而为君。坤之错乾也，长之速而反其所错，为无妄、大畜，其错为萃、升。当乍长乍消之际，消者相保，以诚而聚，以聚而兴，四卦之德，所以继剥复、夬姤后。

剥复之属，无妄、大畜而已。自颐至于咸、恒六卦，则统三十二阳卦，而尽其消长之变。剥长为大畜而艮体存，复长为无妄，而震体存。震艮者，阳之所自终始，故合震艮而为颐。颐、大过、坎、离、咸、恒，皆乘消长之机，相摩相荡而为之枢者也。颐之错为大过。

至于颐而阳卦之变止矣，则见其所隐，而大过以来。颐，阳消之极也，有位之位，皆阴处之。大过，阳处于位而阴摈矣，阴消之尤也。迭相为消，所以为变化之枢也。消则必长，失则必得，往来之机，速于响应，故颐有离象，而失位，二阳旋得乎中，则为坎；大过有坎象，而失位，二阴旋得乎中，则为离。颐、大过、坎、离定位于中，而阴阳消长乃不失其权衡。权衡定而阴阳渐返于均，则大过阴生于二而为咸，生于五

中華藏書

第四部 船山说易

而为恒。抑此二卦',乃坎离中爻之升降,相摩荡,以复泰否之平,而特为感通以可久,则自泰否以来,消长之机一终,而阴消之卦起矣。咸、恒之错为损、益。咸、恒起遁、大壮,损、益起夬、媾,其义一也。阴阳均定,而消长生焉。咸、恒、损、益,久暂多寡之待酌者也。

遁、大壮,阴于是而消矣。消则必长,晋、明夷阴长,而据其中,阴进面阳伤也。其长甚则又消,家人、睽阳又长而阴反其消。明夷阳上长居九五之中而为家人,晋阳下长居九二之中而为睽,闲其伤,散其进也。阴不久消,长乎初、上而为蹇、解,其中犹家人、睽也。此四卦互相为错,捷隐捷见,盖自遁、大壮以来,阴阳衰旺之冲,不适有宁,再消再长而定之以损、益。

损三之阳不复,为泰以益上,益四之阳不复,为否以益下,所以平其争而后阴安于消也。则夬、媾可来矣。晋、明夷者,需、讼之错也。需、讼阳初起而疑,晋、明夷阴将伏而争,皆大变之机也。

夬、姤,阴消之极矣。故阴愤盈而骤长,阳乃聚处,而保其位于五,为萃;于二,为升。长极而渐消,阳乃渐生以得中,而终陷于阴中,为困、井。困、井杂矣。水火相贸,因困、井之巽、兑,而水贸为火,以增长乎阳,为鼎、革。阳之暴长,凡三变而始消,阴之难于消也如此。亦惟其难于消也,相持之久而终诎,故其消以定,于是而为震、艮。阴虽长,而体则阳,阳乃召阳以长居于中位,而为渐、归妹。渐、归妹,错综合之卦也。变之尤也。自是而丰、旅、涣、节,阴阳皆均。阴上下皆中而为丰、旅,阳上下皆中而为涣、节,四卦交错以相均。震、艮、巽、兑,四卦相错以互胜。消长迭乘,而一阴一阳之局汔成,则阴阳各相聚合以持消息之终。

阳长而保阴,以为中孚,阴长而含阳以为小过。中孚一离也,小过一坎也。相杂而安,则天地之化,于斯备矣。长之无可复长也,消之无可复消也,而一阴一阳尽。泰否之交,既济未济,斟酌常变,综之则总十卦消长之文,错之则兼乾坤,六阳六阴之质,无有畸焉,无有缺焉。故《周易》者,浑成者也。

是故《易》有太极，无极而太极。无所不极，无可循之以为极，故曰无极。往来者，往来于十二位之中也。消长者，消长于六阴六阳之内也。于乾、坤皆备也，于六子皆备也，于泰、否、临、观、剥、复、遁、大壮、夬、姤皆备也，于八错之卦皆备也，于二十八综之卦皆备也。错之综之，两卦而一成，浑沦摩荡于太极之全；合而见其纯焉，分而见其杂焉，纯有杂而杂不失纯，孰有知其始终者乎？故曰："太极无端，阴阳无始。"

为之次者，就其一往一来之经纬，而言之尔。往来之序，不先震、巽而先坎、离；消长之几，不先复、垢而先泰否。道建于中以受全体，化均于纯以生大用，非有渐也明矣。如以渐而求之，则乾必授震，坤必授巽，乾必授媚，坤必授复，强元化以稚、老、生、死之几，而元化之始终可执，其不肖天地之法象明矣。

无待也，无留也。无待，则后卦不因前卦而有；无留，则前卦不资，后卦以成。浑沦之中，随所变合，初无激昂，又何有相反？而规规然求诸名象，以刻画天地，不已固乎！

二经交错，各行其化，属卦之多寡，阴阳之登耗，不相值也。故六子之属与十二卦之属，犬牙互相函受，而无同分之轸，以成断续之迹。取诸法象，则日月五纬经星之相错，旷万年而无合璧连珠之日，《易》亦如是而已矣。故曰："神无方而《易》无体。"

动静，其几之见尔；吉凶，其时之偶尔；贞淫，其象之迹尔。因而为之名，名不相沿，如鱼鸟木石之各著也；因而有其义，义不相倚，如君父刑赏之各宜也。在天有不测之神，在人有不滞之理，夫岂求秩叙于名义，以限天人之必循此以为津途哉？故曰："《序卦》非圣人之书也。"

杂卦传

夫错因向背，同资皆备之材；综尚往来，共役当时之实。会其大全，而非异体，乘乎可见而无殊用。然则卦杂，而德必纯，德纯而无相反之道，其亦曙矣。而《杂卦》之德恒相反者，何也？道之所凝者，性也；道之所行者，时也；性之所承者，善也；时之所承者，变也。性载善而一本，道因时而万殊也。

则何以明其然邪？一阴而不善，一阳而不善，乃阳一阴一，而非能善也。坚软合则熨之而不安；明暗交，则合之而必疑；求与勤，则施之而不忘；非能善也。其善者，则一阴一阳之道也。为主持之，而不任其情，为分剂之而不极其才，乃可以相安相忘而罢其疑，于是乎随所动而皆协于善。

虽然，阴阳之外无物，则阴阳之外无道。坚软、明暗、求与，赅而存焉，其情不可矫，其才不可易也。则万殊仍乎时变，而必有其，相为分背者矣。往者一时，来者一时，同往同来者一时，异往异来者一时。时亟变而道皆常，变而不失其常，而后大常贞终古以协于一。小变而输于所委，大变而反于所冲，性丽时以行道，时因保道以成性，皆备其备，以各实其实，岂必其始之有殊心，终之无合理，而后成乎相反哉？故纯者相峙，杂者相迁，听道之运行不滞者，以各极其致，而不忧其终相背，而不相通。是以君子乐观其反也。

杂统于纯，而纯非专一也。积杂共处而不忧，如水谷燥润之交养其生，生固纯矣。变不失常，而常非和会也。随变屡迁，而合德，如温暑凉寒之交成乎岁，岁有常矣。杂因纯起，即杂以成纯；变合常全，奉常以处变；则相反而固会其通，无不可见之天心，无不可合之道符也。

是以乾为刚积，初则"潜"而不"飞"；坤用柔成，二则"直"而不"括"。比逢乐世，"后夫"抱戚于"五号；师蹈忧危，"长子"谐心于"三锡"。未济男穷，"君子"之晖有"吉"；夬刚道长，"独行"之愠"若濡"。即此以推，反者有不反者存，而非极重难回以孤行于一径矣。

反者，疑乎其不相均也，疑乎其不相济也。不相济，则难乎其一摈；不相均，则难乎其两行。其惟君子乎！知其源同之无殊流，声叶之有众响也，故乐观而利用之，以起主持分剂之大用。是以肖天地之化，而无惭，备万物之诚，而自乐。下此者，惊于相反而无所不疑，道之所以违，性之所以缺，其妄滋矣。规于一致而昧于两行者，庸人也。乘乎两行而执为一致者，妄人也。

夫君子尽性不安于小成，因时不徼其极盛。性无小成，刚柔之向背，而同体；时不徼盛，忧乐之往来而递用。故道大无私，而情贞不乱。其不然者，一用其刚，一用其柔，且有一焉不刚不柔，以中刚柔而尸为妙；一见为忧，一见为乐，且有一焉不忧不乐，以避忧乐，而偷其安。则异端以为缘督之经，小人以为诡随之术矣。

异端者，小人之捷径也。有庄周之"寓庸"，斯有胡广之"中庸"；有庄周之"至乐"，斯有冯道之"长乐"。曰："盛一时也，衰一时也，盛德必因于盛时，凉时聊安于凉德。古人之道可反，而吾心之守，亦可反也。吾自有所保，以怙成于一德，而他奚恤哉？"怙成于消，而迷其长，严光际光武而用蛊；怙成于往而迷其来，许衡素夷狄而用随。其尤者：谯周卖国，而自鸣其爱主，可云既济之定；张邦昌篡位而苟托于从权，且矜大过之颠。匡之以大，则云"吾从其一致"；责之以正，则云"吾善其两行"。始以私利为波行，继以猖狂为邪说，如近世李贽之流，导天下以绝灭彝性，遂致日月失其贞明，人禽毁其贞胜，岂不痛与！

天之生斯人也，道以为用，一阴一阳以为体。其用不滞，其体不偏。向背之间，相错者皆备也；往来之际，相综者皆实也。迹若相诡，性奚在而非善？势若相左，变奚往而非时？以生以死，以荣以贱，以今以古，以治以乱，无不可见之天心，无不可合之道符。是故神农、虞、夏世忽徂，而留于孤竹之心；《周礼》、《周官》道已坠，而存于东鲁之席。亦奚至惊心于险阻，以贼道于贞常也哉！

是以君子乐观，其杂以学《易》，广矣，大矣，言乎天地之间，则备矣。充天地之位，皆我性也；试天地之化，皆我时也。是故历忧患而不穷，处死生，而不乱，故人极立，而道术正。《传》曰："苟非其人，道不虚行。"圣人赞《易》以俟后之君子，岂有妄哉！岂有妄哉！

第四篇　周易大象解

　　《周易大象解》是代表了王船山《易》学研究的重要成果之一，对我国孔孟儒家思想多有继承发展。

序

　　《大象》之与《彖》、《爻》，自别为一义。取《大象》以释《彖》、《爻》，必龃龉不合，而强欲合之，此易学之所由晦也。《易》以筮，而学存焉。惟《大象》则纯乎学《易》之理，而不与于筮。盖筮者，知天之事也。知天者，以俟命而立命也。乐天知命，而不忧以俟命，安土敦仁，而能爱以立命。则卦有小有大，有险有易，有顺有逆，知其吉凶，而明于忧患之故，吉还其吉，凶还其凶，利害交著于情伪之感，以穷天化物情之变。

　　学《易》之道，虽寓其中，而固有所从违，以研几而趣时，所谓"动则玩其占"也。若夫学《易》者，尽人之事也。尽人而求合乎天德，则在天者即为理，天下无穷之变，阴阳杂用之几，察乎至小、至险、至逆，而皆天道之所必察。苟精其义、穷其理，但为一阴一阳所继而成象者，君子无不可用之，以为静存动察、修己治人、拨乱反正之道。故否而可以"俭德辟难"，剥而可以"厚下安宅"，归妹而可以"永终知敝"，姤而可以"施命诰四方"；略其德之凶危，而反诸诚之通复，则统天地、雷风、电木、水火、日月、山泽已成之法象，而体其各得之常。故乾大矣，而但法其行，坤至矣而但效其势，分审于六十四象之性情，以求其功效，乃以精义入神，而随时处中。天无不可学，物无不可用，事无不可为，由是以上达，则圣人耳顺从心之德也。故子曰："五十以学《易》，可以无大过矣。"《大象》，圣人之所以学《易》也。"无大过"者，谦辞也。圣人之集大成，以时中而参天地，无过之尽者也，圣学之无所择，而皆固执者也，非但为筮者言也。君子学圣人之学，未能至焉，而欲罢不能，竭才以从，遗其一象，而即为过，岂待筮哉！所谓"居则观其象"也。呜呼！此孔子之师文王，而益精其义者，岂求异于文王乎！神而明之，存乎其人，非圣人而孰能与于斯！读《易》者分别玩之，勿强相牵附，以乱《爻》、《象》之说，庶几得之。

衡阳王夫之序。

䷀ 乾上 乾下 乾

天行健，君子以自强不息。

"以"，用也，体此卦之德，以为用也。道一而用之殊，所谓"同归而殊途，一致而百虑"也。"乾以易知，坤以简能"，同归一致也。六十四象，因象以成德，因时位而成象，时措之宜，各有所用，殊途百虑也。以博济为行，健于载物，而不知息，其流为释、墨，不知用乾者也。以推移为势，顺以自息，而不能强，其流为庄、列，不知用坤者也。推此而言，乾坤失用，则咎吝及之，况他象乎！子曰"加我数年，卒以学《易》，可以无大过"，知所用之谓也。"耳顺"则各知所适，"不逾矩"则于我皆安其止，而后可以远过。故易者圣学之大用，非极深研几，以通志成务，其孰能与哉？纯而纯用之，杂而杂用之，隆而隆用之，污而污用之。天地有此象，则有此道，君子以此道，而应此理，各体其宜，而后同归一致，非执一而废百，斯圣学，所以善用天德也。

六十二象自乾坤而出，象有阳，皆乾之阳也；象有阴，皆坤之阴也。学《易》者所用之六十二德，皆修己治人之事。道在身心，皆"自强"之事也；道在民物，皆"载物"之事也。"自强不息"非"▬ ▬"德，"厚德载物"非"▬▬"功。以"自强不息"为修己之纲，以"厚德载物"为治人之本，故曰"乾坤者其《易》之门户"。道从此而出，德从此而人也。

苍苍者无正，浩浩者无极，天不可以体求也。理气浑沦，运动于地上，时于焉行，物于焉生，则天之行者尔。天体不可以人能效，所可效者，其行之健也。惟异端强求肖天体，而君子安于人道，而不敢妄。乾道大矣，君子仅用之于"自强不息"，不敢妄用之也。妄用天者为妄人。

自少至老，为而不倦，初、上之行也。自穷而达，不失不离，二、五之行也。自危而安，不变其塞，三、四之行也。君子于道，周遍省察，知其宜于修身之用，以之去私，期乎必净；以之复礼，期乎必纯；以之尽心，期乎必至，斯乃如天之自健其行，而不于事物见健焉。"品物流形"，非天之有意也。"万国咸宁"，非君子之有心也。道大而用之以约，所以为无妄，无妄则诚矣。

阳气奋兴，自下而起，"自强"之道也。乾体已成，因而重之，不舍其健，至于上而无间，"不息"之几也。

太虚无健，其"行健"也。君子无强，惟"自强"也。

䷁ 坤上 坤下 坤

地势坤，君子以厚德载物。

六阳既纯，上升而为天；六阴自纯，下降而为地。地之顺，地之"势"也，因以为"德"。中无不虚，自得之数无不约，斯以受物为量矣。夫子之于父，且有干蛊；臣之于君，且有匡救，非必顺也。惟物之资我，以生者，已而各有其志欲，各有其气矜，积以相加，而不相下，则可顺，而不可逆。乃君子之顺物，厚其德而已矣。物气之悍，不能俱靡，而但载之以敬；物志之盈，不能屈徇，而但载之以恕。无不敬，而终身于恕，所谓"直方"，所谓"通理"也。若夫欲张固翕，欲取固与，则"坚冰"之隐慝矣；固翕乃张，固与乃取，则疑阳之"龙战"矣。君子奚取焉！

䷂ 坎上 震下 屯

云霄，屯。君子以经纶。

"云"上而凝，"雷"动而奋，蹲踷满志，而果于为之象也。"经纶"者，君子开物创治之大业也。不凝如云，不足以行。不奋如雷，不足以断。未为之先，无绸缪深厚之心，方为之际，无震迅发起之气，无以取不秩不叙之天下分合，而使之就理。若夫当守成恭己之世，忧物之不必忧，为事之可不为，郁蒸躁迫，求试其才，非能用屯者也。

艮上
坎下　蒙

山下出泉，蒙。君子以果行育德。

"泉"方出山，去江海远矣。不疑其远，百折必达，其行"果"矣；果则天下无不可成之行也。抑泉源之出，或在乎陆，其流易竭；蕴畜之于山，涓涓混混，不息不迫，则行虽果，而居之有余。君子体斯为"养蒙"，为"发蒙"，果、育相资，行成而德不匮，则善用蒙者也。

坎上
乾下　需

云上于天，需。君子以饮食宴乐。

"云上于天"而不雨，期过，则虽雨，而不济物之用，故曰："需者，事之贼也。"其惟饮食宴乐乎！可以饮食，可以宴乐矣，而犹需之，得则享之，而无惭，不得则抑，不害其廉。酒清肴干，终日百拜，而后举逸逸之酬；后天下以乐，而后鼓乐田猎，民皆欣欣以相告，是君子以之特异于小人。舍此未有用需者也。

乾上
坎下 **讼**

天与水违行，讼。君子以作事谋始。

人与己违则讼人，道与欲违则自讼。君子之用讼也，不以讼人，而以自讼，善于讼矣。虽然，事之向成，欲妨于道，而始愧，害生于利而始悔；愧悔生患怼，患怼生妄动，未见自讼之为益也。

作事之始，两端之谋，皆似可行，心意交争，辨其贞胜，是非得失较然画一，天高水流，不相胶溷，无愧无悔，乃以坦然行于至正，而不疑。

坤上
坎下 **师**

地中有水，师。君子以容民畜众。

地中之水，无见水也；君子有民，无见民也。君子观于地之容水，以静畜动，而得抚民之道焉。士安于塾，农安于亩，淳者漓者、强者弱者，因其固然，不争不扰，而使之自辑，弗能泆出，以行其险，则虽以之行师焉可矣。

坎上
坤上 **比**

地上有水，比。先王以建万国，亲诸侯。

比非交道之正也，惟开代之王者能用之。用之"以建万国，亲诸侯"，归附而不流，大小相涵，而不紊者也。德非先王，事非封建，而违道以徇人，树援以固党，其敢于用比乎？

☰☴ 巽上
乾下　**小畜**

风行天上，小畜。君子以懿文德。

"文德"者，礼乐之事，建中和之极以尽美善，所以"懿文德"也。"风行天上"，未加于物，风之畜也，而四时之气，于兹潜运，是无为之化，不言之 教也。其于人治，则礼乐是已。君子体此，以修明于上，无所加于民，而移风易俗，不知其然，而自化；与观之"观民设教"者，互相用，而风化行矣。

☰☱ 乾上
兑下　**履**

上天下泽，履。君子以辨上下，定民志。

风、火、泽，皆坤之属也。"本乎地者亲下"，而风火上行，惟泽流下，与上悬绝。履之为象，一阴介五阳之间，分内外之限，上下之辨，昭然殊绝矣。君子之于民，达志通欲，不如是之间隔，惟正名定分、别嫌明微，则秩然画一，俾民视上，如泽之必不可至于天，以安其志，乃以循分修职，杜争乱之端，所为严而不伤于峻，远而不忧其乖。

☰☷ 坤上
乾下　**泰**

天地交，泰。后以裁成天地之道，辅相天地之宜，以左右民。

"裁成"地者天也，"辅相"天者地也。天道下济，以成地之能；地道上升，以相天之德。体其道，以施于民，君通民之志欲，而民喻君之教化，乃以左右匡提，而成大治。其道至大，非君天下者，不足与于斯。

否

天地不交，否。君子以俭德辟难，不可荣以禄。

上不交下，无之可也。下不交上，士之节也，而抑非君子之正。惟阳亢失守，寄生天位，已成乎，必乱之象，则难至必辟，上不我交，己无责焉。功非己立，民非己援，德既可俭，奚有于禄？辞禄绝交，守其塞焉可矣。

同人

天与火，同人。君子以类族辨物。

火在天中，受明以虚，明内映也。"类族辨物"，井然不昧于中，而明不外发，无遏扬之事，百族与处，贤不肖，各安其所，万物并兴，美恶各从其实，以辨为容，所以受天下也。明有存发，道有张弛，同人、大有之所为，异其用乎！

大有

火在天上，大有。君予以遏恶扬善，顺天休命。

"火在天上"，其明发矣，"遏恶扬善"，举措大行，非但"类族辨物"，使善恶各从其类而已也。斯二道者，互相为用，乘乎时位，而不但乘乎时位，明有所必发，虽匹夫而操南面之权，进退诸侯，以承天也。明有所必涵，虽天子而以人治人，仁知、百姓，各奠其所，以因物也。观于同人、大有，而君子所以用《易》者，经纬张弛之妙，类可推矣。

坤上 艮下 谦

地中有山，谦。君子以裒多益寡，称物平施。

平地不可力增，高山不可强削，物之情势则然，而欲平之，徒乱而已。"地中有山"，替高就卑，务为坦易，此亦不可数，为之功矣。君子用此，惟用之于施。施者，君子所以惠小人也。君子而交君子，以贞以谅，无所用谦焉。凡施之道，益其寡者，多者自裒；于多无损，于寡有益。茕独免于冻馁，豪强自无居藏之利，所谓"称"也。不然，如王莽之限田，削天下，以皆寡而已。故救荒有赈恤，而无可平之价；定赋有宽贷，而无可均之役。非于施与之外别有裒益，审矣。

震上 坤下 豫

雷出地奋，豫。先王以作乐崇德，殷荐之上帝，以配祖考。

"雷出地奋"，不可久居者也。阳气归天，地不敢有，而后其动也盛。志不可满，乐不可极。

功已成，德已崇，乐乃以作，荐之上帝，荐之祖考，而己不敢有取悦仁孝之心，斯可矣。铺张盛治，以鸣己之豫而不让，"丰亨豫大"之说起，宋乃以亡。

随

兑上
震下

泽中有雷，随。君子以向晦入宴息。

雷人泽中，意不在动。长从少，男从女，阳从阴，君子无所用之。惟以向晦入宴息，则可息动而从说，以顺人情。

一张一弛，文武之道。随，弛道也，惟君子能用之而不靡。

蛊

艮上
巽下

山下有风，蛊。君子以振月育德。

风在山下，动及物也；山止乎上，养之厚也。动物无吝，振起顽懦，而养之成德，君子新民之道也。

临

坤上
兑下

泽上有地，临。君子以教思无穷，容保民无疆。

泽上之地，泽之浹人，于地者厚矣。说司"教"，顺司"容保"。坤、兑相得，用之以"保民"而施教，取地之普载，为"无疆"，取泽之不竭，为"无穷"。君子之临民，不尚威而尚德，有如此。然兑不以悦民，而以教，亦必异于违道，干誉之小惠与！

中華藏書

周易全书·最新整理珍藏版

中国书房

二九五〇

䷓ 巽上 坤下　观

风行地上，观。先王以省方，观民设教。

坤有民象，地为方圻，风司教化。"风行地上"，省之观之，乃以设教，其用与小畜别矣。盖礼乐之大用，不可逮于愚贱，故用小畜。敷五教，防淫辟，必随俗施正，俾民咸喻，而不迷，则用观。小畜以端本立极，观以因时广化。而设教者，必审民俗之刚柔朴巧而顺导之，故非"行地"不为功。

䷔ 离上 震下　噬嗑

雷电，噬嗑。先王以明罚敕法。

《本义》云："雷电当作电雷。"

法立于断，画一素定，明著于上，以示天下，使人皆晓然，知而畏之，"电雷"所以为"明罚勃法"也。求情以明，勤其审察，知周乎下情，然后从而断之，雷火之所以为"折狱致刑"也。盖讲法不患不明，而辨析纤曲，则吏缘出入，而民可规避。若行法之下，必审求其情，无隐不悉，而后敢决焉，乃以刑必当辜，而民以不冤。明断皆祥刑之道，而先后本末不同如此，非君子孰能辨之！

䷕ 艮上 离下　贲

山下有火，贲。君子以明庶政，无敢折狱。

"明庶政"，明逮下也。"无敢折狱"，止其明也。"山下"，幽暧之地，火施其明，烛尽纤隐。君子立法创制，必详必析，小物细事，无所忽忘，无有疑似，使愚贱利用，经久可行。

至于折狱，则自非干犯名义，无可曲避。奸宄侵牟，具有显迹者，而钩考阴私，旁引授受，以夸摘发，则法如秋荼，而民无所措手足矣。六十四象，皆惟取法，独贲与夬，有鉴戒之辞焉。盖察者知之贼，躁者勇之蠹，藏于密而养大勇者，尤必慎于此也。

☶ 艮上
☷ 坤下 **剥**

山附于地，剥。上以厚下安宅。

五阴在下，其所积"厚"矣，一阳在上，其所附"安"矣。然孤托一阳于群阴之上，非无权藉者，所敢用也。惟为人上者，抚有众民，养欲给求，乃以固结人心，为磐石苞桑之计，而安其位。虽然，此衰世之事也，不足以有为，而养晦图存，为可继而已。故不言先王，不言大人君子，而言"上"。

☷ 坤下
☳ 震下 **复**

雷在地中，复。先王以至日闭关，商旅不行，后不省方。

复之道大矣，而仅取之"至日闭关"者何也？复者，天地之心也。天地者，阴阳循环，吉凶并行，合理欲、迭治乱以为心，而不疚者也。故"雷在地中"，动于隐暗，无事迫为昭苏，但以微阳存来复之几，即以养万物之生于幽蛰，而不忧其不长。人而仅恃其微动之几，则不可以振积阴，而必其善。夜气仅存者，未有不为旦昼之牿者也。

惟圣人在天子之位，以法天而调人物，故有所休息，以俟人物之定，于至日昭其义焉。然亦不废其理，而已矣。一日之弛，百日之张，先民之行，劳民之事，自至日而外，未有用此者也。

䷘ 乾上 震下 无妄

天下雷行，物与无妄。先王以茂对时，育万物。

"茂"，盛也。雷之应候发声，与时相对，兴起万物，而长养之，必然不爽。天之与物以诚者，莫此盛焉。先王应民物之气机，诚动于中，而功即加于物，不必如后世《月令》之书，附会拟似。自然与人物之情理，相应不差，而勃然甚盛，无俟风雨有迹，而神行焉，其道则取诸此。

䷙ 艮上 乾下 大畜

天在山中，大畜。君子以多识前言往行，以畜其德。

函"云行雨施，品物流形"之理于山中，其畜大矣。凡畜，恶其盛也。积而能散，安而能迁，君子无固畜焉，其惟前言往行乎！善之在古今，莫非理，即莫非人也。其在于心，则莫非德矣。

多畜而德弘，乃以无执一之害。非然，则畜一德而据之，虽嘉言善行，亦为贼德之资，况畜非所畜者乎！识善言，不必见诸言也；识善行，不必见诸行也。止如山，而备天之理，舜之居深山之下以之。

䷚ 艮上 震下 颐

山下有雷，颐。君子以慎言语，节饮食。

颐者，言语所自出，饮食所自内也。而观其象，居止以受动，阳在外，而闲四阴于内，则"节""慎"之道存矣。不知颐道者，以随意而言，随欲而食，谓之率性，而君子不谓性焉。不能已于动，尤重其止。如山下之雷，无穷极恣肆之动，则以之言语饮食焉可矣。

盖尝论之：言语之慎，饮食之节，若细行也，而人欲之流止，天理之存亡莫甚焉。君子小人之大闲，此心之存去，皆于此决矣。夫天之生人，形色皆性，岂使之有口以导人于恶哉！

反身而诚，践颐之象，顺颐之贞，但能止之于俄顷之动，则习而安焉，自远于咎。物不能引我，以非道，则大勇浩然之气可养；我不轻随物以妄流，则渊深不测之神可凝。自有天下国家，以至于庶人，善恶、吉凶、荣辱之枢机，胥于此焉决矣。子曰："以约失之者鲜。"言语饮食，约泰之权衡也。

䷛ 兑上 巽下 大过

泽灭木，大过。君子以独立不惧，遁世无闷。

泽虽灭木；木不受灭。淹之愈亟，其浮愈疾。又其为象，四阳亘中，与初上龃龉异志，不相浃洽，以之治世，未有得焉。惟夫"独立不惧"者，有可惧者也；"遁世无闷"者，有可闷者也。

履凶游浊，守贞笃志，正己而不与俱汩，斯大过焉可矣。以为非过，则且为"惧""闷"所乱，而灭其贞矣。

䷜ 坎上 坎下 坎

水洊至，习坎。君子以常德行，习教事。

水之"游至"，不舍昼夜，波流如一，而后水非前水，则用其日新，以为有恒者也。德行之常，非必一德；教事之习，非仅一教。有本而出，源源不舍，则德日以盛，教日以深，斯君子用坎之益也。

"溶至"之势盛，可以征才；"游至"之威张，可以明刑。而君子敛才，而用之于德，缓刑而用之于教。盖乘势者险在己，殚威者险在物，择于习坎，而惟德教之敦，故足尚耳。

䷝ 离上 离下 离

明两作，离。大人以继明照于四方。

明之已盛，君子所惧也。惟居天位者，四方待照，则明患其不至，不忧其盛矣。有"用晦"者，有"继明"者。"用晦"以养其体，"继明"以大其用，不偏废也。老氏一，以闷闷孩天下，申韩一，以察察矜私智，恶足以称大人之事哉！

䷞ 兑上 艮下 咸

山上有泽，咸。君子以虚受人。

泽山通气，通之者泽也。"山上有泽"，山乃窍虚；泽虚山实，虚实相容，所为相受也。虚者，君子所以受人也。

君子于己皆实，受物则虚，善用虚实矣。若宅心皆虚，不尽其实，则是不诚无物，恶足以受天下哉！老庄之诡于《易》也以此。

震上
巽下　**恒**

雷风，恒。君子以立不易方。

恒者，不随顺于物，而自守之道也。雷风，阴阳之长。雷动不可遏，风行不可反，君子之守以之。受物以咸，自立以恒，道斯两得矣。小人反是：自立无常，随感而动；受物不虚，怙过不迁。君子小人，皆出入于《易》象之中，而特其用之也异，类如斯。

乾上
艮下　**遁**

天下有山，遁。君子以远小人，不恶而严。

山脐于天，处峻绝之极矣。峻以绝物，遁道也。君子之遁，遁以己，不遁以物，居上而不流。"严"者，其本也，"不恶"者，不屑恶，而自远也。惟遁则可以严，惟遁则可以不恶。若愤世疾邪，抑与之交相屈信于是非，不胜而后避之，晚矣。

震上
乾下　**大壮**

雷在天上，大壮。君子以非礼弗履。

欲严非礼之防，非壮不可。大壮，大者壮也。秉礼自强，筋骸束，肌肤固，心志定，如乾健行，如震雷动，则虽有留连不去之二阴，不能相诱以之于邪辟。君子进德，从容驯至，而勿助长。

惟克己之功，则可用壮。而壮在秉礼，不在战胜，抑非若异端之亟绝伦，物以为勇猛也。

离上
坤下　　**晋**

明出地上，晋。君子以自昭明德。

"明出地上"，物咸受照。然日之升也，岂有心于照物，而为物出哉！惟其有明，是以必照耳。故君子之昭，自昭者也；庸人之昭，昭人者也。夫明德之藏，非揭竿建鼓，以使天下知者。诸葛孔明有言："澹泊可以明志。"无私无欲，则不待表著于人，而如日之升，有目者共睹之矣。君子之过，天下皆见，况其无过者乎！

坤上
离下　　**明夷**

明入地中，明夷。君子以莅众，用晦而明。

"明庶政"，则法山下之火；"莅众"，则法地中之日。求治之小心，君人之大德，各有所当也。建极于上，则法日之升于地；施治于下，则法地之藏夫日。道盛而民可由，德至而民不可知，抑各有所当也。"用晦而明"，虽伤其明，何伤乎！小人自谓能欺君子，而卒以成君子之大智。

盖愚贱之情，尽于私利，私利之欺，俄顷而已，不能遁照于诘旦，何伤乎！

巽上
离下　　**家人**

风自火出，家人。君子以言有物而行有恒。

"风自火出"，和煦而无盛烈之致者也。言不蕲，尽古今之变，但适事物之宜；行不蕲备，经纬之能，但保初终之素。无速于致远之心，而守约者，其施将博，此君子所取法于家人者也。

離上
兌下　睽

上火下泽，睽。君子以同而异。

火上炎，泽下流，情亦睽矣，而各成其用，固不相害。惟不相害也，故可以睽。君子之用睽，用之于所同者，以各成其用也。同而异，则为和；同而同，则为党；异而异，则为争。各成其用，无所争矣。

若夫皎皎孑立，以与异己者竞异，虽道之正，犹为畸人，况其非正，而独与斯人忿戾者乎？

坎上
艮下　蹇

山上有水，蹇。君子以反身修德。

夫欲反身修德者，其若蹇乎！事不求成，功不求立，名不求达，实不求遂，其言讷，其行朴，约如不敢，迟如不欲。

故山上之水，幽咽静流于坎坷，乃以不竭；蹇躄者之行，趑趄迟步于道左，乃以不颠；君子之自修，从容抑畏，而无驰驱之心，乃以不疾。

☲ 震上 坎下 解

雷雨作，解。君子以赦过宥罪。

雷出雨降，其作甚疾；散郁舒忧，其用甚快。君子于民，不能过徇，以遂其忻惊，惟时一用之于赦宥。盖非常之恩如盛夏雷雨，偶一作耳。

☶ 艮上 兑下 损

山下有泽，损。君子以惩忿窒欲。

刚过则忿，柔过则欲。兑下二阳之很，以六三之柔，悦以释之，"惩忿"之象也；艮下二阴之溺，以上九之刚，静以止之，"窒欲"之象也；皆以损情之有余，而使之平也。夫损者，损情而已矣。

若道，则不可得而损也。乐而不以为淫，怒而不以为戾，和平欣畅之心，大勇浩然之气，非欲非忿，而欲损之，释氏所为戕性残形，以趋涅槃，老氏所为致柔守镯以保婴儿；皆不知损，而戕道以戕性矣。

☴ 巽上 震下 益

风雷，益。君子以见善、则迁，有过则改。

损以治情，益以进道，知所损益，可与人德矣。用损者静以止，悦以安，其事不迫，迫则灭情，且以灭性矣。用益者如风之烈，如雷之迅，其事不疑，疑则废事即以废道矣。此圣学、异端之大致，不可不辨也。损·自泰来，益自否变。情泰则损，所以保泰。道否则益，所以倾否。

阴不上交，阳来初以绥之，以弭其过；阳不下交，阴往四以顺之，以就于善。终日孳孳，无怀安之情，君子求益之功欤！

䷪ 兑上 乾下 夬

泽上于天，夬。君子以施禄及下，居德则忌。

泽必下者而上于天，无留处之势，必决之道也。流必下，不俟崇朝。君子颁禄，无疑无吝。惟用此道，乃尽天下之才。顾其施也，以天禄授天民，非己德也。君居以为德而欲市不测之恩，则以赏行意，上骄士而士亦骄上，故无心则决于杀，而天下服，有心则决于施，而天下叛。

䷫ 乾上 巽下 姤

天下有风，姤。后以施命诰四方。

天下之风，行之远矣。承天施命，和巽不迫，乃尽天下以信从。盖言语感人，其感已浅，苟非大顺其情，未可倾动。君子议道自己，有不能遍喻之愚贱者，必畅达而广谕，则用媚。故《典》、《谟》简而《诰》、《誓》详，各有攸当也。

䷬ 兑上 坤下 萃

泽上于地，萃。君子以除戎器，戒不虞。

地之载泽也，纡以为渎，潴以为渊，畜之不溢，泄之不竭，有积聚之象焉。不豫者，不足以备，无备者，不足以待变。治之无形，不待事至，而后图，如泽气之蒸云雨，无形无象，治戎器于偃武之日，以积聚为道者也。夫君子有国，财散无所事萃，其萃聚者惟戎器，则上非货殖，而国无弱道，斯可耳。既不可弛武备而不修，抑不可散民间，以启乱，无事则藏，有事则给，所谓觌文匿武，建威销萌，皆此道也。

坤上 巽下 升

地中生木，升，君子以顺德，积小以高大。

《本义》依王肃本，谓"顺"当作"慎"。按：积小以高大，木生于地，皆顺象也，坤、巽皆顺义也，自当依郑如字。

木之生也，苞黄柔弱，拔擢而上，破地之坚，句萌之微，可致乔茂，惟其"顺"而已矣。君子之升，所为异于进锐退速，贪大而忽小者也。

小德之积，以善养心。德既在我，义类必充。驯至其极，下学而上达，盖因心理渐开之自然也。若老氏以至柔驰骋天下之至刚，是谓逆理。

兑上 坎下 困

泽无水，困。君子以致命遂志。

泽非不可有水也。泽居上，而不受水，乃自困也。君子之于危乱，非无君可事，无民可使，躯必不可保，妻子必不可全也，不受福泽，自致于困也。困其身，而后身不辱；困其心，而后志不降。匪石之坚，不求转也；无道之思，以弃智也；非困则志不可得，而遂矣。岂与句曲弘景、豹林种放，同其康豫乎？憔悴枯槁以行乎忧患，而保其忠厚，知困而已，岂知亨哉！

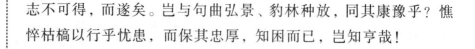

木上有水，井。君子以劳民劝相。

坎，劳卦也。巽为施命，劝相之事。劝相之，以安于劳，斯以"井养而不穷"。故牧养之勤，不如畋渔之逸；耕耨之获，不如采薪之捷。惟告以人生之在勤，而鼓舞之以尽利，则天下皆可养之土，无不养之人，犹之不恃溪流之可抱瓮，而恃井之上以木也。

知逸获之利，不可终日，而民自足以厚生。斯道也，抑惟用之民耳。孳孳然计木上之，且可有水，从无生有，规利以自劳，则小人而已矣。故禹、稷勤民之畎浍，而孔子曰"吾不如老农"，"耕也馁在其中"。养民则劳，自养则否，易地皆然。孔、禹之所以圣也。

泽中有火，革。君子以治历明时。

泽中之火，阴火也，晴雨之候，将革矣。革者，非常者也。三代有必因之礼，百王有不易之道。且夕数变，非治道也；初终数改，非德行也。惟治历明时，则无常可守，非革不能。君子之慎用革，而但用之于此，合天变也。

因此知守一定之法，以强天从己者，其于历远矣。求之安，则姑安焉，更数十年而不须通变者，未之有也。善治历者，俟后人。不善治历者曰："天已尽吾算测之中，守成法而不变，可以终古。"求不诬天而乱时也，得乎？

離上
巽下 **鼎**

木上有火，鼎。君子以正位凝命。

大位既定，天命在躬，居上以凝，宜若无事焉，而非无事之可以胜其任也。夫风自火出，和煦内动，则化止于家；火以风炎，昭明广及，则化成天下。

秉大明于上，施巽命于下，则虽当继绪之时，必有维新之政，以之成熟万物，登之典礼，然后内不虚先王之器，上不负皇天之托，承运之后所为，异于克家之子也。不言大人者，守成之主，君子之道也。

震上
震下 **震**

洊雷，震。君子以恐惧修省。

"恐惧"之下，其情易茶；"修省"之功，缓则罔济。必如"洊雷"之震，兴起迫厉，乃克为功。不慑于外，不懈于中，君子之震，所以主宗庙社稷者在此。

震过于动，疑非静理，乃道不得静，勿容自逸。若矫情镇物，因循蒙安，非君子之尚久矣。特勿取乎张皇危厉，以滋纷挠而已。

艮上
艮下 **艮**

兼山，艮。君子以思不出其位。

兼山之艮，止之尤者也。夫人有所行，而将人乎邪辟，以不知返者，非大止之，无以救过。然待其行，而遏之，未有能止者也。即或暂止，而乍伏之动，其动必鸷。君子知万物之几，皆原于思。

物未至前，思一妄动，则邪妄之条理，忽尔粲然，由是而驰骛，以赴其所思，莫之能御矣。君子未行之先，亟止其思，当位求实，虚妄不作，则心静，而行自有防，即有无心之过，亦不待俄顷，而自息。故艮者治心之道，非治身之术也。

䷜ 巽上 艮下 渐

山上有木，渐。君子以居贤德善俗。

《本义》云："贤"字疑衍。

艮，所"居"也；巽，所"善"也；居之厚，而后被于民，有本之教也。风升于山，则渐高，木生于上，则渐盛，教先以己德，则渐成。起敝俗，于蛊坏之余，则蛊以振民为育德之效；移风化于荡平之世，则渐以居德，为善俗之基。道各有宜，而渐之人人深矣。

䷽ 震上 兑下 归妹

泽上有雷，归妹。君子以永终知敝。

以少女归长男，有不能偕终之嫌焉。悦而归之无疑。泽自下，雷自上，不相得而固合，可以永终矣。不能偕终者，"敝"也。惟"知敝"，而必与之"永终"，斯以为君子。知父母之疾，不可起，而必药必祷；知国之亡，不可兴，而必出必仕。以得所归为悦，以动为尽道，何贰行鲜终之有？"天下有道，不与易也"，"道之不行，已知之矣"：此君子所以异于功名之士也。

震上
离下 丰

雷电皆至，丰。君子以折狱致刑。

雷起而电即至，其雷必迅。明无所留，断无所待，明威烈矣。此君子之所不敢轻用也。狱已辨，刑已审，折而致之，则以迅决为道。所以然者，淹留牍牒，蔓延证佐，则有罪者，窥觊营避，而无辜之民弃本业、负糇粮以待讯，君子之所弗忍也。法简民安，不伤于猛，用此道为宜。

离上
艮下 旅

山上有火，旅。君子以明慎用刑，而不留狱。

火丽高而"明"，山受照而"慎"，既明以慎，用刑之道尽矣。片言可折，因其是非，而无立威之心。火过而山自如，罚如其罪，而无余怒，故杀人伤人，而天下安之。

巽上
巽下 巽

随风，巽。君子以申命行事。

"命"不嫌于"申"，行事之命也。用民力，成民务，先事戒之，当事申之，先后相随无异风，终始相告无异命，民乃易从，而事不废。若立法施教，则无事喋喋多言，以滋浃厌。

兑上 兑下 兑

丽泽，兑。君子以朋友讲习。

两泽并流，有相竞之势，而抑有同流之情。言迭出而不穷，道异趋，而同归，朋友讲习，以此为得。若央以分交、以情交、以事交而用此道，不失之谄，则失之渎。君子慎之！

巽上 坎下 涣

风行水上，涣。先王以享于帝，立庙。

风行水上，无所留者，极文章之观，尽物力之美，以之享帝立庙，致孝于鬼神，不从俭矣。雷出地中，风行水上，非盛德履天位，以崇德报功，未之敢用，盈不如虚，泰不如约也。宋当贫弱之季，而邪臣以"丰亨豫大"之说耗散天下，宜其亡已！涣与节错，而道异。节者君子之常守，涣者圣人之大用，非深于《易》者不能择也。

坎下 兑下 节

泽上有水，节。君子以制数度，议德行。

以泽受水，其容有量，少则涸，多则溢。体斯以制度数，量入而出，称事而食，无过，节也。体斯以议德行，惠而不费，泰而不骄，无过，节也。以泽节水水上穷，以法制用，用不匮，以道裁事事不紊。节者，养有余之道也。而鄙夫以吝当之，天地悬隔。

☴ 巽上
☱ 兑下 **中孚**

泽上有风，中孚。君子以议狱缓死。

巽命以施泽于下，宽道也。君子之宽，非纵有罪，以虐无辜，姑缓之，而更议之。兑以详说，巽以徐行，孚于中而后法行焉。可生者生，不可生者，亦无怨矣。惟其无纵虐之心，故既和且顺，而不伤柔弱，抑不致民于死，奚必以刚济之！

☳ 震上
☶ 艮下 **小过**

山上有雷，小过。君子以行过乎恭，丧过乎哀，用过乎俭。

阳亢、阴"恭"，阳乐、阴"哀"，阳丰、阴"俭"，皆德之阴者也。小过，阴过也。君子或过于小，宁出于此，无溺于怠，无靡于欲也。动有止，高山之雷不迅，虽过不忧其泆矣。

☵ 坎上
☲ 离下 **既济**

水在火上，既济。君子以思患而豫防之。

火上炎，则水竭，水下溢，则火灭。水上火下，而既济，中必有济之者矣。息水火之争，而成燮熟之用，存乎思所以防之。故君子不忧天下之患，而得其所以防之，禹、稷、共、鲧可同廷而不忮，干戈礼乐，可并用而不乖。载人于水者舟，载水于炷者釜，载身于世、载不齐之物，于一心者道也。道豫立，则载而济矣。

离上
坎下 **未济**

火在水上，未济。君子以慎辨物居方。

火本炎上，水本流下，物各有方，居得其辨矣。六位皆失，水火不交，以此而居，非安居也。然天下之物，各有情，各有才，各有位，各有用，调运转移者人之能，而固然不相通者物之性。知其燥自燥，而湿自湿，美自美，而恶自恶，得自得，而失自失，吉自吉，而凶自凶，贞淫良楛，静躁险易，皆物理之固然。

故天之所生，地之所长，物之所成，事之所起，无非未相为济者。慎辨其分，而后可合；慎奠其居，而后可移。明以照险，则虽险不害，所为善因物之不足以成己之有余也。